山东大学双一流建设『中国古典学术』专项资助项目

山东大学中文专刊

景石斋训诂存稿

路广正 著

齊魯書社

图书在版编目（CIP）数据

景石斋训诂存稿 / 路广正著. -- 济南：齐鲁书社，2022.3
ISBN 978-7-5333-4540-2

Ⅰ. ①景… Ⅱ. ①路… Ⅲ. ①训诂－研究 Ⅳ. ①H13

中国版本图书馆CIP数据核字(2022)第007243号

责任编辑：班文冲
责任校对：王其宝　赵自环
装帧设计：郭　觐　李　生

景石斋训诂存稿

JINGSHIZHAI XUNGU CUNGAO

路广正 著

主管单位	山东出版传媒股份有限公司
出版发行	齊魯書社
社　　址	济南市英雄山路189号
邮　　编	250002
网　　址	www.qlss.com.cn
电子邮箱	qilupress@126.com
营销中心	（0531）82098521　82098519　82098517
印　　刷	山东临沂新华印刷物流集团有限责任公司
开　　本	800mm × 1000mm　1/16
印　　张	25.25
插　　页	4
字　　数	370千
版　　次	2022年3月第1版
印　　次	2022年3月第1次印刷
标准书号	ISBN 978-7-5333-4540-2
定　　价	98.00元

作者简介

路广正，男，汉族，语言学教授。1939年11月2日出生。1963年大学本科毕业，曾任中学语文教师。1978—1981年，师从殷孟伦教授攻读汉语史研究生并获得文学硕士学位，后留校任教。曾任山东大学文学院教授、古代汉语教研室主任、山东省语言学会理事、中国训诂学会会员、华东修辞学会会员。

主要著作有：《训诂学通论》(天津古籍出版社出版)、《孔融集校注》(山东大学出版社出版)、《文言文解析》(济南出版社出版)、《诸子精语译释》(合著，济南出版社出版)、《孔子文化大典》(合著，中国人事出版社出版)、《古代记叙文选译》(副主编，山东教育出版社出版)、《古代议论文选译》(副主编，山东教育出版社出版)等。在《文史哲》及山大、山师大等校文科学报上发表《顾野王〈玉篇〉对许慎〈说文解字〉的继承与发展》《古书注解刍议》《曾子教育思想初探》《文言修辞与训诂》等论文，并在韩国刊物《中国语文学志》上发表《中国大陆训诂学界的现状与前景》等。

伏案读书时留影

“纪念殷孟伦教授执教五十五周年学术讨论会”合影

中，新词总是不断产生，旧词总是不断消亡，因此探源的问题就绝对不止局限于古代汉语。近代汉语、现代汉语的新词是如何产生的，也是我们讨论的内容，不过叙述起来当然还是由古及今，按照历史发展的顺序来谈。

陆宗达先生曾提出过"自生词"（"源词"）和"派生词"的说法，他说："词在其产生初期，是由音和义按约定俗成的原则任意结合的。语言中大量的词，音与义的结合带有偶然性。但在词汇的丰富过程中，还要由旧词分化出一批新词。这些新词的词义是旧词词义的延伸，词音则是旧词的承袭或有规律地稍变。因此，源词和派生词之间便出现了音近义通的现象，要想探求派生词的来源，便可沿着音和义的线索找出它的源词。如果我们把约定俗成的词称

作者手稿

“山东大学中文专刊”编辑工作组

组　长

杜泽逊　张　帅

副组长

李剑锋　黄发有　程相占　马　兵

成　员

王培源　刘晓东　萧光乾　张学军　张树铮
孙之梅　关家铮　王新华　杨振兰　岳立静
戚良德　祁海文　李开军　刘晓多　沈　文
王　萌　刘靖渊　程鸿彬　刘天宇　吉　颙
李振聚

"山东大学中文专刊"
编辑出版说明

"山东大学中文专刊",是山东大学中文学科学者著述的一套丛书。由山东大学文学院主持编辑,邀请有关专家担任编纂工作,请国内有经验的专业出版社分工出版。

山东大学中文学科与山东大学的历史同步,在社会巨变中,屡经分合迁转,是国内历史悠久、名家辈出、有较大影响的中文学科之一。1901 年山东大学堂创办之初,其课程设置就包括经史子集等中文课程。1926 年省立山东大学在济南创办,设立了文学院,有中国哲学、国文学两系。20 世纪 30 年代至 40 年代,杨振声、闻一多、老舍、洪深、梁实秋、游国恩、王献唐、张煦、丁山、姜叔明、沈从文、明义士、台静农、闻宥、栾调甫、顾颉刚、胡厚宣、黄孝纾等著名学者、作家在国立山东(青岛)大学、齐鲁大学任教,在学术界享有盛誉。中华人民共和国成立后,山东大学中文学科迎来新的发展时期,华岗、成仿吾先后担任校长,陆侃如、冯沅君先后担任副校长,黄孝纾、三统照、吕荧、高亨、高兰、萧涤非、殷孟伦、殷焕先、刘泮溪、孙昌熙、关德栋、蒋维崧等语言文学名家在山东大学任教,是国内中文学科实力雄厚的学术重镇。

改革开放以来，中华人民共和国培养的一代学术名家周来祥、袁世硕、董治安、牟世金、张可礼、龚克昌、刘乃昌、朱德才、郭延礼、葛本仪、钱曾怡、曾繁仁、张忠纲等，以深厚的学术功力和开拓创新精神，谱写了山东大学中文学科新的辉煌。

总结历史成就，整理出版几代人用心血和智慧凝结而成的著述，是对学术前辈最大的尊敬，也是开拓未来，创造新知，更上一层楼的最好起点。2018年4月16日，山东大学新一届领导班子奉命成立，20日履任。如何在新的阶段为学科发展做一些有益的工作，是摆在面前的首要课题。编辑出版“山东大学中文专刊”是新举措之一。经过一年的紧张工作，一批成果即将问世。这其中既有历史成就的总结，也有新时期的新著。相信这是一项长期的任务，而且长江后浪推前浪，在未来的学术界，山东大学中文学科的学人一定能够创造出无愧于前哲、无愧于当代、无愧于后进的更加辉煌的业绩。

是所望也。

山东大学文学院

2021年3月1日

序 言

山东大学文学院自院领导换届之后,壁垒一新。新上任的院长、书记在离退休人员座谈会上屡次鼓励大家继续从事写作或整理旧稿,强调科研并无退休,并许诺院里在资金、人力等方面将给予大力支持,使大家受到很大鼓励。杜泽逊院长劝我将积年旧作集合一下出个集子,并为代拟书名曰《石斋训诂存稿》,盖为感念恩师石膿先生。我深感惶恐,遂在前面加一"景"字以示仰慕,但仍十分不安。我素来慵懒而不自信,对外从不敢妄称石膿先生的弟子,怕给先生丢脸。但既蒙杜院长错爱,只好穷搜废箧,得积年旧稿近三十篇。内容驳杂,实在羞于示人。其中载诸学报者,多为20世纪八九十年代之出版物。彼时尚不太讲究刊物等级之高下,且亦未与职称评定严格挂钩,随心涂抹寄出。其余未发表的手稿,堆在杂物间中,纸质已变黄了。执教山东大学威海分校之后,七八年未著一字,除缺少资料等原因之外,课业较忙也算是一个原因。

此书收入的第一篇文章《卷子本〈玉篇〉残卷研究》是我的硕士学位论文,指导这篇论文的,是殷孟伦、蒋维崧两位先生。当时所见的《玉篇》残卷,是殷先生早年从日本购得的卷轴,国内尚未见到影印成书的,真是至宝。直到1995年6月,蒙董治安、钱曾怡两位先生赠我一本精装的《〈玉篇〉及原本零卷》，我才第一次见到汇印成书的原本《玉篇》残卷。诸位先生对我的厚爱，至今思之仍感念不已！

为了印证顾野王《玉篇》对许慎《说文解字》的继承与发展，我在本书中收入了为纪念殷孟伦先生从教五十五周年而写的《说文撰要（一）》。我曾经把《说文撰要（一）》的油印本带到南京师大徐复先生处请他批评指正。由于拜会时间短，未来得及向老先生继续讨教。后蒙先生不弃，惠寄我《徐复语言文字学论稿》及《后读书杂志》。我大喜过望，捧读之下，如获拱璧。徐老先生奖掖后进，殷殷之情，令我感佩不已！

这次收入集子里的，还有几篇关于文言修辞的文稿，那是为感怀和纪念我的另一位恩师戴磊先生的。戴老师是著名美学家周来祥先生的夫人，曾经在我读本科时教过我，待人极为忠厚朴实。中国修辞学会华东全会成立之时，戴老师介绍我入会并一同出席了年会。我对现代汉语修辞理论并无研究，就写了几篇文言修辞及中国修辞学史的稿子充数。数年之后，复旦大学在几位名师率领下成了修辞学的渊薮，我自知功力与条件太差，也就退出了。

我在韩国成均馆大学做交换教授时，曾在首尔（当时还叫"汉城"）参加了几次学术研讨会。那时中韩建交未久，彼此需要加强交流，而成均馆大学中文系的教授清一色都是在我国台湾地区留学并获得博士学位的，碰巧又多听过著名训诂学家林尹的课程。林尹先生也是黄侃先生的弟子，我们有不少话题可聊。可惜做交换教授只有一年期限，后来也就逐渐断了联系，但在那里发表过的几篇东西我却带回来留作纪念。本书选入的《中国大陆训诂学界的现状与前景》写的是1996年的"现状"，时过境迁，现在只能当成历史看了。

20世纪80年代，是学术复兴的时期，山东大学文史专业的前辈学者有不少健在的。我就曾在老师引介之下拜望过当时中文系的冯沅君、陆侃如先生以及历史系的黄云眉、王仲荦、徐绪典诸先生，还在跟随先生游学时拜访了程千帆先生。诸前辈的风采至今思之仍历历在目，终生难以忘怀。学术是需要传承的，相信后来者一定会在复兴中华优秀传统文化、继承和发展学术研究方面做出新的更大的贡献。

年高目瞀，体衰精疲，谨以芹意，报答诸前辈培育之恩和院领导信任之情。临纸悚惕，辞不尽意，望多批评指正！

路广正

2021年3月

目　录

卷子本《玉篇》残卷研究

全文提纲

案语

异体

顾野王《玉篇》的性质

对《说文》的继承与发展

注重字体隶变的意义

顾野王《玉篇》的价值

反切

训诂(引书、说解、名物、词义)

注证古书及《说文》

可与今本《说文》相订正

记载当时口语词汇

保存佚书材料

顾野王原本《玉篇》的残卷是在日本被发现并于20世纪初引进我国的。今天我们所能见到的,是卷子本和黎庶昌刻《古逸丛书》本。关于两种本子的比较,上虞罗振玉曾说:“乙卯(案即公元1915年)秋,予始因小川简斋翁得见原本。展卷不数行,已惊其书法之劲妙,洵出初唐人手!因出黎刻校之,则笔意全失。知黎氏乃展转传摹上木,未得见原本也,因详校卷首十余行,知黎氏刊版时颇有校改。”“今取卷首二尺许,试一比勘,讹夺已错见……凡是之类,殆不胜举,则传抄之本,其不能无失亦明矣!”“黎本虽改字,然皆精确,可见当日校刊之慎密;而所据之樵本,则未尽善。”(语见罗氏影印“言”“系”二卷及“鱼”部残卷之跋文)日本学者冈井慎吾所著《玉篇の研究》一书,也指出黎本卷二十二讹谬之处尤多。经过校对,我发现两种本子的文字互相乖异者竟有六百四十余处。其严重者,如黎刻本卷二十二有两行字全部脱漏。可见罗振玉的话是对的。

我简单归纳了一下,两种本子不相同之处,有以下九项:

第一,卷子本蚀字,黎本不复为之空格。

第二,卷子本字尚可辨,黎本不复可辨。

第三,卷子本并未夺失,黎本复增益之。

第四,卷子本未误,黎本误。

第五,黎本空漏。

第六,黎本失行次。

第七,卷子本衍文,黎本删去。

第八,卷子本倒误,黎本纠正。

第九,卷子本错字,黎本更正。

九项之中,前六项为黎本不如卷子本处,后三项为黎本优于卷子本处。值得重视的是,黎本确实大量地纠正了卷子本的误字,做了可贵的校勘工作。如"言"部"诼"字下:卷子本引《楚辞》"諈诼谓余善浮诼",黎本纠正为"谣诼谓余以善淫"。"可"部"奇"字下:"余约此奇服",黎本纠正为"余幼好此奇服"。"兮"部"兮"字下:"帝高阳之苗兮",黎本纠正为"帝高阳之苗裔兮"。所以罗振玉说:"予尝语吾友内藤博士,谓黎刻与原本当并行,以资互证,且应存唐贤妙迹。博士韪之。"

我选定卷子本作为研究对象,而以黎本为参照。

本文内容,主要是就卷子本《玉篇》残卷的面貌,谈谈顾野王原本《玉篇》的条例、性质及其价值。

一、《玉篇》概说

《玉篇》是一部字书,它在我国字书史上占有相当重要的地位。我们国家历史悠久,古代书籍很多,不可能统统完整地保存下来,字书的散佚情况尤其严重,所以"自《说文解字》以后四百五十年间,文字书存于今日者,惟顾野王之《玉篇》为较古"(胡朴安《中国文字学史》第一编)。其他如《字林》《古今文字》《字书》等并皆散佚了,人们把《玉篇》看成是继《说文》之后的第一部重要字书。

《玉篇》有它自己流传和变化的过程:

《梁书·萧子显传》:"先是时太学博士顾野王奉令撰《玉篇》,太宗嫌其书详略未当,以恺博学,于文字尤善,使更与学士删改。"

顾野王书成于梁武帝大同九年(543),经萧恺等人删改行世,全国通用达四百余年。由于卷帙繁重,传写困难,到唐代出了孙强的增字减注本。原本约于五代时亡佚。宋真宗大中祥符六年(1013),又由陈彭年、丘雍、吴锐等人重修,称为《大广益会玉篇》。重修后的《玉篇》和顾氏原本有很大的不同。至于元、明两代所刻《玉篇》,字序和注文变化更大,又不是宋本的老样子了。我们今天所见的《玉篇》完帙,乃宋人重修本及元代节注本,连唐代孙强的本子也见不到,更不要说顾氏原本了。钱大昕《十驾斋养新录》卷十三就指出:"《玉篇》玉部戋字引《说文》云:玉爵也。夏曰戋,殷曰斝,周曰爵。又人部侲字引《说文》云:僮子也。按《说文》无戋、侲二字,此所引者,徐铉等新附注也。予尝谓今本《玉篇》不但非顾野王原本,并非孙强广益之本。以此二条证之,益信。"

原本《玉篇》在唐代曾由留学我国的日本僧人携回,在寺院及私人藏书家手中辗转流传。由于年代久远,许多卷帙丢失了,被保存下来的部分仅当原书的八分之一,也还残缺不全,许多字湮灭难识。但这历劫不朽的一小部分已足以被日本学者们视若瑰宝;汉文字书传入日本,大约以《玉篇》为最早,故日本人多以《玉篇》为中、日字典的代名词,可见其影响之深。

顾氏原本《玉篇》的字数,据《封氏闻见记》载:"梁顾野王撰《玉篇》三十卷,凡一万六千九百一十七字。"这个数字,与《大广益会玉篇》祥符牒后所载"旧一十五万八千六百四十一言,新五万一千一百二十九言,新旧总二十万九千七百七十言"之数迥不相侔。而且广益本又有个双行注云"四十万七千五百有三十字",与广益本大字注文合计二十万有奇又不相合。杨守敬认为:"其所云'注四十万'者,为顾氏原本之数,故盈三十卷。'旧一十五万’者,孙强等删除注文,增加大字,并自撰注文之数也。‘新五万有奇’者,陈彭年等增加大字并自撰注文之数也。”胡朴安认为:“此言颇近理,特未能证明耳。”

比较一下卷子本与广益本注文的内容,大体为:卷子本音切称“某某反”,广益本称“某某切”。卷子本每字下多引古书传注并加野王按语,所出字训义项甚多,广益本则征引甚少且只训一二义,如“欠”部“次”字注文,卷子本引书十四种,有重文出于《字书》,共五百多字,广益本仅有“叙也,近也”二义四字,又失重文。卷子本采集《苍》《雅》字书训义甚多,广益本概予删除。可见卷子本即使没有百分之百地保存顾书原貌,也当比广益本接近得多。又《经籍访古志》称:“每注中有野王按语,与慧琳《经音》及《弘决外典钞》等所引合。”故一般学者把卷子本直接看作顾氏原本,是合理的。孙强的增字减注本出现在唐高宗上元年间,那同时,还流传着《玉篇钞》之类的节本。北宋初年通行的,恐怕已是孙强本(见李焘《说文五音韵谱序》),而顾氏原本已失其传。拿陈彭年等重修的广益本和卷子本一对照,其差别之大,可以推知陈氏所依据的恐怕只是孙强本,他们根本就没见着原本《玉篇》。

下面谈谈顾野王《玉篇》成书的年代。

清人王昶在《春融堂集》中断言《玉篇》撰成于梁武帝之时,而进呈于简文帝之世。他的根据是《进玉篇启》中有“殿下天纵岳峙,睿哲渊凝,三善自然,匪须勤学,六行前哲,宁以劳喻”等字样。其实萧恺受命删改《玉篇》,在太清二年以前,当时尚为武帝之世。萧恺死于侯景之乱,《玉篇》当进呈于武帝之世,这本来是没有什么问题的,但宋人重修《玉篇》时,误题“梁大同九年三月二十八日黄门侍郎兼太学博士顾野王撰”,而顾野王为黄门侍郎乃入陈以后的事,他在梁代只于大同四年除太常博士迁中领军。王昶由此怀疑到“梁大同九年”这个时间,把广益本大中祥符牒后所记全部推翻了,其实不少学者认为,官衔混误并不能成为成书年代也写错了的证据。

大同九年顾野王才二十五岁，如此年轻就写出《玉篇》那样卷帙浩繁的巨著，这也是人们怀疑的一点。其实像他这样早熟的作家在我国历史上并不乏其例：王弼二十四岁注《易》，陆德明完成《经典释文》据钱大昕推定当在三十岁左右，王通拟《论语》而作《中说》，仿《春秋》而作《元经》，死时才三十五岁。顾野王七岁读五经，九岁能文，年十二随父到建安，遂撰《建安地记》二篇。二十五岁写成《玉篇》并非全不可能；况且“太宗嫌其书详略未当”，可见不是成熟之作，而那个奉命删改《玉篇》的萧恺，当时四十多岁，就已经是顾野王的长辈了。可见顾氏《玉篇》在梁大同九年写成一事，倘无确证，固不宜妄自推翻。

顾野王的生平，《陈书》列传第二十四及《南史》卷六十九均有传略，惟《南史》较简。下面摘抄《陈书》所记两段文字，当可想见其为人：

> 及侯景之乱，野王丁父忧，归本郡，乃召募乡党数百人，随义军援京邑。野王体素清羸，裁长六尺，又居丧过毁，殆不胜衣，及杖戈被甲，陈君臣之义，逆顺之理，抗辞作色，见者莫不壮之。
>
> 野王少以笃学至性知名，在物无过辞失色，观其容貌，似不能言，及其励精力行，皆人所莫及。第三弟充国早卒，野王抚养孤幼，恩义甚厚。其所撰著：《玉篇》三十卷，《舆地志》三十卷，《符瑞图》十卷，《顾氏谱传》十卷，《分野枢要》一卷，《续洞冥记》一卷，《玄象表》一卷，并行于世。又撰《通史要略》一百卷，《国史纪传》二百卷，未就而卒。有《文集》二十卷。

野王以梁天监十八年(519)生，陈太建十三年(581)卒，享年六十三岁。他的著作，除《陈书》所列十种外，尚有：

（一）陆德明《经典释文》云："舍人顾野王并撰《音》。既是名家，今亦采之，附于先儒之末。"

（二）宋高似孙《史略》："顾野王《陈书》三卷。"并云："姚思廉采谢灵运、顾野王等诸家言，推究综括，为梁、陈二家史。"（《陈书》三卷，疑即《国史纪传》之残。《尔雅音》已佚，《汉学堂经解》中有辑本。）

以上著作中，对于音韵、训诂有价值者，仅《玉篇》《尔雅音》两书，而《尔雅音》已不存，殊为可惜。

《玉篇》的版本，原本残卷即前面所说过的卷子本和《古逸丛书》本（《丛书集成》本是据《古逸丛书》本影印的）。广益本有：泽存堂本，《小学汇函》重刻张本，邓显鹤重刻张本附札记，楝亭五种本又明经厂大字本，《四部丛刊》影印元建安郑氏本等。

广益本《玉篇》部目，始于"一上示"，终于"十干""十二支"，与《说文解字》同，而中间各部次第则多有不同。如果仔细观察一下，其部首排列好像是根据字的意义相比次，但又不精密。段玉裁曾批评说："顾氏《玉篇》，以'而'部次于'毛''毳''毌'之后、'角''皮'之前，则其意训'而'为兽毛，绝非许意。"不但如此，"二"部"三"部不和其他数字排列在一起，"采"部排在"七"部"八"部之后，"丸"部放在"九"部"十"部之间，这好像又是据形联系，自乱其例了。钱大昕《十驾斋养新录》指出："《说文解字》凡五百四十部，《玉篇》删并'哭、延、教、眉、白（与"自"同）、䀠、饮、后、六、弦'十部，而别增'父、云、喿、冘、处、兆、磬、索、床、弋、单、丈'十二部，共五百四十二部。又《说文》'书'字在'聿'部，今改为部首，而并'画'部入焉。此部分之不合于《说文》者也。"所增添的部目，有的是因为后起字从同部者较多，不得不添，有的部目只收一个字，很难说它有什么增添的必要。《说文》一书，有《系传》中《部叙》一篇明其部目次第之意，而《玉篇》可就很难发现其相贯之理了。

由于社会事物日益繁赜，人的思想日渐复杂，言语增多，文字也必然随之增多。特别自佛学输入后，写经风起，文字用途激增，异体字遂纷然杂出，《封氏闻见记》载：魏李登《声类》一万一千五百二十字，较《说文》增二千一百六十七字；吕忱《字林》一万二千八百二十四字，较《声类》增一千六百零四字。而今本《玉篇》较《字林》又增四千零九十三字，可知《玉篇》收字极为丰富。广益本《玉篇》增字的情形是较复杂的，有一字变为两字者（如“皻”“齇”），有实为一字而以篆隶写法不同分为两字者（如“口、𠙵”“琴、珡”“自、𦣹”）。其他叠床架屋现象（如“躰、軆、體”）及僧道俗人妄行窜改的伪体字（如“𠆤”“卣”）等，显然并非因社会需要而必须增加的。而总的看来，所增字多为见于两汉魏晋群书及社会通用之字而为《说文》所未收者。

关于《玉篇》一书命运及其概况的叙说即如上述。日本人冈井慎吾所著《玉篇の研究》及胡朴安、周祖谟等人的文章中都有论述可供参考。

二、卷子本《玉篇》残卷的面貌

卷子本《玉篇》残卷共八轴，各卷面长短不等，或有一卷因字数较多而分为二轴者（如卷二十七）。原卷利用唐人写经笺背面抄写，每轴藏一木盒中，又散页六纸，罗氏跋文二纸。

它们在日本被发现的情况，据冈井氏云：

（一）卷第八　心部

残本藏久原文库中，为杨守敬诸人所未见。所收为自心部第八十七至惢部第八十九。日本大正七年（1918）五月在东京发现。

(二)卷第九　言部—幸部

藏早稻田大学图书馆中，所收为自言部第九十一至夰部第一百十九，缺言部及次部、幸部之首。其间册部之尾，㗊、只、㕯部之全部及欠部之首则藏福井氏崇兰馆中。

(三)卷第十八之后半　放部—方部

全卷所收为自金部第二百六十九至方部第二百八十四，今所存仅放部第二百七十一以下后半。原藏大和国东大寺尊胜院，明治七年归柏木探古之手，后藏三浦观树将军家，大正五年十月入大阪藤田男爵家。

(四)卷第十九　水部

所收为水部第二百八十五之一部，缺首尾，仅存中间一百四十四行。向在南东大寺尊胜院，后亦入藤田家。

(五)卷第二十二　山部—品部

所收为自山部第三百四十三至品部第三百五十六。存神宫文库。《古逸丛书》刻者乃其摹本。

(六)卷第二十四　鱼部

全卷所收为自鸟部第三百八十六至鱼部第三百九十八。今仅存鱼部第三百九十七之十三行而已。于明治末年在京都府船井郡高原村大福光寺发现。为黎庶昌所未见。

(七)卷第二十七　系部—索部

所收为自系部第四百二十五至索部第四百三十一。前半在高山寺,后半在石山寺,合之为一卷。

部目及大字数、注文数详细统计:

卷八(残)	心部	大字 6	注文 217
卷九(首缺)	言部	大字 312	注文 11161
	誩部	大字 6	注文 273
	曰部	大字 11	注文 399
	乃部	大字 5	注文 153
	乛部	大字 4	注文 103
	可部	大字 4	注文 274
	兮部	大字 4	注文 281
	(	阙	)注文 65
	亏部	大字 6	注文 288
	云部	大字 2	注文 330
	音部	大字 16	注文 847
	告部	大字 2	注文 223
	㔾部	大字 1	注文 9
	吅部	大字 13	注文 674
	品部	大字 4	注文 167
	喿部	大字 3	注文 68
	龠部	大字 9	注文 470
	册部	大字 4	注文 309
	㗊部	大字 9	注文 468
	只部	大字 2	注文 59
	㕯部	大字 6	注文 290
	欠部	大字 101	注文 3378

	食部	大字 144	注文 4610
	甘部	大字 12	注文 441
	旨部	大字 3	注文 180
	次部	大字 5	注文 257
	㚔部	大字 3	注文 183
卷十八(后半)	金部(	阙	)
	放部	大字 3	注文 311
	丌部	大字 11	注文 617
	左部	大字 3	注文 365
	工部	大字 6	注文 192
	㠭部(	阙	)
	巫部(	阙	)
	卜部	大字 6	注文 617
	兆部	大字 2	注文 208
	用部	大字 7	注文 948
	爻部	大字 3	注文 134
	㸚部	大字 4	注文 183
	车部	大字 175	注文 3976
	舟部	大字 64	注文 1640
	方部	大字 4	注文 584
卷十九(残)	水部	大字 143	注文 6763
卷二十二	山部	大字 137	注文 3732
	屾部	大字 2	注文 56
	嵬部	大字 2	注文 108
	屵部	大字 10	注文 257
	广部	大字 96	注文 5043
	厂部	大字 40	注文 1501
	高部	大字 7	注文 340
	危部	大字 4	注文 321

	石部	大字 160	注文 3638
	磬部	大字 8	注文 242
	自部	大字 2	注文 20
	阜部	大字 143	注文 7326
	𨸏部	大字 5	注文 67
	厽部	大字 4	注文 335
卷二十四(残)	鱼部	大字 19	注文 514
卷二十七	糸部	大字 392	注文 18102
	系部	大字 5	注文 643
	素部	大字 8	注文 500
	丝部	大字 7	注文 130
	黹部	大字 7	注文 250
	率部	大字 1	注文 175
	索部	大字 3	注文 236

总计:大字 2190　　(注:周祖谟云大字 2130 余字)

注文 86251

几点说明:

(1)统计时未将蚀字计入。

(2)有部目而文字不存者,注“阙”。

(3)由于原卷抄写讹脱、颠倒以致文意不明而造成统计上的不确或有之。

据此,这个统计数字虽称详细,但未必确切,与他书所载内容有不合之处。

推论:

据《封氏闻见记》:“梁顾野王撰《玉篇》三十卷,凡一万六千九百一十七字。”

以残卷大字之字数 2190 与 16917 相较,则卷子本《玉篇》残卷字数仅当原书八分之一左右。以残卷注文 86251 字之数八倍之,则已超过广益本敕牒后所载“注四十万七千五百有三十字”。

这就为杨守敬“其所云‘注四十万’者,为顾氏原本之数,故盈三十卷”的说法找到了一个有力的证明。胡朴安以杨氏之言“未能证明”为憾,睹此或可以稍安了。

今以残卷分部与广益本相较,大略相符,可知广益本《玉篇》分部多依旧本。但也有不合之处:

“誩”部广益本为第九十一,卷子本为第九十二,可以推知自卷首至此,原本多一部;“放”部两本俱为第二百七十一,自“誩”部至“放”部则原本较广益本少一部。据杨守敬《日本访书志》及其他学者考证,日本僧空海所撰《篆隶万象名义》一书部次安排全依顾氏《玉篇》,那么依据《篆隶万象名义》推究原本《玉篇》部首真相还是可以做到的。试以此法解决上面的问题:查《篆隶万象名义》部首第四十七之部次有“合𠮦徐利反”部,故至“誩”部止,较广益本多一部。又广益本第一百五十八为“东”部,《篆隶万象名义》却没有,所收“放”部恰为第二百七十一。

《篆隶万象名义》其他部首也有与广益本《玉篇》不相同的,对于考察原本《玉篇》全貌有一定价值,这里因篇幅所限不再列出。

卷子本《玉篇》注文中征引之富、说解之详,远非广益本可比,它在训诂学上的价值,自然也远在广益本之上,但广益本减注的目的,一在于增字,一在于约简以便流传,看不到这些,也就看不到广益本较原本增加字数近一倍的意义了。惟原本《玉篇》两部皆收之字甚多,广益本均已删去,对考察汉字隶变中出现的或体及其规律颇为不便。这一点,《篆隶万象名义》倒都因承不改,增加了它的学术价值。

杨守敬在《日本访书志》里说:“按野王所收之字,大抵本于《说文》,其有出于《说文》之外者,多引《三苍》等书。于字异义同,且两部或数部并收。知其网罗《苍》《雅》在当时已为赅备。广益本递有增益,而不为之分别,使后人无从考验得失,殊失详慎。又原本次第多与《说文》同,《说文》所无之字,续之于后。广益本则多所凌乱,间有以增入之字夹厕其中。近人乃欲以《玉篇》之次第校《说文》之次第,不亦谬乎!”

他的意见是重要的。

我们评价一部书或比较两书间之得失,不但要看它们在历史上的客观作用(这当然是首要的),而且不应忽略撰述者的主观意图。顾野王撰《玉篇》,自称“文字之训备矣”。他的目的重在“文字之训”,所以才“总会众篇,校雠群籍”(见《大广益会玉篇·序》),而广益本目的在于广益其字以敷后来之用。我们不可以此之长责彼之短,应当说两书编纂的主观目的都基本上达到了。

当然,毋庸讳言,广益本脱漏、妄删之处不少,如“言”部、“广”部皆有逸夺。又往往截取原本注文之末二字以当训释,如:“车”部“轼”“较”二字下,广益本截取注文中所引《考工记》郑注“兵车”二字,并以为兵车之名。“心”部“怂”字下广益本将原本注文所引《楚辞》“怂善而抑恶也”删作“恶也”二字。此种鲁莽做法影响是很坏的,后世字书或盲目袭取,贻害匪浅。有人主张修订宋本《玉篇》,是十分必要的。

历来学者无不称道原本《玉篇》之详博,无不承认它在训诂学上的价值,同时又几乎是众口一词地把它说成是《说文解字》的忠实继承者。如果我们真正注意到顾氏序言中的话,再比照一下许慎《说文解字·叙》,对于两书的制作目的及其性质,难道不应深深思索而加以区别吗?这一点,有的日本学者倒是注意到了,而我们国内有关文字学史的书籍、讲义却陈陈相因,恪守旧说,实为可惜。

三、卷子本《玉篇》的条例

段玉裁在《说文解字注》中对于许书条例多有发明。大体为:分部立文的条例、字体先后的条例、行文属词的条例、说解的条例、训诂的条例等。本文在叙说通过残卷考察到的原本《玉篇》条例时,间有比照。

关于分部之先后,许书以形之相近为次,顾书并不全都如此,前文中已说到了。部中文之先后,顾书也大体同于许氏(以义之相引为次),其或有不合者,考察一个"山"部,当可窥见一斑:《说文》"山"部共五十三文,重四(新附字十二)。《玉篇》"山"部共一百四十七文,其次第与《说文》同者二十九,稍有参互而相去未远者十五。《说文》新附字,《玉篇》大都列于部末,其前又有七十余字为《说文》所不载者。

(1)通例

胡朴安谓"其注解亦有条例:先出音、次证、次案、次广证、次又一体,略有五种。虽不必每字注解五例俱全,而大概如是"(《中国文字学史》第一编)。这个说法较概括而不够明确,我们试用"音切""古书用例""传注""野王案""小学书""或体"这样一些与原说解中情形更为切近的概念去分析下面几个例子:

"言"部"讴"字:

于侯反(音切)左氏传讴者乃出(古书用例)野王案说文讴齐歌也孟子绵驹处于高唐而齐右善讴是也(野王案)广雅讴喜也(小学书)埤苍或为呕字在口部(或体一)字书为怄字在心部(或体二)

(音切—古书用例—野王案—小学书—或体一
或体二)

"食"部"飨"字:

穴掌反(音切)周礼上公飨礼九献侯伯飨礼七献子男飨礼五献(古书用例一)郑玄曰飨设盛礼以饭宾也(传注一)野王案毛诗钟鼓既设一朝飨之是也(野王案)公羊传飨齐侯于祀丘何休曰牛酒曰犒加饭羹曰飨(传注二)仪礼机〔执〕奠祝飨(古书用例二)郑玄曰劝强之也(传注三)神明歆飨亦为享字在辛〔享〕部

（或体）

（音切—古书用例一—传注一—野王案—传注二—古书用例二—传注三—或体）

“亏”部“虧”字：

去为反（音切）毛诗不虧不崩（古书用例一）笺云虧犹毁坏也（传注一）楚辞芳菲菲而难虧（古书用例二）王逸曰虧歇也（传注二）又曰八柱何当东南何虧（古书用例三）王逸曰虧缺也（传注三）尔雅虧毁也（小学书一）说文气损也（小学书二）广雅虧去也虧以也（小学书三）或为虧字在兮部（或体）

古书用例一　传注一　小学书一

（音切—古书用例二—传注二—小学书二—或体）

古书用例三　传注三　小学书三

由以上几例可以看出：《玉篇》说解的通例，音切在前，或体殿后，其间引古书用例多附传注。引古书用例及传注的目的主要是说明某字在某句中为某义，也就是指示词语在语言环境中的具体含义。引小学书是为补充词语义项。引《说文》是出其义以定其形。野王按语位置不定，或出已意则言必有征，大抵是助人理解经传之字义。凡古文籀文多采自《说文》，故曰“说文古文某”“说文籀文某”。

（2）音切

《玉篇》残卷的二千一百余字，字字皆有反切。又日本僧昌住《新撰字镜》及丹波康赖《医心方》《续群书类从》中《香字钞》《药字钞》所引顾氏《玉篇》，反切与原本相因未改的广益本《玉篇》反切等，都是很可宝贵的语音资料。

韵书之兴，始于魏晋，下至南北朝，代有著述，然而都已亡佚了。欲考六朝语音，除韵文之外，所可资据者，惟字书与音义书。现存六朝字音反切最多的书，莫过于陆德明的《经典释文》。顾野王与陆氏因为都是吴郡人，故《玉篇》中的反语也是考索六朝吴音的重要资料。

因为《篆隶万象名义》一书的反切与原本《玉篇》反切相同者至多而不同者甚少,所以周祖谟先生将原本《玉篇》残卷、广益本《玉篇》及其他韵书一一比勘之后,根据《篆隶万象名义》之反切,采用系联法求得《玉篇》音系,著为《万象名义中之原本玉篇音系》(收入《问学集》中)。

在考察卷子本《玉篇》体例时,我们需要指出的是:①每字下皆有"某某反",可见卷子本抄写时间当在唐末讳"反"而称"切"字之前。切语位置均冠于说解之首。②有的字有两三个切语。这又分两种情况:一为两切语并列(如"言"部"諓"似剪反、子践反),一为分置于说解之首与说解之中(如"水"部"汤"耻郎反,说文热水也……又音托浪反,荡也……又音始扬反,流貌也),为破读字。

(3)引书

繁富的征引是顾书最突出的特点。它一般是每出一字即于音切后胪列古书用例,有的数量极多。如"糸"部"纯"字下,反切加注文共三百四十九字,所引书及传注有《尚书》(孔安国注)、《周易》、《仪礼》、《周礼》(杜子春、郑众注)、《考工记》(郑玄注)、《左传》(杜预注)、《论语》(孔安国注)以及《广雅》、《方言》等书十四种、十家注文。所列义项二十余个,有本义、引申义、假借义,还有辨误。经考察,原本《玉篇》所引经传子史及汉人辞赋等见于残卷中的就有四十多种。所引小学书除《说文》外,还有《尔雅》《方言》《苍颉篇》《埤苍》《声类》《字书》《广苍》《广雅》等。

顾书与许书在说解上有一个显著的不同点是:它多是通过例句来说明字义。在残卷两千多字中,由顾野王通过按语直接说明字义而不加征引之处极少。可以这样说:顾氏《玉篇》中的义训,大都由传注构成,所谓"文字之训备矣",大抵是搜罗了前人对文字的训释。只在两种情况下才直接作注:一是无传注之书,二是前人未加训释或虽有训释而义尚不明的字。这种客观态度,符合他著书的宗旨。

对于群书用例,他也不全是消极罗列。如:“阜”部“队”字下(为醒目起见,我把注文截开排列)

尔雅队落也

说文坠从高堕〔队〕也

广雅坠夫〔失〕也

左氏传方为二坠杜预曰坠部也又曰右拔戟成一坠杜预曰百人为一坠

“队”与“坠”,乃与传写有关,姑且勿论,仅由上面次序就可以看出:作“坠落”讲的“队”与作“部伍”讲的“队”是明显分开的。为此顾氏打破引古书先于小学书的常例,将《左传》用例排在了后面。其所引《尔雅》《说文》《广雅》之说,前二者为本义,后者为引申义,也看得很清楚。

常用字的注文中,征引尤富。看上去似乎杂然并陈,其实多可以义类归并之。当然,顾野王不可能具备如我们今天这样明确认识到的本义、引申义、假借义等概念,像上面所举“队”字说解之例,也不能一以概全。我们只是想要说明他于字训及古书用例,并非全然盲目安排的。其常例,当然是引古书在前,引小学书在后。或有只引经史而不引小学书、引古书而径以野王按语作注、先引古书次引《说文》、只引《说文》不引古书及只引小学书而不引古书及《说文》等情形,亦视其说解内容之不同而各异。

顾书引前人传注,多直书训诂家名字,惟于许慎所注《淮南子》称“许叔重曰”以示尊崇。黎庶昌不明此例,校勘时往往在漏落处补为“郑注”“杜注”等。

(4)“野王案”

野王按语在原本《玉篇》中地位十分重要,数量也比较多。

“言”部三百二十字中,有野王按语者八十八字,更有一字之下加两按语者。

野王按语的内容,大致有以下几个方面:

①直接为古书作注,如:

“阜”部“隐”字下:《周易》:“天地间贤人隐。”野王案:隐,不见也。

“厽”部“絫”字下:《归藏》:“荣荣之华,絫絫之实。”野王案:小实也。

②补充说明前人传注,如:

“石”部“砺”字下:《山海经》:“崦嵫多砺砥。”郭璞曰:“磨石精者为砥,粗者为砺。”野王案:所以磨刀者也,《尚书》“若全用汝则砺”是也。

③引申前人传注使之更明显,如:

“水”部“沈”字下:《庄子》:“是陆沉者也。”司马彪曰:“无水而沉也。”野王案:陆沉,犹沦翳也,言居陆而若沉溺无闻也。

④引他书以注《说文》,如:

《说文》:“障,隔也。”野王案:《礼记》“开通道路无有障塞”是也。

⑤直接注解《说文》,如:

“水”部“淤”字下:《说文》:“淤,澱滓也。”野王案:今谓水中泥草为淤。

⑥注解他家小学书,如:

“食”部“餖”字下:《广雅》:“餖,长也。”野王案:谓滋长也。

⑦辨字之形体,如:

“阜”部“隘”字下:《广雅》:“隘急也。隘〔狭〕也。”野王案:此亦阸字也。

“野王案”的内容大致如上述。如果我们考虑到《说文》《广雅》等书直到清代才有人为之注疏的话,就会看到顾氏说解是何等的可贵了。

(5)或体

《说文解字》一书,每于正篆之下附籀文、古文、或体,顾氏广其义而创为“异部重文”之例。所谓“《玉篇》疏隶变之流”盖即指此。

①量的举例:“言”部大字三百一十二,有或体者一百二十七,约占百分之四十一。其中有两个异体者如“警儆”“譞儇”等共八十四组,有三个异体者如“讴呕怄”“諎唶咋”等共二十六组,有四个异体者如“譮侩话舙”等共十六组,还有五个异体者如“讞唁訑這瀸”。大量的异体字为我们研究汉字演化特别是隶变规律以及考求声音,都提供了可贵的材料。

②在书中的表现方式:

“或为某字在某部”,如:“㩧或为攎字在手部。”
“某书亦某字也”,如:“纂,《字书》亦𢈪字也。”
“今或为某字在某部”,如:“譩,今或为噫字在口部也。”
“《说文》古文某字也”,如:“𢘓,《说文》古文细字也。”
“《说文》籀文某字也”,如:“𨻰,《说文》籀文陆字也。”
“古文为某字在某部”,如:“訶,古文为哥字在可部。”
“某书古文某字也”,如:“砅,《尚书》以此砅为摩厉之砺字。”
“某某之某为某字在某部”,如:“柔纫之纫为韧字在韦部。”

以上八种,为异体字在《玉篇》残卷中被说明的主要方式。作者如此重视异体字的搜集,特别是多注明部目及所从来之书名,其目的决不仅限于识字,而在于训诂:注明部目,为便于索检义训;指出书名甚至句例,是为明确字在句中的确定形体及含义。

卷子本《玉篇》残卷中,于字下注出或体者共有四百七十余处。按其类别,可粗分为下面几种:

古今字——如“队坠”“哥歌”。

义符相近、音符相同或相近——如“詠咏”“护頀”。

音符之繁简——如“譮諳”“詘诎”。

重复部分之简化——如“譱善”“纍累”。

笔画之简化——如“艪臚”“獻献”。

形声字保存重要之部分——如“誇夸”“諤咢”。

音符义符俱不同——如“组綻”“愬诉”。

形声与会意俱存——如“曻姦”“巖岩”。

形声字之繁简体——如“饕叨”“潣闵”。

假借字与本字并存——如“谊义”“飨享”。

书法之不一——如“艪譤”“虎需”。

顾野王生当异体字杂然纷出之世,其裒集众形,安排部分,功力不可谓不勤。

前人书中言及顾氏《玉篇》条例者往往寥寥数语,只见其大略,并不深入考求。本文从通例、引书、按语、异体字等几方面较详细地分析了一下,对于了解顾书面貌,发现其特征,研究其价值,或可有所裨益。

四、顾野王《玉篇》的性质

通过以上对于卷子本《玉篇》诸方面的考察,我们可以进一步讨论顾野王原本《玉篇》究竟是一部什么性质的字书。

黎庶昌说:"《玉篇》与《说文》并重。""《说文》讨篆籀之原,《玉篇》疏隶变之流。"(《书原本玉篇后》)这两句话说到了原本《玉篇》的重要性,可是他仅从比较两书特点着眼,并未全面准确地说明《玉篇》本身的性质。

汉代经师,有今古文两派之分。"五经无双"的许叔重,作为古文学派的重要代表人物,著《说文解字》的目的很明确,是要通过"理群类,解谬误,晓学者,达神旨",为其"王政"的政治理想服务。他认为文字是"经艺之本","王政之始","本立而道生",所以研究文字务求其源以固其"本",由此而发明了"分别部居,不相杂厕"的分部相从之法。这在汉隶已经通行了几百年因而"诸生竞说字解经谊,称秦之隶书为仓颉时书","俗儒鄙夫,玩其所习,蔽所希闻,不见通学"的混乱情况下,确有其廓清之功。他"分别部居"是以"六书"为"字例之条",创造了我国文字书以部首为分类的较为完整的体系。因此,说解字义,例求其本,这是许书最显著的特点。(此处采用段玉裁的观点。钮树玉《段氏说文注订》别有主张,认为"许书解字,大都本诸经籍之最先者,段氏自立条例,以为必用本字"。)

而顾野王著《玉篇》的动机可就大不相同。什么"本立而道生,知天下之至赜而不可乱也",并不是他所考虑的内容。他只是"总会众篇,校雠群籍",以求得"文字之训备矣"。其愿望,不过要"成一家之制"。他虽然博引群经,注重《说文》,但同时也广采《苍》《雅》字书之流。什么“王政”，什么“识古”，在他头脑中恐怕要淡薄得多了。可以说他只是奉诏要搞一部字书，而这部字书又要是在当时最详备的，不管它正体、俗体，也不管它古文、籀文，凡所见到的无不网罗殆尽。他也并无与什么学派的什么主张论争之意，所以便十分自然地采用隶体。恐怕所谓“疏隶变之流”，也很难说具有如许慎“讨篆籀之原”那样明确的主观动机。

顾野王采用部首分类之法，从主观上看，自然是继承了《说文》；从客观上看，在当时还不具备以笔画作为检字手段的条件，因为异体纷纭，书法不一，难道能如楷书通行多年、体势笔画约定俗成之后那样去要求它吗？（唐兰《中国文字学·前论》就曾指出：“六朝是文字学衰颓，也是文字混乱的时期。”胡朴安《中国文字学史》第二编中说：“《玉篇》略以字义之同类者分部，然检字颇觉不便。”开始创建按笔画排字方法的，是宋代李从周的《字通》，而明代梅膺祚的《字汇》又进一步加以改进。胡氏云：“《字汇》以笔画之多少为分部之次序，每部又以笔画多少为列字之次序……此《字汇》在文字学史上极可纪之一事也。”）我们尽管可以说《玉篇》与《说文》为一系，但顾野王著书的精神不能说是完全忠实于许慎的。由于时代的发展，客观需要与主观动机的不同，顾野王的思想要解放得多，他对待《说文解字》的态度，从实质上看很难说与《苍颉篇》《字书》等有什么明显的差别。他从当时的实际需要出发，写出来也是为了当世之用，所以我们至少可以说，《玉篇》对于《说文》，有继承也有发展，而发展是主要的。

其继承方面主要表现为：

(1)采用部首分类法，绝大多数的部首同于《说文》。

(2)也如《说文》那样从字的形、音、义三方面说解。

(3)多引《说文》训义，多采《说文》所存古、籀之体。

其发展的方面主要表现为：

(1)《说文》标音,多用“从某某声”“从某某省声”及直音之法,《玉篇》则随时尚而全部采用反切法。从不少字的一字两切语及破读字的分别标明音切,可以看出顾氏对于反切的重视程度。这无疑是进步的。

(2)《说文》说解,例训本义,《玉篇》则于引申通假之义无不网罗之。对于那些“本无其字”的假借字如语词之类,甚至并不再去管它的本义是什么(如“其”字,只作语词解,不考其篆籀的象形及名词义)。这是因为作者训释词义多重实用,特别是重视它在具体语言环境中的含义。既然于识字读经均无大碍,那么与其说是它的不足,倒不如说是一种适应形势需要的发展更为客观一些。

(3)对于字形,《玉篇》全破“六书”藩篱,以时体为重,兼及篆籀。卷子本《玉篇》成为我国第一部用楷书撰写的字书,自然不能说是毫无意义的。

(4)《玉篇》对于经传子史及他家小学书广征博引,这不但是对字书的发展,而且是对训诂学的贡献。

总之,我们不应忽视《玉篇》本身的许多特点。它讲字音(用反切)、讲字形(列异体)、讲字义(引群籍),从体例上说,是一部文字书;但从另一方面看,我们读了一部《玉篇》,在训诂方面所得到的收获难道会比《尔雅》《广雅》之类少吗?

试看下面比照之例:

糸部绪字	
《尔雅》:舒业顺叙绪也(郭注:四者又为端绪)	《玉篇》:词旅反毛诗缵禹之绪传曰绪业也尔雅舒业叙从绪也郭璞曰谓端绪也又曰绪事也楚辞欸秋〔 〕之绪风王逸曰绪余也野王案谓残余也庄子曩者先生有言是也说文丝端也广雅绪末也

(续表)

水部没字	
《广雅》:潜丞沈溺涅湮沦溨没也	《玉篇》:莫窔反左氏传何没没也杜预曰没没沉灭之言也国语不没为后贾逵曰没贫也史记始为小吏乹没徐广曰随势沉浮也服虔曰射成败也如淳曰得利为乾失利为没淮南吴越之善没者取之说文没湛也声类没溺也古文为𠬛字在又部终竟殂没之没为殁字在歹部

如果我们暂不考虑其编纂体例而单从每个字的训解内容来看,在《玉篇》出现的梁、陈之际,当《尔雅》仅有郭注而《广雅》尚无注疏的情况下,一般读者对于字义训诂之所得,究以何者为便?进而想象一下,它的出现对文字声音训诂各方面的作用以及世人对它所取的欢迎态度,不是也很有意义吗?

王筠在《说文句读》中说:"《尔雅》者,小学专书以此为最古……彼以义为主而形从之,《说文》以形为主而义从之,正相为错综而互为管摄者也。"《尔雅》一系的书,现代学者往往称之为"词典":它把训义相同或相近的字按意义归类排列。《说文》一系的书,现代学者往往称之为"字典":它把字按部首形体排列好,每字下讲音、义、形。《玉篇》一书,采用了这样的办法:它既按照部首排列字序,又在每字下大量列出字在古书中的用例以说明其种种含义。从形式上看,属《说文》一系;从实质上看,它具备了后世字典的雏形,可以说是兼二者之长而并有之。

如果我们承认这个事实,就一定不会满足于一般学者那种极其粗略的看法,而应当说,《玉篇》是一部颇具特色的字书,是一部以训诂为重点的文字书,是一部形式上的文字书,实质上的训诂书,或者更确切地说,是一部具有很高训诂价值的文字书。

下面附带谈一下《玉篇》注重字体隶变的意义,这也是顾书性质上的一个特点。

《汉书·艺文志》云："是时(秦)始造隶书矣,起于官狱多事,苟趋省易,施之于徒隶也。"

《说文解字·叙》云："秦烧灭经书,涤除旧典,大发隶卒,兴役戍,官狱职务繁,初有隶书,以趋约易。"

卫恒《四体书势》云："秦既用篆,奏事繁多,篆字难成,即令隶人佐书,曰隶字。汉因行之,独符、印玺、幡信、题署用篆。隶书者,篆之捷也。"

三家都把事情看颠倒了。实际上是官狱事繁而不得不采用那在民间已经通行着的书体。这样看问题,才符合文字演进的一般规律。所谓隶书"省易""约易""篆之捷也"的说法倒是正确的。

隶变把小篆的线条(这种线条已经脱离了图画性质)进一步发展而为笔画,使汉字更加符号化而且把它用笔画规范化了,开始定型汉以后的方块字。自东汉至今一千八百多年间在我国流行着的楷书,在结构上与隶书并无大的差别,只是笔锋不同而已。

这种简易化、定型化、规范化,不都应看作隶书的进步吗?所以有人说,隶书不但是古文字和今文字之间的过渡形式,而且是汉字发展史上的重要转折点。

文字本来不过是记录语言的符号系统。布龙菲尔德就说过："在语言学家看来,除去某些细微的枝节之外,文字仅仅是一种外在的设计,就好像利用录音机一样,借以保存了过去言语的某些特点供给我们观察。"(《语言论》第十七章)从文字进化方面看,隶变是汉字在形体方面一个大的进步,也可以说是汉字由繁趋简和由分歧趋向统一过程中发生的必然现象。在隶变期间,人们都在创造隶字,如:棄弃奔……(其实绝大部分汉字都有两种以上的写法,有些是繁简的不同,有些是标音与不标音的不同,有些是音符的不同,有些是义符的不同)异体字的产生和消亡是繁简两种趋势相互矛盾发展的必然结果。

顾野王注重隶变,其意义远远超出一部字书的范围。他广搜异体字,客观上为汉字的规范化做着最基础的工作。他顺应历史发展与时代需要,不拘守传统的儒家观念,这是一种思想上的解放与进步。

前面我们谈到过《玉篇》之部次字序有异于《说文》者,断定它在体例上存在问题,这是不容否认的事实。但同时,我们又应辩证地看到,顾氏既采用隶体,势难"据形系联",故大体以事类相从排列之,虽不免有自乱其例之处,但总的看,还是符合汉字隶变这一客观要求的。其部首之升降损益,也有因后出之字甚多而不得不然的原因。

《玉篇》"疏隶变之流"主要表现在其创为"异部重文"之例,极便于读者依部首查异体字。又对形、音、义相近或从本义通假之字亦多区分说明之,这是适应文字发展规律而采取的极有创造性的做法。在我们认识顾野王《玉篇》究竟是一部什么性质的字书时,这些问题尤其不容忽视。

五、顾野王《玉篇》的价值

通过卷子本《玉篇》残卷,我们可以考见顾氏原本《玉篇》的价值:

(1)反切

《玉篇》原帙所载之反切,其价值大致有三:①通过反切,可见当时各字读音,为考察南北朝时期语音的可贵材料,在汉语语音发展史的研究方面有一定价值。

②对照他书反切,可进而推求当时吴语音系。

③通过《玉篇》反映出来的语音破读现象,可以为破读辨义提供一部分研究的资料。

(2)训诂

凡论及原本《玉篇》者,无不称道它在训诂方面的价值。但究竟有些什么价值呢？却大都语焉不详。本文就下述几个方面举例说明：

①引书极多,兼明传注

前文曾举“糸”部“纯”字之例,这里再说一个“言”部：

卷子本《玉篇》“言”部正文三百十二字,注文一万一千一百六十一字,引书五百五十九处,其中光是小学书就引有五种共一百六十四处。总起来看,在一万多字的注文中,所引书传原文及小学书训诂就有近九千字,这确实是“前无古人”的,对于保存古代文献、文字训诂及书籍校勘等均有意义。这样的广征博引,可以看成是对古代文献从语言文字角度进行的分析综合工作。顾野王生长于梁、陈易代之际,又经侯景之乱,建康、江陵内府珍籍所见既多,其所引征皆为善本,此项保存重要文献的功绩是不容抹煞的。

②说解详慎,义项赅备

以“亏”部“平”字为例:《说文》说解仅用十四字,《玉篇》却用了二百六十二字,为前者的近十九倍,诚如顾氏自许的“文字之训备矣”。这对阅读古籍的人是有益处的。

顾书虽长于罗列,然对字义训释所持的态度是较为慎重的。如“山”部“岵”字：

《说文》曰:“山有草木也。”

《诗》毛传却说:“山无草木曰岵。”

《尔雅》说:“山多草木曰岵。”

《韩诗》又说:“有水无草曰岵也。”

“山”部“屺”字：

《说文》曰:“山无草木也。”

《诗》毛传却说："山有草木曰屺。"
《韩诗》又说："有草无木曰屺。"（均见《玉篇》所引）

顾野王兼收并蓄，不妄下按语，此种态度是审慎的。清代段玉裁在《说文解字》"岵"字下注云：

"有"当作"无"。《释山》曰："多草木，岵。无草木，峐。"《释名》曰："山有草木曰岵。岵，怙也，人所怙取以为事用也。山无草木曰屺。屺，圮也，无所出生也。"许书同《尔雅》《释名》。《吴都赋》："冈岵童。"用字亦宗《尔雅》。而《毛诗·魏风》传曰："山无草木曰岵，山有草木曰屺。"与《尔雅》互异。窃谓《毛诗》所据为长。岵之言瓠落也，屺之言荄滋也。岵有阳道，故以言父，无父何怙也。屺有阴道，故以言母，无母何恃也。毛又曰："父尚义，母尚恩。"则属辞之意可见矣。许，宗毛者也。疑"有""无"字本同毛，后人易之。

段氏的说法，与孔颖达疏义相合，可供参考。

又如"言"部的"话"字与"諓"字，《说文》都训作"善言"。段玉裁说："諓之善言为善言辞之意，不同于话下之善言。"有人称赞段氏，说他这种分别是很精到的。其实顾野王未尝没有看出这个问题，《玉篇》"话"字下引孔安国《尚书》注曰："善言也。"又《说文》："合会善言也。""諓"字下，引贾逵《国语》注曰："諓諓，巧言貌也。"又《公羊传》何休注曰："諓諓，浅薄之貌也"。《楚辞》王逸注曰："谗言貌也。"只是顾氏引书传而未下己意，使人看得不那么分明罢了。

顾氏不妄揣古人意，这种谨慎的客观态度，在训诂方面是可贵的，它增加了《玉篇》的训诂价值。

顾书说解详博，名字训释中往往包容义项甚多。如"糸"部

“纪”字下：

时日也	十二年曰纪	维理之为纪
基也	纪事也	纪极犹终极也
犹录也	协固也	总要之名也
丝缕之数有纪者也		犹会也
犹事也	地纪犹贯目也	犹节也
绪也	理也	丝别也
犹纪识之也	识也	

“糸”部“经”字下：

- 《尚书》孔安国注
  - 经久历远也
  - 经常也
  - 经营轨度之也
- 《周礼》郑玄注
  - 为之理数也
  - 经法也
  - 经界也
  - 经形体皆谓制分界也
- 《广雅》
  - 经径也
  - 经绞也
  - 经示也

“欠”部“款”字下：

- 叩→至
- 志纯一→诚重
- 意有所欲→爱

以上用排列式（“纪”字）、归纳式（“经”字）、归纳引申式（“款”字）三种格式举出《玉篇》说解义项的几个例子，为的是说明这部字书每字之下所收义项之赅备，由此可以看出它对训诂学的价值。

顾野王著书态度之审慎，从他每下己意多有引征这一点上也可以看得出来。我们再举几个例子：“言”部“谭”字下：

野王案：谭犹著也。《汉书》“大谭恩于浑天”是也。

“言”部“諽”字下：

野王案：諽犹改变也。《周易》“天地革而四时成”“汤武革命从乎天”是也。

“广”部“庌”字下：

野王案：庌犹疏远之也。《史记》“奏〔秦〕女必贵而失〔夫〕人庌矣”是也。

在《玉篇》中“野王案”之下“某书某句是也”乃通例。可见他言必有据，是极可贵的精神。

又，由于多引古书用例，使字义训释证据不孤，往往一义而数证，这在《玉篇》之中触目皆是，仅举二例以明之：

“食”部“食”字下：

《尚书》：“食哉惟时。”《洪范》：“八政，一曰食。”孔安国曰：“勤农业也。”

野王案：此食谓五谷可食以护人命也。《论语》“足食足兵”是也。凡口所嚼咀者皆曰食也。《尚书》“唯辟王食”，《左氏传》“肉食者谋之”是也。

“音”部“章”字下：

《论语》：“夫子之文章。”野王案：谓章句也。《礼记》“丧复常读乐章”是也。

《毛诗》篇“分别为章句”，亦即是也。

③名物制度,多有引说

顾氏《玉篇》,于名物典章制度及车服器物往往不惮其烦,详引古书以明之,这也是它在训诂方面有价值处。如:

"广"部"庙"字下:

《礼记》:"天子七庙,三昭三穆,与大祖之庙而五〔七〕。大夫三庙,一昭一穆,与大祖之庙而三。士一庙。"

"车"部"轮"字下:

又曰:"兵车之轮,六尺有六寸。田车之轮,六尺有三寸。乘车之轮,六尺有六寸。"

"舟"部"服"字下:

(孔安国)又曰:"司服掌王之吉凶衣服。王之吉服礼昊天上帝,大裘而冕。祀五帝亦如之。享先王则衮冕。享先公卿射则鷩冕。祀四望山川则毳冕。祭社稷五祀则希冕。群小祀曰玄冕。凡兵事。韦弁服。视朝,皮弁服。……"

……"《周礼》:职方氏辨九服之封国。方千里曰王畿,其外方五百里曰侯服,其外方五百里曰甸服,其外方五百里曰男服,其外方五百里采服,其外方五百里卫服,其外方五百里蛮服,其外方五百里夷服,其外方五百里镇服,其外方五百里藩服。"

"龠"部"龥"字下:

郭璞曰:"龥以竹为之。长一尺四寸,围三寸,孔上出寸三分,横吹之。小者尺二寸也。"

④探究词义,兼涉声音

"言"部"谥"字下:

《礼记》:"古者生无爵,死无谥。"郑玄曰:"古,谓殷以前也。"

"舟"部"朕"字下:

《史记》:"秦始皇廿六年,天子自称曰朕。"蔡雍〔邕〕《独断》曰:"古者上下共之,贵贱不嫌,则可以同号。皋陶与舜言'朕',屈原'朕皇考曰伯庸',秦独天子以为称,汉因不改。"

这两个例子,既关乎礼法又涉及词义探究,其他如"诔"字、"碑"字下也有类似情形。

再看下面一例:

"欠"部"歑"字下:

野王案:《大戴礼》"礼丧凶歑色"是也。器物空虚亦曰"歑",《毛诗》"酌彼歑爵"是也。水空虚为"漮"字,在"水"部。屋空虚为"康"字,在"广"部。

在"厉"字的说解中,我们又看到"厉—迾—裂—烈"等体。顾氏由讨论字形而触及声音,这对于他,可能是无意的,而且在卷子本《玉篇》残卷中此类例子很少,我们不能得出什么结论,但他起码在客观上为后人提供了某些有益的材料。

(3)注证古书及《说文》

《玉篇》不但引前人传注说解古书字义,而且往往通过按语,或直接注解、或补充注解、或引他书用例以证明古书中的字义。这里再举几个例子：

“水”部“消”字下：

《周易》：“君子尚消息盈虚天行也。”野王案：消息，犹斟酌也。

“水”部“污”字下：

《尚书》：“旧染污俗，咸与惟新。”野王案：污犹相染污也。《汉书》“令染污有处”是也。

“糸”部“纯”字下：

《尚书》：“政事惟纯。”孔安国曰：“纯，粹也。”野王案：纯，至美也。《周易》“大哉乹〔乾〕乎，坚强中正，纯粹精也”是也。

至于顾书引他书以证《说文》的例子，本文在第三部分已举过例子，这里不再重举。

(4)可与今本《说文》相订正

顾野王所见《说文解字》，显然不是今天通行的本子，试看下面的例子：

歌 { 今本《说文》：歌，咏也，从欠哥声。
　 { 《玉篇》引《说文》：咏歌也。

廇 { 今本《说文》：廇，中庭也，从广留声。
　 { 《玉篇》引《说文》：庭中也。

厉 { 今本《说文》：厉，旱石也，从厂蠆省声。
　 { 《玉篇》引《说文》：厉，摩石也。

碑{今本《说文》:碑,竖石也,从石卑声。
《玉篇》引《说文》:卧石也。

磟{今本《说文》:磟,陖也,从石豖声。
《玉篇》引《说文》:磟,堕也。

今所行大徐本《说文解字》,是在许慎创稿后八百八十六年校定的。除徐氏本人增改外,刊抄流传,千余年而至于段氏诸人之手,欲恢复许书原貌殊为困难。我们由顾氏《玉篇》所引当时流行本《说文》的材料,当可窥见其差谬抵牾之处——当然,卷子本《玉篇》也是久经传抄之物,若以它来校定《说文》,一则仅系残卷而无由得其全,二则本身误字甚多,自然是不现实的。但我们这里要谈的是《玉篇》价值的问题,因此不可忽视它保留有关《说文》材料的重要性。

同时,我们也可以反过来以今本《说文》校勘卷子本《玉篇》传写讹误之处,如:

"言"部"訲"字下:"《说文》:訲,忌言也。"("忌"当作"妄")

"吅"部"咢"字下:"《说文》:谔讼也。"("谔"当作"哗")

"欠"部"欣"字下:"《说文》:指而叹也。"("叹"当作"唉")

"广"部"廫"字下:"《说文》:空廬。"("廬"当作"虚")

(日本学者冈井慎吾在《玉篇の研究》中举例甚详。)

(5)记载当时口语词汇

残卷中此类材料较少,然若就全书推之,当亦可观。可见顾氏说字非仅着眼于古人书传,他也注意到当时人们口中活的语言,这对研究汉语词汇史特别是吴方言也是有价值的。仅举以下二例:

"只"部"㲉"字下:

野王案:今谓如此为如㲉是也。

“言”部“諸”字下：

野王案：今谓举手相诃骂为𧩆諸是也。

(6)保存逸书之材料

清末龙璋著《小学搜逸》，其所辑有《玉篇》残卷中保留之《苍颉篇》《声类》《字书》《广苍》《埤苍》《韩诗》等佚书字训。惜其所见残卷未如卷子本之多，且有漏落。我曾撮抄八百八十余字，补苴较详，可供研究小学逸书之参考。

又《玉篇》残卷中所见之韩康伯《周易注》、刘瓛《周易义》、刘兆《公羊传注》《穀梁传注》、刘熙《孟子注》、孙炎等人《尔雅注》、徐广《史记音义》、苏林和如淳等人《汉书注》、贾逵《国语注》、刘向《别录》、许慎《淮南子注》等书佚文，也是很可宝贵的材料。倘辑慧琳《一切经音义》转引自《玉篇》的材料，加在一起，数量当更为可观。

以上所谈，为通过卷子本考察到的原本《玉篇》在反切、训诂、注证古书及《说文》，与今本《说文》相订正，记载当时口语词汇、保存佚书材料等方面所具有的价值。总起来说，也就是对音韵、训诂、文字、校勘等方面的价值。分得细了一些，是为了便于叙说。

总之，顾野王《玉篇》在我国字书史上是一部重要的作品，它的面貌、性质和价值都需要我们进一步深入加以研究。

（原载《山东大学研究生学位论文集·文科版》
1984年，有改动）

我国第一部楷书字书
——《玉篇》

顾野王所著《玉篇》是继《说文解字》之后我国古代另一部重要的字书，也是用楷书传写的第一部字书，又是最早流入日本的中国字书，无论在国内、国外，都有深远的影响。历代学人对它都十分重视，特别是清代小学家，每每把它和《广韵》《集韵》并提，作为补充与校正《说文解字》及诸书音义的重要资料。段玉裁《说文解字注》拿《说文》说解同《玉篇》相校正者，就有三百二十六处；王念孙《广雅疏证》中《释诂》一篇，计四百八十八条，其涉及《玉篇》者竟达三百三十条处。钮树玉在《段氏说文注订》自序中说："专以《玉篇》诸书参校异同，实自余始。"张鸣珂著《说文逸字考》，备录段、王诸家之说于前而增录《玉篇》音义于后。从这些，都可以看出他们对《玉篇》的重视程度。①

那么，顾野王是个什么样的人？他的《玉篇》一书在我国字书史上应占什么地位？其流传情况如何？它在今天又有什么作

① 他们所见，乃先经萧恺删改，继经孙强增加，又经陈彭年等重修之《大广益会玉篇》，而非顾氏原本。

用呢？下面对这些问题作简单评介。

顾野王，字希冯，吴郡吴（今江苏省苏州市吴中区）人，生于梁天监十八年（519），卒于陈太建十三年（581），享年六十三岁。他是个早熟多产的著作家。七岁读五经，九岁能文，十二岁随父亲顾烜到建安，遂撰《建安地记》二篇。他的《玉篇》成书于梁大同九年，当时他才二十五岁。除《玉篇》三十卷之外，他的著作见于《陈书》的还有《舆地志》三十卷、《符瑞图》十卷、《顾氏谱传》十卷、《分野枢要》一卷、《续洞冥记》一卷、《玄象表》一卷、《通史要略》一百卷、《国史纪传》二百卷。又据陆德明《经典释文》说，他还写过《尔雅音》。可见他的著作是十分丰富的，而且史地天文、蓍龟占候、虫篆奇字无所不通，又工丹青，是当时出名的肖像画家。侯景之乱时，他"召募乡党数百人，随义军援京邑"，"杖戈被甲"，"抗辞作色，见者莫不壮之"。可见他绝非一般墨守陈规的儒生可比。

从汉代直至萧梁时代，经史要籍已经多有训诂，又由于社会发展，人们对主客观世界的认识日见精细深刻，语言文字也随之发展孳衍。特别是由于汉字隶变，形体笔画出现了许多复杂的情况，致使异体字大量产生，汉字数目激增。东汉以后，佛学输入，写经风起，僧道俗人妄制伪体，遂使"俗体字"（如"宂""囙"等）亦杂然纷出。在这种情况下，《玉篇》收字自然是十分丰富的。据《封氏闻见记》载：魏李登《声类》一万一千五百二十字，较《说文》增二千一百六十七字；吕忱《字林》一万二千八百二十四字，较《声类》又增一千六百零四字。我们拿今本《大广益会玉篇》与《字林》比较，又增四千零九十三字。这增加的速度确实是惊人的。① 顾野王《玉篇》的出现，既是时代的需要，也是他勤于用力而写出的"破天荒"的巨著。（参见日本学者冈井慎吾

① 当然，《玉篇》在元明清几代的写刻、印刷和流传的过程中，其分部、立文、字数、注文又会有许多变化。

《玉篇の研究》)

正由于卷帙繁重,传写不便,所以《玉篇》通行四百余年之后,到了唐代,出现了孙强的增字减注本,但该书大约在五代时就亡佚了。到了宋真宗大中祥符六年(1013),又由陈彭年、丘雍、吴锐等人重修,称为《大广益会玉篇》,这就是一般人所说的"宋本"。广益本和顾氏原本有很大的不同,何以知道呢?原来原本《玉篇》在唐代曾由留学我国的日本僧人传入东瀛,千年之后,竟有一部分残卷在山寺、学府及私人手中保留了下来。清代末年,黎庶昌、杨守敬、罗振玉等人访求逸书,又把它介绍给国内学者,这就是我们今天所见到的卷子本和《古逸丛书》本的原本《玉篇》残卷。卷子本共有八轴,卷面长短不等,是用唐人写经笺背面抄写的,影印后,背面经文还可看见。罗振玉从书法上判断它"洵出初唐人手"。《古逸丛书》本则是"辗转传摹上木",虽"讹夺错见",但"虽改字,然皆精确,可见当日校刊之慎密"。(语皆见罗振玉影印"言""系"二卷及"鱼"部残卷之跋文。)今天我们拿原本残卷跟广益本相比较,就可以看出它们的差别来了。如"言"部"警"字,广益本说:"居影切。戒也,敕也。"除音切外,总共四字的说解。而卷子本则云:"居影反尚书□水警予孔安国曰警戒也周礼正岁则以法警戒群吏郑玄曰警谓□□之也左氏传□警于夷杜预曰警惧戎狄也又曰军□不彻警也礼记大□鼓征所以警众也郑玄曰警犹起也广雅警警不安也或为儆字在人部也。"(按:为保存卷子面貌,我未加标点,蚀泐之处以"□"志之。)除音切外,有九十二个字的说解,不仅有经史传注,又引小学书以为广证,还有异部之重文。

可惜原本《玉篇》残卷只有大字二千一百九十个,注文八万六千二百五十一字,跟《封氏闻见记》卷二所载的"凡一万六千九百一十七字(大字)"相较,仅当原书的八分之一了。

《玉篇》传入日本之后,对日本文化影响很大,日本人把中日字书统称为"玉篇",还出了《和玉篇》《倭玉篇》《小玉篇》《玉篇要略集》等。对于这些残卷,日本学者也是十分珍视的,冈井慎吾在《玉篇の研究》一书的“前篇”中专门进行了探讨。黎庶昌等人搜求《玉篇》残卷,刻入《古逸丛书》,据他自己说是颇费力的。有的部分藏在私人手中,秘不得见,只好根据日本人摹写的东西影印,错误自然就会多一些。

杨守敬在《日本访书志》里,指出了广益本同原本《玉篇》相较有哪些不足:“按野王所收之字,大抵本于《说文》,其有出于《说文》之外者,多引《三苍》等书。于字异义同,且两部或数部并收。知其网罗《苍》《雅》在当时已为赅备。广益本递有增益,而不为之分别,使后人无从考验得失,殊失详慎。又原本次第多与《说文》同,《说文》所无之字,续之于后。广益本则多所凌乱,间有以增入之字夹厕其中。近人乃欲以《玉篇》之次第校《说文》之次第,不亦谬乎!”

广益本不但把异部之重文全部删弃,而且对于注文也多有武断妄删以致扞格难通之处。譬如“车”部的“轼”“较”二字,广益本截取原本注文中所引《考工记》郑注“兵车”两个字,把“轼”和“较”都讲成了“兵车”;“心”部的“怂”字,广益本讲成“恶也”,这是因为它把原本注文所引《楚辞》“怂善而抑恶也”删得只剩了末二字,这就把“怂”训为“恶”了。可见广益本《玉篇》不经修订是很难作为善本继续流传的。不过反过来看,假如没有广益本,《玉篇》收字不仅不会递有增加,而且它本身也难以传久。所以,完全否定广益本,像冈井慎吾那样说成“黄钟毁弃,瓦釜雷鸣”,也是片面的。

今天,我们分析和考察《玉篇》体貌,讨论它的性质,评价它在古代字书史上的地位,自然首先应当研究原本的残卷,但同时也应结合广益本来进行。

《玉篇》的分部立文,诚如钱大昕在《十驾斋养新录》中指出的:“《说文解字》凡五百四十部,《玉篇》删并‘哭、延、教、眉、白(与“自”同)、凸、饮、后、六、弦’十部,而别增‘父、云、喿、冘、处、兆、磬、索、床、弋、单、丈’十二部,共五百四十二部。”

它的部首排列,也是始于“一上示”,终于“十干”“十二支”,与《说文解字》相同,可是中间各部次第却多有不同。段玉裁就批评它把“而”部放在“毛”“毳”“冄”之后、“角”“皮”之前,似乎是训“而”为兽毛,“绝非许意”。大略看来,《玉篇》部首似乎常是根据字义排列的,可是又不尽然。例如把“丸”部排在“九”部“十”部之间,像是在“据形系联”了。

各部中立文之先后,《玉篇》大抵是以义相引,与《说文》相近。如《说文》“山”部共有五十三文,重四,新附字十二。《玉篇》“山”部共一百四十七文,其次第与《说文》同者二十九,稍有参互而相去未远者十五。其新附字,广益本《玉篇》大都列于部末,其前又有七十余字为《说文》所不载者。

《玉篇》在分部立文方面出现的这种紊乱情形,主要与汉字隶变有关。但作为字书,不便检阅,这确实是个大问题。王力先生在《汉语史稿》的“绪论”中就指出:“《玉篇》体例很好,可惜字无次序,不便检阅。”广益本存在这个问题,原本当然也存在。

原本《玉篇》注文也有一定的条例,胡朴安曾指出它“先出音、次证、次案、次广证、次又一体,略有五种。虽不必每字注解五例俱全,而大概如是”(《中国文字学史》第一编)。所谓“音”,是指它的反切。(广益本称“某某切”,原本概称“某某反”,可见卷子本的抄写,大约在唐末讳“反”之前。)所谓“证”,是指引书传亦即前人的训诂。所谓“案”,指顾野王的按语。“广证”,是指引《苍》《雅》字书及《说文》等。“又一体”,指异体即异部之重文。在说解中,重文都是位于注文之末,而音切都是在最前面,其间引古书用例多附汉魏学者的传注,所谓“随文释义”。引《说文》是出其义以定其形,引他家小学书是为补充训义。野王按语,多有征引,助人理解经传字义,但位置不定,凡古文、籀文,多采自《说文》。

原本《玉篇》的反切,对于研究语音史特别是考索六朝吴音极有价值,经考证,它大量保存在日本僧人空海所撰《篆隶万象名义》中,周祖谟先生据此著为《万象名义中之原本玉篇音系》(收入《问学集》)。

原本《玉篇》在训诂方面有很高的价值。它引书极富,如卷子本"言"部正文三百十二字,注文一万一千一百六十一字,引书五百五十九处,其中光是小学书就引了五种共一百六十四处。总起来看,在一万多字的注文中,引书传原文及小学书训诂就有近九千字。

顾野王生当乱世,内府典籍多遭兵燹,后世无从得见。但仍有不少善本书中的资料,赖《玉篇》之收录而保存下来,这实是一种巨大的贡献。我们在卷子本残卷中所见韩康伯《周易注》、刘熙《孟子注》、孙炎等《尔雅注》、徐广《史记音义》、许慎《淮南子注》等引文,都是极可宝贵的佚书材料。此外,还有《苍颉篇》《声类》《字书》《广苍》《埤苍》等字书佚文,凡八百八十余字。

原本《玉篇》说解详审,如"亏"部"平"字,《说文》说解仅十四字,《玉篇》却有二百六十二字,为《说文》的近十九倍。不但每下己意必有引征,而且搜求例证用力甚勤,往往以数证证一义,如"食"部"食"字:

> 《尚书》:"食哉惟时。"《洪范》:"八政,一曰食。"孔安国曰:"勤农业也。"
>
> 野王案:此食谓五谷可食以护人命也。《论语》"足食足兵"是也。凡口所嚼咀者皆曰食也。《尚书》"唯辟王食",《左氏传》"肉食者谋之"是也。

应该说,顾野王的《玉篇》已经具备了后世字典的雏形。它出现在梁、陈之际,当时《尔雅》仅有郭注而《广雅》尚无注疏。在字义训诂方面,《玉篇》兼有字典、词典二者之长,是对《说文解字》的继承和发展。我们应当充分估计它在古代字书史上的重要价值，从而给它以应有的地位。像《玉篇》这种卷帙浩繁的巨著，特别是它的旁征博引，不仅是超越前人的，而且在它以后的字书（直至《康熙字典》出现之前）也很少有能与之相比的：《类篇》字数有加而体例不严；《字汇》《正字通》虽于检字法方面创为新制，但其内容殊不为学者所珍视；《五经文字》《九经字样》《佩觿》之流，其功主要在比参形体、正笔画而已，至于在训诂上的价值，是很难超过《玉篇》的。

当然，出现于六朝时代的《玉篇》，拿我们今天的眼光去衡量，作为一部字书，它是存在许多缺点和问题的。首先，它采取了《说文》的部首分类之法，这与它本身的楷书字体即构成了极尖锐的矛盾，出现了分部立文自乱其例以及有目无文、叠床架屋等不科学的现象。其次，它引书传只注书名不注篇名，把前人“随文释义”的训诂材料罗列起来，收录虽富但不便翻检，这与字书的要求也是不相符合的。

今天，在我们整理古籍，为编纂大字典、大词典而汇集资料的时候，有必要对原本《玉篇》和广益本《玉篇》下一番比勘校订的功夫，并编制索引，使它们为我们的新时代更好地服务。

（原载山东大学《文科论文集刊》1983年第1期，有改动）

顾野王《玉篇》对许慎《说文解字》的继承与发展

顾野王的《玉篇》是我国字书史上继《说文解字》之后的一部重要字书，也是用楷书传写的最早的字书。由于卷帙浩繁，传抄不便，到五代时就失传了，只有被来我国留学的日本僧人抄写回去并在东瀛广为流传的卷子本还保留下来一部分残卷。20世纪初，由黎庶昌、罗振玉等人先后用摹写、照相影印之法传回中国。现在我们能见到的，有卷子本和《古逸丛书》本两种原本残卷。至于明清以后学者们经常在著作中引用的《玉篇》，是宋代陈彭年等人在唐人孙强的增字减注本基础上重修的《大广益会玉篇》，与顾氏原本有很大的不同。今天，我们通过对原本残卷的考察来研究顾书的性质、体例、价值，从而公正地评价它在文字学史上的地位，对于中国字书史的研究还是很有意义的。下面，我们从几个方面谈谈顾野王原本《玉篇》对许慎《说文解字》的继承与发展。

首先，我们从字数方面进行一番考察：

周、秦之际，我国通用的文字大抵载于《史籀》《苍颉》二书。《汉书 · 艺文志》说："《史籀》十五篇。周宣王太史作大篆十五篇,建武时亡六篇矣。”“《苍颉》一篇。上七章,秦丞相李斯作;《爰历》六章,车府令赵高作;《博学》七章,太史令胡母敬作。”

《史籀》篇有9000字。汉代的《苍颉》篇由“闾里书师”省并《苍颉》《爰历》《博学》诸篇而成,55章,3300字。汉武帝以后,司马相如、史游、李长、扬雄等人的著作陆续把收字数目增至6000多。到了许慎著《说文解字》,就收到9353文,还有1163重文。此后,《声类》《字林》递有增加,到顾野王著《玉篇》,比《说文解字》增加了6000多个字。可见随着汉字字数的不断增多,历代字书收字数目也在不断增加,这是很自然的现象。值得注意的是《玉篇》的增字同汉字字体的演变与佛学的输入有着很密切的关系。

由小篆到隶书,是汉字发展史上一件十分重要的大事。隶变之后,大量的异体字产生了。原本《玉篇》的“言”部,收字312个,40%以上的字都有异体。其中两个异体的如“警—儆”“譞—儇”等共84组,三个异体的如“讴—呕—怄”等共26组,四个异体的如“侩—譮—话—䛡”等共16组,还有五个异体的如“讞—唁—訁—這—瀗”等,异体字真是多得惊人。这种现象,编字书的人当然不能不予以充分重视。另外,佛学的东渐,使写经形成风气。那些抄写经文的人往往并没有什么大学问,他们用楷书抄写的佛经卷子,掺杂了大量的“俗字”。这样,汉字的数目从东汉以后就激增起来。增加最多的,自然是社会上最常用的字。据胡朴安《中国文字学史》说,广益本《玉篇》的“舟”“风”“山”“石”等部,比《说文》增字五六倍,“毛”“皮”二部增字十一倍,“身”部则增字十一倍。这同时说明人们对自然、社会及人自身的认识是更加细致深刻了。词语的增多,促使文字符号也跟着增多,有时是几倍、几十倍地猛增。当然,有些字上古时常用,后世可能不常用了,像“鼎”部的字,就绝少增加,而《玉篇》的“邑”部反比《说文解字》减少了9个字(这是举广益本《玉篇》的例子)。广益本《玉篇》比《说文解字》多出13208个字,可是它并不能十分恰切地说明原本《玉篇》的收字情况。今天,想拿原本《玉篇》的残卷作全书字数的统计是困难的,因为它完整保存下来的只有六十几部,还不乏缺漏湮灭之处,据笔者计算,《玉篇》残卷现存大字共2190个(周祖谟先生在《问学集》中说"大字二千一百三十余字",疑有漏计者),注文86251字。用这个数目与《封氏闻见记》卷二所载的"一万六千九百一十七字"相比较,残卷字数仅当原书1/8。我们可以想见,顾野王原书卷帙是何等浩繁!这大约与南北朝的时尚有关,当时的人编书,动辄上百卷,用力是很勤的。

杨守敬在《日本访书志》里说:"按野王所收之字,大抵本于《说文》,其有出于《说文》之外者,多引《三苍》等书。于字异义同,且两部或数部并收。知其网罗《苍》《雅》在当时已为赅备。"

可见在收字方面,《玉篇》对《说文》是既有继承又有发展的。

其次,我们再考察一下两书在分部立文方面的情形。

先看分部:

《文镜秘府论》的作者日本僧人遍照金刚在804—806年曾在我国留学,他精于书法文字,所著《篆隶万象名义》,部次安排全同于原本《玉篇》。他见到的《玉篇》传本是很早的。我们拿《篆隶万象名义》跟广益本《玉篇》相对照,就会发现:除"厶"部(徐利反)、"来"部、"皿"部、"大"部、"奢"部、"习"部、"凡"部、"非"部、"素"部、"丝"部、"比"部、"录"部等在顺序上小有不同之外,其他大部分部首的安排还是一致的。就是说,广益本《玉篇》基本上保持了原本分部的旧貌。那么,拿广益本《玉篇》的部目与《说文解字》部目相比较,就基本可以说明《玉篇》与《说文解字》在分部上的异同了。

考察的结果是:《玉篇》部目虽然也是"始一终亥",可是中间各部次第与《说文解字》有很大的差异。《说文解字》部首的排列基本是以形之相近为次的,这和它探讨字义由篆形入手有关。而《玉篇》的部首排列，却似乎是依据字义相比次，但又不很精密。清代学者段玉裁和钱大昕早就指出过这一点（参见段氏《说文解字注》和钱氏《十驾斋养新录》）。

为什么会出现这种情况呢？我们觉得大约有两个原因：一是《玉篇》在体例上存在问题，它并没有完全遵照以字义相近为比次的原则。譬如把“丸”部放在“九”部与“十”部之间，而“二”部、“三”部又不和其他数字排在一起，这些都是自乱其例。二是当时的后起字实在太多。譬如“父”字，《说文解字》释义云：“矩也。家长率教者。从又举杖。”所以“父”字收在“又”部。但是后来又出现了“爹”“爸”“箸”“爷”等字，于是顾野王只好又添了一个“父”部。类似的现象多了，又加上隶变的原因，在部目的安排上也就难免乱了套。但《玉篇》把“人”“儿”“父”“臣”“男”“民”“夫”“予”“我”“身”“兄”“弟”“女”等部收在一卷之中，倒是可以看得出顾氏在这方面毕竟做过一些努力。《说文解字》，我们有《说文系传》中的《部叙》一篇可掘以考察它的部目安排，而《玉篇》，可就很难发现它的相贯之理了。

下面再看看各部内立文的次序问题：

《说文解字》各部之内的立文，是以义之相引为次的。段玉裁在《说文解字注》“一”部“吏”字下的注文中说：“凡部之先后，以形之相近为次；凡每部中字之先后，以义之相引为次。”在《说文解字》“玉”部的末尾，他总结道：

> 按自“璙”以下皆玉名也。“瓚”者，用玉之等级也。“瑛”，玉光也。……“瑬”，异类而同玉色者。“灵”，谓能用玉之巫也。通乎《说文》之条理次第，斯可以治小学。

至于《玉篇》，虽立文次第大体与《说文解字》相同，但也是由于前面提到的两个原因，不免显得凌乱。我考察了一个“山”部，大致情形如下：

《说文解字》“山”部共53文,重文4(新附字12)。《玉篇》“山”部共147文。其中次序与《说文解字》相同的有29,稍有参互而相去不远的有15。《说文解字》中的新附字,《玉篇》大都列于部末。在这些字的前面,有70多个字是《说文解字》中没收的。这70多个字的排列顺序就比较凌乱。

为什么在分部立文上《玉篇》没有像《说文解字》那样严格的体例呢?我想,除了顾野王在说字方面注重字义的训诂而只把《说文解字》的说解作为“广征”的材料夹厕于其他经传引文与字书之间这个原因,更重要的,还是由于文字发生了隶变,要“据形系联”是困难到几乎不可能了。在梁、陈时期,编写字书还不具备创立笔画检字方法的条件,因为汉字当时规范程度还较差,许多字的部件与笔顺难于统一,还不像后来明代《字汇》和《正字通》产生时那样水到渠成,所以,顾野王在分部立文方面既要忠于许氏,又不可能完全忠于许氏,处在矛盾与困惑之中,这种情形是可以想见的。不过他却创立了“异部同文”之例,即在每字的说解后面,都十分认真地指出它“或为某字,在某部”,“今或为某字,在某部”,甚至进一步指出“某某之某为某字,在某部”,这就大大地方便了读者,用心是很殷切的,下面我们举几个简单的例子看:

> 譩,今为噫字,在口部也。
> 纂,《字书》亦纗字也。
> 恖,《说文》古文细字也。
> 謌,古文为哥字,在可部。

这种“异部同文”的条例,是顾野王编著《玉篇》时,根据当时由于汉字隶变而出现了大量异体字的实际情况和编写字典的实际需要而创造的。在《玉篇》体例上,这是个很明显而且很重要的特点,可惜后人在重修时都把异体给删掉了,这对于考察汉字隶变后字形分化的情形很不利。《篆隶万象名义》因为出现时代较早，倒是大都保留了下来，在这一点上，它比广益本《玉篇》有价值。

还有一点值得注意的，是顾野王在每字的说解中首先注出该字的反切。这是在反切兴起之后，作者适应需要，利用当时比较先进的注音方法而不拘于《说文解字》的直音、譬况的一种进步做法。

顾野王《玉篇》同《说文解字》相比，最大的不同点在于它们的说解。

许慎解说文字，是从形、音、义三个方面结合进行的。《玉篇》在这方面有所继承，但它并不是主要运用"六书"原则去推求字的本义，而是大量从经传子史中摘引前人传注，兼采各种字书，同时用按语形式加以补充，看起来像是在搞"字义集解"，简直是在做训诂。我们举个简单的例子看：

《说文解字》："飨，乡人饮酒也。从食从乡，乡亦声。"

《玉篇》："飨，穴掌反。《周礼》：'上公飨礼九献，侯伯飨礼七献，子男飨礼五献。'郑玄曰：'飨，设盛礼以饭宾也。'野王案：《毛诗》'钟鼓既设，一朝飨之'是也。《公羊传》：'飨齐侯于祀丘。'何休曰：'牛酒曰犒，加饭羹曰飨。'《仪礼》：'机〔执〕奠祝飨。'郑玄曰：'劝强之也。'神明歆飨亦为享，字在辛〔享〕部。"

《说文解字》以"六书"原则分析"飨"字，认为它是"食"和"乡"的会意，"乡"又兼表声音，是会意兼形声字，由此得出"乡人饮酒"的解释，是这个字的本义。而《玉篇》根本不谈它的本义，只是把古人传注中"随文释义"的话摘录在一起，告诉人们，在不同的语言环境中，"飨"字有着种种相关却又不尽相同的意义，这就很有点后世字典雏形的样子，只是它还没有进行义项的建立和分合工作罢了。这样做，显然是对《说文解字》的一种发展，这种发展的意义在于使释义更趋细致和实用。

由此可以看出，《玉篇》这部书的性质与《说文解字》是不同的。它是一部有着很高训诂价值的文字书。这样的字书,在顾野王之前不曾有过,是一种独具风格的创新。它集"字典"与"词典"的特点于一身——既对《说文》有所继承,又兼有《尔雅》一类词书的性质。当它出现的时候,《尔雅》一书仅有郭注,《广雅》则还没有注疏,一般学者读书查找词义时,能有这样一部既解释词义又可以当索引用的字书,无疑是会感到很方便的。所以,它流行了400多年,还被日本僧人抄写回去,成为他们国家最早的一部字书。长时间以来,日本人不但把《玉篇》当成字典的代名词,而且后来又出《倭玉篇》《玉篇钞》等一批字书。《玉篇》一书在中日文化交流史上是有过大贡献的。

《玉篇》之所以同《说文解字》有这种性质上的不同,至少可以从以下两个方面找到原因:

一方面,社会发展了,语言文字也跟着发生种种变化。许慎的时代,许多先秦古籍已经非有经师讲解不可了,所以才有"诸生"跑出来"竞说字解经谊"(《说文解字·叙》)。过了540多年,语言又有了很大发展变化,文字也孳乳得越来越多,这种客观情况要求顾野王在编写字书时不得不冲破《说文解字》的体例,增加新的内容,以适应时代需要。

另一方面,顾野王的撰述意图也不同于许慎。

许慎是"五经无双"的古文经学派大师,他在书叙中明确指出,著《说文解字》的目的是通过"理群类,解谬误,晓学者,达神旨"来为"王政"这个政治理想服务。他认为文字是"经艺之本,王政之始","本立"才能"道生",所以他研究文字务求其"源"以固其"本"。收哪些字,不收哪些字,他是很严格的,由此,他发明了"分别部居,不相杂厕"的分部相从之法来统率成千上万的汉字。

顾野王生在六朝,虽然他的父亲"以儒术知名",他本人也是信奉儒家学说的(见《陈书》卷三十及《南史》卷六十九本传),但那个时代毕竟已与东汉有了很大的不同。经历了魏晋时期思想学术界的动荡冲击,又加上佛学的输入,读书人的思想情况和要求有了发展变化。况且顾氏在编写字书时似乎也并没有要跟什么学派的什么主张论争之意,所以他很自然地采用了当时流行已久的楷书。他把《说文解字》同《苍》《雅》字书之类都只当成自己收字作注时的参考,凡是当时能见到的字,不论篆隶古籀,兼容并包地全都搜集来编在一起。

黎庶昌在《书原本玉篇后》那篇跋语中说:"《说文》讨篆籀之原,《玉篇》疏隶变之流。"从文字形体方面看,他的话是对的,我们由此也可以体会出二书编撰目的与性质特点上的不同。

随着时代的前进和语言文字的发展演变,后出的字书必然要在前代字书的基础上有所继承发展。清代学者在评价《玉篇》时往往较多地指摘它不完全遵从《说文解字》的一面,而忽视它对《说文解字》有所发展的一面。这里固然有《玉篇》(特别是广益本《玉篇》)本身存在的错误和缺点的问题,更主要的是这些学者在理解问题上存在着局限性。今天,我们应当运用马克思主义关于事物发展的辩证观点,对《玉篇》作出科学的、实事求是的评价。

(原载《文史哲》1990 年第 4 期,有改动)

古书注解刍议

我国历史悠久,古籍浩瀚。据国务院有关部门统计,我国流传至今的古籍至少有八万种。中华人民共和国成立以来,虽然党和政府极端重视古籍整理工作,但四十年来系统整理过的古籍也不过五六千种,今后的路程很长,任务也很繁重。古籍整理包含的内容很多,如校勘、标点、注释、翻译等,但注释显然是其中特别重要的一环。

不仅古籍整理,而且编写教材、编写通俗的文学历史读本、编写字典辞书等工作也都与注释工作密切相关。如果把古书注解这一环节抓好了,上述各项工作做起来就都容易一些了。当前文史工作者队伍有了很大变化,一批前辈学者逐步退出了阵地,大批中青年学者承担了越来越艰巨的任务。特别是一些二三十岁的年轻人,以满腔热忱投入到这项工作中来,他们精力充沛,敢想敢干,勇于开拓创新,这都是十分可喜的。但是,由于高等教育本身存在着许多有待于改善的问题,再加上图书等客观条件的限制,许多青年文史工作者在教学、科研工作中还存在着不少困难,致使他们中的某些人学养不足,在古书注释工作中暴露出一些问题。这些问题如果不及时提出来加以解决,势必影响当前乃至今后的古籍整理、教学、科研及书籍出版的质量,所以有必要提出来加以讨论。

首先是学力问题。

为古代诗文作注,实在是一件很见功力、很不容易的事情。要想注释得好,不但应对原作有全面、准确、深刻的理解,而且注释者的学力也至少能与原作者相颉颃。清代学者杭世骏说:“作者不易,笺疏家尤难。”又说:“才不必言,夫必有什倍于作者之卷轴,而后可以从事焉。”(《道古堂文集》)当年范成大曾请陆游为苏轼诗作注,陆游“谢不能”。汉、唐以来见于史传的许多大学问家如贾逵、马融、毛亨、郑玄、王肃、孔颖达、贾公彦、李善、司马贞、张守节、朱熹、王念孙父子、段玉裁等等无不是以注释、整理古书名世的;自汉、魏至明、清,注解古书的工作已经有着悠久的历史。对于前人留给我们的大量遗产和经验、教训,我们都应当认真加以审查、清理,择善而从,进行吸收和继承。郑玄笺《诗》,自称“宗毛为主。其义若隐略,则更表明;如有不同,即下己意”(《六艺论》)。王念孙在《广雅疏证》的自序中提出,既反对“望文虚造而违古义”,又反对“墨守成训而鲜会通”。阮元也说:“古注之善者采之,浅者、误者弃之,其有新义,即下己意。”所以王力先生论证说:“古代的经生们抱残守缺,墨守故训,这是一个缺点。但是我们只是不要墨守故训,却不可以一般地否定故训。训诂学的主要价值,正是在于把故训传授下来。汉儒去古未远,经生们所说的故训往往是口口相传的,可信的程度较高。汉儒读先秦古籍,就时间的距离说,略等于我们读宋代的古文。我们现代的人读宋文容易懂呢,还是千年后的人读宋文容易懂呢?大家都会肯定是前者。”(《龙虫并雕斋文集·训诂学上的一些问题》)他的意见是正确的。继承和创新,二者密不可分。对于已经掌握了先进理论武器和科学方法论的现代人,继承本身就包含创新因素。所以下工夫研读前人注疏,系统地继承前人研究的成果,对于现代青年学者来说,是第一位的问题。学养不足,是当前古书注解工作的最大障碍,所以前辈学者总是谆谆告诫我们要耐得住寂寞,坐得住冷板凳,认真读书。尽管改革开放以来西方许多值得我们吸收借鉴的理论和体系同样十分重要,但那也不能代替我们传统学问中精粹的东西。读古书旧注是一门踏踏实实的基本功,到任何时候都是重要的。

一经认真研读前人著作,我们就会发现,在今人注释乃至字典辞书中常常出现一些前人早已指出来的错误,我们又重犯了,或者前人犯过的错误我们又"重蹈覆辙"了。例如王引之在《经义述闻·通说上》中早已指出:"大氐双声叠韵之字,其义即存乎声。求诸其声则得,求诸其文则惑矣。"又说:"夫双声之字,本因声以见义。不求诸声而求诸字,固宜其说之多凿也。"后来朱起凤的《辞通》等著作对这个问题论述得更加详尽,实例也已丰富到无以复加的地步,看来联绵词的问题已成定论,并为大家所接受,照理不会有什么疑问了。但是近来行用甚广的几种辞典和某些古文注释书中仍然出现类似的问题。如"狼狈"又作"刺癶""颒狈"等,是"行不正"的意思,引申而为彼此勾结、困顿窘迫诸义。但是自从唐人段成式《酉阳杂俎》把它讲成两种动物,说什么"狈前足绝短,每行常驾两狼,失狼则不能动,故世言事乖者称狼狈"之后,大家陈陈相因,都把这种说法列为辞书重要义项,或直接用来下注,谁也不去认真想想,世上究竟会不会存在这种"每行常驾两狼"的奇怪动物,这不是很可笑的吗?又有甚者,某书释"螳螂"说:"两臂如斧,当辙不避,故名。"释"蜘蛛"说:"古人以其能设一面之网,知物触而后诛之,故名。"释"蜻蜓"说:"以其色青,尾好挺,故名。"释"蜣螂"说:"以其高鼻深目,状如胡羌,背负黑甲,故名。"如此等等,不一而足。流风所被,在电视、广播中竟有推演"望洋兴叹"这个成语的:踢球不进,曰"望球兴叹";访人不遇,曰"望门兴叹""望锁兴叹",等等。

望文生训的毛病也不仅在解释联绵词方面才有,某些常见字义的解释也存在这个问题。例如《诗经·卫风·氓》:"隰则有泮。"郑笺明明说:"泮读为畔。畔,涯也。"从音、义两方面说都是无可指摘的。上古“泮”属滂纽元部,“畔”属并纽元部,既为旁纽双声,又是叠韵。《说文》:“畔,田界也。”由“田界”之义引申为“水涯”,其义昭然。可是某书注释硬是“望形为谂”说“泮”字当作“水边”讲。查《说文》水部:“泮,诸侯乡射之宫。西南为水,东北为墙。从水,从半,半亦声。”《玉篇》:“泮,散也,破也。亦泮宫。”即使最新出版的《汉语大词典》“泮”字下也只列“融解”“泮宫”“泮奂”“通‘畔’”“通‘判’”“水名”诸义项,而无“水边”一说,可见仅据字形偏旁附会字义是很不可靠的。

又如《三国志·吴书·周瑜传》:“刘表治水军,蒙冲斗舰,乃以千数。”其中的“蒙冲”,《释名》《通典》都讲成一种形体狭长的攻击型轻快战船。胡三省《通鉴注》也引杜佑的说法云:“蒙冲,以生牛皮蒙船覆背,两厢开掣棹孔,左右有弩窗、矛穴,敌不得近,矢石不能败。此不用大船,务于速疾,乘人之所不及,非战之船也。”那么《太平御览》卷七七〇引《吴志》:“董袭讨黄祖,祖横两艨冲,夹守沔口。”《旧五代史·贺瓌传》:“以艨艟战舰厄其中流。”又作何理解呢?两艨冲而可以夹守沔口,艨艟战舰而可以厄其中流,难道是轻快小船可以胜任的吗?况且刘表治水军,船以千数,皆为小船,这怎么可能呢?这个问题,早有人专门讨论过,认为艨冲(或作“艨艟”)是攻坚、拒守之舰,与专用于游击驰斗之“斗舰”有别。《玉篇》“舟”部也只说:“艨艟,战船。”并未言其形制。可见“艨冲”二字未必就作“蒙牛皮而冲击”解。近来有的学者编辞书、作注释,盲目袭用前人旧说而不加以辩证,也不吸收现代学者的研究成果,以古为尚,其实古人也并不见得完全正确。可见学养问题应当包含古今中外优秀的研究成果。许慎在《说文》“秃”部讲“秃”字,引用“通人”王育的说法,云:“苍颉出,见秃人伏禾中,因以制字,未知其审。”段玉裁就指出:“因一时之偶见,遂定千古之书契,秃人不必皆伏禾中,此说殆未然矣。”但是许慎毕竟还说“未知其审”,他引王育说不过是“博采通人”,聊备一说,并没有全然肯定。而现在有的学者妄说语源，如释“泥鳅”云：“以逌健好动，故名。”释“科斗”云：“以其形如鱼似斗，故名。”释“鲫鱼”云：“以其游行时相即，故名。”释“鳢”（鲤）云：“以其首有七星，传云夜朝北斗，有自然之礼，故名。”等等，更加武断而不言出处，令人全然不能接受。

由于学养不足，我们在注解古书时还常常犯“以今例古”的毛病。例如“寝疾”本指卧病，是古时的常语。《礼记·檀弓上》：“曾子寝疾，病。”《礼记·檀弓上》：“成子高寝疾，庆遗入请曰：‘子之病革矣！’”《孔子家语·终记解》：“遂寝病七日而终。”《后汉书·董卓传》：“及灵帝寝疾，玺书拜卓为并州牧。”《后汉书·宋均传》：“均尝寝病，百姓耆老为祷请。”诸例中的“寝疾”“寝病”都指病重不起。某教材在注释时却讲成“睡觉时得了病”。其实这个问题段玉裁早就指出过。《说文》“㝱”（即今“梦”字）部有个“寢”字，许慎说解云：“病卧也。从㝱省，㝲省声。”段玉裁注：“‘寑’，（今寝字者），卧也。‘寢’者，病卧也。此二字之别。今字概作‘寝’矣。”在“宀”部“寑”字下注文中，段氏也指出：“今人皆作‘寝’。‘寝’乃㝱部‘寢’（病卧）之省，与‘寑’异义。”可见原非一字，后来字形省并了，但在古书中词义仍有不同，明了这一点，就不会把“寝疾”讲成“睡觉时得了病”。

又如《说苑·建本》：“暮，何不炳烛乎？”有个注本把“炳烛”解释为“点亮蜡烛”，这也是“以今例古”。《说文》“火”部：“烛，庭燎，大烛也。”段玉裁注：“古烛盖以薪蒸为之，麻蒸亦其一端。”（《说文》：“蒸，析麻中干也。”即去皮的麻秸。王念孙云：“凡折麻干及竹木为炬，皆谓之蒸。”又指细小的薪柴，毛传所谓“粗曰薪，细曰蒸”也。）《诗》毛传就曾指出过：“粗曰薪，细曰蒸。”郑玄注《周礼·甸师》也曾指出：“大曰薪，小曰蒸。”段玉裁在《说文》“燋”字下又说：“大烛树于地，烛则执于手。”可见古时的“烛”指以木、麻为干做成的火炬。章太炎《检论》说：“汉初炷烛不过麻蒸，后汉之季，始有蜡烛。”《晋书》中始有“蜡烛”的正式记载。

又如《列子·说符》："得其精而忘其粗，在其内而忘其外。"某教材注释"忘"字谓"不妨忽略"，不但是增字为训，而且对"忘"字的古义也不甚了解。"忘"字古有遗失、舍弃之义。《诗经·大雅·假乐》："不愆不忘，率由旧章。"郑笺："不过误，不遗失。"《汉书·武五子传》："子胥尽忠而忘其号。"颜师古注："忘，亡也。"《昭明文选·〈叹逝赋并序〉》："乐隤心其如忘，哀缘情而来宅。"李善注："忘，失也。"等等。此外，"在"字古有"察"义。《尚书·尧典》："在璇玑玉衡，以齐七政。"孔传："在，察也。"《尔雅·释诂》："在，察也。"这些古今意义不同的词语，都是在注释时应当特别留意的。

同时，有些词语是多义的。旧注和辞书里有几种不同的讲法。在具体语境中选取最恰当的说法下注，这也是衡量学力的试金石。如《列子·汤问》："薛谭学讴于秦青。"其中的"讴"字，《说文》曰："齐歌也。"王逸在《楚辞·大招》注中说："徒歌曰讴。"《广雅·释乐》："讴，歌也。"此外，《古乐志》有"齐歌曰讴"的说法，指齐地的民歌或歌谣。某教材在注释"薛谭学讴"时，把"讴"讲成"不用乐器伴奏的歌唱"，看来是采用"徒歌"的说法了，但"薛谭向秦青学习不用乐器伴奏的歌唱"算是个什么说法？这太不符合人们的语言习惯了。而且，怎么就一定能排除他有乐器伴奏的可能性呢？其实《广雅》"讴，歌也"的说法何等简洁明白！

有时，我们还会遇到这种情况：一个词，原本不必下注，读者就可以明白，一加上注释，反倒把人讲糊涂了。如《列子·说符》："若皋之所观，天机也。"某教材注云："天机，天然的机理。"又云："指千里马具有的禀赋。""机理"和"禀赋"难道是同一概念吗？《抱朴子·广譬》："聪者料兴亡于遗音之绝响，明者觌机理于玄微之形。"其中的"机理"指事物变化的道理，与"禀赋"毫不相干。俗语说"天机不可泄露"，陆游诗《醉中草书因戏作此诗》："稚子问翁新悟处，欲言直恐泄天机。"无非是指造化的奥秘,不注释也能明白。

有的学者平时不甚措意于古汉语的语法修辞,下笔注释古代诗文时也常常使文意不安。如辛弃疾词《鹧鸪天》:“燕兵夜娖银胡䩮,汉箭朝飞金仆姑。”其中的“娖”字,某选注本云:“谨慎貌,小心翼翼的样子。”既无书证,也不合相骊偶的两句中“夜娖”与“朝飞”对仗的修辞特点。《辞海》采用某专家的意见,谓“娖”通“捉”,但“夜捉”亦甚不词。其实“娖”是俗语词,宋时有整理、整顿、齐整之意。宋人诗文中每有“整促”“整娖”“整齪”等,本字当为“珿”。《广雅·释诂》:“珿,齐也。”《玉篇》:“珿,等也,齐也。”《后汉书·中山简王传》:“官骑百人,称娖前行。”李贤注:“称娖,犹齐整也。”上例中的“夜娖”犹言“夜整”“夜理”。

又如《列子·说符》:“臣有所与共担纆薪菜者有九方皋,此其于马非臣之下也。请见之。”前人指出“菜”通“采”,后一个“有”字是衍文,这句话应作“臣有所与共担纆薪采者九方皋”,本是极易读懂的。但其教材把它讲成“我有个同别人一起背绳打柴名叫九方皋的朋友”。“所与共担纆薪采者”怎么会有“同别人一起”的意思呢?如果可以这样理解的话,那么《孟子·离娄下》的“其妻问所与饮食者,则尽富贵也”倒是指与别人共进饮食的,而非那个齐人了。同类的例子还有很多,如《晏子春秋·内篇杂下》:“圣人非所与熙也”,难道“非所与熙”的不是“圣人”本人,而是别的什么人吗?《史记·淮南衡山列传》“太子迁诸所与谋反者皆族”,难道族灭的不是同太子迁一起谋反的,倒是同别的什么人一起谋反的人吗?

还有《左传·成公二年》:“齐侯曰:‘余姑翦灭此而朝食!’不介马而驰之。”某教材注云:“之:指晋军。”那么“不介马而驰之”就成了“不介马而驰晋军”了,齐侯怎么能“驰”敌人的军队呢?其实这个“之”是一个意义很虚的代词。

又如《左传·僖公三十年》:“焉用亡郑以陪邻?”几种教材

都把它讲成“哪里用得着灭亡郑国来增加邻国的土地?”把“焉用”讲成“哪里用得着”,文气能够贯通吗?杨树达《词诠》曰:“焉用犹何为。”讲得多么好!这种误虚为实、错会词义的例子,在近年来注释作品中俯拾皆是,是最易将初学者引入歧途的。

还有那个《木兰诗》中著名的例子:“雄兔脚扑朔,雌兔眼迷离。双兔傍地走,安能辨我是雄雌?”几家大型辞书及不少注本中都作如下讲法:“兔难辨雌雄,俗常提兔耳悬空,雄兔四脚搔爬,为扑朔;雌兔两眼眯起,为迷离。奔路时则难辨其为雌为雄。”也许最先这样讲的人是经过了目验的,怎见得提耳悬空时雌兔就全不搔爬,雄兔就全不眯眼呢?万一有例外的,岂不是又难辨了吗?其实二句互文。有的辞书在解释时就未用此说,反倒让人觉得更可信一些。清人陈玉澍在《尔雅释例》中说:“凡泛言者,不必求其地以实之。如‘东方有比目鱼’,‘南方有比翼鸟’,‘西方有比肩兽’,‘北方有比肩民’等,一一求其实地,反失之穿凿矣。”这话值得我们参考。古代诗文中的某些本属于修辞范畴的说法,须要从修辞角度加以解释才可以怡然理顺,强行穿凿,反例会兀臬不安。

当前注解古书值得注意的另一个问题,是治学态度。

古人往往以对待经学的谨慎态度来对待语言文字之学。戴震说:“训诂得一字之安,便有天地位、万物育气象。”把训诂看得如此之重,几与天地造化同工,即使是从经学立场出发,跟我们当今注解古书的目的大不相同,但那种求“一字之安”的认真态度是不容否定的。黄侃常以“好学深思,心知其意”和“多闻阙疑,慎言其余”这十六个字勉励和告诫他的弟子。他说:“学问之道有五:一曰不欺人,二曰不知者不道,三曰不背所本,四曰为后世负责,五曰不窃。”他指出:“汉学之所以可畏,在不放松一字。”这就充分肯定了古代治学的可贵传统。他批评近代人治学之病有三:一是“郢书燕说之病”,指的是以讹传讹、曲解原意;一是“辽东白豕之病”,指的是少见多怪,自命不凡的;(汉朱浮《与彭宠书》:“往时辽东有豕,生子白头,异而献之。行至河东,见群豕皆白,怀惭而还。”)一是“妄谈火浣之病”,指的是凭私臆断,强作解人。(按:晋代干宝《搜神记》:“山上有鸟兽草木,皆生育滋长于炎火之中,故有火浣布。非此山草木之皮枲,则其鸟兽之毛也。”)这三种毛病,当前注解古书工作中都还严重地存在着。正如他曾指出的,这些毛病的原因:“一曰急于求解,二曰急于著书,三曰不能阙疑,四曰不能服善。”(参殷孟伦《黄侃先生汉语论著在汉语研究史上的地位》)

中国的传统学问,有如仰山铸铜,煮海为盐,永无止境。那种华而不实、趋新求异、主观武断的态度,正是学者的大敌。

注解古书同做别的学问一样,首先要有谦虚谨慎、实事求是的态度,既要日日有所知,又当日日有所不知。郑玄注《三礼》,于所不知,辄云“未闻”;许慎著《说文》,“于所不知,盖阙如也”;郭璞注《尔雅》,“未详”“未闻”之处凡一百八十余条;高诱注《淮南子》,于所不知,则云“诱不敏也”。这样的态度才是科学的、实事求是的。张舜徽先生在《郑学丛著》中说:“于所不知,不加臆断,疑以传疑,留待后人完之。既明其慎,亦见其谦。知之为知之,不知为不知,可为后世法也。”当前有的学者注解古代诗文,一定要竭力推翻成训,强觅新解,殊觉欠安。如《离骚》:“朝饮木兰之坠露兮,夕餐秋菊之落英。”其中“坠露”与“落英”对文,“落”训“坠”无疑,但宋人好奇,提出“落”字应据《尔雅》“落,始也”之义训为“始”。清代的蒋骥在《山带阁注楚辞》中早就指出:“‘落’字与上句‘坠’字相应,强觅新解,殊觉欠安。”近人游国恩在《楚辞论文集》中也说:“我们不必问菊花是否会落,或者有落有不落;即使一切菊花都不落,而且有现代物理学作根据,也不能说屈子的‘落英’不许用‘坠落’‘陨落’义。因为骚人下笔为文,兴之所至,决无暇想到格物的问题,更不会想到作文章非根据物理不可……何况《离骚》一篇用‘落’字的地方很多……凡四见,都是‘陨落’的意义,不可作‘始’字或其他意义解。”问题已经辩论得很清楚了,但直至今天,还有人坚持“落花即始花”的说法,认为屈子“好修以为恒”,不会吃那已经凋落的菊花。更有甚者,把陶渊明《桃花源记》中的“落英缤纷”也释为“始开之花”,然而陶渊明集中“落”字凡八现,如“误落尘网中”“零落同草莽”“落地为兄弟”“落叶掩长陌”“景落西轩”等,无一处可释为“始”义。戴东原在《答江慎修先生论小学书》中早就指出过:“即《尔雅》亦多不足据。”“其解释《诗》《书》,缘词生训,非字义之本然者,不一而足。”把《水经注·三峡》中“常有高猿长啸,属引凄异”一句中的“属”字讲成“一种高大的、吃猿的猴子”。据说也是取证于《尔雅》《方言》《埤雅》等,诚如王力先生批评的那样:“先假设了一个新颖可喜的解释,然后再乞灵于‘一声之转’之类的证据,那么,这些假设只能成为空中楼阁了。”(《龙虫并雕斋文集》册一)先把“属”字据古音读为“独”,再据“独”的字形去强觅故训,就造成上面的那种奇怪说法了。这种强觅新解的好奇态度在注释工作中是首先应当警惕和防止的。

注解古书,像做其他工作一样,谁也难免有错误。宋代洪迈《容斋随笔》指出:“注书至难,虽孔安国、马融、郑康成、王弼之解经,杜元凯之解《左传》,颜师古之注《汉书》,亦不能无失。”关键是要提倡一种实事求是的朴学精神。清人顾广圻谈“校书之弊”有二:“一为性庸识暗,强预此事;一为才高意广,易言此事。”(《礼记考异·跋》)现在,在注释古书方面,“性庸识暗”并不是最可怕的,因为可以通过孜孜不倦的学习提高自己;自以为“才高意广”而其实“性庸识暗”却又“易言此事”,才是最可怕的。当今学术界确实日甚一日地在滋长着这种风气,一些人视注释古书为“雕虫小技”,不知是什么道理?注释古书虽然可以根据读者水平的高下而在深浅程度上有所区别,但从根本上讲,这是一项十分严肃的、有价值的工作,须要以极严格的科学态度加以对待。

除上面谈到的学力问题和态度问题外,古书注解工作还存在一些其他方面的问题,有待于语文工作者们逐步研究解决。

譬如术语就很不统一。古书中的假借字,注释中或曰"某通某""某同某""某假为某""某为某之借字""某读为某""某今作某",等等。仔细考察起来,"通""同"与"假借"这几个概念不应该等同起来看。古人用字,有时因声义并近而通用,有时用了异体字,有时用单纯的音同音近字,有时用了古字,情况不同,使用术语时就应当有所区别。这个问题,不是没有人专门写文章讨论过,但迄今没有达成共识,因而实际使用起来,仍带有较大的随意性。其实要解决这个问题也并不难,有关语言工作主管部门组织专家认真讨论,得出较为一致的意见之后,首先在报纸杂志上发表此意见,引起争鸣,然后将大家一致认可的结论施诸中学语文课本就可以了。同时,编辑在编审书稿时也应当充分重视这个问题。又如散文中的韵语,有的注释中常用"叶韵"这个概念表示。《左传·隐公元年》:"公入而赋:'大隧之中,其乐也融融。'姜出而赋:'大隧之外,其乐也泄泄。'"某教材注云"融,中叶韵","泄,外叶韵"。这很容易引起人们的误解,以为早已被清人批倒了的"叶音"之说又复活了。"叶音"之说是南北朝以来由于学者不明古音而在读《诗经》时随意改读以求押韵的一种不科学的做法,古音学兴起并日臻缜密之后,它就没有市场了。但它竟然"阴魂不散",在某些《诗经》译注及行用较广的教材中还被较频繁地使用着,实在是误人子弟。其实古音"融"与"中"押韵、"泄"与"外"押韵是不必用"叶韵""叶音"这样容易引起误解的概念去表述的。这看起来是个术语问题,其实也是个很严肃的学术问题,应该用严肃的科学态度去对待。

古书注解涉及的知识面很广,它跟古籍整理、辞书编纂、文科教学等关系密切,由于读者知识层次不同,古书注解的深浅详略也就不同,所以,随着精神文明建设的不断推进,有计划、有步骤地建立一支素养较高、训练较严格的队伍是很必要的。大专院校、社会科学研究单位、出版单位及有关其他单位应当展开协作,共同就某些重要问题开展学术研讨,以期尽快提高一些出版物的质量,争取为振兴民族文化作出更多贡献,这是我们所日夜期盼的。

[原载《古籍研究》1995 年第 3 期,又以《当前注解古书的几个问题》发表于《山东师范大学学报(社会科学版)》1994 年第 1 期,略有改动]

高中文言文注释商兑[①]

现行高中语文课本所选文言文篇目不多,注释也大多精确无误,反映了教材编写者的渊博学识和科学态度。但智者千虑必有一失,这里提出几个问题来进行讨论,目的是进一步促进语文课的教学研究。一隅之见,未必正确,仅供参考。限于篇幅,这里仅以高三语文课本文言文注释为例。

高三文言文注释中存在的问题,主要有三个方面。其一为误注,就是把词语意思解释错了。其二为失注,就是该注释的地方没有下注,这就容易造成语文老师臆度之弊。其三为语焉不详,既使老师讲授时不明所以,也容易造成学生囫囵吞枣的毛病。下面,我们举几个例子加以说明。

勤而无所　必有悖心

《左传·僖公三十二至三十三年》(《殽之战》):“师之所为,郑必知之;勤而无所,必有悖心。且行千里,其谁不知?”其中

① 此文为1996年济南出版社出版之《中学文言文讲析(高中部分)》之代序。

“勤而无所,必有悖心”二句,课本注释说:“军队劳苦却没有用武之地,一定会有违背军纪不服约束的情绪。”这个注,至少犯了两个错误:一个是增字为训。把“勤而无所”的“所”讲成“用武之地”,把“悖心”讲成“违背军纪不服约束的情绪”,都是在原文意思之外,另加上一些意思。“所”就是处所,怎么成了“用武之地”?“悖心”就是悖逆之心,怎么会有“违背军纪不服约束的情绪”?注的另一个错误是不合情理。上文明明写着“杞子自郑使告于秦曰:‘……若潜师以来,国可得也。’”,又用蹇叔的话指出这是“劳师以袭远”,怎么可以说是“没有用武之地”?不用武如何得其国?不用武何以谓之“袭”?凡师,有钟鼓曰伐,无钟鼓曰侵,轻曰袭。《春秋·襄公二十三年》:“齐侯袭莒。”杜预注:“轻行掩其不备曰袭。”怎么能不用武呢?所以注文对“所”字的解释是不合情理的。那么“勤而无所”究竟应该怎样理解呢?朱骏声说:“所,处也。言若令我师知之,则郑亦必知之;若不令我师知之,则劳师而不知其处,士卒必有悖心。”联系课文下文的“且行千里,其谁不知”和上文的“师劳力竭,远主备之”来看,朱骏声的理解是正确的。所谓“无所”不是“没有处所”,更不是“没有用武之地”,而是“不知其所”的意思。既然要潜行千里袭击人家,当然要在军中保密;士卒千里行军却不知去哪儿和跟谁作战,当然会产生背悖之心。所谓“悖心”,就是指悖逆之心。《国语·周语上》:“是以事行而不悖。”韦昭注:“悖,逆也。”《汉书·高五王传》:“悖逆人伦。”颜师古注:“悖,乖也。”《玉篇》:“悖,逆也。”都是说“悖”有乖逆不顺的意思。课本注解中所谓“违背军纪不服约束的情绪”,显然是编注者想当然的一种随意的解释。

妇人暂而免诸国

《殽之战》:“武夫力而拘诸原,妇人暂而免诸国。”其中的

“妇人暂而免诸国”,课本注释说:“妇人几句谎话就在都城把他们放走。妇人,指文嬴。暂,一下子。免,赦免,释放。”究竟这个“暂”字当“谎话”讲呢,还是当“一下子”讲呢?这个注令人无所适从。杜预是把“暂”讲成“卒”(猝)的,但因为两句是对文,上句的“力”与下句的“暂”在意思上也应该相对才好;如果把上句的“力”讲成名词用作动词,“靠武力”,“尽全力”,那么下句的“暂”讲成“猝”,“一下子”,显然不能够对应,因此我同意这样一种意见:把“暂”讲成“欺诈”,认为它是“渐”(jiān)的借字。“渐”字何以有“欺诈”的意思呢?不妨看一下《读书杂志·荀子》中王引之的说法:

> (《荀子·不苟》)“知则攫盗而渐,愚则毒贼而乱。”杨(倞)注曰:“渐,进也。谓贪利不知止也。”引之曰:杨未晓“渐”字之义。渐,诈欺也,小人之智则攫盗而已矣,诈欺而已矣。《议兵篇》曰:“招近募选,隆势诈,尚功利,是渐之也。”《正论篇》:“上幽险则下渐诈矣。”(杨训“渐”为“进”,又训为“浸渍”,皆失之)义并与此同。《吕刑》曰:“民兴胥渐。”言小民方兴,相为诈欺也。《庄子·胠箧篇》曰:“知诈渐毒。”此皆古人谓“诈”为“渐”之证,说者都不寻省,望文生义,失其传久矣。

另外,王引之在《经义述闻·尚书上》中指出,《书·盘庚中》:“乃有不吉不迪,颠越不恭,暂遇奸宄。”引之曰:“暂读曰渐;渐,诈欺也。”章炳麟《春秋左传读·妇人暂而免诸国》也说:“暂,借为渐……此暂亦诈也。文嬴言:‘彼实构吾二君。’又言:‘使归就戮于秦。’皆诈语也。不当如杜预训暂为卒。”

从声音方面看,“暂”与“渐”同谐声,古音皆在从纽谈部,是可以音近相假的。

如果我们同意这个讲法,那么“武夫力而拘诸原,妇人暂而免诸国”二句就可以讲成“将士们竭尽全力在战场上捉住他们，妇人的几句欺诈之言就（使您）从都城中放走了他们”，于情于理，都怡然而顺。

其文约 其辞微

《史记·屈原列传》：“屈平之作《离骚》……其文约，其辞微，其志洁，其行廉。”课本注“微”字曰：“含蓄。”这是不够准确的。这个“微”，有幽微、深奥、精妙的意思。《礼记·学记》：“其言也约而达，微而臧。”孔颖达疏：“微谓幽微。”《荀子·解蔽》：“处一之危，其荣满侧；养一之微，荣矣而未知。”杨倞注：“微，精妙也。”又：“蚊虻之声闻则挫其精，可谓危矣，未可谓微也。”杨注亦曰：“微者，精妙之谓也。”桓宽《盐铁论·刑德》：“法之微者，固非众人之所知也。”葛洪《抱朴子·任命》：“道靡远而不究，言无微而不研。”其中的“微”字，皆有精妙、探奥之义。《离骚》的言辞，精妙绝伦，幽微深奥，千古不朽，绝对不止于“含蓄”之义。下文有“其志洁，其行廉”，是说屈原志行高洁廉正，与“其文约，其辞微”文意相承；后文又说：“其称文小而其指极大，举类迩而见义远。”都是说《离骚》文辞之精微深奥，可以为上两句作注脚。

自疏濯淖污泥之中 不获世之滋垢

《史记·屈原列传》：“其志洁，故其称物芳；其行廉，故死而不容。自疏濯淖污泥之中，蝉蜕于浊秽，以浮游尘埃之外，不获世之滋垢，皭然泥而不滓者也。”这段话中，有两处地方的注释值得注意：一处是“其行廉故死而不容自疏濯淖污泥之中”的句读问题。旧传的《史记》三家注本断句作：“其行廉，故死而不容自疏，濯淖污泥之中。”其中的“濯淖”二字，《汉语大词典》解释作

“浸渍”。高中语文课本采取的是另一种断句方法,即“其行廉,故死而不容。自疏濯淖污泥之中”。这样,“濯淖”二字的解释就要与前者不同。课本注云:“[自疏濯淖污泥之中]自动地远离污泥浊水。自疏,自己疏远。濯,通‘浊’。淖,泥浆。”注释者认为“濯”是“浊”的通假字,从声音方面说,虽然在《广韵》中,它们同在“觉”韵,但上古“濯”在“药”部,而“浊”在“屋”部,它们并非同音。而且,“濯”字本身在上古就有污浊的意思,不必妄说通假。《广雅·释器》:“瀞、濯,滫也。”王念孙疏证:“臭汁谓之滫,亦谓之瀞,亦谓之濯。”《仪礼·士丧礼》:“浴用巾,挋(zhèn,拭也)用浴衣,渜(nuǎn,汤也)濯弃于坎。”郑玄注:“沐浴余潘水,巾柿浴衣并弃之。”《礼记·丧大记》:“濡濯弃于坎。”孔颖达疏引皇氏云:“濯谓不净之汁也。”在《读书杂志·史记第五》中,王念孙又特别立“濯淖”一条,他解释说:

> “濯淖污泥之中。”《索隐》曰:“濯,音浊。污,音乌故反。泥,音奴计反。”念孙案:上言洗濯,下言淖,则文不相属。濯字当读直教反(濯、淖,叠韵字)。濯、淖、污、泥,四字同义。《说文》曰:“潘,淅米汁也。”又曰:“周谓潘曰泔。”又曰:“滫,久泔也。”《广雅》曰:“濯,滫也。”曹宪音直儿反。《士丧礼》:“渜濯弃于坎。”郑注曰:“沐浴余潘水。”《释文》:“濯,直孝反。”《丧大记》:“濡濯弃于坎。”皇侃疏曰:“濯谓不净之汁也。”《广雅》曰:“淖,浊也。”是“濯”“淖”皆污浊之名。

既然王念孙引经据典,把“濯”字有污浊之义解释得那么清楚明确,有什么必要再说它是通假字呢?妄说通假,是训诂家一大忌,须要特别留神。

在上面所引《屈原列传》的一段话中,还有一句:“不获世之滋垢。”其中的“获”字,课本注释中没有单独训释,而把全句译为:“不沾染尘世的污垢。”看得出,这个注是把“获”字解释为

“沾染”了。可是,大家都知道“获”的本义是“猎所获也”(《说文·犬部》),由它引申,可得“猎获”“猎物”“获得”“得到”“得以”甚至“遭受”诸义,但很难有“沾染”这个义项。其实,“获”字在上古有“辱”或“被辱”的意思。《广雅·释诂三》:“获,辱也。”王念孙《读书杂志》指出:“获者,辱也。言不为滋垢所辱也。”严忌的《哀时命》也有“务光自投于深渊兮,不获世之尘垢”。意思大致相同。

以上所举中学课本中的两处误注,其原因皆在于编注者不够审慎,不是妄说通假就是望文生训,这种态度是会贻患后学的。如果仔细考察一下字的古义,就不会发生这样的问题。

蒙世之温蠖乎

《屈原列传》:“又安能以皓皓之白,而蒙世之温蠖乎?”课本注释云:“温蠖,尘垢。”“温蠖”怎么会有尘垢的意思呢?这令人费解。

司马贞《史记索隐》说:“温蠖,犹昏愦。《楚辞》作‘蒙世之尘埃哉’。”看来课本注释是把《楚辞》中的异文当作《史记》文字的解释了。当然,作为一种重要的训诂方法,“考异文”常常能够解决许多训诂中的难题,但“温蠖”与“尘埃”,形、音、义毕竟相去太远,拿来互相训释,难免失之鲁莽。这里,我们觉得汤炳正在《释“温蠖”》一文中提出的看法比较可取。汤先生说:“《韩诗外传》则作‘容人之混污然’……‘混污’为本字,而‘温蠖’则为同音借字。”把“温蠖”看成“混污”的假借字,仍然需要从声韵方面加以说明:“温”与“混”,上古一在影母,一在匣母,二字同在文部,声韵皆不相远。“污”与“蠖”,上古皆在影母,“污”在鱼部,“蠖”在铎部,声韵亦不相远,所以,把“温蠖”看成是“混污”的借字,是说得通的,何况还有《韩诗外传》的异文作为证明。

皆祖屈原之从容辞令

《屈原列传》："屈原既死之后，楚有宋玉、唐勒、景差之徒者，皆好辞而以赋见称；然皆祖屈原之从容辞令，终莫敢直谏。"课本注释于"从容辞令"下云："说话得体，善于应酬。从容，言语举动适度得体。"这个注有两个问题，一个是"从容"的词性问题，从注文的意思来看，是把它当作形容词，这个我们不敢苟同。另一个是词义问题，注文认为"从容"一词既包括"言语"，又包括"举动"，而且皆"适度得体"，这就犯了增字为训的错误。因为如果把"从容辞令"四个字的关系看成是支配的关系，那么只能是指屈原的辞令"从容"，或者说屈原使辞令"从容"，当然不包括"举动"在内；而如果把它们看成并列关系，则作为形容词的"从容"与作为名词的"辞令"也很难并列。况且，在同一册的另一篇课文《张衡传》中也有"从容"一词，说张衡"常从容淡静，不好交接俗人"。课本在"从容淡静"之下没有下注，看来也是把"从容"当作形容词来理解了。但是，如果说把"从容"讲成"言语举动适度得体"在《屈原列传》中还可以勉强说得过去的话，那么对那位"不好交接俗人"而且生性"淡静"的张衡来说，又怎么能说他"言语举动适度得体"呢？

其实，这些矛盾很好解决，只要把"从容"看成名词，当行动举止讲就可以了。古时"从容"确实有作名词讲的。例如《楚辞·九章·怀沙》："孰知余之从容？"王逸注即云："从容，举动也。"《礼记·缁衣》："长民者衣服不贰，从容有常。"孔颖达疏："从容有常者，从容，谓举动有其常度。"

姜亮夫《楚辞通故》对"从容"一词有很详尽的阐释，下面摘引一部分看看：

王念孙《广雅疏证》以为"从容"有两义：一训为舒缓，

一训为举动。其训为举动者,字书韵书皆不载其义,下引古籍之当训为举动者,详辩而精析之,至为精审……《九章·怀沙》:"孰知余之从容?"王注:"从容,举动也。言圣辟重华,不可逢遇,谁得知我举动,欲行忠信也?"又《九章·抽思》:"尚不知余之从容。"与《怀沙》同义。《哀时命》亦言"孰知余之从容"。然所谓举动,与后世所谓一举一动之义小别。此举动当指发自心志之诚言,故《抽思》王注以"未照我志之所欲"训之,精审绝伦,体会作意至为深切。举动者心之表,故举动可占人之诚伪。《九辩》"信未达乎从容",王逸注:"若不明察其真伪"是也。

其训为舒缓者,亦见《九章·悲回风》云:"寤从容以周流。"王逸注:"觉立徙倚而行步也。"……《惜誓》亦云:"愿从容乎神明。"《九叹·忧苦》云:"步从容于山廋。"《九思·伤时》:"且从容兮自慰。"皆同此义。

王念孙在《广雅疏证》卷六上《释训》中对《广雅》"从容,举动也"一条的训释,十分详尽。除上面提到的《楚辞》文例外,还有:

《后汉书·冯衍传·显志赋》:"惟吾志之所庶兮,固与俗其不同。既俶傥而高引兮,愿观其从容。"此亦谓举动不同于俗。李贤注云:"从容,犹在后也。"失之。《中庸》云:"诚者,不勉而中,不思而得,从容中道,圣人也。""从容中道",谓一举一动,莫不中道,犹云动容周旋中礼也。《韩诗外传》云:"动作中道,从容得礼。"《汉书·董仲舒传》云:"动作应礼,从容中道。"王褒《四子讲德论》云:"动作有应,从容得度。"此皆以"从容""动作"相对成文。……《墨子·非乐篇》云:"食饮不美,面目颜色不足视也;衣服不美,身体从容不足观也。"《庄子·田子方篇》云:"进退一成规，一成矩；从容一若龙，一若虎。”……此皆昔人谓举动为从容之证。

看了上面这些例子，我们可以有较充分的理由把“从容”一词解释为“举动”，在“皆祖屈原之从容辞令”一句中把它当成名词，与“辞令”并列，共同作为动词“祖”的宾语。

由广西教育出版社出版、中国训诂学研究会编写的《新编标准高中文言文注译》一书中，“从容辞令”一语下注云：“言语适度得体，从容自如。从容，用如动词。”这个讲法，我们也不赞成。既然把“从容”讲成“从容自如”，怎么又说它是“用如动词”呢？

可见，不少学者囿于“从容自如”“从容不迫”这类成语的影响，不联系上下文，也无暇考察古代文献与近人研究成果，辗转引申，强为之解，造成文意诘籥之病，这是令人遗憾的。

明经义谙雅故

袁枚《祭妹文》：“尝谓女流中最少明经义谙雅故者，汝嫂非不婉嫕，而于此微缺然。”其中“雅故”一词，中学课本注云：“过去的文章典故。”这是不准确的。“雅故”犹言雅诂，指正确的训释。“谙雅故”与上文“明经义”当指同样的事。《汉书·叙传下》：“函雅故，通古今，正文字，惟学林。”颜师古注引张晏曰：“包含雅训之故，及古今之语。”钱谦益《初学集》：“夫儒者之学，函雅故，通文章，逢衣博带，摄齐升堂，以为博士官文学掌故，优矣。”“雅”，是正的意思。《诗序》：“言天下之事，形四方之风，谓之雅。雅者，正也。”《论语·述而》：“《诗》《书》、执礼，皆雅言也。”何晏集解引孔安国曰：“雅言，正言也。”皇侃义疏亦云：“雅，正也。”《荀子·儒效》：“法二后王谓之不雅。”杨倞注：“雅，正也。”“故”与“诂”通，训释故言。《汉书·艺文志》：“《鲁故》二十五卷。”颜师古注：“故者，通其指义也。”所谓“通其指义”，就是训诂。由“训释故言”的意思引申，“故”又可指旧典。《左传·定公十年》：“齐、鲁之故，吾子何不闻焉？”杜预注：“故，旧典。”指的是上古典籍或典章制度，仍然是训诂之义。中学课本的注把“雅故”解释为“过去的文章典故”，容易使人误会为一般的成语典故，其实这里袁枚是借妻子与三妹在学问方面的差异来褒扬袁机懂得经学，可以在学问上与作者进行研讨，所以上文说“家中文墨眣（指望）汝办治”，下文又说“故自汝归后，虽为汝悲，实为予喜”。“为汝悲”指袁机受封建礼教束缚又遇人不淑，终至仳离，与前段“呜呼！使汝不识诗书，或未必艰贞若是”遥相呼应。“为予喜”是指袁机归家后可与自己讨论《诗》《书》文墨，作者得一知己或助手，婉转地反映出作者对经学的矛盾态度。在当时的社会条件下，袁枚虽对儒家“诗教”不满，通过诗篇抨击汉儒和程朱理学，甚至愤言“六经尽糟粕”，但是作为那时的读书人，他又不得不读经书以求仕进。三妹的归来，使他在读书著述时有个助手和伴侣，故尔可喜。如果把“谙雅故”理解为熟知文章典故之类，则又与“文墨”关系不大了。

以上所举，都是中学语文课本误注的例子。造成误注的原因是多方面的，主要是望文生训、增文成训、妄说通假、以今例古四种错误。课本中失注的地方也很多，即当注未注，自以为不必下注而其实学生未必真懂的词语。例如：

不复聊赖

《聊斋志异·促织》：“夫妻向隅，茅舍无烟，相对默然，不复聊赖。”中学语文课本于“聊赖”二字未下注。广西教育出版社出版的《新编标准高中文言文注译》注云：“［不复聊赖］不再有所寄托。”基本正确但语焉不详。“聊赖”此处意谓依赖，指生活上的凭借或精神上的寄托。蔡琰《悲愤诗》：“为复强视息，虽生何聊赖！”“聊”“赖”二字双声，“聊”亦训“赖”。《楚辞·九章·悲回风》："怜思心之不可惩兮，证此言之不可聊。"朱熹集注："聊，赖也。"《汉书·张耳陈馀传》："使天下父子不相聊。"颜师古注："言无聊赖，以相保养。"刘向《列女传·齐东郭姜》："争邑相杀，父母无聊。"《晋书·载记·石勒下》："自是刘、石祸结，兵戈日交，河东、弘农间百姓无聊矣。"这些例中的"无聊"皆指贫穷无依，非郁闷空虚之谓。直至20世纪二三十年代，在白话文中还有这样的意思。鲁迅杂文《三闲集·在钟楼上》："夫面前无饭锅而觉得无聊，觉得苦痛，人之常情也。"小说《祝福》中也说过老年落魄的祥林嫂"百无聊赖"。如果对"聊赖"一词不加注释，学生容易受现代口语"无聊""无赖"的影响而误解词义，至少不会了解得明白透彻。

给贡职如郡县

《战国策·燕策三·燕太子丹质于秦》(《荆轲刺秦王》)："嘉为先言于秦王曰：'燕王诚振怖大王之威……愿举国为内臣，比诸侯之列，给贡职如郡县。'"其中的"给贡职如郡县"一句，课本注云："像秦国的郡县那样贡纳赋税。给，供。"这个解释基本正确，但其中的"贡职"二字仍需单独拿出来解释一下才行，因为这个"职"不是指一般的"职位""职务""职责"等，而是指赋税、贡品。《周礼·夏官·大司马》："施贡分职，以任邦国。"郑玄注："职，谓职税也。"《淮南子·原道》："海外宾服，四夷纳职。"高诱注："职，贡也。"《史记·孔子世家》："分同姓以珍玉，展亲；分异姓以远方职，使无忘服。"韩愈《请上尊号表》："四面辐辏，各修贡职。"都是指应纳的赋税或贡物。"贡职"亦称"职贡"。《左传·襄公二十九年》："鲁之于晋也，职贡不乏，玩好时至。"明人刘基《次韵和石末公开读有感》诗："山海若时共职贡，郊原何处有戈兵？"《清史稿·藩国通礼》："厥后至者弥众，乃令各守疆圉，修职贡，设理藩院统之。"各例中的"职贡"，都是指藩属或外邦对朝廷按时的贡纳。

设九宾

《荆轲刺秦王》："秦王闻之，大喜。乃朝服，设九宾，见燕王使者咸阳宫。"其中的"九宾"，课本中没有注释，学生只能根据上下文推测，知道是一种隆重礼节，具体一点，这个"宾"究竟是指什么？就不得而知了。

关于古代朝会大典所设九宾，历来有不同解释。裴骃的《史记集解》引韦昭说："九宾则《周礼》九仪（按：指公、侯、伯、子、男、孤、卿、大夫、士）。"王先谦《汉书补注》则引刘攽："宾，谓传摈之宾。九宾，摈者（按：指导引宾客者）九人，掌胪句传也。"所谓"胪句"，犹"胪传"。程大昌《演繁露·胪传》："今之胪传，自殿上至殿下，皆数人抗声相接，使所唱之语，联续远闻。"由广西教育出版社出版、中国训诂学研究会编写的《新编标准高中文言文注译》说："[设九宾]原指安排了九个傧相依次传呼。这里表示礼节非常隆重。"这个解释基本是正确的。（按："傧"与"摈"同。《说文》："傧，导也。从人宾声。摈、傧或从手。"《周礼·秋官·司仪》："掌九仪之宾客摈相之礼。"郑玄注："出接宾曰摈。"）

子墨衰绖

《殽之战》："遂发命，遽兴姜戎。子墨衰绖，梁弘御戎，莱驹为右。"其中的"子墨衰绖"一句，中学语文课本注释说："[子墨衰绖（cuī dié）]晋襄公穿上染黑的丧服。子，指晋襄公。这时晋文公未葬，晋襄公还没有正式即位，所以称'子'。"这个注释，对"衰绖"二字有音无注，学生还是不明白丧服何以称"衰绖"（按："衰绖"或作"缞绖"，又称"缞服""缞麻"）。古人的丧服胸前当心处缀有长六寸、广四寸的麻布，名衰，因名此衣为衰；围在头上的散麻绳为首绖，缠在腰间的为腰绖。衰、绖者是丧服的主要部分，所以用来代指丧服或服丧。衰绖不是服什么丧都可以用的，惟服三年之丧（臣为君、子为父、妻为夫）者用之。《左传·僖公十五年》："穆姬闻晋侯将至，以大子罃、弘与女简璧登台而履薪焉，使以免服衰绖逆。"《墨子·节葬下》："缞绖垂涕，处倚庐，寝苫枕块。"其中的"衰绖""缞绖"都是指的这种丧服。孔颖达《左传·襄公十七年》疏云："衰用布为之，广四寸，长六寸，当心。"郑玄《仪礼·丧服注》云："麻在首在要（腰）皆曰绖。"他们都把古时的这种制度说得很清楚。

劳苦倦极

《屈原列传》："人穷则反本，故劳苦倦极，未尝不呼天也；疾痛惨怛，未尝不呼父母也。"其中的"极"字，中学课本失注，有人就理解为"疲倦到极点"的意思，其实不对。

极，这里有困惫之意。《汉书·王褒传》："匈喘肤汗，人极马倦。"以"极"和"倦"对文。《世说新语·言语》："丞相小极，对之疲睡。"吴善述《说文广义校订》云："极，又因穷极之义引为困也、病也、疲也。"至汉魏六朝时期的不少作品中，"极"字都有困惫之义，这里就不详细举例了。

泥而不滓

《屈原列传》："嚼然泥而不滓者也。"中学语文课本注释说："意思是说，屈原是出于污泥而不染，依旧保持高洁品质的人。嚼，洁白。滓，污黑。"这个注释的大意是对的，但对"泥"字失注。

"泥"通"涅"，本指黑色染料。亦用作动词，染或染黑的意思。司马贞《史记索隐》:“泥亦音涅,滓亦音淄。”王引之《经义述闻·大戴礼记》:“泥读为涅,涅谓黑色。”

此外,注释中对“滓”的解释也不够准确。“滓”本指污浊、污秽。《释名·释采帛》:“泥之黑者曰滓。”《字汇》:“滓,浊也。”此指被污染、玷污。不滓,谓不被污秽所侵染。

上面所举的这组例子,都是当注而未注的,我们姑且称之为“失注”。失注的原因是多方面的,但主要是因为编注者对词义把握得不准确,以今例古,觉得既属常义,可不必下注,哪知文言文中有些词语的含义恰恰不与今之常义相同,此种易致模糊或令人困惑之处如不下注,难免有“碎义逃难”之诮,这是应当注意的。

最后,再举两个课本注释中语焉不详的例子:

亦无售者

《聊斋志异·促织》:“村中少年好事者驯养一虫……欲居之以为利,而高其直,亦无售者。”课本注:“售者,这里指买主。”这是对的。但是,为什么买主也称“售者”呢?这个问题不解释清楚,依然使人疑惑。按:“售”字古时既可指卖出,亦可言买入。王筠《说文句读》指出:“售乃雠之俗字。”《说文》:“雠,犹譍也。”(依王筠句读)本义为对答,引申而为雠对、相等、等值、等价。做买卖必求价格合适,故卖与买均可言“售”。《集韵》:“售,侇也。”而“侇”字《说文》训“卖”,《玉篇》又训“买”。桂馥《说文义证》云:“侇,此如‘酤’字,亦买卖无定训也。”“售”字训“买”的例子,如柳宗元《永州八记·钴鉧潭西小丘记》:“问其价,曰:‘止四百。’余怜而售之。”又如沈括《梦溪笔谈·书画》:“藏书画者,多取空名,偶传为钟、王、顾、陆之笔,见者争售,此所谓‘耳鉴’。”

歌台暖响　舞殿冷袖

《阿房宫赋》:“歌台暖响,春光融融;舞殿冷袖,风雨凄凄。”课本注释说:“意思是说,人们在台上唱歌,歌声响起来,好像充满着暖意,如同春光那样融和。融融,和乐。人们在殿中舞蹈,舞袖飘拂,好像带来寒气,如同风雨交加那样凄冷。”按:二句为互文,意谓宫殿中的歌舞仿佛能使天气都改变了,极言其歌舞之盛,并非说歌是暖意的,舞是冷意的,应当把两句合起来一起体会其比喻意味。另外,“暖响”“冷袖”似又采用了移情的修辞手法。总之,如果抛开修辞,单从词义和文句内容上去解释,话说得再多,也还是没有讲清楚。

《古代汉语》(修订本)若干注释的商榷

由天津教育出版社1991年出版的郭锡良、唐作藩、何九盈、蒋绍愚、田瑞娟等同志编著的《古代汉语》(修订本)教材,在原先基础上作了许多必要的改动,特别是全书文选的散文部分增删篇目在三分之一以上,又增加了练习,这样做肯定会使教材更加适合当前文科大学生学习古代汉语的需要。新增选的文章语言典范性较强,注释也大多精当。现在,我仅就其中部分新增选散文注释中的问题提几点商榷意见,供编著者和使用这套教材的同志参考,如有错误,欢迎批评指正。

水浩洋而不息

《淮南子·览冥训》中"女娲补天"故事有"往古之时,四极废,九州裂,天不兼覆,地不周载,火爁焱而不灭,水浩洋而不息"几句。教材注释说:"爁焱(làn yàn):叠韵联绵字,火势蔓延的样子。焱:火花。原作'炎',依王念孙说改。浩洋:水势浩大的样子。"按:王念孙《读书杂志·淮南内篇第六》云:"'火爁炎而不灭,水浩洋而不息。'念孙案:'炎'当为'焱',字之误也。《说文》:'焱,火华也。'《广韵》:'爁焱,火延也。'又,'洋'当为'溔',亦字之误也。《玉篇》:'溔'弋沼切。浩溔字或作灏溔、皓溔,水无涯际貌也。爁焱、浩溔皆叠韵,浩洋则非叠韵,后人多见洋,少见溔,故误也。"王念孙说得如此明白,两句又是明显的对文,"爁焱"既是联绵字,"浩洋"亦当从王说改为联绵字"浩溔"才是。司马相如《上林赋》有"灏溔潢漾",李善注引郭璞曰:"皆水无涯际貌也。灏音皓。溔,弋少切。潢,胡广切。漾,弋丈切。"可见"灏溔"与"潢漾"都是叠韵的联绵词。教材注文只依王念孙说改"爁炎"为"爁焱",而不依王念孙说改"浩洋"为"浩溔",不知是何道理?

飞泉植茗,就以烹燀

白居易《庐山草堂记》:"又有飞泉植茗,就以烹燀,好事者见,可以销永日。"教材注文说:"飞泉:从高处喷落下的泉水。就:动词,就着,趁着。烹燀(chǎn):烧火煮。这是说:就着飞泉和植茗来烹茶。"最后一句容易引起误解,以为"茗"和"茶"不是同一事物,不如直接解释成"就着飞泉来烹茶"。《说文新附》:"茗,茶芽也。"《尔雅·释木》:"槚,苦荼。"郭璞注:"今呼早采者为荼,晚取者为茗。"引申而为茶的通称。"飞泉"与"植茗"两个偏正词组连言,是为求修辞之美;"就以烹燀",就是"就泉以烹茗"的意思。

其巅谽谺行者兀兀不可入

李孝光《大龙湫记》:"望见西北立石,作人俯势,又如大楹。行过二百步,乃见更作两股倚立。更进百数步,又如树大屏风。而其巅谽谺,犹蟹两螯,时一动摇,行者兀兀不可入。"教材注云:

“谽谺(hānxiā):双声联绵词,山谷空阔的样子。”“兀兀(wùwù):停止不前的样子。”两个词的解释都不确切。

说“谽谺”是双声联绵词,是对的,但把它理解为“山谷空阔的样子”就不对了。明明是说的“其巅”,又比喻为“两螯”,怎么会有空阔的意思呢?这里的“谽谺”应该是山石险峻的样子。唐独孤及《招北客文》:“其北则有剑山巉巉、天凿之门,二壁谽谺,高岸嶙峋。”清王初桐《最高楼·支硎山访张雨亭》:“怪石斗谽谺,老树幻龙蛇。”意思大致相同。至于说到“山谷空阔的样子”,那是“谽谺”一词的另一个义项。譬如《玉篇·谷部》:“谽谺,谷空。”《广韵·麻韵》:“《字统》云:‘谽谺,谷中大空貌。’”等等,都与这段文字中的意思不相合。

把“行者兀兀不可入”中的“兀兀”讲成“停止不前的样子”也显得勉强,因为“可”字没有了着落。“行者兀兀”当指由于山石摇晃而产生畏惧、惊恐甚至痴呆的情绪表现,主要还不是指行动上的静止不动。蒲松龄《聊斋志异·猪嘴道人》:“巘望见,兀兀如痴,寄目不暂瞬。”形容得有些近似于此情。《徐霞客游记·游黄山日记》有“磴石倾侧谽岈,兀兀欲动”。说的是磴石摇摇欲坠的样子,与“行者兀兀不可入”意思不同,但一从客观写,一从主观写,可以互相参照,加深理解。

独见明月宛宛如故人

李孝光《大龙湫记》:“日已入,苍林积叶,前行,人迷不得路,独见明月宛宛如故人。”教材注:“宛宛,柔顺依恋的样子。”以明月喻故人,“依恋”二字尚可,“柔顺”二字欠妥,不如改训“迟回缠绵的样子”更贴切。方孝孺《喜修德汝器二君子偕嘉猷秀才至》诗:“宛宛心所慕,盈盈日兴思。”高启《送家兄西迁》诗:“匆匆逐徒旅,宛宛谢亲识。”都是形容迎送亲友,其情缠绵,其行迟回。“宛宛”二字,十分生动,但并无“柔顺”的意思。

昔逮我献公及穆公相好

《左传·成公十三年》(“吕相绝秦”):“夏四月戊午,晋侯使吕相绝秦,曰:‘昔逮我献公及穆公相好,戮力同心,申之以盟誓,重之以昏姻。’”教材注云:“逮,自从。”这是望文生训。

刘淇《助字辨略》卷四“逮”字条引此例说:“此逮字,犹云及至也。”裴学海《古书虚字集释》卷六“逮遝”条也引此例说:“逮,语助也。”都没有把这个“逮”字讲成“自从”。新近出版的《汉语大词典》“辵”部“逮”字下立了一个义项:“昔;以前。”引了《左传》的这个例子,又引《史记·李斯列传》:“李斯乃从狱中上书曰:‘臣为丞相,治民三十余年矣。逮秦地之陕隘,先王之时,秦地不过千里,兵数十万。’”还引韩愈的《柳子厚墓志铭》:“子厚少精敏,无不通达。逮其父时,虽少年,已自成人,能取进士第,崭然见头角。”认为这几个例子中的“逮”字都有“昔”“从前”的意思。如果我们采纳这个说法,那么“昔”与“逮”在这个例句中意思相同,可以看作高邮王氏父子所谓的“古人自有复语”“古人行文不避重复”和俞樾《古书疑义举例》所指出的“语词复用例”之类。

此外,还有一种说法,认为“逮”是“肆”的借字,而王氏父子又以为“肆”是“隶”的俗书。(《说文》:“隶,极陈也。从长,隶声。”)《尔雅·释诂》:“肆(按即隶),故也。”那么此例中的“昔逮”可以理解成“昔故”即“故昔”,也是“从前”的意思。(王氏父子说详《经传释词》卷八及《经义述闻》卷二十六。)

郑人怒君之疆埸

《左传·成公十三年》(“吕相绝秦”):“郑人怒君之疆埸,我文公帅诸侯及秦围郑。”教材注释说:“怒,发怒。这里是侵犯的意思。”这也是望文生训。

郑人侵犯秦之疆界这件事情并不曾有过。杜预注曰:“晋自以郑贰于楚,故围之,郑非侵秦也,晋以此诬秦。”即使真的侵犯了秦的疆界,也与“发怒”无关。况且,由“发怒”也引申不出“侵犯”的意思来。这里的“怒”是“越过”的意思。《荀子·君子》:“刑罚不怒罪,爵赏不逾德。”王念孙《读书杂志·荀子》:“念孙案:怒、逾,皆过也。(《淮南·主术篇》注:‘逾,犹过也。’)《方言》曰:‘凡人语而过,东齐谓之弩。’又曰:‘弩,犹怒也。’是怒即过也。上言‘刑不过罪’,此言‘刑罚不怒罪’,其义一而已矣。”由此可知,“郑人怒君之疆埸”就是“郑人过君疆埸”或“郑人逾君之疆埸”的意思。

不穀恶其无成德

《左传·成公十三年》(“吕相绝秦”):“楚人恶君之二三其德也,亦来告我曰:‘秦背令狐之盟,而来求盟于我。昭告昊天上帝、秦三公、楚三王曰:余虽与晋出入,余唯利是视。不穀恶其无成德,是用宣之,以惩不壹。’”教材注释说:“成德:全德,专一的德行。”这不准确。

《说文》:“成,就也。从戊,丁声。”可以引申为成就、齐备诸义,但很难引申为专一的意思。教材注释大概是看到上文的“二三其德”和下文的“以惩不壹”,所以把“成德”解释为“专一的德行”了。这个讲法从上下文意来看固然可以说得过去,但缺乏依据。新近出版的《汉语大词典》第五册“成”字条下把“成德”解释为“盛德”,即引此例为证据,又引了《易·乾》的“君子以成德为行”和韩愈《唐故少府监胡良公墓神道碑》中的“年几八十,坚悍不衰,事可传载,可谓成德”和王安石《父惠赠太师可赠中书令余如故》中的“终有成德,为吾宗工”为例。此外,我们还可以找到一些例子,《释名·释言语》:“成,盛也。”王先谦疏证补:“成、盛声义互通,见于经典者甚多,故成训为盛。”《荀子·非十二子》:“成名况乎诸侯,莫不愿以为臣。”俞樾平议:“成与盛通。”

“成德”讲成“盛德”固然可通,讲成“诚德”也未尝不可以通。朱骏声《说文通训定声·鼎部》:“成,假借为诚。”《墨子·贵义》:“子之言则成善矣。”孙诒让《间诂》引王念孙云:“古或以成为诚。”《韩非子·功名》:“近者结之以成,远者誉之以名。”陈奇猷集释引陶鸿庆曰:“成当作诚。”

可见无论把“成德”讲成“盛德”还是“诚德”,都比讲成“全德,专一的德行”准确而不乏证据。

不敢彻声闻于天王

《国语·越语上》(“句践灭吴”):“遂使之(按:指大夫文种)行成于吴曰:‘寡君句践乏无所使,使其下臣种,不敢彻声闻于天王,私于下执事曰……’”教材注释说:“彻声,表达意见,即传达越王句践的意见。”我以为,“彻声闻”三字当连言,“声闻”二字都是“彻”的宾语。韦昭注说:“彻,达也。”那么“彻声闻”也就是“达声闻”,把“彻声”二字拿出来单独下注是不妥当的。《辞源》及《汉语大词典》都把“声闻”立为词条并引此例为据,以为是“音信”的意思。《北史·刘炫传》:“炫与妻子,相去百里,声闻断绝。”“声闻”又可作“声问”。《吕氏春秋·赞能》:“孙叔敖、沈尹茎相与友,叔敖游于郢三年,声问不知,修行不闻。”《汉书·苏武传》:“前发匈奴时,胡妇适产一子通国,有声问来,愿因使者致金帛赎之。”两例中的“声问”也是“音信”的意思,与“声闻”同。

乃必有偶

《国语·越语上》(“句践灭吴”):“若以越国之罪为不可赦

也,将焚宗庙,系妻孥,沈金玉于江,有带甲五千人将以致死,乃必有偶。是以带甲万人事君也,无乃即伤君王之所爱乎?”教材注释说:“乃必有偶:于是一定有加倍的勇气。意思是五千人拼死作战,一个人就会有相当于两个人的战斗力。所以下文说‘带甲万人’。”把“偶”字解释为“加倍的勇气”“相当于两个人的战斗力”都是不确切的。“偶”字哪里有“勇气”和“战斗力”的意思呢?韦昭的注说:“偶,对也。”清人董增龄的疏说:“‘偶,对也’者,言相当也。”《史记·越王句践世家》记载道:“种顿首言曰:‘愿大王赦句践之罪,尽入其宝器。不幸不赦,句践将尽杀其妻子,燔其宝器,悉五千人触战(按:触战即参战),必有当也。’”司马贞《索隐》曰:“言悉五千人触战,或有能当吴兵者,故《国语》作‘耦’,‘耦’亦相当对之名。又下云‘无乃伤君王所爱乎?’是有当则相伤也。”可见“偶”字意思很明确,就是“对”“当”的意思。《广韵·厚韵》:“偶,对也。”《庄子·齐物论》:“彼是莫得其偶,谓之道枢。”郭象注:“偶,对也。”《史记·秦始皇本纪》:“有敢偶语《诗》《书》者弃市。”张守节《正义》:“偶,对也。”

下文的“是以带甲万人事君也”,韦注说:“言赦越罪,是得带甲万人事君。”这个讲法恐怕有些词气不顺。教材注释说:“这是外交辞令,实际上是说要与吴王决一死战。”这个说法较易于与下文的“无乃即伤君王之所爱乎”相衔接,可从。

寡人礼先壹饭矣

《越语》(“句践灭吴”)记载夫差败后对句践说的一段话:“寡人礼先壹饭矣,君若不忘周室,而为弊邑宸宇,亦寡人之愿也。君若曰‘吾将残汝社稷,灭汝宗庙’,寡人请死,余何面目以视于天下乎?越君其次也!”其中“礼先壹饭”这个词组,教材注释说:“按礼节说从前有恩于越,[应当得到回报]。礼:名词作状语。先:动词。从前有……　壹饭:指壹饭之恩。意谓小小的恩惠。夫差曾经没有消灭越国,意味着有恩于越。今旧事重提,希望越国能同意媾和。”这种解释是很勉强的。

韦昭的注说:“言已年长于越王,觉差壹饭之间,欲以少长求免也。”《辞源》:“壹饭:一顿饭。常用以比喻时间很短。”即引此例为证据。我觉着这样讲比所谓“壹饭之恩”要好些。因为如果按教材注释的说法,这个“恩”就是夫差曾经没有消灭越国,不但与“饭”不相干,而且不太合于情境及外交辞令之常规。

把“礼”字讲成“名词作状语”也欠妥当。其实它是动词,“先”也不该讲成“从前有……”而是“早一步”的意思。总的意思是说自己礼待句践,因为年长,故尔早了一步,现在请对方也不忘同姓之谊,能够同意庇覆自己,不使残灭。

今者义渠之事急

《战国策·秦策三》(“范雎说秦王”):“范雎至秦,王庭迎,谓范雎曰:‘寡人宜以身受令久矣。今者义渠之事急,寡人日自请太后。今义渠之事已,寡人乃得以身受命。躬窃闵然不敏,敬执宾主之礼。’范雎辞让。”教材注释说:“今者:副词性固定词组,表示最近一段时间。”联系上下文来看,下文说“今义渠之事已”,那么“义渠之事急”当为追叙之词,不当谓“今者”。

王念孙《读书杂志·战国策第一》指出:“既云‘今义渠之事已’,则上文‘义渠之事急’二句乃追叙之词,不得言‘今者’。《史记·范雎传》作‘会义渠之事急’,是也。言适会义渠之事急,故寡人不得以身受命耳。‘今者’二字,即一‘会’字之讹。”他说的有理有据,应当采纳。

臣闻古之君人

《战国策·燕策一》(“燕昭王求士”):“郭隗先生曰:‘臣闻

古之君人,有以千金求千里马者,三年不能得。'”教材注释说:“君人:国君。”这个说法不恰当。古书中没见有称呼国君为“君人”的。

王念孙《读书杂志·战国策第二》指出:“‘君人’当依《新序·杂事篇》作‘人君’。”又说:“《艺文类聚·居处部》《太平御览·资产部》《文选·论盛孝章书》注引此并作‘人君’,当据改。”他的意见是对的,应当采纳。《战国策》一书,“由学者不习,或衍或脱,或后先失次”(鲍彪《战国策注·序》)。“先秦之书,惟《战国策》最古,文最讹舛。”(吴师道《国策校注·序》)王念孙在前人校对的基础上,博考异文,进一步进行校改,其言凿凿,不应当忽视。

黯与亢礼

《史记·汲郑列传》:“大将军青既益尊,姊为皇后,然黯与亢礼。”教材注释说:“亢礼:抗礼。平等相见,揖而不拜。”把“亢礼”讲成“抗礼”,大概是以为“亢”字与“抗”通,这不准确。“亢”当通“伉”,是“相当”“匹敌”的意思。《广雅·释诂三》:“亢,当也。”王念孙疏证:“伉与亢通。”《字汇》:“亢,敌也。”《汉书·终军传》:“臣年少材下,孤于外官,不足以亢一方之任。”颜师古注:“亢,当也。”由此可见,“亢礼”当训“伉礼”。

“亢”字当然也通“抗”,但那是“抵御”“抵挡”的意思。《说文通训定声·壮部》:“亢,假借为抗。”《字汇》:“亢,抵也。”《左传·宣公十三年》:“我则为政,而亢大国之讨。”杜预注:“亢,御也。”由此可见,以“抗礼”释“亢礼”是不准确的。

以微文杀无知者五百余人

《史记·汲郑列传》:“陛下纵不能得匈奴之资以谢天下,又以微文杀无知者五百余人,是所谓‘庇其叶而伤其枝’者也。”教材注释说:“微文:微不足道的法律条文。”这是望文生训。

《史记·酷吏列传》写减宣治狱,深文周纳,诬人入罪,称“微文深诋,杀者甚众”。又《汉书·元帝纪》:“百姓仍遭凶厄,无以相振,加以烦扰乎苛吏,拘牵乎微文,不得永终性命。”《汉书·刑法志》:“其后,狱吏复避微文,遂其愚心。”各例中的“微文”都是指法令之苛细或繁多,没有“微不足道”的意思。另外,本篇中的“刀笔吏专深文巧诋,陷人于罪,使不得反其真,以胜为功”几句,可与“以微文杀无知者”对照阅读。

其相似也适然

王安石《同学一首别子固》:“予考其言行,其不相似者何其少也。曰:学圣人而已矣。学圣人,则其师若友必学圣人者。圣人之言行岂有二哉?其相似也适然。”其中的“适然”,教材注释说:“合适,适宜。”这不准确。

这里的“适然”是“当然”的意思。《汉书·贾谊传》引贾子《治安策》云:“至于流俗失,世坏败,因恬而不知怪,虑不动于耳目,以为是适然耳。”颜师古注:“适,当也。谓事理当然。”又《汉书·礼乐志》:“至于风俗流溢,恬而不怪,以为是适然耳。”颜师古注:“言正当如此非失道也。”这两个例子中“适然”的意思与王安石的“其相似也适然”是一致的。

养三老五更

《汉书·艺文志·诸子略》:“墨家者流……养三老五更,是以兼爱。”教材注释“三老五更”说:“据说古代天子以父兄之礼养三老、五更各一人。见《礼记·文王世子》。‘更’当作‘叟’。《释文》:‘更,蔡作叟。’”

查《礼记·文王世子》:“遂设三老五更群老之席位焉。”郑玄注:“三老五更各一人也,皆年老更事致仕者也,天子以父兄养之,示天下之孝悌也。名以三五者,取象三辰五星,天所因以照明天下者。”又云:“‘三老五更各一人’,蔡邕以为‘更’字为‘叟’,‘叟’,老称。又以三老为三人,五更为五人。非郑义也,今所不取。云‘皆年老更事致仕者’,三老亦有更名,五更亦有老称,但尊此老名,特属三老耳。以其天子父兄所事,故知致仕者……云‘取象三辰五星’者,三辰谓日、月、星,五星谓东方岁星、南方荧惑、西方大白、北方辰星、中央镇星。”

可见“更”字,郑玄的讲法与蔡邕不同,郑氏认为,“五更”与“三老”意思差不多,“三”“五”之名也不过是取象于三辰五星,并非实数。在《礼记·乐记》中,也有“食三老五更于大学”的话,郑玄注:“三老、五更,互言之耳,皆老人更知三德五事者也。”这个“三德五事”,孔颖达解释说:“三德谓正直刚柔,五事谓貌言视听思。《文王世子》注‘三老五更’‘象三辰五星’,义相包矣。”可见“三德五事”与“三辰五星”都不是直接指人数而言,这一点,孔颖达也没有取蔡邕的说法。

孔颖达认为“更”是“老年更事”而且辞官的人,与“老”字互文。“更事”指阅历世事。《三国志·魏书·武帝纪》:“公曰:‘吾预知当尔,非圣也,但更事多耳。’”所以古书中就有用“更”字指代经验丰富、深历事故的老年人的。《魏书·尉元传》:“夫尊老尚更,列圣同致。”潘岳《闲居赋》:“祗圣敬以明顺,养更老以崇年。”由此可见教材注释根据《经典释文》所载蔡邕的一种说法就认定“‘更’当作‘叟’”,是过于武断了。当然,从字形看,“更”与“叟”有可能互讹,但既有上述的那些说法与用例,再认定是讹书,就缺乏说服力了,不如改为“一说‘更’或作‘叟’”。

物不得其平则鸣

韩愈《送孟东野序》:“大凡物不得其平则鸣。”教材注释说:“不得其平则鸣:受到不公正的待遇就要发出不满的呼音。成语‘不平则鸣’出此。”这个讲法不够全面。

钱锺书指出:“一般人认为‘不平则鸣’与‘发愤所为作’含义相同;事实上,韩愈和司马迁讲的是两码事。司马迁的‘愤’就是‘坎壈不平’或通常所谓‘牢骚’;韩愈的‘不平’和‘牢骚不平’并不相等,它不但指愤郁,也包括欢乐在内……按照古代的心理学,不论什么感情都是‘性’暂时失去了本来的平静,不但愤郁是‘性’的骚动,欢乐也一样好比水的‘波涛汹涌’‘来潮’。”(《诗可以怨》)这段话中关于“性”的“骚动”的说法我不敢苟同,但钱先生指出“韩愈和司马迁讲的是两码事”,这是很有道理的。韩愈写《送孟东野序》这篇文章当然也可能寄托着对现实的不平与不满,但他在结尾处分明写着“东野之役江南也,有若不释然者,故吾道其命于天者以解之”。况且其上还有“三子者之鸣信善矣。抑不知天将和其声而使鸣国家之盛邪?抑将穷饿其身、思愁其心肠而使自鸣其不幸邪?”“其在上也奚以喜?其在下也奚以悲?”联系全篇上自咎陶、禹,下至唐代诸家“皆以其所能鸣”来看,韩愈的“鸣”大约并非仅指“发出不满的呼声”,而是指广义的文学艺术乃至各种各样的“术”,所以这个“不平”也并非仅指“受到不公正的待遇”,而是足以激起人们喜怒哀乐各种情绪的主客观环境。

其哭也有怀

韩愈《送孟东野序》:“有不得已者而后言,其歌也有思,其哭也有怀。”教材注释说:“思:思念,思慕。怀:怀念,留恋。”其实“思”与“怀”对文,“怀”也是“思”的意思。

《说文》:“怀,念思也。”段玉裁注:“念思者,不忘之思也。”《方言》:“怀,思也。”《尔雅·释诂》:“怀,思也。”《诗·召南·野有死麕》:“有女怀春。”《诗·小雅·常棣》:“兄弟孔怀。”《诗·齐风·南山》:“曷又怀止。”毛传并云:“怀,思也。”又《豳风·东山》:“伊可怀也。”《鄘风·载驰》:“女子善怀。”《鄘风·蝃蝀》:“怀婚姻也。”《小雅·四牡》:“岂不怀归。”《大雅·大明》:“聿怀多福。”郑笺并云:“怀,思也。”又《左传·宣公八年》:“辟不怀也。”《左传·宣公十四年》:“怀于鲁矣。”《左传·昭公十二年》:“宴语之不怀。”杜预注并云:“怀,思也。”可见“其歌也有思,其哭也有怀”二句互文,“歌”与“哭”、“思”与“怀”皆对文而义有相通。

邹衍、尸佼

韩愈《送孟东野序》:“杨朱、墨翟……邹衍、尸佼、孙武、张仪、苏秦之属,皆以其术鸣。”教材注释说:“邹衍:阴阳家,战国时魏国人(一说鲁国人),曾为秦相商鞅门客,著有《尸子》,早佚,清人有辑轶本。”这个注释的错误十分明显,我怀疑是排印之误。

邹衍(“邹”字一作“驺”),战国末年的哲学家,是阴阳五行学派的代表人物。齐国人。历游魏、燕、赵等国,受诸侯尊礼。《汉书·艺文志》注:“齐人,为燕昭王师,居稷下,号谈天衍。”著《邹子》四十九篇。又有《邹子终始》五十六篇,颜师古曰:“亦邹衍所说。”

尸佼,战国时杂家。《汉书·艺文志》注:“鲁人,秦相商君师之。鞅死,佼逃入蜀。”著《尸子》二十篇,据说有六万余言,今已十佚八九。

教材的注合二为一,张冠李戴了。

以上仅就教材中新增各篇散文的注释进行考察，指出其较为明显的失误之处，其他还有一些问题，限于篇幅，容以后再讨论。

[原载《山东大学学报(哲学社会科学版)》
1994年第2期，有改动]

中国大陆训诂学界的现状与前景

中国大陆自从改革开放以来，为适应经济发展和文化科技交流的需要，非常注意汉语的研究和对外交流的工作。外国人学习汉语的热情也空前高涨，汉语变得在世界上越来越"值钱"了。据《羊城晚报》港澳海外版 1994 年 2 月载，一个"学习中国话"的热潮正在全球升温。文章列举了美国、韩国、新加坡、中国香港等国家和地区重视汉语的事例，指出目前全世界已经有六十多个国家和地区的一千多所学校开设了汉语课程，许多大学设立了中文系，每年来中国学习汉语的海外人士超过一万四千人。到 1993 年 7 月，世界汉语教学学会已拥有三十六个国家和地区的会员六百三十多名。又据近期报道，1996 年 5 月，在北京举行了最具权威性的中国高等汉语水平考试，有一百五十个国家的四万六千人参加了考试。（详《中国教育报》1996 年 5 月 14 日的报道）"汉语热"日益升高的形势实在令人振奋。

汉语"值钱"了，海外的学者和研究者也日益增多，他们决不仅仅满足于会说几句中国话，他们要进一步研究中国的历史和现状，中国的经济、文化、民俗、社会风情，等等。有不少高等学校把研究和整理中国古代典籍列为重要的课题。我来韩国才两个月,已经接触到不少博士研究生和硕士研究生,他们把《说文解字》《尔雅》《释名》《玉篇》以及中国古代史学家、文学家的作品集作为自己研究生毕业论文的选题。研究生们除了努力学习为他们开设的汉语史和专题研究的课程,还经常拿着他们的研究成果来求教,因为他们认识到中国浩瀚的古代典籍中所蕴藏的丰富知识不仅是属于中国人的,也是属于全世界的。

在国内的时候,我曾经辅导过一位日本留学生。他回国以后写信告诉我,东京大学的学生们有一个"古籍整理学习小组",并寄给我一篇他自己撰写的论文,题目是《清家论语钞初探》,其中谈到梁代皇侃的《论语义疏》。该书除了敦煌发现的残卷,只有日本抄本见存。要推测旧抄《论语义疏》的可靠程度,流传于日本的《论语钞》是不可忽视的材料。大家知道,《十三经注疏》本的《论语注疏》是用何晏的集解和邢昺的疏。何晏之前,有汉人的注,但几乎全部亡佚。今残存者,惟有郑玄注的敦煌本和在日本发现的唐写本残卷,估计十存六七。何晏之后,邢昺之前,为《论语》作注的,包括皇侃等人。《四库全书总目提要》称:

> 陈氏《书录解题》亦遂不著录,知其佚在南宋时矣。惟唐时旧本流传,存于海外。康熙九年,日本国山井鼎等作《七经孟子考文》,自称其国有是书,然中国无得其本者,故朱彝尊《经义考》注曰"未见"。……
>
> 乃发其光于鲸波鲛室之中,借海舶而登秘阁。……其经文与今本亦多异同……知彼国递相传写,偶然讹舛或有之,亦未尝有所窜易矣……而胜于明刻监本者亦复不少,尤可以旁资考证也。

这位日本朋友研究《论语钞》,对于皇侃《论语义疏》的校正比勘是很有意义的。而且引书六十余种,用力很勤,其治学态度秉承乾嘉遗绪,重实证,重考据,不尚空谈,这使我想到目前中国大陆训诂学界的一些情况。

从训诂学这个领域来看,近二十年在大陆可以称得上"大丰收";训诂学研究会在老一辈学者洪诚、陆宗达、殷孟伦、徐复等先生的发起倡导下成立了,会员已有数百人,每年都举行年会,开展学术研讨活动,并先后在郑玄、段玉裁等历史名人的故乡召开了规模很大的学术会议。前年还举办了黄季刚先生的纪念会。同时各种训诂学专著、教材不断出版发行,中青年学者大批涌现,报考这个专业的研究生一年比一年多,不少高校设立了博士点,培养出中国大陆第一批博士生。出版界在前段急功近利的情形得到适当纠正之后,也逐渐开始把眼光转向传统学术。尽管目前要出版一本这方面的书还需要作者自己掏钱、自己包销,但不少人还是努力要把自己的学术成果奉献给读者。这一切,都是成绩,看不到成绩是不对的。

但是,另一方面,从学术观点、治学态度、研究方法等问题上,也还存在许多值得注意的情况。

总的来说,当今大陆学术界弥漫着一种浮躁之气。从客观上看,商品大潮的裹挟和名利之徒的跳梁自然是造成这种气候的重要原因。

从主观上看,学者们安于寒素,肯下死功夫钻研学术的少了,坐不住"冷板凳"了。不少人光想"找窍门",避开苦读之途,而从外国人的"时髦"学说那里捡点"洋捞儿",改头换面,搞个什么"理论框架""学术体系"之类,以便出人头地,"辉煌"一下。殊不知训诂学与什么"比较文学""现代美学"之类有着根本上的不同。本师殷孟伦先生早在20世纪80年代初就指出过。

作为汉语言的考索与研究,训诂学正如传统医学、传统天文、物理学一样有其不容抹杀的传统的、民族的特点，这不是普通语言学由西方印欧语系等研究所得出的一般性结论所可全部概括得了的。从“语言”这一广泛的观念看，它固应属于世界语言学的一部分，但任何事物都有其个性(共性即寓于个性之中)，而因为西方语言学者对于汉语研究的历史较短，程度不深，其量也少，所以我们的精粹之处倘经深入发掘，必当为世界语言学说提供新的东西。(《子云乡人类稿·训诂学的回顾与前瞻》)

如果只是出于懒惰或知识贫乏之类的原因而去生吞活剥西方的理论，倒还可以令人理解，但倘若自己崇洋媚外，将传统学术看得全同渣滓，却反而指责同胞“守旧”，“没有新玩意儿”，那恐怕就是个品格问题了。

现在大家都有一种紧迫感。看到日本、韩国及中国港台的学者都在努力研究我们的“国学”，而我们自己往往不够努力，或者虽然努力而成果却被冷落，心理上总觉得很不平衡。有人哀叹说：“再下去二三十年，国学恐怕要请外国人来教了。”这话虽有些过头，却道出了一种忧国忧民的心态，具有一定的普遍性。训诂学在当代从来也未成为“显学”，将来大约也不需要有大批人从事于斯学，因为中国毕竟还是发展中国家，多数知识分子的精力还应集中到自然科学和经济学的领域，才能使国家更快地富强起来，而那些领域中的领先者，无疑是西方人，但是，话又说回来，地生百谷，林生万木，各种学术都应有自己的一席之地，才可能形成百花齐放的局面。训诂学作为最具中国特色的学术之一，在这举国上下正为中国特色的社会主义而努力的时候，总不应该继续长期受到冷遇而令其自生自灭。前辈学者的大量研究成果和他们踏踏实实、孜孜不倦的治学精神总还应该有人继承下去，庶不至于上愧先贤，下愧子孙。

训诂学界还有个自身队伍的问题。八十高龄的徐复先生在他的华诞之日就曾呼吁学者们要团结。他说全国搞这门学问的人也不过几百位,为什么还各立山头,互相攻讦呢?学术之争,历来有之;门户之异,师说之别,也是古已有之的。不同观点之间的争论,完全是正常现象,没有争论,学术“大一统”,反而会扼杀其生机。但是如果假学术之名,行派斗之实,排斥异己,甚至兄弟阋于墙,那可就连乾嘉学风都连根拔除了,还谈得上什么发展呢?队伍问题,说到底是个学风问题,有了一批学风正派而人品也好的学者来切磋琢磨,共同推动学术发展,不但可以振兴今天的训诂学,而且可以影响一代甚至几代人,训诂学也就大有希望了。现在的情况则不然,学会之类的组织变成争名夺利的工具,主其事者大半并不把精力用到学术方面;而借名贤乡里所筹办的学术研讨会,又多是“文化搭台,经济唱戏”,所谓“醉翁之意不在酒”,在乎名利之间也,这样的风气,能有什么学术可言?

至于今后训诂学的发展问题,我想首先引用殷孟伦先生的话:

> (一)在批判继承传统训诂学遗产的基础上,对训诂学的理论与方法必须进行深入的研究,通过这种研究,带动对我国传统的文字、音韵理论的研究,并且吸收外国语言学的先进理论和科学方法,使训诂学更为科学化、系统化,在普通语言学中发挥它应有的作用。
>
> (二)在党和国家的统一领导与规划下,有步骤地整理、正确注释我国的古代文献,使它们能够为今后的社会主义的文化发展和建设服务。正如陈云同志所提出的方案要抢救文化遗产,方能对得起今后的接班人。
>
> (三)对我国历代的训诂著作,有计划地进行一次全面的整理、研究。对于国内少数民族语文和汉语的相互影响也要进行研究,并编写以马克思主义语言理论为指导的训

诂学教材和普及读物,出版训诂工具书(包括群书索引及目录等),进一步要编写高质量的训诂学工具书。

(四)有必要在重点高等学校内开办训诂学研究班,努力造就专业人才。要创办训诂刊物和印行专著,扩大训诂学阵地,深入开展训诂学各方面的研究工作。

(五)加强中外有关训诂研究和书刊的交流,互通声气,互相学习,共同提高,建立一定的组织联系(同上)。

现在,十几年过去了。回顾一下,在古籍整理、出版教材等方面我们确实已取得不少成绩,但在创办训诂学专门刊物和中外交流等方面却做得不够。一个重要的原因是经费不足,没有钱,想办的许多事情办不了,而企业集团往往急功近利,没人愿意在这种"长线专业"方面投资赞助,结果训诂学者们不得不慨叹自己"心比天高,命比纸薄"。所以,文化教育单位及各重点高校实在应当把弘扬中国传统学术、增长民族自信心、自豪感这件事情看成千秋伟业,不遗余力地加以扶持、帮助才行。在这方面,韩国有许多值得我们学习和借鉴的地方。他们对于自己民族数千年的历史文化感到无比自豪,除支持本国学者们研究自己的各种学术之外,财团还常常出资招来外国学者研究韩国文化,又培养了不少外国籍的韩国文学、史学、语言学研究生。这些做法影响深远,只有具有远见卓识而且欣欣向荣的民族才有可能做到。笔者在成均馆大学教书,看到其儒学院异常活跃,儒林会馆几乎每个月都要组织一次乃至数次学术纪念或祭祀活动,孔夫子在这里受到真诚的礼拜。每念及此,都不禁感慨系之。训诂学本由经学脱胎而出,经过清代朴学大师及近代国学大师们的不断努力,又加以现代学者共同培养浇灌,才成长为具有独立内容体系的学科,今后的承传问题仍有待于学者们的共同努力。

首先,应该辨明继承与发展的关系问题。想发展,就要认真地继承,坐在冷板凳上孜孜不倦地读上几年书,弄明白了前人都说了些什么，哪些对，哪些不对；对的为什么对，不对的又错在哪里，即使不能胸罗万卷，也应有一定的贮存，才不致于信口雌黄，数典忘祖。现在中国大陆有一种专门以攻讦名人和大师起家的人。其痞子行为只能暴露出自己的无知与幼稚，结果是“不废江河万古流”。继承和发展二者之间，前者永远是第一位的。对于掌握了一定自然科学知识从而在思维方法方面也比古人优越得多的现代人来说，继承的本身就包含着发展。所以，要在这方面花大力气，要从中国教育抓起，搞好普及和打基础的工作。关于训诂的基本常识、基本方法，特别是它的朴学传统，应该从高中语文教学抓起。当前大多数高中语文教师迫于“升学率”的压力，又苦于图书资料的匮乏，在讲授语文教材中的文言诗文时往往捉襟见肘，表现出学养的不足，又因为态度轻忽而多臆必之说。学生受了这种影响，一辈子也纠正不过来。如果高校中从事斯学的先生们肯屈尊做一些普及工作，在研究高深理论、建立学术框架之类的同时，也适当培训一下中学教师，哪怕是举办些短期训练班之类，多从中学课本中选些例证，讲得浅显明白一点，也将会大有益于中学师资水平的提高。由此类推，如果我们把这项工作做到报社、杂志社、电台、电视台以及出版社的青年编辑中去，那么取得的社会效果将更加喜人。

另外，继续利用地方名人效应，与政府及工商企业联合举办国际性学术研讨会，或者与港台地区学者进一步加强学术交流，甚至把学术会议开到港台地区及海外去，将会对弘扬中华民族传统文化、振奋民族精神、促进和平统一大有益处。近年来，书画界在这方面比较活跃，取得了不少成绩，而训诂学界却有些冷清，因此，我们寄希望于训诂学研究会和各重点高校。

可以预期，随着中国经济的繁荣，训诂学也必将像其他学术一样进一步呈现出繁荣兴盛局面。

（原载于韩国《中国语文学志》1996 年第 3 辑，有改动）

对于汉语词的探源之构想

探讨汉语中词的源头问题,首先要搞清楚两个问题:一个是词的定义问题,即什么样的语言单位算是词?词具备哪些基本特点?二是通过什么途径去探索它们?探索汉语词的源头,目前可用而且可信的语言材料有哪些?这两个前提很重要,它可以防止我们产生不必要的歧义和走弯路。

对于第一个问题,我们认为不管是古代汉语中的词,还是近现代汉语中的词,它们的定义应该是一样的。为什么这样说呢?因为它们无论有多少差异,但作为语言符号的单位、作为一种音义的结合体,词在交际中的主要功能,就是用来组成句子(或词组)以表达思想,它们是组句的备用单位,因而是最小的、可以独立运用的单位,这一点,古今中外概莫能外。因此,词必须有固定的语音形式,词必须表示一定的意义,词可以独立运用,词是造句的最小单位,这些都是它的特点。没有了这些特点,就不能称之为词了。这是我们讨论第二个问题的基础,没有这样一个统一的基本认识,就会多歧亡羊,莫衷一是。

现在我们来谈第二个问题。

词既然是语言符号的单位,人们用语言进行交际时首先得有词才可以组成句子,因而词在语言产生之初就有了,词的出现和有声语言的出现应该是同步的。用语言进行交际,是人类区别于动物的一大特点,有语言就得有词,而且人类早期(史前时期)的语言应该是相当原始而简单的,那时的人们很可能只用少量的词,加上叫喊、手势、表情等来互相传达意的,因此,从这个角度来讲,词是最早的语言。这个问题也是古今中外概莫能外。那么有着数千年悠久历史的汉语,我们今天用什么材料和方法去探索它的源头呢?古人的语音我们听不到了,所可资依据者,惟有文字材料。

说起文字材料,作为探源来讲,我们当然是应该研究那些最早、最古老的才好。

从19世纪末叶起,田野考古在中国逐渐发展起来,安阳殷墟甲骨文的发现,对中国古文字研究具有划时代的重大意义;自1927年以来,考古工作者又从若干有代表性的史前和有史早期的文化遗址中发现了陶器或陶片上的刻画符号,有人称之为“陶文”。

但我们认为,研究汉语词的探源问题所可资据的文字材料,还是以甲骨文、金文更为可靠。当然我们也不排除早期汉字里几个记数字是从陶文中吸收过来的可能性(参见裘锡圭《汉字形成问题的初步探索》,《中国语文》1978年第3期),但陶器并不是理想的载文材料。陶文的流传固然与先民的日常生活有关,但我们很难用这些有限的材料去说明汉语词汇的起源问题。

用甲骨文记载下来的殷商王室档案,有干支、数字、世系、天象、食货、征伐、畋游等内容。通过对四五千个单体符号的考释识别,我们至少可以比较系统地看出殷商时代用书写符号记录下来的许多词的情况。如干支词“甲乙丙丁戊己庚辛壬癸子丑寅卯辰巳午未申酉戌亥”,天象词“天日月夕云雨虹”,山川词“山阜水泉土”,禽兽词“豕犬象龟鱼隹”,草木词“中木禾果米”,器物词“其舟戈弓矢册衣”,等等,都可以看成汉语早期的基本词汇。有些会意字如“隻武陟奚为受旅祭告逐及启死疾孙邑秦”和形声字“祀责遘洹霖姜楚问效依驳麋贮牡盂狂蒿妹”也都代表了当时常用的词语,绝大多数可以进入基本词汇的范畴,因此我们认为考察汉语词汇的早期情形,探索汉语词的源头,甲骨文是不可忽视的重要材料。赵诚编著的《甲骨文简明词典》,按照甲骨卜辞所反映的内容以及商代语言的实际情况划分为一定的类,诸如“自然神”“先公和祭祀对象”“先王”“旧臣”“祖、父、兄、弟、子”“妣、母、女、妇”“配偶之称谓”“侯、伯、职官”“军队”“地名”“方国”“疾病、人体的各部位”“平民、奴隶、战俘及其他”“人名”“天象、自然”“动物”“植物、粮食”“建筑物”“器物、用器”“祭祀”等,比较系统地反映出那个时代的社会状况、自然现象。此外又有“数词、量词”“时间”“空间、方位”“形容词、吉凶用语、成语”“虚词”“动词”等部分,由此可以看出那个时代汉语和汉字的基本状况和相互关系,以及和后代语言文字不同的地方,这对研究汉语的发展、演化及语音结构、词汇意义的变化,显然是有帮助的。下面我们再举些例子:

表示当时社会生产和物质文明的词如:“麦禾黍稻牛羊马鹿桑蚕圃畴鱼耒斧犁箕井毕网罗刀牧田宫室舟车丝帛玉贝爵罄”,等等。

表示自然现象的如:“日月风雨水火山川天”,等等。

表示时令方位的如:“年岁旬朝夕东西南北中外上下”,等等。

表示战争与兵器的如:“征伐寇战矢弓箙”,等等。

表示阶级关系的如:“王侯伯大史君臣仆奴隶童妾奚众”,等等。

值得我们注意的是甲骨文中还记录了许多动词、形容词、数词以及表示语法关系的虚词。

表示动作行为的词如:“令求言乎(呼)用追乍(作)在入归”,等等。

表示性质状况的如:“美大小多白赤”,等等。

表示数目的如:“一二三四五六七八九十百千万”,等等。

有人认为甲骨文中已有量词。例如“朋”字,甲骨文中有“贝十朋”(甲777)、“贝二朋”(南坊3.81)等。又如“卣”字,是一种盛酒的器物,甲骨文中有“鬯三卣”(甲1139)、“鬯五卣”(戬25.10)等。但像“羌三人”(续1.52.2)、“羌百羌”(粹190)这样的情况,“三人”的“人”、“百羌”的“羌”,说它们是量词,不如说是名词更恰当些。

从甲骨文的词汇中,我们会明显地看出这样几个问题:

一、甲骨文中的词,绝大多数是一词一义,多义词很少。原因是那时新事物、新概念尚未大量涌现,像“田”字既有刍秣之义又有畋猎之义的词是个别的。

二、殷商时期社会生产力较低,因而甲骨文词汇表示具体概念的多,如“犬牛马鸡凤”等,而表示抽象的概念较少(例如“禽”“兽”之类就没有);在形容词中,表示状态的词多,如“大小赤白高”等,而表示性质的词就很少。当然,随着社会发展、人们认识水平的逐渐提高,在甲骨文中也出现了某些表示抽象概念的词,如“宁利在有”等。

三、从结构上看,甲骨文中绝大多数是单音节词,只有一部分地名、人名、官名是双音节词。这是因为当时人们的概念不太复杂,单音节词基本能满足交际的需要。

四、从词的义项角度来考察,甲骨文中的“日”在很多情况下并非指称太阳,而是指称太阳神。例如“帝日”(库985),即对太阳神进行禘祭;“又日”(南明726),即对太阳神进行侑祭。不仅如此,“日”在卜辞中还被用来表示时间,如“旬又二日”(遗62)、“二旬又六日”(库1516)。有时又用来与“夕”相对,表示白天,如“日其雨”(遗142),“日不雨”(粹766),等等。这就是说,在甲骨文中,“日”不但用其本义(太阳),而且还用其引申义(日神或时间词),据观察,用引申义比用本义的频率还要高。这种现象提示我们,在甲骨文时代,汉语词义已经有了丰富的发展，因而我们在考察上古词汇状况时，绝对不应忽视甲骨文材料。

下面我们再简单谈一谈金文作为汉语词的探源材料的重要性。

历史上的“青铜时代”包括了从商初到战国末的漫长时期，即使从出土的已经刻有文字的最早铜器的时候算起，到战国末期已历千年之久，文字的演变及词义的发展不能不呈现出某些阶段性的特征，所以，笼统地称“金文”而不作阶段性考察是不够科学的，好在我们这里所讨论的，是金文作为汉语词的探源材料的重要性问题，而不是全面讨论金文本身的发展变化等问题，所以统而言之也未为不可。

商代末年铜器词字数较少，有的仅一字或数字，只标出做器者或受祭者或氏族的名称，如“司母戊”“帚好”等，这对词汇研究意义不大。到后来，字数逐渐增多，至两周晚期的毛公鼎，就达到四百九十七字。这种较长铭文所记载的内容相当广泛，有王室的政治谋划、历代君王事迹、方国的叛离、民众的暴动、祭祀宴飨、征战告捷、论功行赏、奴隶转让、生产资料交换、誓约、诉讼、家史，等等，这些都是极宝贵的上古语料，对我们研究汉语词汇具有重要意义。

据《金文编》所收，金文总数为 3771 个，其中可识者 2420 个，尚未认识的 1351 个（参见《中国文字学》，上海古籍出版社），看起来金文字数比甲骨文少，原因大概是传世铜器数量不够多以及鼎彝所铸多为歌颂赏赐之类，内容比较单一。但是，全文中出现了不少甲骨文中没有出现过的词，例如鼎彝及器物名称“簋簠盨觯觥罍钟铙”等。另一方面，有些原先我们在书面文献中见到的词，用金文材料来参验一下，会有新的发现。譬如“季春”，书面文献最早见于《礼记·月令》，但从金文中我们发现它在春秋时即已出现；“元日”最早的书面材料见于《尚书·尧典》，但从金文材料中我们发现作为“朔日（每月初一）”的这个词是古已有之了。(参见郑慧生著《中国文字的发展》)因此,我们可以确定地说,探寻汉语词的源头,金文也是重要的材料。

我们之所以在词的探源问题开头就提出甲骨文、金文材料的重要性,是因为许多人研究甲骨文、金文是从文字学角度而不是从词汇学角度进行的;同时,许多古汉语词汇学著作也多是依据书面文献而忽略了甲骨文、金文的材料,这都是不够科学的。当然,甲骨文、金文所记录下来的古代词汇远非那时词汇的全貌,也不一定就是每一个词最早的词义,但它们毕竟是目前我们所能见到的最为真实可信的文字材料,从它们入手进行汉语词的探源研究,可以填补古代汉语词汇研究之不足。

谈到词的探源,我们首先要回答一个问题,那就是探什么源:是探索汉语词汇史亦即由今天我们所能见到的书面文字记载下来的古代汉语早期词汇状况这个源呢,还是探索汉语词的造词法呢?我们这里所探讨的,主要是后者,也就是说汉语的词是如何从无到有的,新词是用哪些方法产生出来的等问题。当然,每一个词,不论是实词还是虚词,都必然存在于某一共时的词汇体系之中,都不是单独地、孤立地存在着的,从这个意义上讲,在我们探求汉语各种新词产生方法的问题时,当然不可能完全脱离汉语词汇史的领域,但是这个问题我们将专门论述,在这里就不重复了。这里我们要强调的一个问题是,在整个词汇史的发展过程中,新词总是不断产生,旧词总是不断消亡,因此探源的问题就绝对不止局限于古代汉语。近现代汉语的新词是如何产生的,也是我们讨论的内容,不过叙述起来当然还是由古及今,按照历史发展的顺序来谈。

陆宗达先生曾提出过“自生词”(“源词”)和“派生词”的说法,他说:“词在其产生初期,是由音和义按约定俗成的原则任意结合的。语言中大量的词,音与义的结合带有偶然性。但在词汇的丰富过程中,还要由旧词中分化出一批新词。这些新词的词义是旧词词义的延伸,词音则是旧词词音的承袭或有规律地稍变。因此,源词和派生词之间便发生了历史的源渊关系,同源的派生词之间便出现了音近义通的现象。要想探求派生词的来源,便可沿着音和义的线索找出它的源词。如果我们把约定俗成的词称作'自生词',源词分化出来的词称作'派生词',那么,只有派生词才有探源的必要和可能,而自生词是无源可探的。如果把音近义通现象扩大到自生词之间或同音的非同源词之间,那就必然导致对音义关系的歪曲。中国古代'声训'推源的对象,实际上是既有派生词,也有自生词和同音的非同源词。"他还说:"汉语的自生词和派生词原本就不易划清,加上古代'声训'中正确与错误夹杂,是与非的交错,就使人们很难对古代'声训'作出具体的、适当的归纳。但总的来看,人们还是一步一步向真理迈进着。"(《传统字源学初探》1982年油印本)王力先生在他的《中国语言学史》第一章中也提出过类似的观点,他说:"声训作为一个学术体系,是必须批判的,因为声音和意义的自然联系事实上是不存在的。马克思说:'任何事物的名称,跟事物的性质是没有任何共同之点的。'因此,凡企图寻找事物名称和事物性质之间的关系的人,都不可避免地陷入了唯心主义的泥坑。但是,声训的具体内容则不能完全加以否定。事物得名之始,固然是任意的;但到了一个词演变为几个词的时候,就不再是任意的,而是在语音上发生关系了……《释宫室》:'观(指台观),观也,于上观望也。'《释衣服》:'被,被也,所以被覆人也。'……其他如《释言语》'威,畏也'之类,也大有参考的价值,……我们还不知先有'威'还是先有'畏',但'威''畏'的意义关系与语音关系绝不是偶然的。这就牵涉到'词族'的问题,值得我们进一步研究。"

传统训诂学里面的"声训"就是一种探源,只不过古人不懂得自生词与派生词的区别,认为凡是词都可以找到它的"得名之由",所以把"因声求义"的方法用得滥了。其实如果正确地排除掉那些由音义任意结合而形成的自生词之后,我们就会发现,语音造词是新词由旧词(源词)派生而出的一种重要方法。

这里需要特别提出来讨论一下的,是古代基本词汇中的名物词的来源问题。

王力先生在他的《汉语史稿》下册首章(全书之第四章)开头便举出大量例证说明上古名词中的基本词是大量存在的。如表示自然现象的名称(风、雨、雷、电、冰、霜、雪、星、云、露、水、火、山、土、天、地等),表示人的肢体的名称(心、手、首、领、面、目、口、齿、足、肌、肤等),表示亲属的名称(父、母、子、女、祖、孙、伯、叔、兄、弟、姊、妹等),表示禽畜庄稼的名称(牛、羊、豕、豵、豜、豚、谷、禾、黍、稻、秬、粱、麦、稷等),表示人类物质文化的名称(宫、室、屋、冠、巾、衣、裤、裳、屦、履、袜、几、席等),数量不少。那么这些名物是否各有来源呢?汉代的刘歆提出一种主张:"非徒无主而生是也。"(见《与扬雄书》)近代王国维也注意到这个问题,他说:"凡雅俗、古今之名,同类之异名与夫异类之同名,其音与义恒相关;同类之异名,其关系尤显于奇名。……《释虫》:食苗心,螟;食根,蟊。……《释鸟》:鸟鼠同穴,其鸟为鵌,其鼠为鼵。……螟与蟊……鵌与鼵,皆一声之转。此不独生物之名然也。……盖其流期于有别,而其源不妨相通,为文字变化之通例矣。异类之同名,其关系尤显于偶名。如《释草》:果裸之实,栝楼。《释虫》:果蠃,蒲卢。案:果裸、果蠃者,圆而下垂之意,即《易·杂卦传》之果蓏,凡在树之果与在地之蓏,其实无不圆而垂者。故物之圆而下垂者,皆以'果蓏'名之。栝楼亦果裸之转语……其余如草有莪萝,虫有蛾蛪;草有茏天蘥,鸟有鷚天鸙;草有蒤茎藸,木有味茎著;草有菺蘪舌,鸟有鸧麋鸹;木有密肌继英,鸟有密肌系英,今虽不能言其同名之故,要其相关必自有说,虽其流期于相别,而其源不妨相同。古人正名百物之意,于此亦略可睹矣。"(《观堂集林·〈尔雅〉草木虫鱼鸟兽名释例下》)黄侃也提出同类说法,他说:"《尔雅》名物,仍当贯以声音,求其条例。如《说文》璊、虋;裖、蜃。《礼注》韝、蒨;弁、槃。葥为荎帚,制以黍穰，则书为棃；蒲为水草，移状禽口，则变为凫。至于状所异同，名言迁贸，沉思冥索，觬理秩然，亦钻研故言之乐事也。”（《文字声韵训诂笔记》之“《尔雅》名物当贯以声音求其条例”）

有的学者由此断定王国维、黄侃等人主张名物的来源从理论上是完全可以推寻的，有些暂时推寻不出的，只能叫作“绝缘无佐证”，找不出来不等于不能找。其理论根据是：首先，名物是有来源的，在给一个专名定名时，完全没有根据、没有意图几乎是不可能的。虽然定名有偶然性，名与实绝非必然的切合，但人们为一物定名时，一定与对这一事物的观察、认识有联系，因而在不同程度上有源可寻。其次，探寻名物的来源，往往与希望了解古人对一些事物的认识而进一步研究古人的科学与思想分不开。同时，也可以通过名物的推源进一步研究词义发展的规律，并非仅仅游戏式地去猜测命名的意图。他们批评了另一种主张，即所谓“托名标识”说。朱骏声在《说文通训定声》的“凡例”中说：“凡山水、国邑及姓氏之类，皆托其字为表识，无关本谊，故注亦不详。”即他认为“托名标识字”如山水、国邑、姓氏之类是没有什么本谊与来源的。批评者指出：所谓“托名标识”，从词的社会约定性来说，是有一定道理的。有些山水、国邑及姓氏，往往是当时当地人所定，定时虽有来源，但开始只包含少数人或小范围内的人的一种意图，待到它为整个社会所接受，这种来源便毫无意义了，仅仅剩下一种标识作用，使用它的人也无须再去追究那少数人或小范围内人们的意图了。尤其是在长期流传过程中，言变字迁，更加失去本谊，就记录的文字来说，认为是“托名标识”也可以说得过去。但是，从研究词义的角度，提到理论高度来说，这种说法就不够彻底了，而且它阻绝了名物探源的通路，在词义学上是不彻底的，甚至是有害的。相对来说，“绝缘无佐证”的说法就更科学一些。（说详陆宗达、王宁《训诂与训诂学》甲编《训诂方法论·因声求义论》）

我们则认为“绝缘无佐证”与“托名标识”两种说法都过于

极端，都是不够完善的。

首先说前者。王国维先生和黄侃先生所举的那些具体例证都是说的词的同源、同族现象，并没有具体地指明何者为源词，何者为派生词。譬如"螟"与"蟊"两种虫名，"鵌"与"鼵"两种鸟鼠名，声近而义通，但先有了"螟"呢，还是先有了"蟊"？先有了"鵌"呢，还是先有了"鼵"？谁能考证出来？王国维也只说"其流期于有别，而其源不妨相通"；对于草之"莪萝"与虫之"蛾螺"，虫之"密肌继英"与鸟之"密肌系英"，王国维也只说"今虽不能言其同名之故，要其相关必自有说"，并不能指出孰者为先，孰者为后。所谓"必自有说"，当是指它们为什么会同源这个问题说的，因为他明明有"其源不妨相同"的话，而不是说"其源当为某某"。黄侃先生所举"璊"与"虋"，"裖"与"蜃"等例，也只是同源问题，而非探源问题。当然，发现了词与词之间的同源现象，就会为探源工作准备了材料，打下了基础，但"同源"与"探源"毕竟是两个相关而又并不完全相同的问题，所以我们认为举王、黄二氏之说来证明名物之源可以探明，似乎有些文不对题，因为不论王氏所说的"因义相关"还是黄氏所说的"觼理秩然"，都只是指同源关系说的。

至于朱骏声的"托名标识"说，认为"山水、国邑、姓氏之类"皆"无关本谊"，则不问源流，一律指为后起之词，当然也不科学，而且阻绝了名物探源的通路，所以就受到了批评。但是话说回来，如果我们用"自生词"与"派生词"的观点来分析这个问题，把"山水、国邑、姓氏"之词也看成具有源生与派生两类的话，那么就应该承认，有些名物确实是无源可探的，因为它们的音与义是偶然结合的，"名无固谊"，这样把"托名标识"限制在自生词范围之中，问题就会清楚一些了。

所谓"绝缘无佐证"的说法，我们认为运用自生词与派生词的观点去分析也会使它变得真正具有科学性，从而摆脱理想化推理的范围。从理论上讲，所谓"绝缘无佐证"的词，也应该有音义偶然结合从而无源可探的和虽为派生词,但因绝缘无佐证无法探明其源词为哪一个的这两类,而不应该笼统地认为凡属无佐证者皆自有源,只是不易探明而已。

王力先生把“声训”这种训诂方法与词语探源问题混为一谈,而且引用马克思的话,说“任何事物的名称,跟事物的性质是没有任何共同之点的”,从而认为“凡企图寻找事物名称和事物性质之间的关系的人,都不可避免地陷入了唯心主义的泥坑”。我们认为,肯先要把训诂学和词汇学区分开来,即既要看到它们在研究词义、语义方面的共性,又要看到它们各自不同的研究目的与研究方法。所谓“声训”,目的是解释古书中的词义,怎么能说是“唯心主义”呢?古人搞“声训”,不分自生词与派生词,这是由于历史局限和正确的理论体系尚未形成。既然王先生也承认“事物得名之始,固然是任意的;但到了一个词演变为几个词的时候,就不再是任意的,而是在语音上发生关系了”。那么在否定“声训作为一个学术体系”并指出“必须批判”时,是否也该考虑一下对它作具体分析,承认它只是一种训诂方法,而非词义探源的全部理论体系呢?

总之,我们还是接受并主张汉语的词有自生词与派生词两大类,自生词为音与义的偶然结合,无源可探;派生词可以通过声音线索寻找其同源关系甚至找到其源词。

关于“国学”的几点认识

学术乃天下之公器，本来并没有国界，我们通常说的“越是民族的，就越是世界的”，就是这个意思。著名学者钱穆先生说过：“‘国学’一名，前既无承，将来亦恐不立，特为一时代的名词。其范围所及，何者应列国学、何者则否，实难判别。”

一般的国学概论书，大半采用梁启超《清代学术概论》之大意，对每一时代学术思想的主要潮流略加阐述，其用意不过是使学生了解两千多年来中国学术思想的流转变迁的大致情况，以提高他们适应新形势的能力。前辈学者往往以“经史子集”的顺序来编写和讨论国学。章太炎《国学概论》就是这样做的。但是，中国的传统学术内容太广泛了，“四部”之外的农、医、军事、建筑、美术、音乐，乃至卜筮、谶纬、玄言等，都应在“国学”之列，所以章太炎的《国学概论》，也是很难赅备的。

钱穆先生的《国学概论》共十章，包括：（一）孔子与《六经》、（二）先秦诸子、（三）嬴秦之焚书坑儒、（四）两汉经生经今古文之争、（五）晚汉之新思潮、（六）魏晋清谈、（七）南北朝隋唐之经学注疏及佛典翻译、（八）宋明理学、（九）清代考证学、（十）最近期之学术思想——总起来看，不啻为一部中国学术简史。这样浩繁的内容，我们很难一一介绍清楚。那么，我们在这里只能向大家介绍一点基础的东西。所谓“基础”，不过是指阅读或研究传统的中国学问所应首先掌握的知识，也可以说是入门的工具。因为大量的古代典籍都是用古代的书面语写成的，现代年轻人阅读起来可能会遇到一些障碍。那么，帮助大家破除这些障碍，就是本课程的任务了。所以，我们初步把本课程的内容按照一般人读书识字的自然顺序确定为：（一）文字（以《说文解字》为核心研究古代字义、词义）——也就是认字。（二）音韵（以中古音、上古音为核心谈古今音变以及由声音通训诂）——也就是发音。（三）词汇（介绍《尔雅》一书并且大致上梳理一个汉语词汇发展的基本脉络）——也就是讲词。（四）如果时间来得及，我们再介绍一点古代文化知识（天文、地理、职官、科举、人名等），也都不过是为了帮助大家阅读古籍。由此看来，归根结底，所谓“国学基础”，并非全面讲解国学，而是做点最基本的工作——破除文字障碍的工作，因此，也可以称之为“国学初阶”。

虽说是“初阶”，但其实是最重要的学问，过去叫作根柢之“学”。没有这点儿基础，大家做学问就只会“搭框架”，搞“理论体系”——就像现在某些时髦的学者一样，只会发“不根之论”，成为“水上浮萍”，随风漂荡，毫无根基。在有着两千多年文化积淀的国度里，这样的“学者”是做不长久的。

黄季刚先生曾举出“现存完全切用的十种根柢书”：《尔雅》《小尔雅》《方言》《说文》《释名》《广雅》《玉篇》《广韵》《集韵》《类篇》。

若就其性质而分之，则《尔雅》《小尔雅》《方言》《释名》《广雅》是段玉裁所说的“义书”，即训诂之书。《说文》《玉篇》《类篇》是段玉裁所说的“形书”，即文字之书。《广韵》《集韵》是段玉裁所说的“音书”，即声韵之书。

其中尤其重要的有四种：《说文》《尔雅》《方言》《释名》。而四种之中，又以《说文》《尔雅》为本。

黄先生说：“无《说文》则不能通文字之本，而《尔雅》失其依归;无《尔雅》则不能尽文字之变,而《说文》不能致用,如车之运两轮,鸟之鼓双翼,缺一则败矣。”

由此可见,我们的基础从《说文》开始,是比较合乎规律的。有同学可能会问:《说文》厚厚的一本,被解释的字儿就有 9353 个(还不包括大徐本的“新附字”),怎么能学得完?我考虑了一下,觉得九千多字一个一个讲下来是办不到的,也是没必要的,因为其中很多字早已不用了(譬如关于祭祀的词、山川地理的词、古代制度的词、草木鸟兽牲畜的词),有的只在很古老很专门的书里才出现:

示部
- 禷(lèi):以事类祭天神。
- 祔(fù):后死者合食于先祖。
- 禘(dì):谛祭也。《周礼》曰:五岁一禘。

玉部
- 珌(bì):佩刀下饰。天子以玉。
- 璏(zhì):剑鼻玉也。
- 璂(qí):弁饰,往往冒玉也。

艸部
- 葅(zǔ):菜也。
- 蓶(wéi):菜也。
- 苷(gān):甘也。

牛部
- 犕(bèi):二岁牛。
- 犙(sān):三岁牛。
- 牻(máng):白黑杂毛牛。
- 㭨(tú):黄牛虎文。

一般来讲,我们读《说文》是为了解字之本义,有些渔猎农牧方面的字儿,对文科学生阅读文学、史学、哲学方面的书时,只在用得着时当字典翻一下就可以了,何况从《康熙字典》《辞源》等后世工具书中可以更方便地查到,所以不必把这些字儿一个一个讲下去。但是,宏观总是由微观组成的,现在有的人没读几页《说文》,就侈谈“六书”,谈汉字构造原理,甚至声称“破译了全部甲骨文”,大吹牛皮,恬然而不知耻。为了纠正这种沽名钓誉、好高骛远的毛病,我们从《说文》中选出一部分部首和部中字讲一讲还是完全必要的,特别是有些字在经典中的意义与甲骨文、金文中的意思有所不同,举例讲一下,可以开启心智,扩大眼界。

关于“章黄学派”的问题,曾经在学术界引起过争议。我们今天提“章黄”,主要不是搞什么宗派,搞什么“小圈子”,而是从前辈人治学理念、治学精神以及为人处世方面继承一些优良的传统。

章、黄二人早年都曾投身于反清革命运动,都曾受清廷缉捕而避难于日本。他们一直关注国家与民族的命运,把治国学当成“存种姓、卫国族”的手段。章太炎的故事早已讲过了,不再重复,现在说说黄季刚先生。黄先生说过一些很有教益的话,他说:研究学问不是为研究而研究,也不是为了沽名钓誉,而是为了国计民生。用他的话来讲,就是:“一切学问都应以正德、利用、厚生为目的。”所以他笃学而不趋新、征实而不蹈虚,治学先从继承入手,“好学深思,心知其意”(司马迁),“多闻阙疑,慎言其余”(被后人称为“黄门十六字诀”),扎硬寨打死仗、淹博古今、谨严自守、以愚自处、“疑事毋质,质而毋有”(质,评定也)。由此可见,一代宗师的心胸,与现在某些自诩为“专家”“大师”的人大不相同。

黄侃字季刚,又名季子,1886 年生,1935 年卒,享年 50 岁。因为晚居南京量守庐,故自号量守居士,湖北蕲春人。黄侃生于官僚家庭,父黄云鹄,字翔云,咸丰年间进士,做过成都知府,又为盐茶道。晚年在江陵(南京)中山书院任教职,又做湖北书院山长。据说为黄庭坚之后。

黄季刚先生幼年聪慧,六岁能诗,九岁读经书。发蒙师为江翰,字叔海。经济特科出身(进士),曾任河南巡抚,与廖季平俱为四川学人,其子江庸(字翊云)为四川首届出国留日学生,曾任司法总长。黄先生十五入郡庠(秀才)。十七岁乡试下第,入梁鼎芬主持的文普通学堂,遂与湖北革命同盟会人员联系,后受清廷缉捕,东渡日本留学。1907 年师事章太炎先生。后回国办沪上报纸。章太炎又把他介绍给孙诒让、朱仲我(朱骏声之子)等人。

黄先生师从太炎先生,受经学、小学。章先生之《文始》《新方言》皆据黄氏意见著之。黄先生办报失败后教书,初任教于河南高等学堂。蔡元培任北京大学校长后,黄先生遂赴北大任教。与同时者有吴汝纶、林琴南、钱玄同等。陈独秀任文科学长时,胡适之到北大,钱玄同附庸之,遂至分化,而钱氏音韵学多用黄说。五四运动后,黄氏离京至武昌高师教书,后回京,后又至山西大学任教(听课者刘盼遂等),又至东北大学(时金静安任校长)。半年后,回南京中央大学任教,共八年(本师殷孟伦先生从学六年),因饮酒中毒,呕血而死。

黄先生在北大时,曾拜刘师培为师,刘氏五世传经,十五岁之前未出过家门,卒年三十七岁,遗书七十四本。惜拜门一月后刘氏即亡。

黄先生尝言已五十岁以后方始著书,故其著作传于世者少。然黄门弟子遍于天下,罗常培、傅斯年、俞平伯、范文澜等皆曾师事之,洪诚、林尹、陆宗达、殷孟伦、徐复皆为其入门弟子。

黄氏之学,远绍汉唐,近承乾嘉,善论文,博通古今,尝著《汉唐玄学论》,大为哲学家汤用彤所赞许。其古声十九组之说,章太炎改从之。至其晚年,储书三万卷,其主张为:重历史、重证据、重理论,三者合一。其语言学主张,合声韵、文字、训诂为一。“譬如束芦,相依而住。”黄先生既是乾嘉之学的继承人,又是新说的开拓者,治学严谨,学问广博。流传至今的黄氏批点之书不下百种,功力最深者,为《说文》《尔雅》二书。

黄先生指出:“学问之事,一、不欺人;二、不知者不道;三、不背所本;四、为后世负责;五、不窃。”他说:“著书立说,必前之所未尝有,后之所不可无。”他反对“杀书头”,读一部书未终不可读第二部。他读孙诒让《周礼正义》,八十天计日程功,一部《清史稿》(100册)从头到尾圈点下来。《唐文粹》于临终前方阅完毕。对于经、史、小学诸书,更是反复数十遍,其熟悉程度至能举其篇、页、行数,十九无差误。《说文》《广韵》二书,时不离手。读书一定要加批语,流传至今的黄氏批点过的书有百余种。其中,《说文解字》《尔雅义疏》《文选》《资治通鉴》等书尤其宝贵。顾颉刚主持廿四史断句时,曾从陆宗达手中借《资治通鉴》黄批本作为标点依据。

他告诫学生,中国学问如仰山铸铜、煮海为盐,终无止境。他批评某些学者之病:“一曰急于求解,二曰急于著书,三曰不能阙疑,四曰不能服善。”他指出,“考据之学有三要点:一曰不可臆说,二曰不用单文,三曰不可武断。”他之所以推崇汉儒,原因之一即“汉学之所以可畏在不放松一字”。

殷孟伦师在南京从学于黄先生时,黄先生首先告诫他要打好基本功,不骛外,要耐于久坐下苦功。他要殷先生在一年内圈点完“十三经”,后逐步增加,将所圈点之书增至廿六种,并要他在三十岁之前读完唐以前之典籍,且三十岁之前不轻易著书和发表文章,要积累知识,方可恢宏气度,言之有物,切不可偶有所得便沾沾自喜。对那种诡更旧文、牵强附会、本无心得、硬要著述的人,他用顾炎武的话讥讽之:“不能开山采铜,而但剪碎古钱,成为新币。”

在黄季刚先生教诲之下,本师殷孟伦先生治学终生,渊博精深而又严谨,是我们的楷模。

顾炎武在《日知录》中谈到“两汉风俗”时说:“当今年少,不复以学问为本,专更以交游为业;国人不以孝悌清修为首,乃以趋势求利为先。”这些话,对我们今天的年轻人仍有教益。做人和做学问,都要踏实认真,都要有正确的方向和老老实实的态度。我们讨论“国学”这个题目,主要就是要大家继承前辈学者的良好学风,在他们的基础上继续努力,以求有所创获。

说文撰要(一)[①]

《说文》五百四十部,九千余文,每字下说解详略不一。这里选讲的一部分部首和部中之字,都是较有代表性的古书中常见字。选讲目的是帮助大家更好地考辨字形,理解词义,并对“六书字例之条”有比较生动而清楚的认识,以便进一步研究《说文》。为便于同《说文》原书对照阅读,所选部首及部中字的次序一遵大徐本。部首用(一)(二)(三)(四)等数字符号排列,部中字用①②③④等数字符号排列。

(一)一 yī

《说文》说解:“惟初太始,道立于一。造分天地,化成万物。”

这两句话是许慎根据《周易·系辞》“易有太极,是生两仪”的意思对“一”进行的哲学解释。《易经》有“天一地二”的说法。也就是说,在我国古代哲学家那里,“一”是“天之数”,“二”是“地之数”。《老子》云:“道生一,一生二,二生三,三生万物。”许慎说解中的“道立于一”和“造分天地,化成万物”也是这个意

① 本文是为纪念殷孟伦先生执教五十五周年学术讨论会所提交读书报告的一部分。

思。王弼为《老子》作注,指出:“一者数之始也,物之极也。”《庄子·天地》篇:“一之所起,有一而未形,物得以生,谓之德。”《鹖冠子·环流》篇:“一之法立,而万物皆来属。”《淮南子·原道训》:“道者一立,而万物生矣。”《汉书·董仲舒传》:“一者,万物之所以始也。”意思大体是相同的。古代哲学家并不把“一”看成是一个简单的计数之词,而是赋予它深奥的哲学含义,许慎继承了这种说法。

“一”是个指事字。郭沫若先生认为:“数生于手,古文一二三四作—═☰☷,此手指之象形也。”马叙伦先生则认为“一”“二”都是“地”的初文,它们象征大地,钟鼎文借为数名。其实“一”还可以看成一条基准线,在“天”字中,它在“大”(一个正立的人形)上面,表示“顶颠”的意思,就不能把这个“一”理解为大地了。

我们认为,表示数目的“一”本身是一个抽象化了的概念,古人把“一”与“道”“德”“法”等哲学概念联系起来,用以认识世界,解释万物之始、天地之数;同样也是一种抽象的概括,既然承认天地万物的存在,这种概括就不应完全看成是唯心的。许慎的说法并非没有道理,只是古人认识事物的角度与我们不同。

在“一”这个字形的说解下面,许慎还为我们保存了一个古文“弌”字。戴侗《六书故》指出“弌不能古于一”,他是对的。段玉裁也认识到这一点,也说:“一二三之本古文明矣,何以更出弌弍弎也?盖所谓即古文而异者,当谓之古文奇字。”王筠认为“弌”上面的“弋”是声符,而“弍弎”两字上面的“弋”就不表声,只是因“弌”而递加上去的。徐锴和朱骏声都认为“弋”是个表识,徐锴更进一步解释说“弌”是“一个”或“一枚”的意思,这似乎有些主观了。

①元 yuán

《说文》说解:“始也。从一从兀。”

《说文》的解释是有经传用例的。《易经》有“大哉乾元,万物资始”“元亨利贞”等语,《子夏传》曰:“元,始也。”《尔雅·释诂》:“元,始也。”《吕氏春秋·名类》篇:“元者,吉之始也。”但后人多认为训“始”不是“元”字的初义,戴侗、徐灏都指出“元”的初义是“首”。例如《左传·僖公三十三年》的“狄人归其元”和《孟子·滕文公下》的“勇士不忘丧其元”这两句话中的“元”字都是“首”的意思。

甲骨文有“”“”这样的字形,钟鼎文如《师酉毁》《秦公毁》等也作“”,《沇儿钟》作“”、《曶鼎》作“”,也大致相同。唐兰先生认为“(按即‘人’)字或作,后来把读作兀,变作元,当人首的意思”。这个讲法是符合甲骨文、金文字形的特点的。无论“”形表示人头的那个部分由一圆点变成横或是变成两横,都是可能的,因为横线比圆点更易契刻。关键是大徐本说解这个字形构造的“从一从兀”,应当怎么去理解。如果我们懂古音,知道“兀”和“元”本是一声之转,那么就会怀疑这个字会不会是“从一,兀声”,而徐氏兄弟因为不懂古音,所以把它擅改了。在徐锴的《说文系传》中承认他所见到的《说文》本子中有“声”字,但他认为那是“俗本”,其中的“声”字是“人妄加之也”。他解释这个字说:“元,始也。从一、兀。会意。”为什么从“一”呢?他说:“元者,善之长,故从一。”为什么从“兀”呢?他说:“元,首也,故谓冠焉元服,故从兀;兀,高也,与尧同意。”这样的解释是牵强的,而徐铉刊定《说文》时采用了他的说法并改为“从一,从兀”。实际上,“元”字应当是个形声字,徐锴见到的“俗本”作“从一,兀声”是对的。

《说文》中的“髡”字从“兀”得声,它有个异体字作“髨”,可见“兀”和“元”在上古之时声音是极相近的。又如“軏”字音“yuè”,“元”声,它或体作“軏”。所以王念孙指出:“盖元与兀本一声之转,故元从兀声,而从兀之字可从元,从元之字又可以从兀也。”唐玄度《九经字样》讲解字形都以《说文》为本,它在“元”字下也注云“从一,兀声”。可见《说文》原本应作“从一,兀声”,

而不是现在大徐本的“从一,从兀”。据此可知“元”字并没有“高”的意思,它的初义应是“首”,即人头。从古音来看,“人”音日纽,古读归泥纽,“元”“兀”都在古疑纽,泥、疑同为鼻音,音变之迹甚明,而“元”“兀”古韵皆在脂部,“人”在真部,脂、真对转,韵也是极相近的。

②丕 pī

《说文》说解:“大也。从一,不声。”

《尚书·大禹谟》“嘉乃丕绩”,传云:“丕,大也。”《尚书·禹贡》:“三苗丕叙。”司马迁《史记·夏本纪》作“三苗大叙”。可见正如王国维先生指出的:“《尚书》中多丕字,且多作语辞用。”不但《尚书》,《左传·僖公二十八年》:“奉扬天子之丕显休命。”《昭公三年》:“旦昧丕显。”(《谗鼎》之铭)杜预并注云:“丕,大也。”故《尔雅·释诂》云:“丕,大也。”《释训》云:“丕丕,大也。”

在钟鼎文中,“丕”字作“不”,没有下面的一横。《师𩛥敦》“不显文武”,《牧敦》“不显休用”,《盂鼎》《聃敦》等亦皆如此。所以王国维先生推测,这个“丕”字大概本来就写作“不”,后人误释为“大”,所以在下面加一横,写成“丕”字了。

③吏 lì

《说文》说解:“治人者也。从一,从史,史亦声。”

段玉裁指出:“凡言亦声者,会意兼形声也。”

为什么字形要“从一,从史”呢?徐锴认为:“吏之治人,心主于一,故从一。”他把“一”理解为专一、专诚的意思。其实“史”“吏”“事”本为一字,或者可以认为“吏”和“事”都是“史”的转注字。《汉书·贾谊传》“不习为吏”,贾谊《新书》作“不习为史”。《汉书·艺文志》“能讽书九千字以上,乃得为史”,许慎《说文解字·叙》作“乃得为吏”。两汉的职官“县吏”和“诸曹史”是一个意思。

“史”字,甲骨文作“”“”,《说文》解作“记事者也”,其实就是持书之人,引申而为官称,又引申为职事之称,后来为表

义明确,在小篆中分为“史”“吏”“事”三字。古代官名多由史出,殷、周间王室执政之官,经传作“卿士”,卜辞作“卿史”,金文有作“卿事”的,可见三字之间的密切关系。

(二)示 shì

《说文》说解:“天垂象见吉凶,所以示人也。从二(按即古文‘上’字),三垂,日、月、星也。观乎天文,以察时变,示,事神也。”

许慎的说法本于《易·系辞传》:“天垂象,见吉凶。”《苍颉篇》:“示,现也。”《说文》说解中的“见”亦当读为“现”。

“示”字在甲骨文中有“亍”“丅”“示”等形,或一横,或两横,或一竖,或一竖两点,或一竖一点。《说文》中保存了一个古文“𥘅”,郑樵认为“示”当读“祈”,像旗上的飘带(旗斿)之形。周伯琦则认为“𥘅”就是现在的“旗”字,借为“神祇”字。郭沫若先生认为“丅”即“丄”(牡器)之倒悬,两旁的点儿是阴毛。他指出在金文中“示”字中垂有作肥笔者,如“宗”字,《过伯簋》作“宗”,《仲追父簋》作“宗”,“祝”字,《殷彝》作“祝”,其中的“示”“示”“丅”都更近似于牡器之形,他的根据是上古史上曾出现过“生殖器崇拜”的时期。商承祚先生认为在甲骨文中“祝”字作“祝”、作“祝”,其中“示”旁的两点或四点是表示祭祀时的灌酒。马叙伦先生则认为“𥘅”中的三垂当是“○○○”为“□□□”又变为“𥘅”的,所以“示”字实为崇拜光明之义,“○○○”或“□□□”都表示星光,古者巢居穴处,以有星为吉,故以为神示其吉凶。这种说法与《说文》说解相近。

在《广韵》中,“示”音“神至切”,浊音,床母三等,古音属舌音定母,与“垂”为双声,所以许慎以“垂”释“示”,表示“垂”“示”一意。又“示”古音在没部,与“出”同源,所以如果从语言学角度考察,“示”“垂”“出”当为同源字,其音义皆相关。《周礼》多以“示”为“神祇”之“祇”,“祇”属喉音,而从“示”得声的“祁”字即读喉音,可见“示”字在上古必兼有喉音的读法,它是

“视、见、观看”等字的语根。黄侃先生主张读《说文》应该懂得：“形以义明，义由声出，比而合之，以求一贯，而训解始精密矣。”

①福 fú

《说文》说解：“祐也，从示，畐声。”

大徐本作“祜也”，“祜”是汉安帝刘祜的名讳，许慎在“祜”字下称“上讳”，他不会用这个字去说解“福”字。小徐本作“备也”，与大徐本“富”字下说解相同。王念孙指出：“福、富、备，古声义并同。”段玉裁的《说文解字注》从小徐本，他说：“备者，百顺之名也，无所不顺者之谓备。按福、备皆在古音第一部，叠韵也。”朱骏声也指出：“福、备以同音作解。”

甲骨文中的“福”字，有“□”“□”“□”“□”等形，从两手奉尊于“示”前或省去两手，或连“示”也省去。在商代，“福”是祭名。《国语・晋语》：“必速祠而归福。”章昭注：“福，胙肉也。”金文中的“福”字或作“□”（《叔氏钟》），或作“□”（《曾子遡簠》）。罗振玉指出，这是个会意字，与《说文》说解之“从示，畐声”不同。

②神 shén

《说文》说解：“天神，引出万物者也。从示、申。”

徐锴《说文系传》说：“申即引也，疑多声字。”徐铉用其说，删去“声”字，而段玉裁则保留“声”字。这说明二徐认为“神”是会意字，而段氏则以为形声字，当从段。

《易・系辞》曰：“阴阳不测之谓神。”《周礼・春官・大司乐》：“以祀天神。”郑玄注：“谓五帝及日月星辰也。”《礼记・祭法》云：“山林川谷丘陵，能出云为风雨，皆曰神。”可见古人把自然现象当中那些难于索解的现象都视为神。《论语・述而》曰：“祷尔于上下神祇。”皇侃疏：“天曰神，地曰祇。”这里进一步把阴阳风雨与山林川谷丘陵能出现的神异现象区别为两个概念了。古人把自然界中难于理解的事物叫作“神祇”，这并不是简单的迷信，其中包含对自然现象的概括与初步的认识。

为什么《说文》用“引出万物者”训“神”字呢？桂馥认为：“神、引声相近。”《礼记·礼运》云：“列于鬼神。”郑玄注曰：“神者，引物而出。”《玉篇》《广雅》皆云：“神，引也。”《风俗通》曰：“神者，申也。”可见古人认为“神”有“引、申”的意思，以“引”训“神”，是叠韵相训。

“申”字篆文作“”，在金文中作“”“”等形，“申”与“电”古音同，其实是一个字，本来“申”就是天上的闪电，也就是古人意念中的“神”，后来加“示”旁表意，与作干支名称的“申”分了工，在“神”字中“申”就起标音的作用了。春天万物萌生而雷电也发生了，初民以为阴阳激越，不可测度，就认为万物随电发而生，故有“引出万物”之说，这是不足为怪的。

③祭 jì

《说文》说解：“祭祀也。从示，以手持肉。”

“以手持肉”疑当作“从又持肉”。在《说文》“又”部的说解中，四次出现“从又持……”的例子，可以作内证。《尔雅·释诂》邢昺疏也引作“从示，从又，从肉”。可见这个字正如段玉裁指出的，是个“合三字会意”的字。

《周礼·春官·都宗人》疏云：“凡祈福曰祷，至于得福则曰祭。”《穀梁传·桓公八年》范宁注曰：“无牲而祭曰荐，荐而加牲曰祭。”可见“祭”“祷”“荐”浑言则一，析言则别。

“祭”有“察”的意思，《白虎通》：“祭者，察也。”《春秋繁露·祭义》：“祭者察也，以善逮鬼神之谓也。善乃逮不可闻见者，故谓之察。”古人有用“际”训“祭”的，也是声训。

在甲骨文中，“祭”字有“”“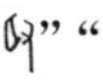”“”“”“”“”“”“”“”等形，都像持酒肉于“示”前，不过有的省去“示”，有的连“又”也省去了。金文有“”(《王义楚耑》)、“”(《邾公华钟》)、“”(《史喜鼎》)、“”(《祭仲爵》)等形，变化没有甲骨文那样多，不过是有的把“又”变成“寸”而已。

④祖 zǔ

《说文》说解："始庙也。从示，且声。"

王筠认为"始"字为句，"庙也"为句，当读作"始，庙也"。《尔雅·释诂》："祖，始也。"《广雅》："祖，本也。"都是引申之义。日本人高田忠周认为：金文中"祖"字多作"且"或"且"，甲骨文多作"且""且"，故"且"为"祖"之初文。"一"像地，"且"像庙。郭沫若则认为卜辞的"且"多作"且""且""且""且"形，像牡器，故可省为"丄"形。

我们认为，"且"是"祖"的初文。甲骨文与古金文均不从"示"，惟《齐子仲姜镈》作"祖"，可见"示"是后加的，高田氏的说法与《说文》说解相近。《书·舜典》："受终于文祖。"《诗·小雅·斯干》："似续妣祖。"《尔雅·释亲》云："祖，王父也。"《穀梁传·文公二年》："无昭穆则是无祖也。"注云："祖，人之始也。"引申之，凡"始"皆可曰"祖"，如《汉书·食货志》引《尚书》"黎民祖饥"，《史记·五帝本纪》作"始饥"，马融注《尚书》，曰："祖，始也。"《方言》十三："梁益之间谓鼻为初，或谓之祖，祖，居也。"注云："鼻、祖，皆始之别名也。"

⑤社 shè

《说文》说解："地主也。从示、土。"《春秋传》曰："共工之子句龙为社神。"《周礼》："二十五家为社，各树其土所宜之木。""'社'古文'社'。"

段玉裁据夏竦《古文四声韵》所引，改"社"为"社"，认为从"示"，才是古文，才能与《说文》"示"字下所存古文"示"相一致，他不可能懂得在上古"示"字中的两横和一横大抵无什么差别。黄侃先生曾指出："古人于书，非独记事载言而已，亦求美观。""省变无常，皆求悦耳。""字形求美，亦字体变迁之要也。"

"地主"即土地之神，也就是许慎所引《左传》中的"社神"。

所谓《周礼》"二十五家为社"，可以参见《左传·昭公二十五年》："请致千社。"贾逵注："二十五家为一社。千社，二万五千家也。”许慎引《周礼》是为说明“社”除“社神”这个本义之外，还有作为居民单位的一种解释。

关于“句龙”的传说，可见于《汉书·郊祀志》：“自共工氏霸九州，其子曰句龙，能平水土，实为社祠。”东汉王符的《潜夫论》也说：“共工氏有子曰句龙，能平九土，故号后土，死而为社，天下祀之。”《吕氏春秋·仲春纪》：“择元日命人社。”高诱注云：“社祭后土，所以为民祈谷也。”可见“社”为土神，人们祭祀它是为求丰收。《风俗通义·祀典篇》云：“《孝经》说：社者，土地之主。土地广博，不可遍敬，故封土以为社而祀之，报功也。《周礼》说：二十五家为社，但为田祖报求。”这可以作为许氏说解的较好注脚。

所谓“各树其土所宜之木”，可参见《韩非子·外储说》：“君亦见夫为社者乎？树木而涂之，鼠穿其间，掘穴托其中，熏之则恐焚木，灌之则恐涂阤。”可见“社”之为制，即以土涂于木。

甲骨文中有“𣎳”字，其文曰“贞𣎳五牛”“贞𣎳十牛”，当即原始“社”字。古文经传中，“社”字或作“𥙩”，殆合“𣎳”与祀土为一字。

关于“社”字在“六书”中之所属，我们认为今所见大徐本“从示、土”下面无“声”字是误删造成的。小徐本“土”下面有“声”字。顾炎武指出：“社”古音常渚反。王念孙也说：“社”古音“土”。我们可以由上古韵文考见，《尚书·甘誓》：“用命赏于祖，不用命戮于社，予则孥戮汝。”《左传·闵公二年》：“间于两社，为公室辅。”《汉书·叙传》：“布历燕齐，叔亦相鲁，民思其政，或金或社。”其中“社”字分别与“祖”“汝”“辅”“鲁”为韵，可见“社”由“土”得声甚明。《白虎通》：“社不谓之土何？变名为社，别于众土也。”大徐删去“声”字，是由于不明古音，把“社”字理解为会意字，是错误的。

⑥祸 huò

《说文》说解：“害也，神不福也。从示，咼声。”

《国语·周语》：“不禋于神而求福焉，神必祸之。”

《荀子·天论》:“逆其类者谓之祸。”

古人认为不敬神祇,不循正理,必遭祸患。《说文》以“害”释“祸”,是双声为训。又《释名》:“祸,毁也。”“祸”与“毁”也是双声。“神不福也”四字可进一步解释“祸”的本义,见于《急就篇》,可能是后人所加的校语误入于正文者。

⑦祟 suì

《说文》说解:“神祸也。从示,从出。”“‘’,籀文‘祟’,从‘’省。”

《战国策·齐策》:“寡人不祥,被于宗庙之祟。”“宗庙之祟”即“神祸”。《韩非子·解老篇》云:“凡所谓祟者,魂魄去而精神乱,精神乱则无德。鬼不祟人,则魂魄不去;魂魄不去,而精神不乱。”他把“祟”看成是鬼神勾人魂魄,使人精神迷乱。如果扬弃其中鬼神迷信的部分,则“祟”的表现形式是“精神乱”,这可以帮助我们理解“祟”的含义。《汉书·江充传》:“祟在巫蛊。”颜师古注云:“祟,谓祸咎之征也,音息遂反。故其字从出从示。示者,鬼神所以示人也。”他把“祟”看成是一种征兆,一种外在的表现形式,这和韩非的看法基本一致。

这个字的构造,大徐本作“从示,从出”。段玉裁作“从示出”,又云:“出亦声。”徐锴认为“出亦声”。朱骏声则认为“出”只是个声符。黄侃先生认为“出”“示”皆声。《说文》“又”部有个“㲉”(音“赘”)字,训“楚人谓卜问吉凶曰㲉。从又持祟,祟亦声”。可见“祟”“㲉”“赘”三字声相通。

(三)王 wáng

《说文》说解:“天下所归往也。董仲舒曰:古之造文者,三画而连其中谓之王。三者,天、地、人也,而参通之者,王也。孔子曰:一贯三为王。”“,古文王。”

朱骏声指出:“此字为学者一大疑。”他说仓颉造字之时“为臣民者称其君为‘皇’‘帝’,君无‘王’称,字安用之?稽唐虞之书,未有‘王’字,始见于《禹贡》‘王屋’。夏谚‘吾王不游’,则字当起于夏时。然‘三皇’字、《尧典》‘闰月’字已从‘王’,疑不能明也。”

俞樾认为许慎所引董仲舒说和孔子说皆不足据。(按董说见《春秋繁露》,孔说出于谶纬之书,与“‘亥’二首六身”“推十合一为‘士’”等皆比诸后世江湖测字之流。)他说“王”就是后来“旺”的本字,“旺”又从“往”声,写作“暀”,都是后出字。吴大澂认为“王”字当训“大也,盛也”。上面两横,下面是“山”,也就是古“火”字,地中有火,其气盛也。火盛曰“王”,与俞说相合。上面的两横,顾宾认为:以指火之上炎而大放光明也。郭沫若则认为卜辞“王”字有作“”“”“”等形者,省之为“”“丄”,乃牡器之形。

甲骨文“王”字作“”“”“”“”“”“”“”诸形,金文作“”“”“”“”“”诸形,因而有人认为是大斧之形,引申为大,又引申为帝王。

黄侃先生认为“王”“暀”“往”“皇”等字声皆相通。我们认为“王”“旺”“皇”为同源字。许慎以“往”训“王”,是声训。《说文》有个“𡉄(huáng)”字,训“草木妄生也,从之在土上”,即“往”的本字,与“皇”字都是“王”的后起字。

许慎所保存的古文“”与金文《者沪钟》之“”形相合,是古籀中之异体。

①皇 huáng

《说文》说解:“大也。从自。自,始也。始皇者,三皇,大君也。自,读若鼻,今俗以始生子为鼻子。”

这段说解,段玉裁据《韵会》《说文系传》作了改动。“从自”改为“从自、王”,“以始”改为“作始”(“作”犹“乍”也)。徐锴认为“自”作“从”讲,所以有“始”义。许慎说“自,读若鼻”,是指“皇”字中的“自”字读音与“鼻”同。其实“自”像“鼻”形,“自”就是“鼻”的古字,后来用为“自己”的意思久了,本义也就茫昧了。大徐本“”篆,段玉裁改为“”,上面的“自”字省了一横,

在《说文》中有个部首“白”，说解云：“此亦‘自’字也。”可见“白”“自”本是一个字，省一横不省一横都无所谓，“皇”字传得久了，“皇”这个字形就不用了。

《说文》“皇”训“大”，是有经传作根据的。《书·汤诰》：“惟皇上帝。”《洪范》：“建用皇极。”传并云：“皇，大。”《诗·大雅·皇矣》：“皇矣上帝。”《小雅·楚茨》：“先祖是皇。”传并云：“皇，大。”《白虎通义》云：“皇者何谓也？亦号也。皇，君也，美也，大也。天人之意，美大之称也。”又云：“皇者，煌煌人莫违也。”蔡邕《独断》亦云：“皇者煌也，盛德煌煌，无所不照。”都是用的声训。《风俗通·皇霸》：“皇者中也，光也，弘也。”“中”“光”“皇”，一声之转。

王国维指出：“皇”字金文作“皇”，上象日光放射之形，引申有“大”义。汪荣宝则认为上象冠饰，中象冠卷，下象其架，冠本为天子之服，因以为天子之称。按：《秦公簋》作“皇”，《王孙钟》作“皇”，《师嫠簋》作“皇”，《邾公华钟》作“皇”，上皆象日光。《孟子·万章》曰：“天无二日，民无二主。”古人以日喻王，“皇”作为“王”的后起字，于火炎上放光明之形之上又加“日”字，益显其为君之无上尊号。

(四)玉 yù

《说文》说解：“石之美。有五德：润泽以温，仁之方也。䚡理自外，可以知中，义之方也。其声舒扬，尃以远闻，智之方也。不桡而折，勇之方也，锐廉而不技，洁之方也。象三玉之连，丨，其贯也。”“‘𤣅’古文玉。”

说解中的“石之美”，当为“石之美者”。“䚡理”，指牛羊角内骨之纹理。王筠曰：“牛羊之角，外骨冒内骨，虽相附丽而不能合一，其内骨名曰䚡。”徐锴云：“自外可以知中，则《礼记》所谓瑜不掩瑕也。”“尃以远闻”，段玉裁改为“专”，谓专一，非也。“尃”即古“敷”字，布也。“不桡而折”，小徐本作“挠”，段玉裁谓即“虽折而不挠”。“锐廉而不技，洁之方也。”《说文系传》解作“锐”,耑细锐也。廉,廉棱也。忮(大徐本作“技”,《类篇》作“枝”,盖讹),害也。谓玉虽廉而不可割,是洁也。(段玉裁作“洁”,同大徐。解作“围度曰洁”,取圆转之义。)

许慎取经传中传统说法,以玉之五德比喻君子之德。《礼记·聘义》:“夫昔者,君子比德于玉焉。温润而泽,仁也;缜密以栗,知也;廉而不刿,义也;垂之如队,礼也;叩之,其声清越以长,其终诎然,乐也;瑕不掩瑜,瑜不掩瑕,忠也;孚尹旁达,信也;气如白虹,天也;精神见于山川,地也;圭璋特达,德也;天下莫不贵者,道也。《诗》云:‘言念君子,温其如玉。’故君子贵之也。”《孔子家语·问玉》篇同。贾谊《新书》云:“夫玉者,六理在外,明而易见也,是以举玉以喻物之所受于德者。”

甲骨文中,“玉”字作“□”“□”“□”“□”等形,郭沫若云:“一系贯五枚,像贯玉之形。”马叙伦认为“玉”字初当为“□”或“□”形,其中的“□”即“璧”之初文,甲骨文于方圆之形,每变为一横,是侧视之形。许慎所保存的古文“□”字,《汗简》引作“□”,商承祚认为是“丰”或“□”之讹。

①瑾 jǐn

《说文》说解:“瑾瑜,美玉也。从玉,堇声。”

桂馥指出:“瑾瑜,五色佩玉也。”《楚辞·九章》:“怀瑾握瑜兮。”王逸注:“瑾瑜,美玉也。”王筠认为:“瑾瑜两字,各自为义。”《玉篇》“瑾”下云:“瑾瑜,美玉也。”“瑜”下云:“瑜玉不掩瑕,玉中美也。”《礼记·玉藻》:“世子佩瑜玉。”《楚辞·愍命》云:“捐赤瑾于中庭。”可见古人于“瑾瑜”二字或连言,或分言。许慎说解于“瑾”“瑜”二字下皆曰“瑾瑜,美玉也”,是交互说之。

《左传·宣公十五年》:“瑾瑜匿瑕。”谓美玉瑕不足以害之。今成语“瑕不掩瑜”(见《礼记·聘义》)、“瑕瑜互见”,皆本于此。

段玉裁谈到《说文》体例时指出:“凡合二字成文,如瑾瑜、玫瑰之类,其义既举于上字,则下字例不复举。”他的说法是正确的，今本可能有误衍。

②球 qiú

《说文》说解："玉声也。从玉，求声。""璆，球或从翏。"

小徐本没有"声"字，但云"玉也"。《经典释文》引作"玉磬"，"声"字可能是"磬"字之讹。段玉裁所见大徐本曰："玉磬也。"他删去"磬"字，认为"磬以球为之，非球之本训为玉磬"。可见"磬"字或为误增，而又以形近讹为"声"字了。

《书·禹贡》："厥贡惟球、琳、琅玕。"传云："球、琳，皆玉名。"《诗·商颂·长发》："受大球小球。"毛传："球，玉也。"用球制成磬，为"堂上之乐"，称"鸣球"。《书·益稷》："戛击鸣球。"郑注："鸣球即玉磬也。"未成器者谓之"天球"，言天然之球。《书·顾命》："大玉，夷玉，天球。"郑注曰："天球，雍州所贡之玉，色如天者。"

"璆"是"球"的异体字。《典略》："卫夫人南子自帷中再拜，环佩之声璆然。"《史记·孔子世家》作"环佩玉声璆然"。言如玉磬之声。

严可均认为"球"字说解当为"美玉也，一曰玉磬"。黄侃先生认为"王(玉)""求"皆声。

③璧 bì

《说文》说解："瑞玉圜也。从玉，辟声。"("瑗"训"大孔璧"。"环"训"璧也"。"璜"训"半璧也"。)"瑞玉圜"当从《太平御览》作"环"。

《尔雅·释器》："肉倍好谓之璧，好倍肉谓之瑗，肉好若一谓之环。"郭璞注："肉，边。好，孔。"可见古人对玉器分之精细。质大于孔一倍者谓之璧，孔大于质一倍者谓之瑗，质与孔一样宽的叫作环。

《仪礼·聘礼》："束帛加璧。"注："君享用璧，夫人用琮，天地配合之象也。"

甲骨文有""字，罗振玉以为从"辛"、从"人"，是当"法"的那个“辟”字(“辟”)。增一“○”于“辟”下就是作“瑞玉”讲的“璧”,“○”像其环形,可见“璧”之初文可能仅是“○”形,后增声符为“辟”,《齐侯壶》“𤤴”即其异文,从“玉”,而“璧”实为后起之字,但在《齐侯壶》铭文中亦已见。

黄侃先生认为,从语源上讲,“璧”应由“白”来。

④理 lǐ

《说文》说解:“治玉也。从玉,里声。”

《艺文类聚》引《尹文子》:“郑人谓玉未理者为璞。”可见“理”是剖析璞玉的意思,故字从“玉”,引申为治理,又引申为条理、文理、事理、天理等。

《荀子·儒效》:“井井兮其有理也。”杨倞注云:“有条理也。”这是成语“井井有条”较早的来源。(“井井”见《易·井》:“往来井井。”王弼注:“不渝变也。”)《韩非子·解老》:“理者,成物之文也。”“短长、大小、方圆、坚脆、轻重、白黑之谓理。”他讲的也是引申义。

刘赜先生认为,“理”字的声符“里”也兼义。古以二十五家为里(见《周礼·遂人》),或以五十家为里(见《风俗通》),或八十户为里(见《公羊传·宣公十五年》),或百家为里(见《管子·度地》),是人民居处的基层区域,官吏所以为治理之本,故“理”从“里”得声,这是形声字与其声符为名事一本之例。黄侃先生认为,“理”的语源当从“力”来。

⑤靈 líng

《说文》说解:“灵巫,以玉事神。从玉,霝声。”“靈,靈或从巫。”

《玉篇》引作“玉事神也”。《广韵》引作“巫以玉事神也”。可见说解中的“灵”字大约是复举篆文之未删者。段玉裁指出:“许君原书,篆文之下,以隶复写其字,后人删之,时有未尽。此因‘巫’下脱‘也’字,以‘灵巫’为句,失之。”他补上“也”字,把说解改为“巫也,以玉事神”。

《楚辞·九歌·东皇太一》:“灵偃蹇兮姣服。”王逸注:“灵谓巫也。”又《云中君》:“灵连蜷兮既留。”注云:“楚人名巫为灵子。”可见段玉裁改得有道理。

“灵”的引申义,如《周书·谥法解》曰:“极知鬼事曰灵。”“好祭鬼神曰灵。”《风俗通》:“灵者神也。”《尸子》:“天神曰灵。”在《庄子》那里,“灵台”“灵府”又指心灵,如:“不可内于灵台。”“不可入于灵府。”注皆云:“心也。”至于《诗·鄘风·定之方中》中的“灵雨既零”,《说苑》中的“修文积仁为灵”,都应训为“良”,盖“灵”“良”一声之转。《庄子·逍遥游》:“楚之南有冥灵者”,“冥灵”训木名,是叠韵连语,不宜分训。

(五)气 qì

《说文》说解:“云气也。象形。”

徐灏指出:“古盖作[illegible],象形,所谓画成其物,随体诘诎也。篆文小变其势。”

《左传·昭公元年》:“天有六气,曰阴阳风雨晦明也。”《庄子·逍遥游》:“御六气之辩。”“六气”也是指的阴阳风雨晦明,引申而为凡气之称。《礼记·祭义》:“气也者,神之威也。”《孟子》:“气,体之充也。”都是用的引申义。

段玉裁指出:“‘气’‘氣’古今字。自以‘氣’为云气字,乃又作‘餼’为廪氣字矣。”《说文》“米”部有“氣”字,音 xì(许既切),训“馈客刍米也”。《左传·桓公十年》就有“齐人来氣诸侯”,今本用后起“餼”字。古书中“餼”又作“槩”,省作“既”,《礼记·聘礼》中的“饔既”即“饔餼”。杀曰饔,生曰餼,餼有牛羊豕黍粱稻稷禾薪刍等。

(六)丨 gǔn

《说文》说解:“上下通也。引而上行读若囟,引而下行读若逻。”

段玉裁指出:囟之言进也。徐灏指出:引而上行若“丄”(古文“上”字)、“屮”(音 chè,草木初生也)等字。“引而下行”若

“丅”(古文“下”字)、“巾”等字。但同时他又指出:“然此亦只言其义当如是,作篆不必拘也。”事实上,汉字无论契刻还是书写,都罕有“引而上行”的。

黄侃先生认为“丨”形代表数字,他说:“凡辞穷则同,笔势之无可变易,而其势有不得不同者。”“引而上行读若囟,即古‘囟’字,亦即古‘进’字、古‘犀’字、古‘小’字(‘小’‘囟’一声)。”“引而下行读若退,即古‘退’字,亦即古‘出’字。”“上下同平读混,即古‘昆’字;即‘溷’,上下不分也;即“棞’,不论枝本之大小,而皆以为柴薪也。”他从有声语言的角度考察语源相通之字,说得比章太炎先生《文始》中孳乳变易的例子更为简明系统一些。

(七)屮 chè

《说文》说解:“屮木初生也。象丨出形,有枝茎也。古文或以为艸字,读若彻。”

“艸”即今用之“草”字。在《说文》中,“草”训“草斗,栎实也”,即今所以染黑之“皂”字。在《汉书》中,“草木”皆作“屮木”,即许慎所谓“古文或以为艸字”。

桂馥认为“有枝茎也”上当有“凵”形。甲骨文作“丫”,用为“在”字。

《史记·司马相如传》:“掩艸蔽地。”《汉书》作“掩屮蔽地”。又《汉书·礼乐志》:“屮木零落。”颜师古注:“屮,古艸字。”在古文《尚书》中,有“庶屮番庑”,可见古文借“屮”为“艸”,取其形近相通。

黄侃先生根据《说文》中像“屮”这样的独体字,结合古音以推求文字孳生统系,他说:“独体与音韵之于六书,犹衣裳之有要(腰)领也。”他认为“屮”在上古一为舌音,一为齿音。“屮”读舌音,则“屯”、“出”、“耑”、“之”、“壬”(象物出地挺生也)、“乇”(草叶也)、“止”、“尗”(豆也)、“东”等象形,指事之文,其义皆不出“艸木初生”之外,它们都源于“屮”。“屮”读齿音,则“引而上行”之“丨”（读若囟）、“才”（艸木之初也）、“生”（进也，像艸木生出土上）、“丵”（音 zhuó，丛生艸也）等都源于“屮”。这样由独体之文与古音之基探求同源字，才是科学的。黄先生说：“推求文字之孳生统系以得其条理者，非音韵将何由乎？欲求文字之系统，必先基诸音韵；欲求六书之本始，必先问乎独体。”他的话是十分正确的。

（八）艸 cǎo

《说文》说解：“百卉也。从二屮。”

《说文》“卉”字下云：“艸之总名也。”段玉裁认为“艸”与“卉”是转注字。王充《论衡》云：“艸初生为屮，二屮为艸，三屮为卉，四屮为茻（mǎng，模朗切，众艸也），言其生之繁芜也。”《周礼・秋官》：“庶氏掌除毒蛊，以攻、说禬之（按祈其神而求之去也），嘉艸攻之（按嘉艸，药物。攻之谓薰之）。”《经典释文》作“嘉艸”，这是“艸”字存于经书中的例子。

①芋 yù

《说文》说解：“大叶实根，骇人，故谓之芌也。从艸，亏声。”

徐锴解释说：“芋犹言吁。吁，惊辞，故曰骇人。”慧琳《一切经音义》引作：“大叶实根，惊人者也，故谓之芋。蜀多此物，可食。”

张文虎指出，《方言》曰：“于，大也。”《礼记・檀弓》：“于则于。”疏云：“广大。”可见“于”本有大义，故凡从“于”声之字，如“吁”“盱”“宇”皆训大。笙之大者为“竽”，张目大视为“盱”，《诗・小雅・斯干》“君子攸芋”，毛传亦训为“大”。

段玉裁说：“凡‘于’声字多训大。”他的说法是有道理的。黄侃先生说：“‘芋’从‘于’来。”可见“于”是“芋”“盱”等字的语根。

《说文》“于”字的说解是：“於也。象气之舒亏。”“舒”就是“疏”的借字，“舒亏”就是“疏通”。“於”就是“乌”，“於也”即“乌乎”之声也。“吁”训“惊也”，其实也是惊呼之声，犹今语之

“哦嗬”“呵哈”。古初惊大之词,其声皆为喉音、舌根音,或在古韵歌部,或在鱼部。《说文》有“𣢾”(huǒ)字,许慎说解云:“屰(逆)恶惊词也。”又云:“读若楚人名多夥。”在卜辞中,这个字作“□”形,左边像人张大其口,右边的“□”(冎)即“咼”的省形,作声符。“𣢾”音稍变即为“嚄”。《史记·武帝本纪》:“嚄!何大姊藏之深也?”缓言之即“夥颐”。《史记·陈涉世家》:“夥颐!涉之为王沉沉者!”惊其为王之尊严也。司马贞《史记索隐》引服虔的话说:“楚人谓多为‘夥’,又言‘颐’者,助声之词也。”多与大,声义相关。

《太平御览》引《广志》云“芋”有十四种,如“君子芋”“车毂芋”“旁巨芋”“青边芋”“蔓芋”“鸡子芋”“百果芋”“早芋”“九面芋”等。“蔓芋”又名“博士芋”,根如鸡鸭卵,可食。《史记·项羽本纪》:“士卒食芋菽。”《索隐》:“芋,蹲鸱也。”“蹲鸱”是“芋”之大者,今俗称“芋艿”“芋头”。芋根又叫“芋魁”,或谓之“蕖”,或谓之“莒”,说详王念孙《广雅疏证》卷十。

②荤 hūn

《说文》说解:“臭菜也。从艸,军声。”

段玉裁说,“古文荤作薰”“或作焄”。《说文》“薰”训“香草也”。作“臭菜”讲的“荤”与作“香草”讲的“薰”怎么会是一个字呢?他解释说:“殠(chòu,腐气也。即今‘香臭’的‘臭’之本字)得名薰,犹‘治’曰‘乱’。”看来他理解为相反为训。其实“荤”字的语源当由“熏”来,出于“火”(“熏”下四个点为“火”字),而“薰”的语源也由“熏”来,二字义虽相反而语却同源。“焄”是个俗体字。

对于“臭菜”的解释,段玉裁说是“有气之菜”,王筠说是“气臭酷烈之菜”,桂馥认为“辛臭非谓恶殠”,朱骏声引《苍颉篇》云“荤,辛菜也”。可见“荤”本指葱、蒜、韭菜之类气味辛辣之菜。《仪礼·士相见礼》:“夜侍坐,向夜膳荤。”注:“辛物,葱薤之属。”《礼记·玉藻》:“膳于君,有荤桃茢。”注云:“姜及辛菜也。”

把“姜”和“辛菜”分开说,是因为姜辛而不薰。可见“荤”专指辛辣有味之菜,并非一般的辣物。马叙伦先生认为“荤”即“辛”的本字,他的根据是“荤”“辛”同在古音真部,又“荤”在晓纽。“辛”在心纽,同为摩擦次清音。这个结论是值得商榷的。

③苦 kǔ

《说文》说解:“大苦,苓也。从艸,古声。”

《诗·邶风·简兮》:“山有榛,隰有苓。”毛传:“苓,大苦也。”《尔雅·释草》有个“蘦”字,释曰“大苦”,孙炎以为甘草,而沈括《梦溪笔谈》云:“乃黄药也,其味极苦,故谓之大苦。”黄药就是地黄,沈说是。

《说文》“蘦,大苦也”,段玉裁认为是浅人所增,未免武断。“大苦,苓也”与“蘦,大苦也”是互训,《说文》通例如此。

《穆天子传》的“天子于是食苦”,指的是荼菜,不是大苦。朱骏声说:“草味似苦者皆得苦名。”是说“苦”可以引申为许多含义。《周礼·疡医》:“以苦养气。”注云:“火味也。”《方言》十三:“苦,炽也。”《尔雅·释言》:“咸,苦也。”郭璞注:“苦即大咸。”《礼记·月令》:“苦雨数来。”这些例句中的“苦”都已不是苦味了。物之甘苦即物之美恶,亦即人之爱恶,故苦有滥恶义,如《管子·小匡》:“辨其功苦。”又有粗疏不精之义,如《史记·五帝本纪》:“皆不苦窳。”《淮南子·主术训》:“是以器械不苦。”又有劳苦义,《战国策·秦策》:“不苦一民。”又有伤病义,《吕氏春秋·遇合》:“自苦而居海上。”注:“伤也。”又有急义,《集韵》引《说文》:“苦,一曰急也。”《文选》注引《说文》亦曰“苦,犹急也”。“急”与“苦”发音部位相同,故得通假。《方言》二又云:“苦,快也。楚曰苦。”这是相反为训的例子,郭璞注:“犹臭为香,治为乱,徂为存。”“苦”“快”也是一声之转,取声不取义。

黄侃先生认为“苦”的语源当出于“卤鹽”。《尔雅》的“咸”亦当作“鹽”字才是。

④茅 máo

《说文》说解:“菅(jiān)也,从艸,矛声。”

在《说文》中,“茅”和“菅”互训,而且它们在“艸”部中的位置也是互相比次的,陆机曾指出它们的不同,他说:“菅似茅而滑,无毛,根下五寸,中有白粉者,柔韧宜为索,沤之尤善。”郝懿行也指出:“今验茅叶有毛而涩,未见无毛滑泽如陆所云者,恐别一物。”段玉裁说:“统言则茅、菅是一,析言则菅与茅殊。许菅、茅互训,此从统言也。”由此看来,茅与菅可能是外形和作用极相似之物,菅滑泽无毛,茅有毛而涩。

《书·禹贡》:“包匭菁茅。”《诗·豳风·七月》:“昼尔于茅。”《周礼·甸师》:“祭祀共(供)萧茅。”《左传·僖公四年》:“尔贡包茅不入,王祭不共,无以缩酒。”《汉书·郊祀志》:“江淮间一茅三脊。”注:“灵茅也。”可见江淮间所产茅在上古是一种贡品,供祭祀之用。“缩酒”在《说文》中字作“莤”,许慎解释说:“礼祭,束茅,加于裸圭,而灌鬯酒,是为莤。象神歆之也。”“裸”是“灌祭”,“鬯”(音 chàng),用粮食与香草酿制成酒用来祭神,可见束茅灌酒象征神灵享用,这就是“缩酒”。甲骨文中有个“”字,从“酉”、从“束”、从“”,王国维读为“莤”。“茅”与“菅”都可以制成绳索,所以《诗·豳风·七月》:“昼尔于茅,宵尔索绹。”就是昼往取茅、夜而绞索的意思。

成语“名列前茅”的“茅”是“敄”(音 mù)的借字。《说文》“攴”部有“敄”字,训“彊也”。“彊”今作“强”,“前茅”的“茅”作“强”讲是可通的。《左传·宣公十二年》有“前茅虑无”一句,杜预说“虑无”是行军之时前有斥候以备虑有无的意思,这是对的,可他说“茅,明也”就误会了,《尔雅》中的“茅,明也”是借“茅”为“霿”(音 méng),舍人注云:“茅,昧之明也。”可是杜预又说:“或曰:时楚以茅为旌识,军行前以备虑有无。”这就有些道理了,孔颖达疏未用此说,或许他把“明”理解为动词,他说“前茅”的作用是“令人远在军前斥度候望,虑有伏兵,使蹋行之,持以绛及白为幡，与军人为私号也”。这样说，“前茅”亦即“前锋”，其作用相当于今天的侦察兵，发现敌情，以幡信明之，这样讲也是可通的，不过与今天我们理解的“名列前茅”意思不全相合罢了，成语的意义也是会引申变化的。

⑤艾 ài

《说文》说解：“冰台也。从艸，乂声。”徐锴《说文系传》指出：“即今灸艾也。”为什么叫“冰台”呢？张华《博物志》云：“削冰令圆，举以向日，干艾于后，承其景（景，光也）则得火，故曰冰台。”可见“艾”的作用是在聚光之下引火。《尔雅·释草》：“艾，冰台。”郭注：“今艾蒿。”《诗·王风·采葛》：“彼采艾兮。”毛传：“所以疗疾。”艾曝干之后可用作针灸药物。《本草图经》：“艾，初春布地生苗，茎类蒿，而叶背白。以苗短者为佳。三月三日、五月五日采叶，暴干，经陈久方可用。”

今成语“方兴未艾”，“艾”是“刈”（音 yì，即《说文》“乂”的或体字）的借字，“刈”是“芟草”的意思，引申为断绝义。《左传·昭公元年》：“国未艾也。”杜预注：“绝也。”成语“自怨自艾”的“艾”当是“忞”（音 ài）的借字。“忞”在《说文》中与“惩”互训，有惩治的意思。《孟子·万章》：“太甲悔过自怨自艾。”“自怨”是悔恨自己，“自艾”是惩罚自己。后来这个成语多仅用作悔恨之义了。修订本《辞源》“自”部“自”字下解释说：“自怨自艾：懊悔自己的错误，并加以改正。艾，割草，比喻改正错误。”把“艾”直接讲成割草是不明用字通假之例，把割草比喻为改正错误也与“惩治”之义不甚相合。关键是误认“艾”为“刈”的借字了。

还有，《礼记·曲礼》：“五十曰艾。”《周书·谥法》：“保民耆艾。”注：“七十曰艾。”朱骏声解释说：“艾为灸草，灸之为言久也，故转训老。”可是为什么又有“少艾”“幼”等词呢？《孟子·万章》：“知好色，则慕少艾。”《楚辞·九歌·少司命》：“竦长剑兮拥幼艾。”都是指少年，或以为言美女，或以为言嬖男。同一“艾”字，何以既言老，又言少？章太炎先生在《小学答问》中说：

"老亦为艾。五十发苍,始服官政,以艾为称;少亦为艾,犹言苍生,亦如今言青年矣。'艾'转为'牙',崔骃言'童牙',亦转为'吾',《管子》言'吾子',皆幼少之名也。"

从读音来看,"氷('冰'的俗体)台"为"艾"之长言。"氷""凝"一字,"凝"从"疑"得声,"疑""乂"音同疑纽。

⑥葢 gài

《说文》说解:"苫也。从艸,盍声。"

《尔雅·释器》:"白葢谓之苫。"孙炎解释说:"白葢,茅苫也。"李巡说:"编菅茅以葢屋曰苫。"

段玉裁云:"引申之为发端语词。又不知者不言,《论语》谓之'葢阙',《汉书》谓之'丘葢'。"徐灏《笺》曰:"苫谓之葢,引申为凡葢覆之称。《论语》'葢阙如也',《汉书·王式传》'疑者丘葢不言,二葢字皆语词耳'。"

王筠认为《论语》"葢阙如也"的"阙"字连"如",不连"葢"。《汉书·王式传》的"丘葢不言",其中的"葢"字应依颜师古的注,是"发语之辞"。如淳曰"齐俗以不知为丘",大约认为"丘"有"空"义,但也没有把"丘"与"葢"字连言。他说:"《王式传》直斥孔子名,葢汉时尚不避圣讳。至于今日,功令炳著,而犹以孔子之名作歇后语,非读书人所宜出也。"所以他批评段玉裁"好怪而不顾其安"。朱骏声认为,《荀子·大略》"言之信者,在乎区葢之间",《汉书·王式传》的"丘葢"就是"区葢","区"是藏物处;"葢"是覆盖物品器具。"区葢"比喻可信的言论像物品藏在器皿之中,有分限,不至流溢于外。《荀子》原文是"言之信者,在乎区葢之间,疑则不言,未问则不立"。王先谦《荀子集解》引郝懿行说,认为"区葢"是"疑似不知"之意。这样,"区葢"与"丘葢"就都有"存疑"的意思。古人修辞,"诒厥""友于"等皆割裂语句为成语,所以段氏的说法未必错。至于王筠指责他不避圣讳,就不是所要讨论的问题本身的事情了。朱骏声认为"丘葢"与"区葢"声近义通,是对的,但他说:"《注》:'语辞。'非是。”似乎并不同意段氏的意见。他又称“葢阙”为“叠韵联语”，是把“葢阙”当成联绵字,并不分训,这又与段氏一致了。

⑦若 ruò

《说文》说解:“择菜也。从艸、右。右,手也。一曰杜若,香草。”

徐锴《说文系传》云:“择之顺手也。故从‘右’,右,手也。《本草》:‘杜若,苗似姜,根似旋覆也。’此会意。”

段玉裁说“一曰杜若,香草”这六个字恐怕是大徐用小徐语,今人又用大徐本改小徐本。

他又举《国语·晋语》一段话,证明“若”字本应训“择”:“秦穆公曰:‘夫晋国之乱,吾谁使先若夫二公子而立之,以为朝夕之急。’”此谓使谁先择二公子而立之,“若”正训“择”。“择菜”，是引申之义。马叙伦说:“择菜”当为“择也,采也”。“菜”可能是“采”字之讹,或涉上文“䔅(阻史切),蘘菜也”而讹衍。

《诗·周南·关雎》:“参差荇菜,左右芼之。”传云:“芼,择菜也。”《尔雅·释言》:“芼,搴也。”郭注:“择菜也。”桂馥认为:“若”字从“右”,即《诗》“左右”之意。按《说文》:“右,手口相助也。”“右”是今“佑”的初文。“又”字训“手也”,与“若”字下“右,手也”训义相同。《越缦堂读书记》有一段话解释道:“古‘左右’字只作‘又’。《毛诗》‘左右芼之’,‘芼’当作‘若’(从吴氏树声说)。许君‘芼’下引《诗》,当本在‘若’下。”又说:“‘若’从‘口’‘又’,古文当作‘’。”按甲骨文“若”字作“”“”“”诸形,金文《毛公鼎》作“”“”,俱像人举手而跽足,乃像巽顺之状。古“诺”与“若”为一字,亦应顺之义。与《说文》“择菜”之义不同。

对此,黄侃先生解释说:“若,《说文》云:‘择菜也。’此其本义。而伪《孔传》云‘顺也’,(按《书·尧典》‘粤若稽古帝尧’。传云:‘若,顺。’)与择菜之义不相通,此乃假‘若’为‘如’也。如,《说文》云:‘从随也。’从随即顺,可知‘如’为‘若’之本字也。”他还说:“又按《说文》:‘诺,应也。’应人者必顺之,此就造字言，则‘诺’即‘若’之本字也。‘诺’为‘若’之本字而从‘若’声，则知造字之时或即未有本字，而未尝无假借也。”“既为假字，必有其根；推其字根，即推其本字也。学者明乎推寻本字之法，于文字之学，若探骊而得珠矣。”这些话，都可作为重要参考。

《本草》：“〔别录曰〕杜若生武陵川泽及冤句，二月、八月采根曝干。〔弘景曰〕叶似姜而有文理，根似高良姜而细，味辛香。又绝似旋覆根，殆欲相乱，叶小异尔。”《楚辞·九章》：“采芳洲兮杜若。”《离骚》：“杂杜衡与芳芷。”都有芳草义。

朱骏声认为：“善、顺、若，一声之转。”《尔雅·释诂》：“若，善也。”《释言》：“若，顺也。”从音理看“善”与“顺”近，而“若”古读泥纽，未必可以转入舌上音。

《说文》“叒”（西灼切）部“叒”字训“日初出东方汤谷所登榑桑，叒木也。象形”。马叙伦认为“叒”是“桑”的初文，甲骨文“桑”作“”形，用为地名。《说文》所收“叒”字的籀文作“”，吴大澂认为这是“诺”的本字，林义光云：“‘若’，《师虎簋》作‘’，从‘口’，‘叒’声，实为语助之词。”其实金文的“若”字还有“”（《盂鼎》）、“”（《散盘》）诸形，与“叒”是同一个字。黄侃先生认为籀文“”是“若”的本字，那么“若”“诺”“”本为一字。黄先生还认为“叒”有齿音，它是“桑”的声符，“桑”当是形声字。按“若”字当入“口”部，以语词为本义。

③草 cǎo（皂）zào

《说文》说解：“草斗，栎实也。一曰象斗子。从艸，早声。”

徐锴《说文系传》作：“草斗，栎实。一曰橡斗。”《玉篇》引作“一曰样斗”。

王念孙云：“合观（《玉篇》《周礼》《尔雅》）诸训，是栎一名栩、一名柞，其子谓之草斗，亦谓之样斗。陆机云：‘其子为皂，或言皂斗；斗即子也。’今于‘象斗’下又加一‘子’字，作‘象斗子’，非是。”

徐铉指出“草”即“皂”字。他说：“今俗以为草木之草，别作

'皁'字为黑色之皁。按栎实可以染帛为黑色,故曰草,通用为'草栈'字。今俗书'皁'或从'白'从'十',或从'白'从'七',皆无意义,无以下笔。"

段玉裁也说:"按'草斗'之字俗作'皁'、作'皂',于六书不可通。"

他又说:"'象斗'字当从'木'部作'样',俗作'橡'。"他删去了"象斗子"中的"子"字。

《说文》没有"橡"字。《玉篇》引作"样斗",则古本作"样",不作"象"。《说文》"木"部"样"(徐两切)字训为"栩实也"。"栩"(况羽切)字训"柔(直吕切)也","柔"训"栩也"。就是说,"栩"读"xǔ",与"柔"同训,"柔"读"zhù",不同于作"机之持纬者"讲的"杼"(音 zhù),也不同于作"木曲直也"讲的"柔"(音 róu)。而读"xiàng"的"样"字,其实就是今俗"橡"字。传写时误为"象",又衍"子"字,故今大徐本作"象斗子"。

《齐民要术》:"俗人呼杼(按当作'柔')为橡子……橡子俭岁可食,以为饭;丰年放猎食之,可以致肥也。"

《列子·说符》:"冬日则食橡栗。"

《后汉书·李恂传》:"拾橡实以自资。"注云:"橡,栎实也。"

《释名》解释"皂"字从"早"声之由,曰:"皂,早也。日未出时,早起视物皆黑,此色如之也。"恐怕是牵强的。

朱骏声指出:"其壳可以染黑,假借为艸。"他是对的。"草"借作"艸"之后,人们又造出"皁""皂"字为染黑之义,这都是后起的。

⑨萅(春)chūn

《说文》说解:"推也。从艸,从日。草春时生也。屯声。"

徐锴《说文系传》作"屯亦声"。他解释说:"屯,草生之难也,故云亦声。"段玉裁从之,他说这个字属"会意兼形声"。他把说解改为"从日、艸、屯,屯亦声"。他说:"日、艸、屯者,得时草生也,屯字象草木之初生。"

《说文》说解以“推”释“春”是声训。段玉裁解释说:“此于双声求之。”

《释名》:“春蠢也,动而生也。”(《说文》:“蠢,虫动也。”古文作“𢧢”。)《礼记·乡饮酒义》亦云:“春之为言蠢也。”《尚书大传》曰:“春,出也,万物之出也。”其实都是声训。黄侃先生指出:“春由屯来,亦系于出。”他是对的。他还指出:“春声通舛(chuǎn)。”因为据扬雄的说法,“舛”有个异体字作“踳”,《说文》“舛”字下曰:“舛从足春。”

《五经通义》解释“推”的意义说:“冬至,阳动于下,推阴而上之,故大寒于之。夏至,阴动于下,推阳而上之,故大热于上。故《易》云:日月运行,一寒一暑。”其实也并没有说清楚以“推”释“春”的缘由。倒是《释名》“出,推也”的说法更易理解。《说文》“出”训“草木益上出达也”。“春”“出”“推”声近义通。

甲骨文中,“春”作“”“”“”“”“”诸形,有的从“林”,有的省去“日”。叶玉森更认为甲骨文中的“”“”“”“”诸形也是“春”字。马叙伦认为这几个字形其实是“屯”字,他说:“在形声造字法未发明以前,则用假借,即以‘屯’为‘春’,以‘柕’为夏、‘蚪’之初文为秋、(《说文》‘终’的古文,与甲骨文同)为冬。”甲骨文“夏”作“”,“秋”作“”,“终”作“”,“屯”作“”“”诸形,依理推之,他的说法是有道理的。

(九)茻 mǎng

《说文》说解:“众艸也。从四屮。凡茻之属皆从茻。读与冈同。”

徐锴《说文系传》作:“读若与罔同。”段玉裁从之,并解释说:“谓其读若与冈之读若同也。”这也是段氏对于许书条例的认识之一。今大徐本无“若”字。《说文》“网”字的异体有“罔”“䋄”二形,又有古文“䍏”、籀文“网”形,大徐本的“冈”大约是隶省字。甲骨文“”“”,皆像鱼网之形。徐锴作“与罔同”,这个“罔”就是“罔”字。徐铉指出“今经典变隶作冈”,“冈”正是

“罔”的上半。

徐锴还指出:“按《春秋左氏传》曰:‘草莽之中不足以辱从者。’假借莽字也。”段玉裁也说经传“草莽”中“莽”字当用“茻”,因为《说文》“莽”字训“南昌谓犬善逐兔草中为莽”。王筠还解释为什么“莽”字不在“犬”部的原因,他说:“何不隶诸犬部?盖‘草莽’其本义,而从‘犬’难解,故以方言证明之。许君于不须训释之字,往往但出其隐僻之义,既省词费,又资多识,有微意焉,不然,仓颉造此字时,不远千里,访南昌一土语以教北方人乎?”他主张“莽”的本义是“草茻”,“茻”“莽”是同一个字。朱骏声则认为:“‘莽’假借为‘茻’。”《小尔雅》:“莽,芜草也。”《方言》:“莽,草也。南楚曰莽。”《左传·哀公元年》:“暴骨如莽。”注云:“草之生于广野莽莽然,故曰草莽。”义并同。

章太炎先生《文始》认为“茻”字古书皆以“莽”为之,孳乳为“霖”(无),丰也,又孳乳为“芜”,薉也。“芜”在古韵鱼部,对转为阳部的“荒”,芜也,一曰草掩地也。又转幽部为“楙”,木盛也;为“茂”,草丰盛也;为“蓩”,细草丛生也。又转宵部为“毛”,草覆蔓也。由“茂”转之为“每”,草盛上出也。“每”又孳乳为“畮”,步百为畮。这样,“茻”就兼有“大”义,王莽字巨君。虽无草而地广平者亦曰“茻”,故又孳乳为“漠”,北方流沙也;又孳乳为“募”,广求也。

章太炎先生认为“莽”是由“茻”孳乳而来的,有疾义。又孳乳为“蓦”,上马也。“莽”对转阳部,孳乳为“猛”,健犬也。黄侃先生也认为“莽”由“茻”来,即“卤莽”字。

黄侃先生又认为“茻”有齿音,故“葬”字从之。马叙伦先生也认为“茻”古读如“创”,是从“艸”音转而来。古多以“草”“莽”(“艸”“茻”)连文,“草莽”“莽苍”都属联绵词。

①莫 mù 又 mò

《说文》说解:“日且冥也。从日在茻中。”

徐锴《说文系传》后面又有“茻亦声”三字,段玉裁从之,认为“莫”字属会意兼形声,他解释说:“此于双声求之。”他认为“莫”引申为有无之无,徐灏则认为“莫”字与“毋”通借为语辞。段玉裁是从杳冥之义引申来的,不如徐说直接。朱骏声也主张“假借为‘无’”。今俗作“暮”,从二日,于六书不可通,盖为区别而造,架屋叠床,在所难免。

《左传·襄公十一年》:“其莫,晋荀罃至于西郊。”《史记·伍子胥列传》:“吾日莫途远。”《广雅·释诂》:“莫夜也。”都是用的本义。通借作“瘼”“幕”“谟”等。

甲骨文“莫”字作“”“”“”“”“”“”“”等形,或从“林”,或从“艸”。金文《散氏盘》作“”,《晋公盦》作“”,与篆文同。

黄侃先生认为“莫”同“冥”,由“丏”(音 miǎn,不见也,像壅蔽之形)来。他又认为“莫”声通“𣞤”(无),这与章太炎先生是一致的。

②葬 zàng

《说文》说解:“藏也。从死在茻中。一其中,所以荐之。《易》曰:‘古之葬者,厚衣之以薪。’”

徐锴《说文系传》有“茻亦声”三字,大徐本删去,王念孙、段玉裁都认为不当删。段玉裁说:“此于叠韵得之。”黄侃先生更认为“茻”本有齿音,非仅由叠韵得之。

严可均指出《说文》无“藏”字,“藏也”当作“臧也”。《说文》“臣”部:“臧,善也。从臣,戕声。”显与“葬”义不合。王筠指出:《说文》无“藏”篆,而说解中凡三十见,盖《汉书》中借“臧”字为之者,依篆作也。段玉裁、朱骏声皆作“臧”也,都是用埋藏之义。《大戴礼·保傅》:“身死不葬。”卢注:“葬之为言藏也。”《吕氏春秋·节丧》:“葬不可不藏也。”《论衡·讥日》:“夫葬,藏棺也;敛,藏尸也。”都是声训。

《说文》说解中的“一其中,所以荐之”其“一”字,是指篆书“葬”字“”中的一横。“荐”(薦)在《说文》“廌”(zhì)部,本义

为“兽之所食草”。故段玉裁改作“荐”，是草席的意思。人死了，藏在“茻”中，以草席借于丅。许慎引《易系辞》说“古者葬厚衣之以薪”是为说明“从死在茻中”。其实原始社会，其亲死，举而委之于壑，上古无墓俗，所以王国维释甲骨文的“爿歺”为“葬”字，从歺（音 è，𡿪骨之残也），爿声，并无“茻”形。但是“茻”既有齿音，则非仅表意，亦兼声，就不应只就字面意义论之了。

黄侃先生认为“葬”由“穸”（窀穸，音 zhūn xī，葬之厚夕也。厚夕，长夜，谓葬埋）来，出于“夕”。这是从语源上说的，是正确的。

（十）八 bā

《说文》说解：“别也。象分别相背之形。”

段玉裁指出，以“别”解释“八”，是以双声叠韵说其义。他用方言来进行证明，说道：“今江浙俗语，以物与人谓之八，与人则分别矣。”徐灏指出：“八之言别也，亦背也。”这实际上是提示我们，以“别”“背”解释“八”，都是声训，他比段玉裁进了一步。

“八”字究竟是象形字，还是指事字？

王筠认为：“此象人意中之形，非象人目中之形也。凡非物而说解云象形者皆然。”他认为“八”是指事字。王国维说，据《说文》，“‘八’本象形”“然后人多误释为指事字”。我们认为，象形与指事，实不易分别，但《说文》一书中全部象形之文，都是描写实物的。所谓“人意中之形”，不过指喜怒哀乐之类，也应该是形之于面目然后可画。凡在象形文字之上加符号者，当然都应属于指事，但像“八”这样表示某种概念的字，也应属于指事，不然就难以理解“画成其物，随体诘诎”的含义了。如果说“八”是象形字，那么它像何物之形呢？王国维也觉得自己断“八”为象形字于心有所不安，所以他说：“疑《说文》中指事字自为一种，非如后人所论者。”他没有明确说明，也没有举例，所以令人难以索解。

饶炯认为“八”是数字，据《易经》，“八”为阴之正。训“别”

是它的引借义。他还认为“八”部中的“仌(bié)”是“别”的借篆。《玉篇》:“八,数也。”

章太炎先生指出,“仌”是“八”的变易字;“八”是初文,“仌”是准初文。“别”字专谓解骨,与“仌”有通局(即宽狭)之殊。他还指出:“八”变易为“必”(分极也),“必”字从“八弋”,是后出的古文。“八”又变易为“癶”(分也,音bān),又变易为“擘”(bò,抝也。抝音huī,裂也)、“劈”(破也),双声相转为“副”(篆文作“副”,判也)。由“分”而孳乳为“盼”(白黑分也)、“贫”(财分少也),又孳乳为“粉”(傅面者也。《释名》:“粉,分也,研米使分散也”),又孳乳为“氛”(祥气也。《释名》:“氛,粉也。润气着草木,因寒冻凝,色白,若粉之形也”)。

黄侃先生也认为“八”声通“分”、通“非”,与“仌”“必”“癶”“副”等,皆声义相关,又通“粉”、“份”(古“彬”字)、“邠”、“豳”等字。

按《说文》“马”部“馴”(bā)训“马八岁也”,亦与“八”同源。

①尒 ěr

《说文》说解:“词之必然也。从入、丨、八。八,象气之分散。”

徐锴《说文系传》:“臣锴曰爾词者言之助也,《礼》曰‘鼎鼎爾’‘悠悠爾’,是必然。凡今试言‘爾’,则敷上唇,收下唇,气向下而分散也。指事而俾反。”

段玉裁则认为“尒”字是形声字,他依《韵会》所引小徐本改“从入、丨、八”作“从丨、八”又加“入声”,并说“尒”从“入声”是“于双声求之”。徐灏不同意他的说法,认为“尒”即“如此”之合声。

桂馥认为“尒”通作“爾”。段玉裁则认为:“古书‘尒’字,浅人多改为‘爾’,小徐本不误,是也。”

《说文》“叕”(lǐ)部:“爾,丽爾,犹靡丽也。从冂、从叕;其孔叕,尒声。”借“爾”为“尒”,亦犹借“而”字为之,《左传·宣公四年》“不其馁而”,“而”即“尔”之借字。

《文选·古诗》:“故人心尚爾。”李贤注引《字书》:“爾,词之终也。”其实这个“爾”正当作“如此”解。或借“耳”字。

《公羊传·隐公二年》:“托始焉爾。”何休注:“焉爾,犹于是也。”

黄侃先生指出:“尔”声通“爾”,由《说文》“辵”部“邇”字的古文作“迩”可以看出。他还指出“尔”由“乃”来。

王力先生更进一步指出:在用作形容词词尾的情况下,“如”“若”“而”“然”“爾”等字同源。方以智《通雅》云:“‘爾’‘汝’‘而’‘若’‘乃’,一声之转。‘爾’又为‘尔’,‘尔’又为‘你’,俗书作‘你’。”《隋书·五行志上》:“武平元年童谣曰:狐截尾,你欲除我我除你。”在用作第二人称时,“汝”“若”“而”“乃”“尔”“你”实为一词。

②曾 céng 又 zēng

《说文》说解:“词之舒也。从八、从日,囪声。”

“囪”即古文“囱”,本音“聪”(cōng),变音“岑”(cén)。

徐锴《说文系传》曰:“缓气言之,故曰舒。”

段玉裁说:“曾之言乃也。曾字古训乃,子登切。后世用为‘曾经’之义,读才登切,此今义今音,非古义古音也。至如‘曾祖’‘曾孙’,取增益、层累之意,则‘曾’‘层’皆可读矣。”

徐灏说:“‘增加’与‘层累’,古并作‘曾’,其音亦只清浊之殊。《离骚》‘曾欷歔余郁邑兮’,《孟子·告子篇》‘曾益其所不能’,皆读为‘增’。《楚辞·大招》‘曾颊倚耳’,江淹《登庐山香炉峰诗》‘曾阴万里生’,皆读为‘层’。又语词之‘何曾’犹言‘何尝’。”

王筠认为“增”即“曾”之分别文。

总之,“曾”作为语气副词,训“词之舒也”,这是它的本义。“曾”假借为“层”(重屋也)、“增”(益也),表时间时又与“尝”因双声而相通。

黄侃先生指出,从语源看,“曾”由“再”来,又与“宰”声相通,由“缯”之籀文作“綷”可以考见。王力先生指出:“曾”、“憯”(朁)、“惨”作语气副词时是相通的。《说文》:“朁(cǎn),曾也。从日兓声。《诗》曰:‘朁不畏明。’”《尔雅·释言》:“憯(cǎn),曾也。”《诗·小雅·节南山》:“憯莫惩嗟。”传:“憯,曾也。”《左传·昭公二十年》:“惨不畏明。”注:“惨,曾也。”

钟鼎文“曾”字有“”(《鄫伯簋》)、“”(《叚敦》)、“”(《楚曾侯钟》)、“”(《吕伯孙敦》)等形,皆与篆书相去未远。

③尚 shàng

《说文》说解:“曾也。庶几也。从八,向声。”

朱骏声指出:“此词也。‘八’像气之分散,非‘七八九’字。”

为什么“尚”字训“曾”?

徐锴《说文系传》曰:“‘曾’‘尚’气皆分散也。”这是单纯从语词发声角度解释的。

段玉裁曰:“‘尚’之词(按段氏谓‘词’在《说文》中其体皆作‘詈’,故拘泥之谓不当作‘词’)亦舒,故释‘尚’为‘曾’。‘曾’,重也;‘尚’上也。皆积累加高之意。义亦相通也。”他比徐锴进了一步,由词义之相通进行了考察。

为什么“尚”字又训“庶几”?

《尔雅·释言》:“庶几,尚也。”

《诗·小雅·菀柳》:“不尚息焉。”《诗·小雅·大东》:“尚可载也。”《诗·王风·兔爰》:“我生之初,尚无为。”郑笺并云:“尚,庶几也。”

《书·大禹谟》:“尔尚一乃心力。”《书·顾命》:“尔尚明时朕言。”《书·吕刑》:“尚明听之哉。”传并训“尚”为“庶几”。

孔颖达解释“庶几”二字云:“庶,幸也;几,觊(jì)也。是‘庶几’者,幸觊之意也。”《说文》“觊”训“饩饮”(qì xìng),是“吉而免凶”的意思,“㚔”即“侥幸”义。

徐灏也说“庶几”是“冀及之词”。

王筠认为"庶几"一词为后人依《释言》增入者。他的怀疑是有道理的,因为"庶几"之义与"尚"字从"八"似乎并无关系。那么《说文》说解当仅为"尚,曾也"。

在钟鼎文中,"尚"字作"尚"(《陈公子甗》)、"尚"(《陈侯因資敦》)、"尚"(《舀鼎》)诸形,当为"赏"之古文。"赏"是"以物分人"的意思,以已有之物加于他人,故与"曾"("增""层")义有相通。这是从意义来考察。

"曾"从"囱"得声,"尚"从"向"得声;"囱"音心纽,"向"音晓纽,同为摩擦次清音,故"曾""尚"二字可转注。这是从声音来考察。

再从语源上考察:黄侃先生说"'尚'由'上'来"是正确的。《广雅·释诂》:"尚,上也。"《左传·襄公二十七年》:"尚矣哉!"杜预注:"尚,上也。"《史记·五帝本纪》:"学者多称五帝,尚矣!"司马贞《索隐》云:"尚,上也。"《仪礼·觐礼》:"尚左。"郑玄注:"古文'尚'作'上'。"都是"尚"与"上"通的例子。朱骏声谓为假借,实乃同源;假借,其用耳。

"尚"又孳乳为"常"。《说文》:"常,下裙也。从巾、尚声。裳,常或从衣。"经典以"常"为"尚",以"裳"为"常"。

④公 gōng

《说文》说解:"平分也。从八,从厶。八犹背也。韩非曰:背厶为公。"

大徐本"从厶"下有"音司"二字,疑为校书者旁行记注,后遂误入正文者。

《说文》"厶"字下说解云:"奸邪也。韩非曰:苍颉作字,自营为厶。"

《韩非子·五蠹》:"古者苍颉之作书也,自环者谓之私,背私谓之公。公私之相背也,乃苍颉固以知之矣。"段玉裁指出:"'自营为厶',六书之指事也;'八厶为公',六书之会意也。"他是对的。

“自环”即“自营”。《诗·齐风·还》:“子之还兮。”三家《诗》作“子之营兮”。“营”字在《说文》“宫”部,训“市居也。从宫,荧省声”。疑“营”下“吕”字为古印玺的“”或“”之变体。古印谱有曰“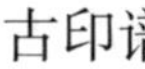”者,有曰“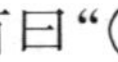”者,此“私玺”二字是许慎解“厶”曰“自营”,其“营”与作“市居”讲的“营”是否为一字,亦可疑,从声音与字源方面考察,黄侃先生认为“营”由“亘”来,亦由“规”来,“环”由“毋”(贯)来,则“营”与“环”在古代音读亦有相通之处。

“公”字,甲骨文作“”,金文作“”(《盂鼎》)、“”(《公史敦》)、“”(《毛公鼎》)、“”(《稣公敦》)、“”(《邾公华钟》)诸形,皆从“丿乚”从“口”,疑“口”或“吕”是“宫”字初文,则“公”或为形声字。

(十一)牛 niú

《说文》说解:“大牲也。牛,件也;件,事理也。象角头三封尾之形。”

徐锴解释“件”字,说:“件,若言物一件二件也。”他解释“封”字,说:“封,高起也。”《本草纲目》引许慎的说法,亦云:“牛,件也。牛为大牲,可以件分事理也。其文象角头三封及尾之形。”

但《说文》无“件”字。有人怀疑“件”是“牵”的俗体。黄侃先生则认为“件”即“健”字。那么“件,事理也”怎么解释呢?黄先生说:“其训事理者,借为‘筋’,犹今言‘条’也;或曰借为‘干’,古云若干,今云几件事。”如果我们仔细想一下,总觉不安,不如段玉裁的意见好些。

段玉裁把说解改为:“事也。理也。像角头三封尾之形也。”他解释说:“事也者,谓能事其事也;牛任耕。理也者,谓其文理可分析也……‘牛’‘事’‘理’三字,同在古音第一部。此与‘羊,祥也’‘马,怒也,武也’一例。”他从声训角度以类推之法加以整理。

王筠也认为“牛,件也”“件,事理也”二句支离,盖后人所增。

严可均认为“件也”是“侔也”之误。《集韵》和《韵会》皆云“侔”有异体作“件”,实是隶书之省形。如果我们同意严氏的意见,那么说解盖本作“侔也”,以声训。其余“大牲也”“件,事理也”皆读者之误增。这种意见比段玉裁更直截了当,也更易于领会。《说文》“侔”训“齐等也。从人,牟声”。是以“牟”声训“牛”;“牟”训“牛鸣也。从牛,象其声气从口出”。所以“牛,侔也”之训其实乃“牛,牟也”。

说解中的“角头三封尾之形”如何理解?段玉裁说:“‘角头三’者,谓上三岐者,象两角与头为三也。”篆书“牛”作“⺧”,上面是三岐之象。“封者,谓中画象封也;封者,肩甲填起之处,字亦作‘犎’。”“尾者,谓直画下垂象尾也。”

其实,我们怀疑说解本作“象形”二字,“角头三封尾”诸字皆校者所加。

甲骨文“牛”字作“⺧”“⺧”“⺧”,又有加“=”或“乚”于角上作“⺧”“⺧”“⺧”者,盖《说文》“告”字说解“牛触人,角箸横木,所以告人也”之意。金文作“⺧”(《舀鼎》)、“⺧”(《友敦》)、“⺧”(《卯敦》)诸形,亦皆与篆书同,都是牛的后视之形。

①特 tè

《说文》说解:“朴特,牛父也。从牛,寺声。”徐锴《说文系传》作“特牛也”与大徐本异。段玉裁从小徐,注云:“盖言其朴特,乃注《说文》者语,铉本改窜上移耳。”又曰:“引申之,为凡单独之称。”

朱骏声则认为“朴特”是双声连语,如曰“犃特”也。《说文》无“犃”字,即“朴特”之“朴”也。《广雅》有“犃”字,训“雄也”。

徐灏又认为《说文》当有训“特牛”的“犦”字,而“特”字当训“牡牛”。

《玉篇》:“特,牡牛也。”

《方言》:“物无耦曰特。”

《广雅·释诂》:“特,独也。”

那么,“特”当训“特牛”即牡牛,引申而为“大”。《楚辞·天问》:“焉得夫朴牛。”王逸注:“朴,大也。”“朴牛”当即徐灏所谓“樸”。由壮大义引申而为独出义,由独而无偶转而为匹俦、匹配义,故《诗·鄘风·柏舟》:“髧彼两髦,实维我特。”毛传:“特,匹也。”韩诗作“直”,是“相当值也”的意思。“特”“直”“值”古音通。

“特”又为托名标志字。《尔雅·释兽》:“豕生一,特。”《诗·魏风·伐檀》:“胡瞻尔庭有悬特兮。”毛传:“兽三岁曰特。”《广雅·释兽》:“兽四岁为特。”

“特”又因为与“独”“徒”“但”“只”“第”“直”等字声近,故作为虚词。《吕氏春秋·适音》:“非特以欢耳目。”司马相如《子虚赋》:“盖特其小小者耳。”皆是。

②牵 qiān

《说文》说解:“引前也。从牛。象引牛之縻也。玄声。”

说解之“引前也”,《韵会》作“引而前也”,段玉裁从之。《一切经音义》作“引也”,《广雅·释诂》亦曰:“牵,引也。”皆当本之于《说文》。言“引”有前意,不必更有“前”字。

“从牛。象引牛之縻也。”《韵会》于“从牛”之下有“冂”形,且曰:“冂象引牛之縻也。”于文意较完足,但“冂”不是字,而且与《说文》作“莫狄”切的“冖”(mì,覆也)有混淆之嫌,故说解中不应出此形。

王筠认为“玄声”当作“𢆯(玄)声”,“𢆯”是“叀”(zhuān)的古文,《说文》“疐(zhì,碍不行也)”字从“叀”,其说解云:“叀者,如叀马之鼻,从‘冂(按段玉裁补)’,此与‘牵’同意。”马叙伦谓“叀”即“穿凿”之“穿”的本字。“牵”字当从“牛”“叀”声,本训“引也”。洪颐煊《读书丛录》也认为:“此‘牵’字‘玄’声是‘叀’字古文‘𢆯’,非玄黄之玄。”他们的意见是正确的。

“牵”由“牵引”之义引申而为牵系、拘牵、牵连义。《楚辞·招魂》:“牵于俗而芜秽。”注:“牵犹系也。”《吕氏春秋·离俗》:“不牵于势。”注:“拘也。”《易·小畜》:“牵复吉。”疏:“谓牵连。”皆是。

③物 wù

《说文》说解:“万物也。牛为大物。天地之数起于牵牛,故从牛,勿声。”

“牵牛”此指牛宿,二十八宿之一,北方玄武七宿的第二宿。《宋史·天文志》:“牛宿六星,天之关梁,主牺牲事。”《说文》说解中的“天地之数起于牵牛”一句是为说明“万物”之“物”从“牛”的原因,“天地之数”即日月之行。王鸣盛曰:“日月之行起于斗牵牛。特周之星象耳。”《吕氏春秋·孟春纪》注:“星辰宿度,司知其度,以起牵牛之初为常。”戴震指出:“周人以斗牵牛为纪首,命曰星纪。自周以上,日月之行不起于斗牵牛也。”

王国维认为《说文》“物”字的说解过于迂曲,《诗·小雅·无羊》:“三十维物,尔牲则具。”传云:“异毛色者三十也。”实谓杂色牛三十,由杂色牛之名,因之以名杂帛,更因以名万有不齐之庶物。

甲骨文“物”字作“”“”“”诸形。董作宾谓“”(勿)为“黎”之初文,郭沫若因谓“”(物)为“䊍”(lí,耕也)之初文。“䊍”今作“犁”。《论语·雍也》:“犁牛之子骍且角。”“骍”言纯色牛,“犁牛”即杂色牛,则“物”为杂色牛之说是可从的。

戴侗《六书故》云:“物,牛之毛色也。凡畜牲皆以毛物别……引而申之,天地之产有万,其物故曰万物。”徐灏认为此言可“补许义之未备”,且曰,必从牛者,取其为物大也。

《诗·小雅·六月》:“比物四骊。”传云:“毛物也。”《穆天子传》:“收皮效物。”注:“谓毛色也。”《周礼·鸡人》:“辨其物。”注:“谓毛色也。”这些例子都可以说明“物”本指牛之毛色,引申为一般毛色,又引申为形质或事类。《荀子·正名》:

“物也者,大共名也。”《春秋繁露》:“物也者,洪名也。”此皆引申之义,与今本《说文》说解“万物也”相合。可见“物”本义当作“杂毛牛也。从牛,勿声”。今说解中“万物也”三字可能是许慎由于不知其义而以引申之义加以说解,下面的话则可能是后人附益而成。且许书例无“故从某”之“故”字,以此知今之说解非旧文。

(十二)口 kǒu

《说文》说解:“人所以言食也。象形。”

马叙伦谓“人所以言食也”六字乃校语。本训当作“孔也”,以声训,近是。

章太炎《文始》曰:“《说文》:‘口,人所以言食也。象形。’旁转宵,变易为‘噭’,师古说:‘噭’,口也。凡有穴者通得言‘口’,故转宵又孳乳为‘窍’,空也。‘口’对转东,又孳乳为‘空’,窍也。‘空’又孳乳为‘銎’,斤斧穿也(按即柄孔受柯处)。‘口’又孳乳为‘扣’,金饰器口也。”

按《说文》“口”部“口”字下为“噭”(jiào)字,训“吼也”,“一曰噭,呼也”。《说文》无“吼”字,朱骏声曰:“当作‘口也,孔也’。”《汉书·货殖传》:“马蹄噭千。”颜师古注:“噭,口也。蹄与口共千,则为马二百也。”以“口”释“噭”,段玉裁云此必本《说文》。《史记》作“嗷”,乃误字。

黄侃先生认为:“口”同“噭”,与“丂”“乚”“白”“曰”“吅”相应,亦与“句”声相通。而“噭”同“叫”“訆”“嘂”。这是正确的。

①咳 hái

《说文》说解:“小儿笑也。从口,亥声。孩()古文咳从子。”

《礼记·内则》:“咳而名之。”《经典释文》作“孩”。《孝经·圣治章》正义曰:“咳而名之,谓指其颐下令之笑,而为之名。”《孟子·尽心上》:“孩提之童,无不知爱其亲者。”赵岐注:

“孩提，二三岁之间，在襁褓知孩笑，可提抱者也。”《史记·扁鹊仓公列传》：“曾不可以告咳婴之儿。”注：“咳婴，言婴儿初知笑者。”

《玉篇》引《说文》，作“小儿笑也。《礼》曰：父执子右手，咳而名之”。疑今本《说文》有脱漏。

黄侃先生指出：“咳”的语源由“亥”来。《说文》“亥”训“荄”（gāi，草根），又云“亥而生子，复从一起”。

②名 míng

《说文》说解：“自命也。从口，从夕；夕者冥也。冥不相见，故以口自名。”

徐锴《说文系传》云：“按古人云‘命世’者，‘名是（按当为“世”字）’是也。”可见他发现许慎以“命”训“名”是声训。章太炎先生《小学答问》也指出：“名、命声本通。”《说文》：“命，使也。从口，从令。”吴大澂谓古文“命”“令”为一字，是“名”“命”“令”更相为义。

对于“名”字的“从口，从夕”（小徐本作“从口夕”，段玉裁从之），黄生、方以智、张文虎、李慈铭等人都曾提出过怀疑，甲骨文有“”字，罗振玉释为“名”，其实很可能是“明”。（《说文》“朙”古文作“明”，甲骨文亦有“”，盖“冏”“日”“口”皆像窗牖之形。）“明”“名”为一字：“名”所从之“口”，非所以言食者，而所从之“夕”，亦即半“月”。名姓之“名”，当即“命”字。

徐灏曰：“名必以文，故文字因谓之名。《聘礼记》曰：‘百名以上书于策。’《周官》：‘外史掌达书名于四方。’郑注：‘古曰名，今曰字。’是也。又因之为人名之偁。人‘名’与‘字’皆假借字也。既为人名所专，故刻名于器物者加‘金’旁作‘铭’矣。”

陈第曰：“‘命’音‘名’。《左传》：‘异哉君之名子。’又曰：‘今名之大以从盈数。’《史记》皆作‘命’。‘命世之才’即‘名世’也。‘亡命’，‘匿名’也。”

《尔雅·释训》：“目上为名。”“名”字当为“矏”（mián），眉眼之间。

《说文》不收“铭”字,《字林》收,云“题勒也”。

③哲 zhé

《说文》说解:“知也。从口,折声。悊()哲或从心。嚞()古文哲从三吉。”

《尔雅·释言》:“哲,智也。”《方言》:“哲,知也。”段玉裁云:“古‘智’‘知’通用。”

《书·皋陶谟》:“知人则哲。”传云:“哲,智也。”《诗·大雅·瞻卬》:“哲夫成城,哲妇倾城。”笺:“谓多谋虑也。”

《说文》“心”部本有“悊”字,训“敬也”。段玉裁、朱骏声都认为“悊”的本义为“敬”,《汉书·叙传》“或悊或谋”、《汉书·谷永传》“懿厥悊妇”等用的“悊”字乃“哲”的假借字。古文的“嚞”或省作“喆”,《诗·大雅·抑》:“靡喆不愚。”《释文》:“喆,本又作哲,亦作悊,智也。”商承祚谓“古文复体之字其数不拘也”。甲骨文“豕”或作“豩”“彜”,或作“彝”,皆此类也。

黄侃先生指出:“哲”由“知”来,其源出于“只”。《说文》“只,语已词也”,与“止”“矢”皆相应。

④君 jūn

《说文》说解:“尊也。从尹,发号,𠱣()古文象君坐形。故从口。”

小徐本作“从尹口,发号故从口”。段玉裁据《韵会》改为“从尹口,口以发号”。其实大徐语意自已完足。不过段氏指出“尹亦声”,却是值得注意的。王筠也曾怀疑“‘君’字‘尹’‘口’二义不甚连贯。”他也指出“君”“尊”“尹”三字声近,但不断定“君”为形声字。我们认为“君,尊也”属声训,“君”即“尊”之本字。说解字曰“从口,尹声”。《说文》“又”部“尹”字古文作“”(),则古文“君”(𠱣)字亦当从古文“尹”省声,都不是会意字。

《书·大禹谟》:“皇天眷命,奄有四海,为天下君。”《左传·昭公二十八年》:“赏庆刑威曰君。”《春秋繁露》:“君也者,掌令者也。”《荀子·礼论》:“君者,治辨之主也。”都是文献中对“君”的较早的解释。又《白虎通》:“君,群也。群下之所归心也。”《周书·谥法》:“从之成群曰君。”《春秋繁露》:“君者,不失其群者也。”都是声训。《说文》:“群,辈也。从羊,君声。”

黄侃先生认为“君”与“尹”同。《说文》“尹”训“治也”。又“艸”部“莙”字训“井藻也。从艸,君声。读若威”。又“车”部“輑”字训“轺车(按‘轺’训‘小车’,音 yáo)前横木也。从车,君声。读若群,又读若褌”。是以知“君”与“威”“军”古音并相通。

⑤台 yí 又 tái

《说文》说解:“说(yuè)也,从口,㠯(yǐ,以)声。”

徐锴《说文系传》作“悦也”。又引《史记·序传》“诸吕不台”证之,曰:“言不为人所怡悦也。”(裴骃《集解》曰:“怡,怿也。”)

段玉裁指出:“‘台说’者,今之‘怡悦’字。”

《说文》“怡”训“和”,无“悦”字,盖“说—悦”为古今字。

朱骏声谓“台”本训“我”。《尔雅·释诂》:“台,我也。”“台,予也。”《尚书·禹贡》:“祗台德先。”传:“我也。”《汤誓》:“非台小子。”马融注:“我也。”凡自称之词,“台”为正字,“卬”“我”“姎”“俺”,皆声之转。他认为训“台”为“说(悦)”实借为“怡”。

章太炎先生认为“台”由“乐”来。黄侃先生认为“台”由“怡”来,皆与《说文》本训相合。

⑥啻 chì

《说文》说解:“语时(徐灏谓当作‘语词’,是。)不啻也。从口,帝声,一曰:啻,諟也(按《说文》:‘諟,理也。’)。读若鞮(按《说文》:‘鞮,革履也。从革,是声。’大徐音‘都兮切’,dī)。”

段玉裁谓“不啻”如楚人言“夥颐”,是市井常谈。

“不啻”犹言“不但”“不止”。《苍颉篇》:“不啻,多也。”《六书故》:“不啻犹言何止也。”《书·无逸》:“不啻不敢含怒。”郑注:“不但不敢含怒。”

“不啻”,古书中或作“不翅”“不适”,皆假借。如《庄子·大宗师》:“阴阳于人,不翅于父母。”《战国策·秦策》:“疑臣者不适三人。”

《说文》说解中的“一曰:啻,谍也。读若鞮”,王筠解释说:“‘鞮’,都兮切。许盖读为都计切,谓‘啻’与‘谛’字通也。一从‘口’,一从‘言’,皆以‘帝’为声。”《方言》:“谛,谍也。”是“谍”亦用为“审谛”字。

“啻”即“商”,是“滴”“敵”“镝”“適”(适)等字所从之音,古读舌音。“啻”“谍”“谛”古同音;“啻”从“口”,“谛”从“言”,大概本为一字。《说文》本训可能脱漏了,今大徐本说解疑为后人所增。王筠疑“啻”是“蒂”(蒂,dì)之本字。借作“不啻”“不翅”义之后又更作“蒂”字,《说文》训“瓜当”(果鼻),所以或作“不啻”或作“不翅”或作“不适”,而无定形,古人于语词多假借为之故尔。

黄侃先生云:“啻”字出于“止”,由“丌”来。《说文》:“丌,下基也。荐物之丌。象形。”“不啻”即不但、不单、不止,与“苟”同义。《说文》中,“苟”训“草也”,假借为语词“诚也”“且也”“假也”等。

⑦唐 táng

《说文》说解:“大言也。从口,庚声。啺()古文唐,从口、昜。”

段玉裁指出:引申为大也。又为空也。

《庄子·天下》篇:“荒唐之言。”《释文》:“荒唐,谓广大无域畔者也。”按“荒唐”联绵字。《白虎通·号》篇:“唐,荡荡也;荡荡者,道德至大之貌也。”

“唐”“庚”都在段氏《六书音均表》第十部,故“唐”从“庚”得声。又“庚”亦有“大”义。《汉书·文帝纪》:“大横庚庚。”服虔云:“庚庚,横貌。”

《诗·陈风·防》:“中唐有甓。”毛传:“唐,堂途也。”《尔雅·释宫》:“庙中路谓之唐。”孔颖达云:“唐是门内之路。”朱骏声谓“唐”借为“廷”,“唐”“廷”一声之转。

《说文》无“塘”字,是“唐”又为堤防之“防”的叠韵借字。《国语·周语》:“陂唐污庳。”注:“唐,堤也。”《齐策》:“左济右天唐。”注云:“防也。”段玉裁云:“陂塘字古皆作‘唐’,取虚而多受之意。”《说文》“𨸏”部:“堤,唐也。”“唐”即“塘”“隚”。

“唐”由“大言”义引申为凡大之义,又引申为“空”“溏”(《说文》训“水虚也”)之义。《庄子·田子方》:“是求马于唐肆也。”或本作“广肆”。“唐”“溏”“广”叠韵,义亦有相通。

枚乘《七发》“浩唐之心”,是“唐”与“荡”“宕”亦可相借。《淮南子·本经训》:“元元至碭(砀)而运照。”高诱注:“碭(砀),大也。”盖作“碭(砀)”为“啺”;“啺”是“唐”的古文。商承祚指出,古文“言”“口”不分,故“啺”又作“諹”。

甲骨文“唐”作地名,有“”“”“”诸形。金文作“”(《唐子且乙爵》)。

⑧吃 chī

《说文》说解:“言蹇难也。从口,气声。”

徐锴《说文系传》:“臣锴曰:扬雄口吃也。”

徐灏指出:《说文》“欠”部“钦”训“一曰口不便言”,与“吃”音义同。俗谓食曰吃。朱骏声亦云:“吃与喫字别。”《说文》新附字有“喫”字,训“食也”。今大徐本训“食”为“一米也”,段玉裁改为“亼(集)米也”,云:“集众米而成食也。引申之用供口腹亦谓之食。”是说“食”有名词与动词两种用法,他的意见可从。

《声类》:“吃,重言也。”《玉篇》训“语难也”。

《史记·老子韩非列传》:“非为人口吃,不能道说,而善著书。”《汉书·周昌传》:“昌为人吃,又盛怒,曰:‘臣口不能言,然臣期期知其不可。陛下欲废太子,臣期期不奉诏。’”颜师古注云:“吃,言之难也。以口吃故每重言欺欺。”按期期盖即吃吃。三国时邓艾也口吃。《世说新语·言语》:“邓艾口吃,语称‘艾艾……’晋文王(司马昭)戏之曰:‘卿云艾艾……定是几艾?’对曰:‘凤兮凤兮,故是一凤。’”后有形容口吃的成语“期期艾艾”。

马叙伦认为《说文》说解当作“吃,蹇也。言难也”。“蹇也”以双声为训。“言难也”是校语。他的说法有道理,可以参考。

④啧 zé

《说文》说解:“大呼也。从口,责声。讀(𧬄)啧或从言。”(段玉裁云“呼”当作“嘑”,唬也。)

徐锴《说文系传》:“《春秋左传》曰:‘啧有繁言。’然则‘啧’又训‘至’也。故《太玄经》‘探赜索隐’之‘赜’皆作‘啧’,而《说文》无‘赜’字也。”

“啧有烦言”见《左传·定公四年》。杜预注:“啧,至也。烦言,忿争。”

《易·系辞上》:“圣人有以见天下之赜。而拟诸其形容,象其物宜。”孔颖达曰:“探赜谓见其至深之处。赜亦深也。”无论训“至”还是训“深”,都有细微义。所以戴侗《六书故》认为:“啧啧之声细微,‘大呼’之说非也。”

《说文》“言”部“諎”训“大声”,其异体作“唶”。古文“言”“口”无别,故“諎”即“嚄唶”字。《史记·信陵君列传》:“晋鄙嚄唶宿将。”“嚄”音 huò,“唶”音 zè,张守节《正义》引《声类》云:“嚄,大笑。唶,大呼。”所以朱骏声认为“大呼”是“唶(諎)”字的训义。而“啧”字当训“争言也”。他认为“探赜索隐”的“赜”是“积”的假借字。字或作“册”,可以明其音借之迹。

我们认为“啧”或训“争言”,或训“众声”,不当训“大呼”。《尔雅·释鸟》释文引:“啧,呼也。”可能古本无“大”字,而“呼”与“争言”“众声”义皆有相关。

“曰”部“䇲”(cè)字训“告也”。黄侃先生谓“啧从䇲来”,其源出于“册”(符命也)。

⑨唸 diàn 又 niàn

《说文》说解："吚也。从口，念声。《诗》曰：'民之方唸吚。'"

又《说文》"吚"字下云："唸吚，呻也。从口，尸声。"按"吚"音 xī。

"唸吚"是联绵词。今毛诗本作"殿屎"，传云："呻吟也。"《尔雅·释训》："殿屎，呻也。"孙炎注："愁苦之声。"《经典释文》指出："或作'敜吹'，又作'壂脲'。"

段玉裁改《说文》说解作"唸呎，呻也"。他把大徐本"吚"字正文也改作"呎"，云："呎，唸呎也。"他的依据是陆氏《经典释文》，《释文》云："《说文》作'唸呎'。"陆氏所见《说文》本不同于今所见大徐本。

《说文》无"屎"字，在"辵"部"辿"（xǐ，按即今"徙"字）字下有个古文作"屟"，可见"唸吚"又可写作"殿屟"。

既是联绵字，则不当拘于字形为训。它像"果裸"一样，是可以转语的。近有仿程瑶田《果裸转语记》而著《殿屎转语》者。

"唸"字今北京音 niàn，是"唸诵"字，也是"念（常思）"的异体字。

⑩吝 lìn

《说文》说解："恨惜也。从口，文声。《易》曰：以往吝。"徐铉注云："臣铉等曰：今俗别作悋，非是。"吝（𠫮）古文"吝"从"彣"。

"以往吝"是《易·蒙卦》文。《说文》"辵"部"遴"（行难也）字下亦引此，作"以往遴"。惠栋认为"吝"下所引是后人所增。

段玉裁认为"吝"字不是形声字，而是"从'口''文'会意"。他解释说："凡恨惜者多文之以口。非'文'声也。"徐灏却认为段氏的说法"殊谬"，王筠、桂馥、朱骏声等人亦皆作"从'口''文'声"。

《论语·泰伯》："如有周公之才之美，使骄且吝，其余不足观也已。”陆机《谢平原内史表》:“岂臣蒙垢含吝所宜忝窃。”张衡《思玄赋》:“柏舟悄悄吝(或本作‘悋’)不飞。”李贤注:“恨也。”陶潜《五柳先生传》:“曾不吝情去留。”“吝”字在古文献中有“恨”(憾)、“惜”、“悔”、“悭”、“贪”等义。字亦作“悋”、作“悋”、作“恡”。《方言》:“凡贪而不施或谓之悋。”《广雅·释诂》:“悋,恨也。”《孔子家语》:“商甚恡于财。”注:“啬甚也。”段玉裁说:“悭吝亦恨惜也。”可见这些意义皆可引申相通。

《汉书·王莽传》:“性实遴啬。”颜师古读与“吝”同。《荀子·解蔽》:“无邑怜之心。”杨倞注:“‘怜’为‘吝’。”《广雅·释诂》:“遴,贪也。”可见凡从“粦”、从“吝”之字古多通用。《说文》“鹿”部:“麐,牝麒也。”“麟,大牝鹿也。”凡经传“麟”字俱应作“麐”,今通作“麟”。

黄侃先生认为,“吝”的语根是“恨”或“难”。按“吝”字在段玉裁《六书音韵表》古音第十二部,“恨”“难”在第十三部,韵相近,故得相通。

⑪唁 yàn

《说文》说解:“吊生也。从口,言声。《诗》曰:归唁卫侯。”

《广韵》《玉篇》引文有“喭”字,谓为“唁”之异文。《三国志·魏书·荀彧传》注引《晋阳秋》:“(荀粲)妇病亡,未殡,傅嘏往喭粲,粲不哭而神伤。”是其证。按“喭”又有粗鲁义。《论语·先进》:“由也喭。”是“喭”又有别一义。“唁”字亦作“殰”。

《诗·鄘风·载驰》:“归唁卫侯。”传云:“吊失国曰唁。”与昭公二十五年《公羊》《穀梁》两传之说同。段玉裁指出:“此言‘吊生’者,以吊生为‘唁’,别于吊死为‘吊’也。”《左传·襄公十七年》:“齐侯使夙沙卫唁之。”杜预注:“吊生曰唁。”又《左传·昭公二十五年》:“齐侯唁公于野井。”注亦同。《说文》“人”部:“吊,问终也。”徐灏云:“吊、唁对文则异,散文则通。”其实吊生亦可谓之“吊”,惟吊死不称“唁”。《礼记·曲礼》:“知生者吊。”孔颖达疏:“吊辞惟使者口传之于主国孤而已。”又云:“伤于亡者自身，非关吊于孝子也。”

黄侃先生指出：“唁”由“言”来，其语根出于“口”。

⑫哀 āi

《说文》说解：“闵也。从口，衣声。”徐锴曰：“哀者闵也，闵痛之形于声也，故于文，‘口’‘衣’为‘哀’；‘衣’，哀声也，状其声也。人有所痛，声自然而出，无复思虑，此天性也，故取法焉。庄子曰：强悲者虽哭不哀。鲁哀公曰：寡人生于深宫之中，未尝知哀。孔子对曰：宗庙之中，仰视榱（cuī，屋椽）桷（jué，椽之方者），俯察几筵，其物俱在，其人已亡，以此思哀，哀可知矣。《诗》曰：明发不寐，有怀二人。此文王之哀也。桓魋奔宋，宋公闭门泣之，目尽肿，此乱君之哀也。”

《说文》“门”部：“闵，吊者在门也。”引申之，凡哀皆曰闵。《左传·僖公三十三年》：“不哀吾丧。”是不见闵的意思。《孟子》：“舍正路而不由，哀哉！”赵岐注：“伤也。”《穆天子传》：“天子作诗三章以哀民。”注：“哀犹闵也。”可见“哀”既有自伤义又有闵人义。

《吕氏春秋·报更》：“人主胡可以不务哀士？”是借“哀”为“爱”。《说文》“爱”作“㤅”形，训“惠也”，即今“仁爱”。“爱”训“行貌”，在“夊（suī，行迟夊夊）”部。今借为“㤅”，又简化为“爱”。

黄侃先生指出“哀”由“㥋”（yī，痛声也）及“慇”（yīn，痛也）来。其语源出于“丩”（左戾也）。

⑬售 shòu

《说文》新附字，说解云：“卖去手也。从口，雔省声。《诗》曰：贾用不售。”

《诗·邶风·谷风》：“既阻我德，贾（gǔ）用不售。”郑笺云：既难却我，隐蔽我之善。我修妇道而事之，觊其察己，犹见疏外，如卖物之不售。”又《诗·大雅·抑》：“无言不雠（chóu）。”毛传云：“雠，用也。”郑笺云：“教令之出，如卖物。物善，则其售贾

(价)贵;物恶,则其售贾贱。”孔颖达疏云:“《笺》以‘用’非‘雠’之正训,且与‘报德’连文(按《诗》‘无言不雠’下句为‘无德不报’),故以为雠报物价。《释诂》云:‘雠,匹也。’是匹敌相报,故应对物价谓之雠。”

钱大昕指出:《诗·邶风·谷风》的“贾用不售”本来经文当作“不雠(讐)”,唐石经磨改为“售”。段玉裁认为“雠”是正字,“售”是它的俗体。

《汉书·高帝纪》:“每酤留饮,酒雠数倍。”如淳注曰:“雠亦售也。”又《汉书·食货志》:“收不雠,与欲得。”颜师古注:“雠读曰售。”可见汉代以后,“雠”“售”已分为二字,清人多指前人为误认,其实正如《史记索隐》指出的:“盖古字少假借耳。”“售”是“雠”的后起区别字。《说文》:“言”部“雠”字训“犹应(yìng,字作‘譍’)也。从言,雔声。”“雔”(chóu)部“雔”字训“双鸟也。从二隹(鸟之短尾总名也)”。段玉裁指出:“仇雠本皆兼善恶言之,后乃专谓怨为雠矣。”他主张“雠”直接训“应”,不必加“犹”字。他说“雠”字所从之“雔声”亦兼包义。

黄侃先生也指出:“雠”由“雔”来。盖“雠”由“双”义得训为“应对”之义,从而引申之,为“雠报”义,后遂分化出雠报物价之“卖去手”义。《说文》“卖”字训“出物货也”。其繁体本作“从出,从買”即“𧶠”形,隶变而为“賣”。“出物货”谓之“卖”,“卖去手”谓之“售”,故柳宗元《钴鉧潭西小丘记》有“货而不售”,即卖而未得脱手也。“货”本训“财也”,可引申为“卖”义。

(十三)哭 kū

《说文》说解:“哀声也。从吅,狱省声。”

《说文》“吅”(xuān)训“惊呼也”。

徐锴《说文系传》云:“哭声繁乱,故从二口。”

段玉裁云:“按许书言省声,多有可疑者。取一偏旁,不载全字,指为某字之省,若‘家’之为‘豭’省,‘哭’之从‘狱’省,皆不可信。‘狱’固从‘犾’(按《说文》‘犾’音 yín,训‘两犬相啮也’。

‘狱’字训‘确也’。从‘㹜’从‘言’。二犬所以守也。‘确’字训‘礊石也’。‘礊’训‘坚也’。‘狱’之训‘确’，谓坚刚相讼，引申之义也)，非从‘犬’而取‘㹜’之半，然则何不取‘㲅’(按音 hú，《说文》训‘犬属，腰以上黄，腰以下黑，食母猴’)、‘独’(按《说文》训‘犬相得而斗也’，又云‘羊为群，犬为独’)、‘倏’(接音 shū，《说文》训‘走也’)、‘狢’(按音 yù，《说文》训‘独兽也’，如虎，白身，豕鬣，尾如马)之省乎？窃谓从‘犬’之字如‘狡’(按《说文》训‘少狗也’，又曰‘匈奴地有狡犬，巨口而黑身’)、‘狯’(按音 kuài，《说文》训‘狡狯也’)、‘狂’(按《说文》训‘狾犬也’。‘狾’音 zhè，训‘狂犬也’)、‘默’(按《说文》训‘犬暂逐人也’)、‘猝’(按《说文》训‘犬从艸暴出逐人也’)、‘猥’(按《说文》训‘犬吠声’)、‘猵’(按音 shàn，《说文》训‘恶健犬也’)、‘狠’(按《说文》训‘吠斗声’，段玉裁改为‘犬斗声’。音 wán)、‘犷’(按音 guǎng，《说文》训‘犬犷犷不可附也’，谓其猛悍)、‘状’(按《说文》训‘犬形也’)、‘獳’(按音 nòu，又音 rú，《说文》训‘怒犬貌’)、‘狎’(按《说文》训‘犬可习也’)、‘狃’(按音 niǔ，《说文》训‘犬性骄也’)、‘犯’(按《说文》训‘侵也’)、‘猜’(按《说文》训‘恨贼也’，谓残暴)、‘猛’(按《说文》训‘健犬也’)、‘犺’(按音 kàng，《说文》训‘健犬也’)、‘狯’(按音 qiè，《说文》训‘多畏也’，又引杜林说，字从‘心’作‘怯’，即今‘胆怯’字)、‘狟’(按音 huán，《说文》训‘犬行也’)、‘戾’(按《说文》训‘曲也。从犬出户下。戾者，身曲戾也’)、‘独’、‘狩’(按音 shòu，《说文》训‘犬田也’，段玉裁改为‘火田也’，谓冬猎)、‘臭’(按音 chòu，《说文》训‘禽走，臭而知其迹者犬也。从犬，从自’。字今作‘嗅’，音 xiù。‘自’即古‘鼻’字)、‘獘’(按《说文》训‘顿仆也’。字或作‘斃’，俗改为‘弊’字)、‘献’(按《说文》训‘宗庙犬名羹献，犬肥者以献之’，段玉裁指出‘羹献’之名出自《礼记·曲礼》，且云‘羹之言良也’)、‘类’(按《说文》训‘种类相似，唯犬为甚’)、‘犹’(按《说文》训‘玃属’，‘一曰陇西谓犬子为猷’。

段玉裁云:今字分‘猷谋’字‘犬’在右,语助字犬在左,经典绝无此例。是以‘猶’‘猷’为同字之异体。‘玃’音 jué,训‘母猴’)卅字皆从‘犬’而移以言人,安见非‘哭’本谓犬嘷而移以言人也? 凡造字之本意有不可得者,如‘秃’之从‘禾’;用字之本义,亦有不可知者,如‘家’之从‘豕’,‘哭’之从‘犬’。愚以为‘家’入‘豕’部,从‘豕宀’、‘哭’入‘犬’部,从‘犬吅’,皆会意而移以言人,庶可正‘省声’之勉强皮傅乎?”徐承庆批评段玉裁,说他“意不主一,语无伦次,徒为有识者所嗤耳”,又说:“刚愎不逊,自许太过,吾为段氏惜之。”而徐灏则维护段说。他说:“段说是也,凡禽兽字义多借以言人事。如‘笃’本训马行顿迟,而以为人之笃实;‘特’本为牛父,而以为人之奇特;‘群’本谓羊群,而以为群辈之称。若‘犬’之借义,尤不可枚举。‘哭’为犬嘷,而移以言人,可推而知也。”朱骏声则直接训为“犬哀嘷声也”。他认为“嘷”字当从“犬”,“喌”(zhōu)省声。(《说文》“喌”训“呼鸡,重言之。从吅,州声”。)但“犬哀嘷”而引申为人之“哀声”,实属不伦。况且如果“哭”字当入“犬”部,许慎又何必不直接曰“从吅犬”,而迂曲其说? 我们认为“狡”“猃”等字从“犬”,义尚可绎,而“哭”“笑”唯人为然,何可牵引? 许氏说解或有所本,后人妄下雌黄,或言“从头从吅”,或言“从吅夭(‘走’之初文)声”,皆不可遽信。

《玉篇》:“哭,哀之发声。”《汉书·王莽传》:“则哭以厌之。”注:“哭者,所以告哀也。”可见声泣相加曰哭。《淮南子·览冥训》:“昔雍门子以哭见于孟尝君。”注:“哭犹歌也。”许慎以“哀声”训“哭”并把它收入“吅”部是对的。

黄侃先生认为“哭”的语源是“丂”(《说文》“丂”训“气欲舒出。勹上碍于一也”),与“号”(《说文》“号”部“号”音 hào,训“痛声也”)、“號”(《说文》“号”部“號”音 háo,训“呼也”)等声义皆相近。

①丧 sāng 又 sàng

《说文》说解："亡也。从哭从亡会意，亡亦声。"

丧字小篆作""，依然可见其"从哭从亡"之意。隶变之后，字中之"哭"形与"亡"形俱难以看出了。

徐锴《说文系传》作"从哭，亡声"，与大徐谓为"会意亦声"者不同。段玉裁改为"从哭亡，亡亦声"，是据《经典释文》所引（见《礼记·奔丧之礼》释文），无"会意"二字。桂馥认为"不当言亦声"。按凡说解中两言"从"、三言"从"者，皆会意，并无自言"从某从某会意"之例，可见"会意"二字可能是后人偶笺于侧，大徐不察而依之。小徐盖古本，当从。

徐锴还指出："《淮南子》曰：'羿妻姮娥窃不死药，阙然有丧。'凡失物则为丧。"段玉裁进一步指出："'亡'部曰：'亡，逃也。'亡非死之谓，故《中庸》曰：'事死如事生，事亡如事存。'《尚书大传》曰：'王之于仁人也，死者封其墓，况于生者乎？王之于贤人也，亡者表其闾，况于在者乎？'皆'存亡'与'生死'分别言之。……公子重耳自称'身丧'，鲁昭公自称'丧人'，此'丧'字之本义也。"他还认为"丧"字古只读平声，俗读去声是为别于"死丧"之义。

《易·坤》："东北丧朋。"注："失也。"《诗·大雅·皇矣》："受禄无丧。"毛传："丧，亡。"《白虎通·崩薨》篇："丧者何谓也？丧者亡也。人死谓之丧何？言其丧亡不可复得见也。不直言死，称丧者何？为孝子之心不忍言也。"郑玄在《礼经目录》中云："丧者，弃亡之辞。"都可以证明段氏之说是对的。"丧"本谓亡失之义，后言死丧是引申之义。

黄侃先生认为"丧"与"刅(创)伤"字为同源，其后出"孀"字，亦由"丧亡"来。

（十四）走 zǒu

《说文》说解："趋也。从夭、止；夭止者，屈也。"徐锴曰："走则足屈，故从夭。"（按《说文》"夭"部："夭，屈也。从大，象形。"）

《说文系传》又云:“止则趾也,趾,足也。《春秋左传》曰:君亲举玉趾。”

“走”字的篆文,或作“”(见大徐本),或作“”(见小徐本),或谓当作“”(从“犬”“止”)。这样,对字义的解释也就必然存有分歧。

段、桂、朱等家皆从二徐。王筠曰:“‘夭’当作‘犬’。”他指出:“‘走’部继‘哭’部,则字当从‘犬’,犬,善走也。《周子白盘》有‘’字,《董武钟》‘’字其‘走’从‘犬’,《华山庙碑》‘’字、《尹宙碑》‘赵’字皆从‘犬’。然则‘夭止者屈也’乃篆文既讹之后人加之也。”钮树玉也同意他的说法,他补充说:“‘走’字从‘犬’,犬善走也。见《嵩少开母铭》。”徐灏指出:“顾霭吉《隶辨》曰‘走’隶变从‘犬’。《说文》次第字相连贯,‘走’在‘哭’下,当上蒙‘犬’字。或作‘’,讹从‘大’;亦作‘走’,讹从‘土’。顾说是也。犬善走,故取象焉,与‘狡’‘獪’等字同例。周《石鼓文》‘走’字作‘’,其上曲画向左,明是‘犬’字,今篆体作‘’,非‘犬’非‘夭’(按大徐本‘夭’作‘’),乃以左曲改向右致误耳……段氏径改篆作‘’,一误再误矣。”孔广居在《说文疑疑》中进一步指出:“古印中‘起’‘超’‘赵’等字偏旁,从‘犬’者十之七八,从‘土’者十之二三,曾未有从‘夭’者。徐氏(锴)谓‘走则足屈,故从夭’。夫足之屈,跽与坐为甚,至于走,则屈少而伸多,似不应专以屈为义。……又五百四十部多半以类相从,上文‘哭’字既从‘犬’,‘走’字何故又忽从‘夭’?”

我们认为,说“走”字从“夭”固为可疑,但仅以次第类从而谓“走”从“犬”似亦未为稳妥。钟鼎文中,“走”字或作“”形(《盂鼎》),或作“”形(《食仲簋》),或作“”形(《师兑敦》),或作“”形(《右走马嘉壶》,从“彳”从“犬”“止”),其上皆像人疾趋时双臂摆动之形。《论语·乡党》:“趋进,翼如也。”正其状也。所以不如直接认为“走”从“大”从“止”。《说文》“大象人形”,人趋则双臂翼如而足(“止”)亦运动,何必一定要附会“犬”

形？况且犬足与“走”下之“止”（趾）似亦不伦。这样，《说文》说解当为“走，趋也。从大，从止”。其下“夭止者屈也”当为篆讹之后所加。

段玉裁对于《释名》中“徐行曰步，疾行曰趋，疾趋曰走”的说法表示肯定，并指出：“此析言之也。许浑言不别也。”对近义词的分析有利于理解古书文意。但他说：“今俗谓走徐趋疾者，非。”这是泥古，忽视了词义的发展变化；既云“俗谓”，就已经承认它是约定俗成的，不必曰“非”，指出古今义有别也就是了。

《大戴礼·诸侯迁庙》篇：“在位者皆反走辟。”卢辩注云：“走，疾趋也。”《淮南子·人间训》：“走者，人之所以为疾也。”《孟子·离娄上》：“民之归仁也，犹水之就下，兽之走圹也。”都是用的本义。《尔雅·释宫》：“中庭谓之走。”是引申义。司马迁《报任安书》“太史公牛马走”，注云“犹仆也”。黄侃先生指出，字当作“驺”。《说文》：“驺（zōu），厩御也。”指主驾车马之吏。黄侃先生还指出：“走”字来源于“亍”（chù）、“足”，这也是正确的。王力先生认为“走”与“趋”也是同源字，《说文》“走”与“趋”互训。徐灏曰：“疾走谓之趋，速其走亦曰趋，读如‘促’，通作‘趣’。”“走”、“趋”、“趣”（《说文》训“疾也，从走取声。七句切”）并声义相通。

①赴 fù

《说文》说解：“趋也，从走，仆省声。”徐铉曰：“《春秋传》赴告用此字。今俗作‘讣’，非是。”

段玉裁认为“赴”与“讣”是古今字。他说：“古文‘讣告’字只作‘赴’者，取急疾之意，今文从‘言’，急疾意转隐矣。故‘言’部不收‘讣’者，从古文不从今文也。”他还指出《说文》的一条通例：“凡许于《礼经》，从今文则不收古文字，如‘口’部有‘名’，‘金’部无‘铭’是也；从古文则不收今文字，如‘赴’是也。《杂记》作‘讣’不作‘赴’者，《礼记》多用今文《礼》也；《左传》作‘赴’者，左丘明述《春秋传》以古文，故与古文《礼》同也。”王筠进一步指出:"'讣'为汉字,《说文》不收。"

王筠与孔广居都认为"赴"字从"走""卜"声,不必曰"仆省声",他们的意见是可取的,因为"仆"也从"卜"得声。朱骏声也认为应作"卜声"。

《仪礼·聘礼》:"赴者未至。"郑玄注:"今文'赴'作'讣'。"可见郑玄也认为"赴"与"讣"是古今字。《史记·燕召公世家》"因而赴之,破燕必矣",刘向《新序·义勇》篇"闻君难,将赴之",都是"讣告"之意。

《太平御览》卷三九四引《说文》,作"赴,直行也"。沈涛《说文古本考》认为:"直行"为"赴"之本义,而"趋也"为引申之义。他以《尔雅·释诂》"赴,至也"为证,恐未当。徐锴云:"一心趋向之也。"与段氏"取急疾之意"相合,可资参考。

《白虎通》训"卜"为"赴"。黄侃先生认为"卜"是"赴"字之源,他是对的。

②趣 qù

《说文》说解:"疾也。从走,取声。"

段玉裁指出:"后人言归趣、旨趣者,乃引申之义。"

《说文》"夲"字训"进趣也。从大、从十;大十犹兼十人也"。"㬥"(bào)训"疾有所趣也。从日出夲廾之"。(按《说文》"㬥"在"夲"部与"日"部训"日晞"之"暴"本非一字,隶变后乃合为一,今作"暴",惟"暴疾""暴虐"字读 bào;"暴露"字读 pù,后起字作"曝"以别之。)"力"部"务"字亦训"趣也"。(段玉裁解释说:"趣者,疾走也;务者,言其促疾于事也。")都与训"走也"的"趋"字相关。朱骏声指出"趣"与"趋"相假借。我们认为"趣"当训"疾行"才是。

《诗·大雅·绵》:"古公亶父,来朝走马。"《玉篇》引作"趣马",并云:"言早且疾也。"《诗·大雅·棫朴》:"左右趣之。"毛传云:"趣,趋也。"《史记·季布栾布列传》:"趣亨(烹)之。"《索隐》曰:"谓疾令赴镬也。"徐灏曰:"疾走谓之趋,速其走亦曰趋。

读如‘促’,通作‘趣’。”

黄侃先生指出:“趣”由“走”“趋”来,其语源盖出于“亍”“足”。又“趣”近“奏”、近“骤”、近“促”。可见,“趣”“趋”“促”音义皆相关。王力先生认为:“‘走’是跑,‘趋’是快走,故得同源。”“‘趋’字又作‘趣’。”他认为“趋”“趣”为同字。

③越 yuè

《说文》说解:“度也。从走,戉声。”

段玉裁指出:“‘越’与‘辵’部‘逑’字音义同。”按《说文》“逑”训“踰也”。许慎引《易》“杂而不逑”证之。(《系辞传》文,今本作“越”。)“足”部“踰”训“越也”,“跋”训“轻也”。又“辵”部“逾”训“逑进也”。是“越”“逑”“跋”实同一词,而“越(逑、跋)”与“踰(逾)”为转注字。王筠指出:“‘越’‘逑’一字,则‘逾’‘踰’一字。”他是对的。

《说文》“辵”部“过”字亦训“度也”,是“越”字亦“过”之义。章太炎先生谓“过”的初文是“𠂇”(kuǎ)(《说文》训“跨步也”)。“过”在段玉裁《六书音韵表》古音十七部,“越”在古音十五部,韵是相近的。

《礼记·曲礼》:“戒勿越。”孔疏:“逾也。”《楚辞·天问》:“岩何越焉?”王逸注:“度也。”《孔子家语》:“油然若将可越而不可及者。”注:“过也。”皆以近义词相训,引申而为迂远。《小尔雅·广言》:“越,远也。”《左传·襄公十四年》:“越在他竟(境)。”杜注:“越,远也。”《国语·鲁语上》:“越哉,臧孙之为政也。”韦昭注:“越,迂也。”又引申为扬。《礼记·聘义》:“叩之,其声清越以长。”郑注:“越犹扬也。”

在古籍中,“越”字常作颠坠讲。《书·盘庚》:“颠越不恭。”传云:“坠也。”《左传·成公二年》:“越于车下。”注云:“坠也。”《礼·缁衣》:“毋越厥命以自覆也。”注云:“越之言蹶也。”所以朱骏声认为凡作颠覆、颠坠讲的“越”,都是“蹶”的借字。(《说文》“蹶”训“僵也”。段玉裁云:“僵为仰倒。”)又“越”亦借作

“粤”(《说文》:“粤”训“于也。审慎之词者”)。《书·顾命》:“越七日癸酉。”传云:“于丁卯七日癸酉。”是训“越”为“于”。《尔雅·释诂》:“粤、于、爰,曰也。”又:“爰、粤,于也。”是皆以双声为训。“越”亦借为“敚(duó,《说文》训‘强取也’)”。《书·康诰》:“凡民自得罪,寇攘奸宄,杀越人于货。”传云:“杀人颠越人,于是以取货利。”把“越”讲成“颠越”似不确,未若读为“敚”作劫夺讲为是。

黄侃先生指出,“越”的语源出于“于”,亦由“𠂉”(“过”之初文)来。

顾野王

顾野王,字希冯,生于梁代天监十八年(519),卒于陈代太建十三年(581),南朝吴郡吴(今江苏苏州)人,是我国古代的文字训诂学家。

顾野王的生平,《陈书》列传第二十四及《南史》卷六十九均有传略,惟《南史》较简。我们据《陈书》所记两段文字,可以大体想见其为人:

> 及侯景之乱,野王丁父忧,归本郡,乃召募乡党数百人,随义军援京邑。野王体素清羸,裁长六尺,又居丧过毁,殆不胜衣,及杖戈被甲,陈君臣之义,逆顺之理,抗辞作色,见者莫不壮之。
>
> 野王少以笃学至性知名,在物无过辞失色,观其容貌,似不能言,及其励精力行,皆人所莫及。第三弟充国早卒,野王抚养孤幼,恩义甚厚。其所撰著:《玉篇》三十卷,《舆地志》三十卷,《符瑞图》十卷,《顾氏谱传》十卷,《分野枢要》一卷,《续洞冥记》一卷,《玄象表》一卷,并行于世。又撰《通史要略》一百卷,《国史纪传》二百卷,未就而卒。有文集二十卷。

除《陈书》所列之外，顾野王的著作，据陆德明《经典释文》记载，还有《尔雅音》。又据宋高似孙《史略》："顾野王《陈书》三卷。"并云："姚思廉采谢灵运、顾野王等诸家之言，推完总括，为梁、陈二家之史。"

所谓"《陈书》三卷"，疑即《国史纪传》之残。《尔雅音》已佚，《汉学堂经解》中有辑本。

由此可见顾野王为人清正自守，著述繁富，涉猎甚广，是个早熟高产的学者。他的十几种著作中，对于文字声韵训诂有价值者，仅《玉篇》与《尔雅音》二书，而《尔雅音》已不存，殊为可惜。

《玉篇》成书于梁大同九年（543），当时顾野王才二十五岁。书经萧恺等人删改行世，全国通用达四百余年。由于卷帙繁重，传写困难，到唐代出了孙强的增字减注本。原本约于五代时亡佚。宋真宗大中祥符六年（1013），又由陈彭年、丘雍、吴锐等人重修，称为《大广益会玉篇》。重修后的《玉篇》和顾氏原本有很大的不同。至于元、明两代所刻《玉篇》，字序和注文变化更大，又不是宋本的老样子了。我们今天所见的《玉篇》完帙，是宋人重修本及元代节注本，连唐代孙强的本子也见不到，更不要说顾氏原本了。

原本《玉篇》在唐代曾由留学我国的日本僧人抄回，在寺院及私人藏书家手中辗转流传。由于年代久远，许多卷帙丢失了，被保存下来的部分仅当原书的八分之一，也还残缺不全，许多字湮灭难识。但这历劫不朽的一小部分已足以被日本学者视若瑰宝。汉文字书传入日本，大约以《玉篇》为最早，故日本人多以"玉篇"作为中、日字典的代名词，可见其影响之深。

原本《玉篇》的残卷又在20世纪初由黎庶昌、罗振玉等人从日本摹写影印传回我国。今天我们所能见到的，是卷子本和《古逸丛书》本。两种本子并不完全相同，其文字互相乖异者竟有六百四十多处。我们在研究原本《玉篇》的体例、价值时应把两种残本互相校勘并以广益本作为参考。

《玉篇》是我国古代第一部用楷书撰写的字书。自《说文解字》以后五百四十年间，文字书存于今日者，惟《玉篇》为较古，所以人们把它看成是继《说文解字》之后的又一部重要字书。

原本《玉篇》残卷约有大字二千二百字，注文近七千三百字。通过残卷，我们大体可以考见它的体例、性质和价值。

《玉篇》三十卷，分为五百四十二部，是在《说文解字》五百四十部的基础上增删而成的。它的部次"始一终亥"，与《说文解字》同，而中间各部的次第则多有不同。如果仔细观察一下，其部首排列好像是根据字义相比次，但又不甚精密。譬如把"釆"部排在"七"部"八"部之后，把"丸"部放在"九"部"十"部之间，这就近乎"据形系联"了。这种情形的出现，大约有两个原因。一是《玉篇》体例上存在问题，有"自乱其例"的情况。二是汉魏六朝时期的新起字很多。如"父"字，《说文解字》是收在"又"部的，它解释为"矩也。家长率教者。从又举杖"。看来是跟"又"(手)有关系，但是后来又出了"爹、爸、箸、爷"等字，于是顾野王只好又添了一个"父"部。类似的现象多了，又加之楷书形体与《说文解字》所分析的小篆有了许多差异，在部目安排上就难免发生了混乱。但《玉篇》作者在这方面还是做了一些努力的，譬如把相关的"人、儿、臣、男、民、夫、予、我、身、兄、弟、女"等部排列在同一卷之中，绝非偶然。

关于《说文解字》的部首次序，有徐锴《说文系传》中《部叙》一篇对其专门进行了分析解释，而《玉篇》的部次，由于种种困难，人们很难发现它的相贯之理。作为它的广益本，现在我们所见的宋本《玉篇》增字情况更为复杂，但它的部叙多依旧本，只有个别地方不同，所以也存在着类似问题。

各部之中立文的先后，《玉篇》也大致与《说文解字》相近。

如《说文解字》的"山"部共有五十三文，重文四，新附字十二。《玉篇》"山"部共一百四十七文，其中次第与《说文解字》相同者二十九文,稍有参互而相去未远者十五文。那些新附字,广益本《玉篇》大都列于部末。其前,又有七十余字为《说文解字》所不载者。

《玉篇》在分部立文方面出现的这种紊乱情况,主要与汉字的隶变有关。作为一部字书,字无次序,不便检索,这是一个大缺点。

但是顾野王根据文字形体演变的实际情况创立了"异部重文"之例,即在每字说解之下往往指出该字形体"或为某字,在某部""今或为某字,在某部",甚至进一步指出"某某之某为某字,在某部"。这就大大地方便了读者,不但便于检索字的义训,而且有时连某字的某体见于哪一部书都指出来,用心是很勤的。如:

譩,今为噫字,在口部也。

纂,《字书》亦缋字也。

訶,古文为哥字,在可部。

砅,《尚书》以此为摩厉之砺字。

柔纫之纫为韧字,在韦部。

在《玉篇》体例上,这种"异部重文"之例是一个很明显而且很重要的特点,可惜后人在重修时把异体都给删掉了。

原本《玉篇》在说解方面的体例是很好的。大抵是先出音(广益本称"某某切",原本称"某某反"),次证(引书传及前人训诂),次案(野王按语),次广证(引《苍》《雅》《说文》等字书),次又一体(异部重文)。在说解中,重文都位于注文之末,反切都位于注文之前。其间所引古书用例多附汉魏学者的传注。顾氏的按语,多有征引,助人理解经传的字义。

与《说文解字》的说解相比较,《玉篇》大大增加了训诂的内容。它不侧重于解释字的本义,而是把前人传注中随文释义的话摘录出来,告诉人们在不同语言环境中各字词种种虽相关却又不尽相同的意义。除了未能进行义项的建立与分合,《玉篇》

有些后世字典雏形的味道,这样做使释义更加细致而实用,显然是对《说文解字》的一种发展。由此我们也可以看出,《玉篇》这部书的性质跟《说文解字》是不相同的,它是一部有着很高的训诂价值的字书。它集后世字典与词典的特点于一身,既对《说文解字》有所继承,又兼有《尔雅》的训诂性质,而且注重实例,广征博引。当它出现的时候,《尔雅》仅有郭注,《广雅》尚无注疏,一般学者查找词义时,能有这样一部既解释词义又可以当经传索引用的书,无疑是会感到很方便的。

顾野王《玉篇》与许慎《说文解字》在性质上的这种不同,一方面是由于客观上汉字隶变,孳乳得越来越多,使顾氏在编写时不得不冲破旧体例的框框,增加新的内容,以适应新的需要。另一方面,从主观上看,顾氏的撰述意图也与许慎有所不同。许慎是“五经无双”的古文经学派大师,他认为文字是“经艺之本,王政之始”。“本立”才能“道生”,所以他研究文字务讨其“源”以固其“本”。收哪些字,不收哪些字,他是很严格的。由此,他发明了“分别部居,不相杂厕”的分部相从之法。顾野王生在梁、陈之际,他虽然信奉儒家学说,但那个时代毕竟已与东汉有了很大的不同。经历了魏晋时期思想界学术界的动荡冲击,加上佛学的输入,读书人的思想情况和具体要求有了许多发展和变化,顾氏当然必须顺应潮流,采用早已流行的楷书,把《说文》《尔雅》之类统统只当成自己收字作注时的参考,把当时他所能见到的汉字,不拘什么形体,都兼容并包地搜集来编排在一起。清人黎庶昌说:“《说文》讨篆籀之原,《玉篇》疏隶变之流。”(《书原本玉篇后》)这话是对的。

《玉篇》的反切是很宝贵的语音资料。韵书之兴,始于魏晋,下而至于南北朝,代有著述,然而都已亡佚了。欲考六朝语音,除韵文之外,所可资据者,只有字书与音义书。陆德明《经典释文》保存六朝字音反切最多,而顾野王与陆氏同为吴郡人,故《玉篇》中的反切也是考索六朝吴音的重要资料。

原本《玉篇》对经传子史及各家字书的繁征博引，是对训诂学很大的贡献。现存卷子本残卷有一个“言”部，正文三百一十二字，在注文中引书达五百五十九处，其中光是小学佚书就引了五种，共一百六十四处。在一万多字的注文中，光引书传原文及小学训诂就有近九千字。这对于保存古代文献，对于文字训诂及古籍校勘整理，都是很有意义的。这甚至可以看成是对于古代文献从语言文字学的角度进行的分析与综合工作。顾氏生于梁、陈易代之际，又经侯景之乱，建康、江陵内府秘籍大量焚毁，他所见既多，凡所征引多为善本，此项保存重要文献的功劳是不容抹杀的。从原本《玉篇》残卷中可以见到韩康伯《周易注》、刘熙《孟子注》、孙炎等《尔雅注》、许慎《淮南子注》等书佚文，还有不少字书的佚文，都是极宝贵的资料。

原本《玉篇》说解详审，如“平”字，《说文解字》的说解仅有十四个字，而《玉篇》用了二百六十二个字，是《说文解字》的近十九倍。顾野王态度审慎，每下己意，必有引征，而且搜求例证用力很勤，往往一义数证。对于古时的名物、典章、制度乃至车服器用，往往不惮其烦，详引古书以明之，所以书中常有些生动材料，是其他字书中少见的。

随着时代的前进和语言文字的发展变化，后出的字书必然要在先前字书的基础上有所发展。清代学者在评价《玉篇》时往往较多地指摘它不完全遵从《说文解字》的一面，而忽视它有所发展的一面，这是一种片面的僵化的看法。

《玉篇》是一部影响深广的字书，它的作者顾野王是梁、陈之际著名的著述家和学者。我国历代学人特别是清代朴学家每每把《玉篇》与《广韵》《集韵》并提。广益本《玉篇》每每作为补充校正《说文解字》及诸书音义的重要资料。段玉裁注《说文解字》，以《玉篇》与之相校正者达三百二十六处。王念孙《广雅疏证》的《释诂》一篇总共四百八十八条，其中涉及《玉篇》的地方竟有三百三十余处，可见它的重要程度。

但是,作为一部字书,《玉篇》也还存在一些问题。首先,它采取了《说文解字》部首分类之法,这与它本身的楷书字体构成了尖锐的矛盾,出现了分部立文方面自乱其例以及有目无文、叠床架屋等不科学的现象。其次,它引书传只注书名不出篇名,把前人"随文释义"的训诂材料罗列在一起,收录虽富但不便于翻检,这与字书的要求也是不相合的。

近年影印出版的宋本《玉篇》与顾氏原本有很大不同。它不但把异部重文全部删去,而且对于注文也多有武断妄删之处。例如把"轼""较"训为"兵车",把"怂"训为"恶"等,都是因为后人不明条例而妄删引文造成的。可见广益本《玉篇》需经修订才好继续流传。

研究《玉篇》比较重要的参考资料,有日本人冈井慎吾《玉篇の研究》、福田襄之介《中国字书史的研究》及胡朴安《中国文字学史》、周祖谟《问学集》等。

《玉篇》版本,目前较易寻检的是中华书局1985年集黎庶昌本、罗振玉本影印的《原本玉篇残卷》及北京中国书店据张氏泽存堂本影印的《宋本玉篇》。中华书局1987年影印的《大广益会玉篇》亦据张本,后附检字,颇便阅读。

(此文原载于山东教育出版社
1992年出版之《中国语言学家评传》,有改动)

高 诱

高诱,东汉涿郡(今河北涿州)人。《后汉书》无传,故生卒年未详。

他在《淮南子》的《叙目》中写道:

> 自诱之少,从故侍中同县卢植君受其句读,诵举大义。会遭兵灾,天下棋峙,亡失书传,废不寻修二十余载。建安十年,辟司空掾,除东郡濮阳令。睹时人少为《淮南》者,惧遂凌迟,于是以朝餔事毕之间,乃深思先师之训,参以经传、道家之言,比方其事,为之注解,悉载本文,并举音读。

在《吕氏春秋注序》中,他又写道:

> 诱正《孟子》章句,作《淮南》《孝经解》毕讫。家有此书,寻绎案省,大出诸子之右。既有脱误,小儒又以私意改定,犹虑传义失其本真,少能详之,故复依先师旧训,辄乃为之解焉,以述古儒之旨。

从这些简单的材料中,我们了解到高诱年轻时曾从同郡卢植受学。卢植是大学者马融的得意门生,兼通古今文,著有《尚书章句》《三礼解诂》《周易注》等。高诱师承有自,他所说的"先师旧训"大抵是指马融、卢植等人在经学方面的训诂。他在建安十年(205)任司空掾,后来又任东郡濮阳令,建安十七年(212)迁监河东。在仕途方面的其他情况,已不可详知。他著的《孟子章句》和《孝经解》,今已不传。他的《战国策注》已残,《淮南子注》与许慎注相杂,惟《吕氏春秋注》尚存,虽流传日久,脱误不少,但仍能从中考见其训诂特色。

高诱的《战国策注》在宋代就已残缺,曾巩曾合诸家之本为之校勘,而于注文无所增损。鲍彪窜乱古本,据史实按年月加以移动,并作了注解。他力诋高注"疏略妄谬",元代的吴师道曾反驳说:"高氏之疏略,信矣;若谬妄,则鲍氏自谓矣。"我们基本同意吴氏的看法,这有两个原因:其一,鲍氏因为司马迁曾采摭《战国策》而著《史记》,就专以《史记》为据,凡不相合者,皆以为非史,这不合于史家存古、阙疑之义。其二,高氏注文中的妄谬之处,很难由他负全责。譬如《赵策一》中"郄疵"注、"雒阳"注,都引了唐代林宝的《元和姓纂》;《赵策二》中"瓯越"注,引了晋时孔衍的《春秋后语》。林、孔二人都生于高诱之后,可见有些注文中的内容是后来杂入高注中的,鉴于这种情况,又加之以残缺不全,我们从《战国策注》中已经很难考见高氏注解的体例及特点了,但高氏把训诂的领域由经传扩展到杂史之类,这在经学热的东汉时代是可贵的。

《淮南子》一书,原有高诱与许慎两家的注本并行,这在《隋书·经籍志》和《新唐书·艺文志》中都有记载。到了北宋,两家注文开始相杂。譬如"大汾",《淮南子注》云"在晋",而《吕氏春秋注》云"未详",如果同为高诱所注,不会闻于此而不闻于彼。又如"剞劂",《淮南子·俶真训》注云:"剞,巧工钩刀也。劂者,规度刺画墨边笺也,所以刻镂之具也。"而同书的《本经训》则注云:"剞,巧刺画尽头黑边笺也。劂,锯刀。"前后语释惑乱如此,说明高、许二家注相杂的可能性是存在的。清代学者王念孙、刘台拱、卢文弨、俞樾、孙诒让等人都曾下工夫补正过。从目下流行的题为“高诱注”的本子来看,其训诂往往简质而可观。

《吕氏春秋》一书,内容涉及之广,非寻常可比;尽管叫“杂”,却代表了当时很高的思想成就。全书十二纪、八览、六论的系统性组织形式,也代表了当时著作的最高形式。高诱在序言中说它“大出诸子之右”,这话并不过分。他甚至认为这部书可以“与孟轲、孙卿、淮南、扬雄相表里也”。他的注文凡十七万三千五十四言,训诂简质,颇能纠正原书引征之误。在注文中,他几次说“咸阳市门之金,固得载而归也”。可见对于自己的注解,他是颇为得意的。

高诱确实在注文中纠正了不少原书引证失误之处。如《制乐》篇:“成汤之时,有谷生于庭。”注云:“《书叙》云:伊陟相太戊,亳有桑谷祥,共生于朝。(按:今本《十三经注疏·尚书正义》此语在《商书·咸有一德》。)太戊,太甲之孙,太康之子也,号为中宗……汤生仲丁,仲丁生太甲,太甲生太康,太康生太戊,凡五君矣。此云汤之时,不亦谬乎?由此观之,曝咸阳市门,无敢增损一字者,明畏不韦之势耳。故扬子云恨不及其时,车载其金而归也。”此外,原书称南子为“釐夫人”(《贵因》篇),高注则据《论语》《左传》以驳之;原书称西门豹“在魏襄王时”(《乐成》篇),高注则据《孟子》《史记·魏世家》以驳之;原书称“荆成王慢晋文公”(《上德》篇),高注则据《左传》以驳之;原书称“颜阖对鲁庄公”(《适威》篇),高注则据《史记·鲁世家》以驳之;原书称“卫逐献公,立公子黚”(《慎小》篇),高注则据《左传》《史记·卫世家》以驳之。这种驳正,随处可见,皆不蹈注家附会之失。

高诱的注,往往不局限于随文释义的词语训释,还要广引《诗》《传》对句意、文意进行说解。例如《不二》篇:“听群众人议以治国,国危无日矣。”注云:“听,从也。听从众人之议,人心不同,如其面焉,故国不能安宁也。《诗》曰‘如彼筑室于道谋,是用不溃于成’,此之谓也。”又如《慎势》篇:“其大不若小,其多不若少。”注云:“在德不在人。《传》曰:‘楚子观兵于周疆,问鼎之大小轻重焉。王孙满对曰:在德不在鼎。德之休明,虽小,重;其奸回昏乱,虽大,轻。’是也。故曰‘其大不若小,其多不若少’。”高氏的注文中还往往引《论语》《孝经》《尔雅》等书以解释词义、文意,例子也很多。

我们从高诱的注文中,还可以发现他已具备某些语法修辞的观念。例如《正名》篇:“使名丧者,淫说也。”注云:“不可者而可之也,不然者而然之也,不是者而是之也,不非者而非之也,故曰‘淫说’也。”又如《义赏》篇:“天下胜者众矣,而霸者乃五。”注云:“乃犹裁(按:今作才字)也。”说明作者在词类活用和文言虚词方面是注意的。《审分览》:“桀、纣之臣不独鄙,幽、厉之臣不独辟,失其理也。”注云:“厉王,周宣王之父。幽王,周宣王之子。言先幽、厉,偶文耳。”这是对错综修辞的一种认识。

高诱的注解,对于自己尚未弄明白的问题不强作解人,往往直曰“未闻”。如《本味》篇:“肉之美者,猩猩之唇,貛貛(獾獾)之炙。”注云:“貛貛(獾獾),鸟名,其形未闻。”(按:《说文解字》“豸”部:“貛,野豕也。”《玉篇》作“野豚也”。高诱以为鸟名,则字当从“鸟”。《说文解字》“鸟”部有“鸛”字,它是一种捷劲善飞之鸟,如鹊,短尾。又叫“鸛鸨”“鹍鸡”“鸛鸲”等名,字或作“鸛”、作“鸿”。说详段玉裁《说文解字注》。)又:“隽觾之翠。”注云:“鸟名也。翠,厥也。形则未闻也。”(按:《玉篇》:“臎,鸟尾上肉也。”《说文解字》“骨”部有“镢”字,训“臀骨也”,当是“厥”之本字。郝懿行《尔雅义疏》引李善《文选注》作“巂燕之髀”。《说文解字》“髀”训“股”。“隽觾”即“巂燕”,亦即“子巂”“子规”“杜鹃”。“臎”“镢”“髀”,其义一也。)这种“于其所不知,盖阙如也”的态度,合于古文学派的实证精神,是值得肯定的。

在高诱的注文中,还常常出现某些与其他古书相异的说法。例如《求人》篇:“犬戎之国,夸父之野,禺彊之所。”注云:“夸父,兽名也。禺彊,天神也。”郭璞注《山海经·海外北经》却说:“夸父者,盖神人之名也。”《山海经》经文说:“北方禺彊,人面鸟身,珥两青蛇,践两赤蛇。”又如《上德》篇:“天覆地载,爱思不臧。”注云:“臧,匮也。”把“臧”解作“匮”,未知何出,我们怀疑他别有师传。

至于有的注文与《淮南子注》也不相合,如《察微》篇:“鲁季氏与郈氏斗鸡,郈氏介其鸡。”注云:“介,甲也,作小铠著鸡头也。”而《淮南子注》却说:“以芥菜涂其鸡翅也。”这种不合,一方面固然可以理解为本来就有两种说法,另一方面,也未始不可以视为高注与许慎注相杂而造成的。

但是,像下面的几个例子,我们就不能不说是高诱的误注了。如《报更》篇:“羞行乞而憎自取,故至于此。”高注:“羞于行乞,自憎至此也。”我们把原文的“羞行乞”和“憎自取”一对照,就可以发现高氏误解了原意。清人毕沅校语说:“憎自取,言憎恶径自取之,亦不肯也。”毕沅是对的。又如《不广》篇:“敌齐不尸则如何?”高注:“言与齐为敌,不收其尸为京(按:古者军伐克败,于其所获尸,合土葬之,以为京观),则如何?”高氏把“敌齐”解释为“与齐为敌”,就把句子的主语弄颠倒了。毕沅校语指出,“敌齐”即“敌人”或“齐人”;陈奇猷《吕氏春秋校释》读“敌”为“适”,训“若”,都能与下文“与之尸而弗取,其罪三”相合,较高氏为优。

高诱的注文,还有些误解史实的例子。如《召类》篇:“(子罕)相平公、元公、景公……故仁节之为功大矣。”注云:“按《春秋》,子罕杀宋昭公,不但相三君以终身。”春秋时,子罕是乐喜,乃宋之贤臣,并无弑君之事。战国时,宋也有昭公,其时也有一位逐君擅政的子罕。查《韩非子》《韩诗外传》《淮南子》《说苑》

诸书皆可找到证据。又如《适威篇》:“颜阖入见。庄公曰:‘子遇东野稷乎?’对曰:‘然,臣遇之。’”注云:“按《鲁世家》:庄公,桓公之子同也。颜阖在春秋后,盖鲁穆公时人也,在庄公后十二世矣。若实庄公,颜阖为妄矣;若实颜阖,庄公为妄矣。由此观之,咸阳市门之金,固得载而归也。”东野稷的故事,这里本于《庄子·达生》篇,颜阖当与卫庄公同时。这件事在《荀子·哀公篇》《韩诗外传》《新序》《孔子家语》诸书中皆作“鲁定公问颜回,东野之御”,大约是传闻异辞,高氏未加详考。其他例子,如共伯、张毅、单豹之事皆出于《庄子》,而高氏或云“不知其出何书”,或云“见于班固《幽通赋》”,其疏忽漏略,皆令人不解。

当然,我们也不应当排除这样一种可能性,就是高氏的注文也像《吕氏春秋》原文一样在传抄过程中出现一些颠舛讹脱,这个责任就不能由高诱负了。例如《上德》篇:“虚素以公。”注云:“素,质也。恶其质以奉公,王之实也。”注文中的“恶其质”与“公王之实”皆不可解,大约是“虚其质以奉公正之实”。“恶”与“虚”、“王”与“正”,形近而讹。又如同一篇中的“太子祠而膳于公,丽姬易之”。注云:“易,犹毒也。”也较费解。大约是“易之以毒也”之讹。

总之,高诱《吕氏春秋注》虽瑕瑜互见,而瑕不掩瑜。在训诂学史上,高氏较早地把注解的范围由经书扩大至诸子杂史,这样的做法在当时需要一定的眼光。高氏在治学方面的谨慎、严格,也说明他继承了古文家的朴实作风,是值得肯定的。他生在东汉,所见古籍后世多已不传,其旁征博引,尤其是校史书异文,颇有存古之功。高氏在《战国策注》《淮南子注》和《吕氏春秋注》中都较注重音读,他的注音对后来人们考索汉魏语音具有参考价值。从我国古代训诂学史的广阔背景上看,高诱虽不足与马融、郑玄比肩,却也是很有成就的一家。历来对他进行研究与评价的人并不太多,这是令人遗憾的。

清代的黄生、卢文弨、王念孙、毕沅等人,对于《吕氏春秋注》都进行过考订和校正。毕沅的校雠之功尤不可没。王念孙精于声韵、训诂，他的意见更是卓然有特色。他校读《吕氏春秋》的成果，见王引之所整理的《读书杂志余编》。此外，俞樾的《诸子平议》、孙诒让的《札迻》、吴汝纶的《吕氏春秋点勘》、陶鸿庆的《读吕氏春秋札记》、李宝淦的《吕氏春秋高注补正》、近人许维遹的《吕氏春秋集释》以及陈奇猷的《吕氏春秋校释》等，对我们研究高诱都有参考价值。马国翰的《玉函山房辑佚书》还据《战国策》《淮南子》《吕氏春秋》三注所载，辑存《孟子章句》一卷。

《吕氏春秋》的版本，毕沅校书所依据的主要为：元大字本（即所谓元嘉禾学教本）、李瀚本（明弘治十一年开封许州重刻本）、许宗鲁本（明嘉靖七年刊）、宋邦乂本（毕沅校所据乃宋启明重刊本）、刘如宠本（万历丙申刊，《百子全书》中《吕氏春秋》即据此本而除其注文）、陈仁锡奇赏汇编本等。现今最易披览的，是《诸子集成》本和《二十二子》复印本。又有《四部备要》本二十六卷。

（此文原载于山东教育出版社
1992 年出版之《中国语言学家评传》，有改动）

"潜蛟""嫠妇"寓义考

苏轼《前赤壁赋》中有两句话："客有吹洞箫者，倚歌而和之，其声呜呜然，如怨如慕，如泣如诉，余音袅袅，不绝如缕，舞幽壑之潜蛟，泣孤舟之嫠妇。"一般学者多以为此二句是写洞箫声之悠然动听，是从音响的效果上极力渲染那种幽怨悲凉的情绪，与李贺《李凭箜篌引》中"老鱼跳波瘦蛟舞""吴质不眠倚桂树"等句，作用表达手法相同。本文拟提出一点新的看法，认为二句是暗用典故以寄托不便明言的某些感慨。

《易·乾》疏云："潜者，隐伏之名；龙者，变化之物，此自然之象。圣人作法言于此潜龙之时，小人道盛，圣人虽有龙德，于此时惟宜潜藏，勿可施用。"由此而可引申出另一层意思，即比喻贤才失时未遇。古时文人往往喜欢用这样的比喻。《后汉书·马融传》(《广成颂》)："聘畎亩之群雄，宗重渊之潜龙。"李贤注："潜龙，喻贤人隐也。""潜龙"在古代诗文中又常作"潜蛟""潜虬""潜灵"等，义并同。《说文解字》虫部："蛟，龙之属也。"《文选·西京赋》："惮蛟蛇。"李善注："蛟，龙类。""舞幽壑之潜蛟"字面上看来是形容洞箫之声所产生的效果，其实是作者自己被贬谪后的托物寄意，它曲折地表达了贤才失时的感慨。

关于"嫠妇"的典故，最早见于《左传·昭公二十四年》："嫠不恤其纬,而忧宗周之陨,为将及焉。”杜预注:“嫠,寡妇也。织者常苦纬少,寡妇所宜忧。”又:“恐祸于己。”是说寡妇不忧其纬少,而恐国亡祸及自己。孔融《喻邴原书》:“国之将陨,嫠不恤纬;家之将亡,缇萦跋涉。彼匹妇也,犹执此义。”后来,“嫠不恤纬”作为成语,用为忧国忘家之喻。陆游《泛舟湖山间有感》:“岁晚客貂那复叹,时艰嫠纬未忘忧。”李曾伯《谢四川都大荐辟》:“嫠不恤纬,深惭肉食之谋;子弗荷薪,尤愧素餐之诮。”文天祥《癸亥上皇帝书》:“臣何敢追尤往事,上渎圣聪,独方来计,则嫠纬之忧,不能忘情焉。”都有忧国忘家之义。“泣孤舟之嫠妇”一句字面上看也是形容洞箫之声所产生的效果,其实包含了苏轼对国家内忧外患的深深忧虑。

苏轼戴罪黄州时,境遇特殊。尽管他意识到当时宋神宗被谗佞包围,自己“尊主泽民”的报国之志难酬,但“虽废弃,未为忘国虑也”(《与滕达道书》)。他“愿为穿云鹘,莫作将雏鸭”[《岐亭五首(其五)》]在写给皇帝的谢表中,他说自己“贪恋圣世,不敢杀身,庶几余生未为异物,若获尽力鞭棰之下,必将捐躯矢石之间,指天誓心,有死无易!”当时变法派长期内讧。王安石第二次罢相,个人野心家、投机分子如吕惠卿、章惇、蔡确之流相继为相,朝政混乱,民怨沸腾。继而神宗亲政却又慑于豪门权贵的压力,妥协容忍,所以更加受到大批权奸政客的包围。王安石之弟王安礼曾劝谏说:“陛下固圣,而左右辅弼,宜择自好之士有廉隅者居之,则朝廷尊。至于论事苟取容悦,偷为一切之计,人主将何便于此?”(毕沅《续资治通鉴》卷七七)朱熹也曾指出:“到元丰年间,事皆自做,只是用一等庸人备左右趋承耳。”(《朱子语类》卷一三〇)苏轼在赋中唱出“渺渺兮予怀,望美人兮天一方”显然是借屈赋以抒怀,他担心楚怀王被奸佞包围而抛弃屈原的历史悲剧重演。

宋神宗支持王安石变法,抵御辽和西夏侵扰,收复失地,实在无可厚非。但他年轻气盛,急功好利,惟求速胜,而终遭惨败。

元丰四年秋,三十万大军败于灵州城下,军民死伤无数,成为历史上骄纵轻敌而致败的一次典型战例。

《前赤壁赋》创作之前(元丰五年六月底前后)苏轼曾见到参加西征归来的张舜民,听他讲述宋师败退灵武“一军皆溃”的近事。他读罢张氏“十去从军九不归”“白骨似沙沙似骨”的诗句,感慨系之,这种心怀不能不反映在他七月十六日写成的《赤壁赋》中。清代朱日浚《赤壁怀古》诗云:“赤壁何须问出处,东坡本是借山川。”谢功肃的《东坡赤壁考》也指出此赋是“发抒牢骚,假曹、周以寓意”。

从全诗写作笔法上看,借景抒情,咏古寄怀,苏轼实有其深微隐曲之处。自经“乌台诗案”迫害之后,他意识到“平生文字为吾累”,那一时期他写给友人的书信中也时常流露出一种心有余悸的感情。在给王定国的信中,他说:“知识数十人,缘我得罪,而定国为某所累尤深,流落荒服,亲爱隔阔。每念及此,觉心肺间便有汤火芒刺。”在给滕达道的信中,他说:“闭门谢客已旬日矣,承见教,益务闭藏而已。”在一封信的末尾,他还嘱咐李公择“看讫,便火之,不知者以为诟病也”。友人傅尧俞派人到黄州索求近稿,苏轼把《前赤壁赋》誊写送给他,又在《跋》中说:“轼去岁作此赋,未尝轻易示人,见者盖一二人而已。钦之有使至,求近文,遂亲书以寄,多难畏事,钦之爱我,必深藏之不出也。”我们再从前后两赋故意隐去“客”之姓名的做法,也可以看出苏轼是担心一旦事发又会累及亲友。如果作品内容全无影射,何必担忧若此?

高步瀛曾指出,苏轼文“其弊有时失之过快”,并引姚范《援鹑堂笔记》中的话说:“凡文字轻利快便,多不入古,才说仙才,便有此病。李太白诗、苏东坡文,皆有此患。”为什么以“快便”为某些学者所诟病的苏东坡在《赤壁赋》中表现得如此深沉含蓄而不露圭角呢?好学深思者由他当时的处境不难体会到。

“舞幽壑之潜蛟,泣孤舟之嫠妇”两句,是在“其声呜呜然,如怨如慕,如泣如诉,余音袅袅,不绝如缕"这样几个极尽形容之能事的句子后面出现的。就一般情形来看,即使不出现这两句,在形容箫音方面也不可谓之不足,那么为什么作者又想起了"潜蛟",想起了"嫠妇"呢?再看前面的"桂棹兮兰桨",后面的"曹孟德之困于周郎",等等,有语典,有事典,那么我们提出"潜蛟""嫠妇"两句也是在暗中用典,恐怕也不应视为牵强。因为这两句恰恰处在全文最深邃之处,而又最易被读者所忽略,所以在这里提出来,供大家讨论。

(原载《济南大学学报》1995年第5卷第1期,有改动)

《中华博物通考·日用卷》绪论

第一节 名义渊源演进

所谓“日用”，系指家居生活之日常所需。其中包括坐卧盛贮、遮照洁适、炊餐挹取、宴饮清赏、砍锯剪扫等必备之器具。

日用诸器，与生民俱来。远在旧石器时代（距今约三百万年），我中华始祖已学会使用粗糙的打制石器，学会采集和渔猎，有了最简陋的日用器具。这些“日用器具”，多是一些形状各异的石片、石块，散见于元谋、蓝田、北京、丁村、柳江等猿人遗址中。自新石器时代（距今八九千年），先祖已发明农业和畜牧，形成聚落，开始定居，有了所谓的“家”。有了安定的家居生活，始可广泛使用磨制石器，并能制陶和纺织。此时的裴李岗文化、磁山文化、仰韶文化、大汶口文化、龙山文化、河姆渡文化、良渚文化等，已遍见细致的日用器具，如河南新郑裴李岗出土的石磨盘与石磨棒，距今约七千年，已颇见工巧；浙江余姚河姆渡出土的灰陶钵，距今约六千九百年，已刻有植物茎叶纹饰；山东日照出土的黑陶高柄杯，距今约四千年，其造型玲珑俏丽，器壁最薄处仅0.2~0.3毫米，今世工艺师亦难制作，堪称中华一绝。可知这些器具,已属于本卷所指称的“家居生活的日常所需”,为中华“日用”之滥觞。自新石器时代中后期,历经夏、商、周,直至元、明、清(现当代暂不论),除石器、陶器之外,又有红铜器、青铜器、铁器、金银器、玉器、瓷器、漆器、牙角器、珐琅器,等等,质料繁夥,品类奇多,床、几、枕、席,釜、碗、瓢、壶,帐、帘、箱、厨,灯、烛、杖、伞,居处坐卧,宴饮休闲,日夜必用,须臾难离。

概而言之,本卷所涉,历史久远,种类繁细,可居博物之冠。今择其要者简述如次,俾读者识其大略。

第二节 坐卧盛贮诸器

自母系氏族公社时期始,人类即已学会建造浅穴式的居所。今西安半坡即有半地穴式房屋遗迹,浙江余姚河姆渡出土有结构合理、比例适度的房屋榫卯,可证。此后房屋不断发展改进,终于有深宅大院、雕梁画栋及连亘数里之华宅大殿出现。室内家具,以坐卧具产生最早。《说文解字》中,“坐”是“㘴”的古文,二字皆从“土”,可见在相当长的历史阶段中,古人皆席地而坐。几案之属,起源亦甚早。《尚书·顾命》:“相被冕服,凭玉几。”又:“黼纯,华玉仍几。”战国时已出现案,较几高大,逐渐过渡为后世之桌。《说文·木部》云:“床,安身之几坐也。”《礼记·内则》亦云:“少者执床与坐。”可见床之初兴,实为坐具。唐代始于胡床或凳上加靠背而成椅。由低而高,是后世坐具发展的趋势之一。先秦时期,床既可坐又可卧,胡床传入中土之后,坐具与卧具逐渐分工。早期之坐床往往可兼容数人并坐,魏晋之后,单称“床”者有时仍指坐具,或可坐可卧,后世乃专指卧床,床后置屏风,床前置几案。唐以后,卧床始移入内室。古有所谓“燕几”,或指用以凭靠休息的小几,燕者安也;或指宴饮时可随意组合的桌子,燕者宴也。宋人黄伯思《燕几图序》云:“燕几图者,图几之制也。……纵横离合,变态无穷,率视夫宾朋多寡,杯盘丰约,以为广狭之则。"今世所常用之带抽屉的桌子究竟始兴于何时,尚待考证。然而"抽替"之名,南北朝已见;桌之使用,唐以后方才广泛,故抽屉、桌之出现当不早于唐代。今民间所坐杌子,当由古之坐案发展而来,其起源亦不晚于晋朝。杌子初时颇矮小,后渐高大。陆游《老学庵笔记》卷四有云:"往时士大夫家,妇女坐椅子、兀子,则人皆讥笑其无法度。"可见曾有一段时期妇女坐椅子、杌子受到限制,至宋代此种习俗已渐淡漠,杌子在民间已广泛使用。椅子古作"倚子",其称源于南宋。

要之,中国家具之生产可上溯至新石器时代。自新石器时代至秦汉时期,受文化及生产力限制,家具皆较简陋,且因多席地而坐,家具均较低矮。南北朝之后,高型家具渐多。至唐代高型家具日趋流行,席地坐与垂足坐并存。至宋代高型家具普及民间,我国传统木家具之造型、结构遂基本定型。此后,伴随社会文化之发展,传统家具之工艺、形状、结构、装饰等日臻成熟,至明代而大放异彩,进入一个辉煌时期,在世界家具史上占有重要位置。清代家具之体量增大、注重雕饰而自成一格。20世纪初,受外来家具之影响,遂有"西式中做"之新式家具。20世纪50年代后,中国家具工业迅猛发展,至于今日乃借鉴各国不同风格与先进技艺并结合国情民俗而形成一代新风。

考之出土文物,我国已知木家具之最早者为1978—1980年发掘山西襄汾县陶寺村新石器时代晚期遗址所见之木制长方平盘及案、俎等物。青铜冶炼技术发明之后,木工工具发生革命性变革,木具制造条件改善,故西周以后木家具逐渐增多。《诗》《礼》《春秋传》中,已见床、几、扆、箱之记载。而商代铜禁及饕餮蝉纹铜俎之发现,亦证明彼时青铜家具已达极高水平。战国时期,漆木家具大发展,几、案、床等大型家具多为框架结构,以榫、卯连接。信阳楚墓出土之大木床、雕花漆几、木俎等皆牢固美观。几案类家具之足底常加一横木曰"桧"(即"跗")以加固器足,此为中国传统家具之重要特征,流传至今。秦汉时期漆木家具进入全盛时期,此时木家具已现由低型向高型演进之端倪。西汉时,由印度传入榻登,《释名·释床帐》云:“榻登,施之大承床前小榻上,登以上床也。”可见床之高度增加。魏晋南北朝时期民族大融合促进家具之发展,遂有扶手椅、束腰圆凳、方凳、圆案、长杌、橱及笥、簏(箱)等家具出现。其时之床已明显增高,可以跂床垂足,并加床顶、床帐及可拆卸之多牒围屏。隋唐五代,我国家具一改六朝前之面貌,形成流畅柔美、雍容华贵之唐式家具风格。五代而至于宋,则风格一变而为崇尚简洁、朴素。《通雅》云:“倚卓(椅桌)之名,见于唐宋。”可见高型家具已更趋流行。而且此时家具已向成套化方向发展,并可按功能划分为坐卧类(凳、椅、墩、床、榻等)、凭倚及承物类(几、案、桌等)、贮藏类(柜、箱、笥等)、架具类(衣架、巾架等)、其他(如屏风等)类。由五代画家顾闳中所绘《韩熙载夜宴图》中即可考见彼时成套家具于室内之陈设、使用情况。宋代家具造型淳朴纤秀,结构合理精细,重视外形尺寸结构与人体之关系,工艺严谨,使用方便。家具种类增多,如开光鼓墩、交椅、高几、琴桌、炕桌、盆架、座地檠(落地灯架)、带抽屉的桌子等,各类家具又派生出不同款式。更为引人注目者,宋代已出现“燕几”,即最早的组合家具。明代中叶,随手工业之发展,家具成为流通商品。文人雅士参与室内设计及家具造型研究,使中国古代家具又向艺术领域迈进一大步。清代家具则多结合厅堂、卧室、书斋等进行设计,分类详尽而功能明确。其风格亦与前代不同,造型庄重,雕饰繁缛,体量宽大,气度宏伟。彼时家具生产以扬州、冀州、惠州为主,形成全国三大制作中心,产品分别称为“苏作”“京作”“广作”。

起卧具中,与人之日常生活关系甚为密切者,尚有枕头、衾被之属。《说文·木部》:“枕,卧所荐首者。”枕头起源甚早,先秦典籍中已常见。《诗·陈风·泽陂》:“寤寐无为,辗转伏枕。”《仪礼·丧服》:“寝苫枕块。”彼时“枕”字已有名词、动词之用。

古时有木枕、石枕、竹枕、玉枕、铜枕、瓷枕等。被子古称衾或寝衣。《论语·乡党》云:“必有寝衣,长一身有半。”《诗·唐风·葛生》:“锦衾烂兮。”又《召南·小星》:“抱衾与裯。”可见古之被与今之被所用无大异。惟宋时有纸被,以藤纤维纸制成,今已绝迹。宋代刘子翚《吕居仁惠建昌纸被》诗云:“尝闻盱江藤,苍崖走虬屈。斩之霜露秋,沤以沧浪色。粉身纵澼絖,蜕骨齐丽密。”此诗写明纸被原料来源及制作过程。古时褥分两种,一种用于卧床上,即今之褥子;一种用于坐具或车上,即坐垫。《释名·释床帐》:“褥,辱也,人所坐亵辱也。”褥子或以丝绵、棉花制成,或以兽皮制成。此外,至晚在汉代,中土也已使用毡毯之类,多于坐卧时铺垫。簟席之类古时品种颇多,先秦时期即已广泛使用。有以野兽毛皮制成之熊席、豹席,更多的用芦苇、竹篾、莞蒲、翠菅、葭草、龙须草等编成。

第三节　遮照洁适诸器

家居常备诸物,更有帷幕、帘幔、盥洗、亵器及锁钥、杖策、灯烛,等等。《周礼·天官》记载有掌帷、幕、幄、帟、绶之事的官员,统称为“幕人”。郑玄注云:“在旁曰帷,在上曰幕;幕或在地,展陈于上。”帷幕,又称帐幔,民间多以布帛、纱、绸制成,可用以遮尘、防蚊蝇及障蔽视线等。古本《荀子》中又有“局室芦帘”之语(《初学记》卷二十五引《荀子》佚文),《事物原会》卷二十八引《物原》云“周公作帘”,又引《方言》云:“自关而西曰箔,自关而东曰帘。”帘箔之用,始于先秦。《仪礼·觐礼》:“侯氏再拜稽首出,自屏南。”贾公彦疏引《礼纬》云:“天子外屏,诸侯内屏,大夫以帘,士以帏。”可见帘帏之类除障蔽之用,还可作为身份之象征。汉代以来,有作装饰用的美帘,如珠帘、晶帘、云母帘等。唐人诗文中更有“夜明帘”,能于夜间发光,不知何物所制。自汉代以下,纺织业发达,遂有布帛制帘兴起,其名曰幚、曰幔、曰幌,又有纱幌、轩幌(窗帘)诸名。亵器之名始见于先秦典籍,但其产生甚早。《周礼·天官·玉府》:“掌王之燕衣服、衽席、床笫,凡亵器。”郑玄注引郑司农云:“亵器,清器、虎子之属。”汉以后,亵器有了大、小便器之别。大便器曰圊桶、清器、行清,盖因汉时称厕为圊,又因便器须清洁且常移动,故称。孙诒让《周礼正义》云:“盖汉时名厕曰圊,故受粪便之器为清器……谓以木为函,可移徙者。”今南方人所用之马桶,其名始见于宋代文献,因使用时坐于其上,势如骑马,故称“马子”“马桶”。一说唐人为避李渊之父讳而改称“虎子”曰“马子”(详宋人赵彦卫《云麓漫钞》卷四)。后世大便器又称杩桶、净桶、触桶等。小便器古恒曰伏虎、虎子,即后世之夜壶,盖因形得名,又称“夜猪”。盥沐用具亦起源于先秦时期。1979年江西靖安县出土一春秋时期的青铜盥盘,上有铭文,当是较早的盥沐用具。盥盘之外,古时尚有澡盘、浴斛、盥盆等器,多见于汉以后特别是唐宋文献中。皂类的产生在我国亦甚古。《山海经·西山经》:“钱来之山,其上多松,其下多洗石。”郭璞注:“澡洗可以磢体去垢圿。”民间还用皂荚树之果实捣烂后作去污之用。今之肥皂俗称“胰子”,由古人曾用猪之胰脏涂手去油而来。早在《礼记》中已有“手巾”“俗巾”的记载,后衍生出随身携带之手帕,又称“帕子”,其丝织者又称罗巾、罗帕,后渐为女性所专用。唐宋文献中有所谓“鲛绡”“鲛帕”者,传说为水中鲛鱼所做,此乃帕类之精品。

锁钥之属传为鲁班所制,最初不过于门插上凿两孔,连以木桩,实即门闩,其名曰“楗”,后有以金属制者,其字作“键”。《周礼·地官·司门》:“司门掌授管键以启闭国门。”贾公彦疏:“谓用管籥以启门,用键牡以闭门。”《礼记·月令》:“修键闭,慎管籥。”郑玄注:“管籥,搏键器也。”孔颖达疏:“以铁为之,似乐器之管籥,搢于镤内,以搏取其键也。”唐宋文献中始有称籥为“匙”(字或作“筂”)者,诗文中又美其称曰“玉匙”。五代至宋诗文中多有“鱼钥”之称,盖因鱼不闭目,故制鱼形锁以取其日夜守卫之意。明代始有洋锁自西方传入,即今锁之前身。古时又有器物名“钌铞”者,金属制成,一端固定于门窗箱匣上,另一端搭在屈戌上以上锁,字又作“了鸟”。李商隐《病中闻河东公乐营置酒口占寄上》诗:“锁门金了鸟,展障玉鸦叉。”(“鸦叉”即“丫叉”,展物用的叉子。)《通雅·谚原》:“门键曰钌铞。”北方俗称“吊儿”,蒲松龄《聊斋俚曲·禳妒咒》第九回:“把门敲,把门敲,欠身就把吊儿摇。”

据文献记载,周朝已有雨具出现。(宋代高承《事物纪原·雨衣》引《事始》曰:“凡雨具,周已有。”《史记·仲尼弟子列传》:“昔夫子当行,使弟子持雨具,已而果雨。”)伞古作“繖”字,又称“盖”,不但是遮阳蔽雨用具,而且是帝王将相权势身份的象征,相传为周代吕望所制。伞最初多以丝罗等材料制成,有直柄、曲柄之分。《史记·五帝本纪》:“舜乃以两笠自捍已身,去,不得死。”司马贞《索隐》云:“言以笠自捍已身,有似鸟张翅而轻下,得不损伤。皇甫谧云:‘两伞。伞,笠类。’”先秦时多称为“盖”。《太平御览》卷七〇二引《释名》云:“盖,在上覆盖人也。”《左传·昭公二十年》:“使华寅肉袒执盖,以当其阙。”《孔子家语·致思》篇:“孔子之郯,遭程子于途,倾盖而语终日,甚相亲。”唐代李延寿作《南史》,始有“伞”称出现。韩愈《游青龙寺赠崔大补阙》诗:“光华闪壁见鬼神,赫赫炎官张火伞。”宋代高承《事物纪原·舟车帷幄》引《通典》云:“按晋代诸臣皆乘车,有盖无伞。元魏自代北有中国,北俗便于骑,则伞盖施于骑耳。疑是后魏时制。”可见,伞出现后,盖多指施于车上之伞了。《金志》:“一品伞用银浮图,二三品用红浮图,四五品用青浮图。”“浮图”指伞顶。王三聘《古今事物考》卷四云:“《宋会要》曰:‘伞,古张帛避雨之制。’今有方伞、大伞,则是伞之制始于古张帛也。国朝(按指清朝)卤簿有紫方伞四把,红方伞四把,曲柄红绣伞两把,黄绣伞二把,黄罗绣九龙伞一把。”可见古时之伞可代表权势与身份。随着生产与生活的发展,伞之式样日益繁多,今已有纸伞、布伞、塑料伞、尼龙伞以及折叠伞、自动伞、香伞、音乐伞，等等。

杖策之类，最早的记载大约是《山海经》。《海外北经》云夸父逐日，“弃其杖，化为邓林”。古恒杖策连言。《庄子·齐物论》：“故师旷之杖策也。”郭璞注云：“策，杖也。”《淮南子·墬形训》记载夸父逐日事，曰“夸父弃其策”。高诱注亦云：“策，杖也。”魏晋以前，帝王赏赐臣下恒以杖策。《周礼·秋官·伊耆氏》：“军旅，授有爵者杖。”郑玄注：“王之所以赐老者之杖。”《礼记·曲礼上》：“大夫七十而致事。若不得谢，则必赐之几杖。”又《王制》：“五十杖于家，六十杖于乡，七十杖于国，八十杖于朝。”此制一直延续至魏晋时期。其实，先秦时柱杖之属已十分普及，未必皆为帝王所赐。《论语·乡党》：“乡人饮酒，杖者出，斯出矣。”又《微子》：“子路从而后，遇丈人，以杖荷蓧。”《太平御览》卷七一〇引《吕氏春秋》云：“孔子弟子从远方来者，孔子荷杖而问曰：‘子之父不有恙乎？’持杖而揖之，问曰：‘子之母不有恙乎？’置杖而问曰：‘子之兄弟不有恙乎？’杖步而倚之问：‘子之妻子不有恙乎？’故孔子以六尺之杖谕贵贱之等，辨亲疏之义。”唐宋以降，杖亦俗称“拐”“拐杖”“拐子”等。杖之异称，有曰“扶老”或“直兄”者，皆从文学作品中见之。

夏日手摇纳凉之扇，先秦时亦已有之。据传舜帝时仪仗中已使用“五明扇”（见晋代崔豹《古今注·舆服》），乃掌扇之属。仪仗源于日常生活，五明扇或本于取风纳凉，而非遮掩也。汉代扬雄《方言》：“《世本》曰：武王作箑。”（见《太平御览》卷七〇二所引）高诱注《淮南子》云：“箑，扇也。”宋代高承《事物纪原·什物器用》引陆机《扇赋》云：“昔武王玄览造扇于前。然则今以招凉者，周武王所作云，故传有武王扇暍之事。一曰夏禹也。”汉唐时，除竹扇、羽扇等之外，又有纨扇，宋明时又有折扇等。古代女子手持用以遮面之扇状物，称“便面”。《汉书·张敞传》云：“然敞无威仪，时罢朝会，过走马章台街，使御吏驱，自以便面拊马。”颜师古注：“便面，所以障面，盖扇之类也。不欲见人，以此自障面，则得其便，故曰便面，亦曰屏面。今之沙门所持竹扇，上袤平而下圜，即古之便面也。”汉末羽扇大兴，以羽十枚为之，扇柄刻木若鸟骨，东晋后改长柄八羽。《太平御览》卷七〇二引唐代裴启《语林》云：“诸葛武侯与宣王在渭滨将战，武侯乘素舆，葛巾，白羽扇，指麾三军。”苏轼《念奴娇》词写周瑜赤壁破曹之事，亦曰“羽扇纶巾”。羽扇之初兴，据传始于周昭王时。《事物纪原·什物器用》引王嘉《拾遗记》云：“周昭王时，修途国献丹鹊一雌一雄，孟夏取鹊翅以为扇，一名条融，一名霄影。此疑羽扇之始也。”清代汪汲《事物原会》卷二十八亦曰“此羽扇之始”。以丝绢制成之绢扇，有关晋代文献已有记载。《晋书·安帝纪》：“五月癸未，禁绢扇及摴蒱。”《宋史·魏王延美传》：“怀忠受俶私遗白金百两、金器、绢扇等。”至于纨扇、团扇之类，文学作品中多见描述。汉代班婕妤《怨歌行》：“新裂齐纨素，皎洁如霜雪。裁为合欢扇，团团似明月。”徐幹《团扇赋》云：“惟合欢之奇扇，肇伊洛之纤素。”南朝梁简文帝《怨诗》：“秋风与白团，本是不相安。”白团即团扇，唐以前多为素面，故称。至于竹扇，先秦已有之。湖北江陵马山砖厂曾出土一战国时竹扇，短柄，扇面略呈梯形，较长一边固定于柄上，以红黑两色漆过的竹篾编织而成，周边以厚竹片为框架。今民间所习见之蒲葵扇，有关晋代之文献中已有记载。《晋书·谢安传》：“〔乡人〕答曰：‘有蒲葵扇五万。’安乃取其中者捉之，京师士庶竞市，价增数倍。”白居易《小池》诗：“坐把蒲葵扇，闲吟三两声。”“蒲葵扇”省称“葵扇”或“蒲扇”。折扇，宋代已有之。宋代赵彦卫《云麓漫钞》卷四：“今人用折叠扇，以蒸竹为骨，夹以绫罗。贵家或以象牙为骨，饰以金银。”明代陆深《春雨堂随笔》：“今世所用折叠扇，亦名聚头扇……东坡谓：‘高丽白松扇，展之广尺余，合之止两指许。’正今折扇。”明代文震亨《长物志》却说：“今之折叠扇，古称聚头扇，乃日本所进，彼国今尚有绝佳者。”恐怕是揣测之词，日本、高丽之折扇，大约都是唐宋时期从我国流传过去的。

古时家庭常置以为陈设之如意,有以铁、木为之者,有以玉石为之者,首多作云头状,其始盖今之痒痒挠耳。亦名“不求人”“榖辘子”“搔背爬”“爪杖”等。其物可以搔背,甚如人意,故云“如意”。亦可用作指划、防身或记录经文用,梵语为“阿那律”。宋代吴曾《能改斋漫录》云:“齐高祖赐隐士明僧绍竹根如意,梁武帝赐昭明太子木犀如意,石季伦、王敦皆执铁如意,三者以竹、木、铁为之,盖爪杖也。故《音义指归》云:‘如意者,古之爪杖也。或骨角竹木削作人手指爪,柄可长三尺许。或脊有痒,手所不到,用以搔抓,如人之意。’”今故宫博物院藏清嘉庆年间所制之玉如意,长40厘米,青白色,长条S形。其首端为扁圆形,正面外圈显云纹,内浅浮雕加饰阴线作卍符号与一蝙蝠纹、一枝桃图案。末端面上亦浮雕一蝙蝠纹,腹阴刻楷书御制诗一首,物甚精美。据宋代高承《事物纪原·什物器用》推测,“盖如意之始,非周之旧,当战国事尔”。其实痒痒挠之类,始于民间,最初形状简陋,不过竹枝木叉之余,搔背而已,何人所制,何时所始,难于确考。

今每日必用以清洁牙齿之牙刷,或以为是由外国传入者,其实唐宋时期即已有之。宋人严用和《严氏济生方》有云:“每日清晨以牙刷刷牙。”宋人吴自牧《梦粱录》记载当时京城已有“凌家刷牙铺”。元人郭钰《郭恒惠牙刷得雪字》诗:“南州牙刷寄来日,去腻涤烦一金直。”可见当时的牙刷已有颇贵重者。至于饭后剔齿所用牙签,则起源更早。晋陆云《与兄平原书》:“取其剔齿纤一个,今送以见兄。”元赵孟頫《老态》诗:“扶衰每借过头杖,食肉先寻剔齿签。”清俞樾《茶香室丛钞》有专章曰《剔齿纤》云:“记曹公器物,有剔齿纤,此即今所用剔齿之牙纤。”(按“纤”即“签”)痰盂古称唾盂、唾壶,民间多为瓷制,王侯富贵之家多以金银玉石为之。今所见较早者为浙江衢县(今属衢州市)街路村西晋墓所出土。其制口小腹大底平,有圈足。北魏郦道元《水经注·漾水》:“绝壁峭峙,孤险云高,望之形若覆唾壶,高二十余里。”《西京杂记》卷六：“〔魏襄王冢〕但床上有玉唾壶一枚、铜剑二枚。”李白《玉壶吟》诗：“烈士击玉壶，壮心惜暮年。”玉壶即玉唾壶也。

灯烛之属，亦居家所必备。烛炬本指火炬，古人以苇薪或麻蒸灌以膏油燃之以照明，与今所用之蜡烛不同。《仪礼·士昏礼》：“从车二乘，执烛马前。”郑玄注：“使徒役持炬火居前照道。”《礼记·曲礼上》：“烛不见跋。”孔颖达疏：“古者未有蠮烛，惟呼火炬为烛也。”章太炎《检论》云：“汉初炷烛不过麻蒸，后汉之季，始有蜡烛。”是以知蜡烛始于汉末。《晋书·周𫖮传》：“以所燃蜡烛投之。”此蜡烛始见于史者。早期用蜜蜡，宋以后，以虫蜡、石蜡代之。始于汉朝的“法烛”后世沿用。唐代温庭筠《乾𦠆子》云：“西市买油靛数石，雇庖人执爨。广召日佣人，令锉其破麻鞋，粉其碎瓦，以疏布筛之。合槐子油靛，令役人日夜加工烂捣，候相乳尺，悉看堪为挺，从臼中熟出，命工人并手团握，例长三尺已下，圆径三寸，垛之得万余条，号为‘法烛’。”烛之别名曰“光济叟”，据宋人陶穀《清异录》记载，此名始见于高丽国使臣之物。喜庆之烛，曰红烛、丹烛、朱烛、绛烛。雕以彩饰者，曰花烛、金花烛。绘以彩画者，曰画烛。饰以龙凤形者，曰龙烛、凤烛。杂以香料者，曰香烛。厥名不一而足。烛头烬曰堲，芯花曰灯花、蜡花，余灰曰灺，盛烛灰者曰剪筒。照明灯至迟始于战国时期。两汉以前点灯多用膏脂，魏晋以后渐为植物油替代。灯体多用青铜、陶瓷、玉石等制成，形状颇多。1971 年北京丰台镇辽墓出土一白瓷灯，通高 13.2 厘米，口径 8.4 厘米，足径 10 厘米，通身白釉，高圈足。其余瓷灯传世及出土者尚有青瓷、白瓷及三彩灯，灯柱有筒形、螺旋形、兽形等，厥类实繁。盛行于战国至汉晋间的青铜灯式样亦甚多，1974 年甘肃平凉县（今平凉市）出土之战国晚期秦国铜灯，设计十分精巧，造型敦厚规整，实属罕见。河北平山中山王墓出土有战国时期十五连盏铜灯分枝矗立，其状如树。更有大者曰“百华灯树”。晋人傅玄《朝会赋》赞之曰:“华灯若乎火树,炽百枝之煌煌。”1968 年河北满城西汉窦绾墓出土之长信宫灯,通高 48 厘米,遍体鎏金,作侍女跪坐执灯状,实为国宝;同时出土之朱雀灯,通高 30 厘米,朱雀踏蟠龙,展翅欲飞,造型精美绝伦。

第四节　炊餐挹取诸器

“民以食为天”,日用诸器,首推炊餐之具。远古茹毛饮血之世,无炊具可言。人类学会用火,炊具始兴。釜属炊具实为我国最早的饮食器皿,一万多年以前的新石器时代即已发明。初为陶制,殷商时已见青铜制者,兼有蒸煮烹煎等多种功用,即今锅的肇始。魏晋之前,尚不称“锅”。出土的有龙山文化遗址的陶釜、河南安阳殷商妇好墓及陕西扶风出土的青铜釜,等等。釜之有足者曰“锜”。《诗·召南·采蘋》:“于以湘之,维锜及釜。”毛传:“锜,釜属。有足曰锜,无足曰釜。”汉代方言又称“锜”为“鉳镂”,见扬雄《方言》第五。汉时又有温器曰“铛”,见服虔《通俗文》。似釜而大者曰“鍑”。今民间之煎饼鏊子,亦见于汉代。煮食之器,新石器时代已有鬲属,沿用至周,汉以后渐失;初为陶制,后有青铜制者。今出土的有伯炬鬲(西周)、孟辛父鬲(西周)、穆父鬲(西周)、饕餮纹鬲(商代)等。蒸炊之具曰“甗”,早在龙山文化时期即已出现,山东、河南等地皆有出土。今所见商周之器有戈甗(商代晚期)、父辛方甗(西周前期)、两头兽纹甗(西周后期或春秋早期)等。盛物、汲水或烹煮所用之罐,兴起更早。新石器时期已有用黏土烧制的陶罐。后世之陶、瓷及金属罐,有多种用途及不同装饰。1974 年上海青浦县(今上海青浦区)崧泽遗址出土之黑陶编织纹盖罐,直颈,鼓腹,圈足,肩附一周直棱,腹上有编织纹,又饰一周锯齿形堆纹,器形美观大方,为新石器时期之陶制盛贮器。1960 年上海县(今上海闵行区)马桥遗址出土印纹陶罐,为商代之陶器。1964 年上海金山县

(今上海金山区)戚家墩遗址出土之印纹乳钉足罐,为战国时期之陶器。1958年濮阳县(今濮阳市)区河寨李云墓出土之青釉六系罐及绿彩黄釉罐,乃北齐时期之陶器。至唐宋元时期,唐三彩罐、宋窑罐、元景德镇瓷罐,异彩纷呈,各具特色。而明清时期制品最为丰富,有瓜棱罐、折方罐、月牙罐、鼓式罐、冰梅罐,等等,不可以缕叙。瓶类之属,其初兴时为瓦器,后乃有陶瓷及青铜瓶。陶瓶在新石器时代即已有之,殷商时始有青铜瓶,宋以后至明清时各种瓷瓶更为丰富。小口、鼓腹、底呈尖锥形之尖底瓶,为仰韶文化之典型器物。青铜瓶与壶形相似,传世遗器中有铭为瓶者,如"孟城瓶""弘瓶"等,皆短颈无足;亦有壶形而自铭为瓶者,如"洹子孟姜壶"。可见古时瓶与壶并无明显差别。盛物或盥洗所用之盘,起源亦甚早。《礼记·大学》:"汤之盘铭曰:'苟日新,日日新。'"《事物纪原》的作者高承以为:"夏世已有盘制,而汤始铭之也。"或曰盘盂,黄帝臣孔甲造,此盖二物之所起也。(见该书《什物器用》)陶盘,新石器时代已见行用,后世时有出土,且多为彩陶。如20世纪50年代中期陕西西安半坡遗址曾出土鱼纹彩陶、鱼纹人面彩陶八件,1972年初陕西临潼姜寨遗址出土鱼蛙纹彩陶,以上均属仰韶文化半坡类型。此外,马家窑文化、河姆渡文化亦多有出土。青铜盘为贵族盥洗盛水之器,大者亦可用于沐浴,盛行于商周时代。商代之盘多无耳,西周至春秋时多有附耳,战国时有作长方形者,如传世之著名"虢季子白盘"。后世之精美瓷盘除作容器外,亦有兼为陈设品者。盘上铭文,是研究古代汉字之宝贵材料。1976年陕西扶风县庄白家一号青铜器窖藏出土之"史墙盘",盘底铭文十八行,二百八十四字,为1949年以来发现的铜器铭文中最长者。其中记载的昭王伐荆楚事,可印证补充历史文献。而且铭文书体工整秀丽,文字精练简要,许多语句用韵,既有较高的学术价值,又是古典文学之佳作。相传为清代乾隆年间出土于陕西凤翔县之"散氏盘",不但造形典雅古朴,优美自然,而且所铸铭文十九行,三百五十七字,实为研究西周后期以来土地制度之绝好材料。盆之为器,周代即已行用。《礼记·礼器》:“夫奥者,老妇之祭也。盛于盆,尊于瓶。”最初的盆为容器,或盛食,或盛水,祭祀时盛血,又可作炊具,后多用作洗涤之器。今所见铜盆有铭文者,为传世之“曾大保盆”与湖北省博物馆征集到的“曾孟妳谏盆”。吃饭用的碗,初为陶制,最早见于距今七八千年的新郑裴李岗——裴李岗文化遗址,距今七千年前之早期仰韶文化遗址也有“红陶碗”。西周时期有青铜碗,金文中作“盌”字,形状为一小盂旁加一柄,挹水用之,有如今之舀子。瓷碗出现甚早,湖北当阳刘家冢子东汉画像石墓就有瓷碗出土。湖南、四川也出土过东汉瓷碗。此外,三国吴也有瓷碗。六朝时期墓葬中出土之青釉莲瓣纹碗,一套越窑青釉瓷碗,不同尺寸者达十种之多。唐代贞元年间之撇口碗,与敞口斜壁形底盘和撇口平底碟风格相近,已形成一套饮食用具。唐代之越窑碗、邢窑碗常见于诗人吟咏之中。宋代瓷碗釉色完美,如钧瓷海棠红、玫瑰紫,又有灿如晚霞之变色釉。景德镇青白瓷色质如玉,尤其受人喜爱。明清之际,碗式增多,如鸡心碗、墩式碗、葵口碗、折沿碗、磬式碗等,其所绘图案亦甚丰富,有龙、凤、松、竹、梅等。雍正年间景德镇瓷碗,胎薄如纸,尤为精致。碗又有漆制者,1977 年于浙江余姚河姆渡遗址第三文化层中发现之漆碗,据鉴定为六七千年前之物,乃目前所知之最早漆器。碗壁之红色漆料虽剥落较重,然仍微有光泽。

陶瓷及漆器为中国古老文化之重要代表。陶器之颜色有灰、红、彩、黑、白等数种,后又有几何印纹陶、铅釉陶、三彩陶、紫砂陶等。灰陶最早见于距今六千年多年前之仰韶文化遗址,有夹砂灰陶与泥质灰陶两种。红陶出现于新石器时代,裴李岗文化、仰韶文化、马家窑文化、齐家文化、大汶口文化、马家浜文化皆以烧制红陶为主,且多手制而成,晚期尤为精致细密。彩陶出现于新石器之晚期,仰韶文化、马家窑文化、马厂文化、屈家岭文化等皆有大量彩陶遗物。黑陶文化又称“龙山文化”，最早见于山东章丘市（今济南章丘区）龙山镇，造型丰富多彩，装饰素雅。此外，河姆渡文化、良渚文化及大汶口文化晚期遗址中亦常见黑陶。白陶最早见于新石器石代大汶口文化时期，以高岭土为原料，胎细质白。商代白陶最为精美，尤以殷墟出土者为最好，胎体细腻，器表白净，饰以仿青铜纹饰，极为典雅美观，端庄大方。豆、盘、壶、瓿是其常见器型。釉陶始见于商代，胎体灰白，质地坚硬，所施青釉色彩稍灰而透明，不吸水，已具有部分瓷器特征。几何印纹陶起源于新石器时代之晚期，延续至战国、秦汉间，主要流行于商周时期。其印纹有编织纹、回纹、米格纹、云雷纹等，器型以罐、尊、豆、盘、簋、杯等最为常见。暗纹陶产生于春秋时期，至战国时期有较大发展，流行于中原一带。其制作以工具于陶坯未干之前压出花纹，纹样深浅适宜，仅在强光下隐约显现，故又称“砑花陶”，其主要纹饰有弦纹、锯齿纹、栉齿纹、山形纹等，器型有壶、鼎、豆、盆、盒等。彩绘陶始于春秋时期，盛行于战国并延续至汉代。与新石器时代之彩陶不同，制作时先将陶胎烧好，再行彩绘装饰。以生活器最为常见，多用作殉葬之明器。唐三彩于盛唐时臻于极盛，而后渐次衰微，其器色明艳绚丽，器型品类众多，风格雄健开阔，影响颇大，辽宋时均曾烧制三彩陶，朝鲜、日本、波斯亦有仿造。

瓷器亦为我国古代伟大发明之一。其起源，今有商代、东汉、魏晋等不同说法。唐以前，多系青瓷，入唐已极成熟，越窑青瓷、邢窑白瓷素享盛誉。宋代瓷业繁荣昌盛，窑场林立，青瓷、白瓷、青白瓷均高度发达，诸名窑各擅其美。元朝以后，景德镇逐渐成为我国瓷业中心，技艺日精，所制青花、釉里红、斗彩、五彩、法彩、珐琅彩诸器争奇斗艳，其名气久远，至今不衰。商代出现之原始瓷器，最早为郑州二里冈时期出土，郑州商代中期之居住遗址与墓葬中亦有发现。湖北黄陂盘龙城的商代中期墓葬中亦出土原始瓷器，其烧成温度当在1200℃以上。商代晚期原始瓷器在河南安阳殷墟、辉县琉璃阁，河北藁城，山东济南大辛庄、益都（今青州）及江西清江吴城等地均有发现。西周时期之原始瓷器发现较普遍，北京琉璃河，河南洛阳，陕西长安、宝鸡，甘肃灵台，安徽屯溪，江苏句容等地均有发现，较之商代，有明显发展。东汉时期，瓷器烧造技术大大提高，出现符合瓷器标准的青釉瓷器。魏晋南北朝时期，浙江越窑、江苏均山窑、温州瓯窑、金华婺州窑所产青瓷各具特色。东晋时浙江德清窑的黑釉器色泽光亮，犹如漆器。隋唐五代瓷器之应用面日趋广阔，造型繁多，唐代名窑见于陆羽《茶经》者已不止越地一隅，秘色瓷器已成为进贡之物，文人歌咏越窑之诗章甚多。宋代汝窑及官窑专为王室烧制瓷器，南方又有龙泉窑，其烧窑技术空前提高，青釉色泽苍翠欲滴，明澈温润，且将绘画方法用于瓷器纹饰，从笔触中充分发挥民间艺人的智慧，为后世彩绘瓷器奠定基础。元代瓷器形制巨大，胎骨厚重，气魄雄浑，其绘画题材广泛，牡丹、芭蕉、瓜果、鱼藻、云龙、莲池鸳鸯、残荷飞禽、岁寒三友，无所不有。明清时期，续有发展，康熙五彩、雍正粉彩及珐琅彩至今仍著称于世。烧制得心应手，为中华民族艺术宝库增添无限光彩。

漆器为我国古代在化学工艺及工艺美术方面的重要发明。从新石器时代起，中国人即认识了漆的性能并以之制器，历经商周以下而至于明清，漆器工艺达于极高水平，对日本等地有深远影响。辽宁敖汉旗大甸子古墓出土之觚形薄胎朱漆器，距今已三千四百至三千六百年。河南安阳侯家庄商代王陵出土之漆绘雕花木器，嵌以蚌壳、蚌泡、玉石等。战国漆器在胎骨做法、造型及装饰技法上均有创新，信阳长台关楚墓出土的彩绘神怪龙蛇及狩猎乐舞的小瑟，随州曾侯乙墓出土之鸳鸯盆，江陵楚墓出土之彩绘透雕小座屏，皆为战国漆器之代表作。西汉时期，出现大型漆器，直径可超过 70 厘米，且可将若干小件巧妙套装为五具、七具之奁盒、套奁。汉代漆器多刻铭文，详列官员及工匠名，成为珍贵文字资料。唐代漆艺超越前代，镂刻凿錾皆精妙绝伦。

宋元漆器大貌淳朴浑成而细部又极精致，具有特殊魅力，故宫博物院今藏有元代张成造栀子纹剔红盘、杨茂造观瀑图方剔红盘，安徽省博物馆今藏有张成造乌间朱线剔犀盒等，皆稀世之珍。明清时漆器分类至夥，有一色漆、罩漆、描漆、描金、堆漆、填漆、雕填、螺钿、犀皮、剔红、剔犀、款彩、百宝嵌等十余类。宫殿中之宝座、屏风、橱柜、盒盘、书架，等等，皆为今时可见之精致漆器。明宣德以后，风格一变；入清之后，日趋纤巧，漆艺之发展，代有特色。

饮食所用挹取之器，由来亦甚久远。古之常用者，主要有匕、勺、留犁、匙、箸、斗、瓢、笊篱、筷子等。史前时期，即已用匕。出土之史前古匕一般为骨质，长条形。商周时期又常见铜匕、木匕，主要用以取饭进食。秦汉以后又多以漆木、金、银等制成，呈勺状，用以舀酒及其他流质食物，渐变为后之勺与羹匙。箸之用，亦始于史前时期。最初人们吃饭用手抓，后来用箸。《史记·十二诸侯年表》："纣为象箸，而其子唏。"彼时之箸上下粗细均等，不分首足。汉代以后，足端渐细，又名"梜提"，盖亦夹住提起之谓。宋明时期，箸形已固定为方首圆足，与今筷子相同。明人陆容《菽园杂记》卷一："民间俗讳，各处有之，而吴中为甚。如舟行讳住，讳翻，以箸为快儿，幡布为抹布。"明人李豫亨《推篷寤语》亦载此说，云："今因流传久之，至有士大夫间亦呼箸为筷子者，忘其始也。"杯勺之属，在我国起源亦甚早。宋人高承《事物纪原·什物器用》云："又曰：'勺，夏后以龙勺，商以疏勺，周以蒲勺。'盖龙疏蒲，勺饰也。后王又加文耳。然则勺之兴，当有虞始创之，故无饰也，至夏后加龙以饰之。"若据此而言，勺之始制当在古之有虞氏之时。今传世商、周之勺以铜制者为多。殷墟妇好墓曾出土骨勺。故宫博物院收藏的战国时铜勺，腹壁外铸一鸟饰。古代典籍中，勺与斗每挹酒和挹水两用，不易分别。容庚《殷周青铜器通论》认为，《仪礼》中所记之挹酒器皆称为勺，故应以挹酒之器名勺，以挹水之器名斗。传世之斗数量较少,约流行于商晚期至春秋战国时期。《诗·大雅·行苇》:“酌以大斗,以祈黄耇。”《墨子·节用中》:“饭于土熘,啜于土形,斗以酌。”《周礼·春官·鬯人》:“大丧之大渳设斗。”皆是。

炊饭之事必以火始。从原始社会人类开始用火熟食及取暖之后,取火用具经过不断改进,有了很大变化。传说中的燧人氏钻木取火,用的是木燧。还有用透镜映日聚焦的阳燧取火之法。北周时期,始用发烛,名“焠儿”或“引光奴”,又称“火寸”“取灯儿”等。《释名·释宫室》云:“灶,造也,创造食物也。”仰韶文化与河姆渡文化遗址中均有陶灶出土。春秋晚期,有自铭为“卢”之器,侈口浅腹,其形制与出土的战国及秦代之炉相近。1923年,在河南新郑县(今新郑市)南门就曾出土过王子婴次炉。其后,水火炉、烓灶、歙钵、燎炉、暖炉以及手炉、脚炉、被炉等器不胜枚举,或炊食,或烹茶,或专用以取暖,厥类众矣。清人汪汲《事物原会》引李尤《灶铭》云:“燧人造火灶。”又引《淮南子》云:“黄帝作灶,死为灶神。”可见灶之出现,亦甚为古远。

第五节　宴饮清赏诸器

与炊食之具关系甚近者,当为宴饮之器。古之饮器有杯、卮、觯、觞、船、盏、爵、盅、锺等类。流传至今世所常用者,惟杯与酒盅耳。杯之名先秦已见,南北朝之前多作饮酒具,至唐宋以后,亦用作茶具,杯腹遂逐渐加深,类似于今之水杯。据其质地,可分为陶杯、象牙杯、玉杯、玛瑙杯、银杯、金杯、水晶杯、犀杯等等,不一而足。我国饮茶历史十分久远,至唐代风气始盛,故茶具之大兴亦当起于隋唐之际,主要包括茶鼎、茶壶、茶杯、茶盘、茶匙、茶筅等。唐人封演《封氏闻见记》载:“楚人陆鸿渐为《茶论》,说茶之功效,并煎茶、炙茶之法,造茶具二十四事,以都统笼贮之。远近倾慕,好事者家藏一副。”所谓“都统笼”,是放置茶具的篮子,又名“都篮”。今人贮茶,往往以玻璃瓶、瓷罐等密封之,以保其色泽香气,唐时则常陈置于竹编之“芘莉”中。唐宋人饮茶,须先将团茶、饼茶用净纸密裹捶破,再用茶碾碾碎过罗,然后投于沸水烹煮,或置于碗中点茶。当时用以焙、研、碾、煎、炙茶之具有茶焙、茶碾、茶磨、茶鼎、茶铃等。1987 年陕西扶风县法门寺唐代地宫中出土一银制茶碾,制作颇精美。唐宋人点茶之法,即以茶瓶煮汤,下茶末于碗,持瓶汤以茶匙、茶筅击拂,使茶末融于汤,注满后,则云脚渐开,乳花浮面。今日本“茶道”仍保留我国唐宋时期之遗俗,唯所用茶筅已非竹制耳。

中华民族之酒文化历史久远,古代贮酒、饮酒之器,今所见者种类繁多,皆可以文物及艺术品视之。古之贮酒器如壶、罍、瓮、卣、觚、彝、鸱鹈、鑐、尊、罐、觥、榼、钫、康瓠、锺、椑、垆、经程、服匿、欙、注子、郫筒、混沌、匹裂、镣盎、素子等,质地各异,有陶制、瓷制、金制、银制、玉制、青铜制、木制、瓜制、兽角制、皮制等。饮酒器有杯、卮、觯、觞、船、盏、爵、盅、锺诸大类,每类中又各设名目,枝叶繁缀。今仅以杯为例,据其质地可分为陶杯、象牙杯、玉杯、玛瑙杯、金杯、银杯、水晶杯、犀杯、螺杯、椰杯、藤杯、虾杯、蟹杯等。据其形状可分为耳杯、荷叶杯、蟠桃杯、鸡心杯、套杯等。此外,尚有颇具神奇色彩之夜光杯、浮月杯、照世杯,又有以女子弓鞋载杯行酒之金莲杯等,可称五花八门。又有名称罕见,雅俗皆宜之酒具,如漆木“杯圈”、西域之“叵罗”、“镂镌”金银之“凿落”(或“错落”),汉代罚酒之杯曰“大白”,宋元间言酒杯为“玉东西”或“西东”,三国时又称“三爵”——以盛酒之多少分“伯雅”“仲雅”“季雅”(见曹丕《典论》)等。

我国茶文化源远流长,影响至日本、朝鲜等国。茶具于隋唐之际大兴,质地不一,造型多样,其中紫砂茶壶尤为茶具中之珍品。紫砂器创始于宋代,至明代中期而盛行。明人周高起《阳羡茗壶录》记载正德、嘉靖年间紫砂艺人龚春所造紫砂壶“栗色暗暗,如古金铁,敦庞周正”,极造型之美,“供春壶”之名遂大噪。

至万历年间,名匠辈出,百品竞新,明中期以后以瓷壶及紫砂壶饮茶渐成风尚。清代紫砂器已不仅供文人清赏,且成为贡品。今北京故宫博物院藏有乾隆题款之紫砂茶罐及外加藤编提盒之茶炉、茶壶、茶罐等套器,为江南贡品。清代紫砂器尚有花樽、菊盒、香盘、什锦杯及花生、荸荠等象生器,皆精美绝伦。清代紫砂壶式样奇特,如仿古铜之方扁觯、小云雷、提梁卣、分裆索耳及仿花果造型之菱花、水仙、束腰、莲方、垂莲、橄榄、冬瓜等器。乾隆年间署款"陈文伯""寄石山房""荆溪水石山人"之紫砂花盆皆远销日本,极为外人所珍视。宜兴紫砂器独步天下,其泥料得天独厚,技艺秘不相授。紫砂壶泡茶不失原味且不易变质,耐热性强,久用更形光泽,空壶注水亦得茶味,故备受青睐。

家居日用之器,尚有香炉之属可供玩赏。清人汪汲《事物原会》卷二十七引《格古要论》云:"尚古无香,焚萧艾尚气臭而已,故无香炉……唯博山炉乃汉太子宫中所用香炉也。香炉之制始于此。"《艺文类聚》卷七十载汉代刘向《熏炉铭》云:"嘉此正器,崭岩若山。上贯太华,承以铜盘。中有兰绮,朱火青烟。"博山炉多青铜制成,盖高而尖,状如山峦,雕镂有羽人、走兽等,象征海上仙山,故名"博山"。汉代又有传为巧匠丁绶(一曰丁缓)所造之卧褥香炉,一名被中香炉,玲珑有孔,内设机环,任意辗转,皆不致撒落外漏。厥后唐代之银熏球、元代之琉璃釉龙凤熏炉、明代之宣德炉、清代之香牙香筒,皆稀世之珍玩。李贺《宫娃歌》:"象口吹香毾㲪暖,七星挂城闻漏板。"李商隐《促漏》诗:"舞鸾镜匣收残黛,睡鸭香炉换夕熏。"所谓"象口""睡鸭",皆香炉而象形者也。其他如铜猊、螃夋、鹊尾炉、兽炉等,不胜枚举。

第六节　砍锯剪扫诸器

生产工具起源更早。在四五十万年前旧石器时代之原始人类即已学会打制粗糙石器,新石器时代人类已能挑选石头打成刀、凿、斧、铲诸形并磨光而使之锋利。父系氏族公社时期已开始制造铜器。至商代，青铜器之形制、纹饰皆精美；商代前期之制品较轻薄，纹饰亦简单，商代后期及西周前期之制品厚重华丽。除生产工具外，大量制作酒器、乐器、兵器等。西周中期至春秋中期，青铜器风格趋向简朴，同时长篇铭文增多。春秋后期至战国，制作轻巧，纹饰复杂细密并多有金银玉石镶嵌图案。春秋时期，铁器已在农业、手工业生产中使用。《诗·齐风·南山》："析薪如之何？匪斧不克。"此斧之见于载籍较早者。段玉裁《说文解字注》云："凡用斫物者皆曰斧，斫木之斧则谓之斤。"王筠《说文句读》亦云："斤之刃横，斧之刃纵。其用与锄钁相似。"斧斤之异，于兹可知。又有方銎斧者曰斨，《诗·豳风·七月》："蚕月条桑，取彼斧斨"是也。传说中鲁班所用斧曰般斤，扬雄《法言》云："般之挥斤，羿之激矢，君子不言，言必有中也。"余则锉、锯、锛、锤、凿、钻、墨斗之属，皆木匠之不或缺者。汉人谓锯曰"枪唐"。今所见最早者为商代青铜锯，后有铁锯，战国时有直锯与弯锯。《正字通·金部》云："锯，铁叶为齟齬，其齿一左一右，以片解木石也。"古之农具，锄、镰、锨、镢，不待烦言。杵臼之兴，其源甚古。《易·系辞下》："断木为杵，掘地为臼。"传世最早之玉杵臼出于商代，1976 年河南安阳殷墟妇好墓出土一套，杵长 28 厘米，臼深 13 厘米。地碓以舂谷，石磨以碎物，筛罗以离屑，相传皆鲁班所创制。有名砻者，上臼下臼皆有齿，顶置漏斗，底置承盘，亦稻谷脱粒之具也。古之磨刀石曰砥砺。《书·禹贡》："砺砥砮丹。"孔传："砥细于砺，皆磨石也。"《山海经·西山经》："其中多砥、砺。"郭璞注云："磨石也，精为砥，粗为砺也。"《庄子·养生主》："今臣之刀十九年矣，所解数千牛矣，而刀刃若新发于硎。"硎，亦砥石也。琢玉之石曰错，字亦作"厝"。《诗·小雅·鹤鸣》："它山之石，可以为错。"毛传："错，石也，可以琢玉。"《说文·厂部》："厝，厉石也。"是错亦磨石也。

日用诸杂，亦居家须臾不可离者。剪刀亦称剂刀，谐称"齐司封”,当兴于先秦。汉代剪刀之形已与今相似,两刃相交以断物,后于刃柄之交置轴,遂成今之剪刀。《墨子·公孟》:“昔者越王句践剪发文身,以治其国。”传世最早的剪刀首见于河南洛阳西汉古墓中,柄刃间无轴,唯凭借交铁之弹性张合。以其形如两刀相交,故亦称“交刀”,后加“金”旁作“铰刀”。李贺《五粒小松歌》云:“绿波浸叶满浓光,细束龙髯铰刀剪。”唐代已有“剪刀”之名。时并州(今太原一带)剪刀驰名天下,杜甫《戏题画山水图歌》曰:“焉得并州快剪刀,剪取吴松半江水。”清代中叶杭州张小泉剪刀背上常镌以“张小泉”三字,成一大流派。稍后北京王氏家族剪刀以灵巧快捷著称,为防伪劣,王家之另支于剪背凿小点,时人戏称“王麻子剪”——此即所谓“南张北王”,其盛势至今不衰。今之“顶针”,古称“指揩”,亦称“帕”或“针裹”,汉代即已有之,以皮革或金属制成。朱骏声《说文通训定声》云:“揩,缝指揩也,以革为之。其以金者为锴,今苏俗谓之针裹。”《玉篇》:“帕,指沓也,亦称顶针。”“顶针”之名,南北明时期已通行。针(字亦作“鍼”)之出现,可追溯至原始社会晚期之骨针。其竹制者曰“箴”,《说文·竹部》:“箴,缀衣箴也。”段玉裁注云:“以竹为之,仅可联缀衣。以金为之,乃可缝衣。”锥之别名曰“利通直”,初为青铜或红铜制,商代多为细长扁条或长条形,战国时之锥已与今之锥形状相似,锥锋与木柄相接。《战国策·秦策一》载苏秦夜读欲睡引锥刺股之事家喻户晓。古有“解结锥”,亦名“觿”者,解结工具。多以象骨制成,可作佩饰。《诗·卫风·芄兰》:“芄兰之支,童子佩觿。”毛传云:“觿,所以解结,成人之佩也。”1977 年江苏吴县(今苏州)张陵山墓葬出土之镂雕玉觿,长 6 厘米,其形如角,通体镂空,直立侧视如头戴尖顶高冠之人形,为迄今所知最早之透雕玉器。觿之为物,今已不见,唯于古诗文中见之。又古诗文中多有“捣衣”之说,其器曰砧杵。唐代孟郊《闻砧》诗:“杵声不为衣,欲令游子归。”唐代张若虚《春江花月夜》:“玉户帘中卷不去,捣衣砧上拂还来。”唐代白居易《八月三日夜作》诗："气爽衣裳健，风疏砧杵鸣。"皆以状思妇之苦，然可见砧杵于唐代即已普及。古之扫帚，除尘之外，尚可做驱鬼用。《周礼·夏官·戎右》："赞牛耳桃茢。"郑玄注："桃，鬼所畏也。茢，苕帚，所以扫不祥。"今民间所称"苕帚"之名，汉时已有之矣。要之，日用诸杂名目繁多，统称"什器""什物""什具"。《史记·五帝本纪》："舜耕历山……作什器于寿丘。"什器之发明权，固不当归于舜一人，然其出现之久远亦于兹可见。司马贞《索隐》云："什，数也。盖人家常用之器非一，故以十为数，犹今云什物也。"今民间犹云"家什"，即此类也。

家庭日用之器可资鉴赏珍玩世代宝藏者，奚啻于此？凡百器用，大而至于床帐橱柜，小而至于杯盏鼻烟壶，莫不穷极妍巧，具有极高审美价值。虽历来珍奇精美之物多为王室贵族所专有，然自生民之始而至于今，数千年来，能工巧匠各显才智，奇巧华美之物层出不穷，亦足以令中华民族傲睨于世，而使外人瞠乎其后矣！

此卷所收者：(一)家具说。包括①坐卧具考，②盛物具考，③其他。(二)起居说。包括①起卧具考，②居处考，③什物考。(三)饮食说。包括①炊具考，②水器考，③饭器考，④挹取器考。(四)宴饮说。包括①贮酒器考，②饮酒器考，③茶具考，④杂器考。(五)炉灯说。包括①灶具考，②炭火考，③香炉考，④灯具考，⑤烛炬考。(六)用物说。包括①工具考，②绳袋考，③诸杂考。凡六篇二十二考。

《孔子文化大典·思想卷》释义拾零

不患贫而患不安　《论语·季氏篇第十六》:“丘也闻有国有家者,不患寡而患不均,不患贫而患不安。盖均无贫,和无寡,安无倾。”据俞樾《群经平议》,“不患寡而患不均”当作“不患贫而患不均”,“不患贫而患不安”当作“不患寡而患不安”。“贫”和“均”是从财富着眼,下文的“均无贫”可以为证;“寡”和“安”是从人民着眼,下文的“和无寡”可以为证。

“不患寡而患不安”,是说诸侯治国、大夫治家,不怕人口少,就怕不安定。

春秋时代,社会生产和阶级斗争的发展,使得作为社会中坚的民众的力量充分显示出来。各诸侯国政治斗争的经验都说明,得到民众的支持就能得到政权,失掉民众的支持必将失掉政权。于是在社会上,尤其是在思想先进的人们中间,民本思想形成强大潮流。他们认为:“天命靡常。”(《诗·大雅·文王》)“天视自我民视,天听自我民听。”(《尚书·泰誓》)“民之所欲,天必从之。”(同上)所以,“圣人养贤以及万民”(《易·颐卦》),“圣人感人心而天下和平”(《易·咸卦》)。要想使社会安定,必须

“尊贤而容众”(《论语·子张篇第十九》),必须“博施于民而能济众”(《论语·雍也篇第六》),必须“泛爱众,而亲仁”(《论语·学而篇第一》)。因为,孔子主张敬德保民,提倡尧舜之道,反对滥施刑罚,提倡轻徭薄赋。他认为,人们应当“不独亲其亲,不独子其子”,应当“使老有所终,壮有所用,幼有所长,矜寡孤独废疾者,皆有所养”(《礼记·礼运篇第九》),从而使“天下为公,选贤与(举)能,讲信修睦”(同上)。他的学生有若曾对鲁哀公说:“百姓足,君孰与不足?百姓不足,君孰与足?”(《论语·颜渊篇第十二》)有若还指出:“礼之用,和为贵。先王之道,斯为美。”(《论语·学而篇第一》)要想做到“和”,必须“为政以德”(《论语·为政篇第二》),使人民安居乐业,使民族平等,亲睦相助。孔子说:“居处恭,执事敬,与人忠。虽之夷狄,不可弃也。”(《论语·子路篇第十三》)孟子说:“推恩足以保四海,不推恩无以保妻子。”(《孟子·梁惠王上》)

为使社会安定,孔子除提倡“仁者爱人”(《论语·颜渊篇第十二》)之外,还提出“尊尊亲亲”的“礼”的原则。他说,“事君,能致其身”(《论语·学而篇第一》),“事父母,能竭其力”(同上),“君君,臣臣,父父,子子”(《论语·颜渊篇第十二》),才能治国安邦。这种等级宗法制的领主制和地主制封建社会的基本政治原则,在今天看来,是孔子思想的糟粕,但在当时,在孔子所处的时代,他维护周礼的理论,是可以理解的。

不患寡而患不均 《论语·季氏篇第十六》:“丘也闻有国有家者,不患寡而患不均,不患贫而患不安。盖均无贫,和无寡,安无倾。”据俞樾《群经平议》,“不患寡而患不均”当作“不患贫而患不均”,“不患贫而患不安”当作“不患寡而患不安”。“贫”和“均”是从财富着眼,下文的“均无贫”可以为证;“寡”和“安”是从人民着眼,下文的“和无寡”可以为证。

“不患贫而患不均”的主张,反映了孔子“仁”的政治理想。孔子主张敬德保民,提倡尧舜之道,反对滥施刑罚,提倡轻徭薄赋。生在“大道既隐,天下为家,各亲其亲,各子其子,货力为己”(《礼记·礼运篇第九》)的时代,孔子追慕那种“天下为公,选贤与(举)能,讲信修睦”“人不独亲其亲,不独子其子,使老有所终,壮有所用,幼有所长,矜寡孤独废疾者,皆有所养”的“大同”世界。对于当时鲁国出现的互相兼并、互相侵伐、社会分配不公的现象,他是很不满意的。他认为“均”和“和”是在礼制前提下人们应该尽力争取达到的境界。在《论语·颜渊篇第十二》中记载了这样一件事:“哀公问于有若曰:‘年饥,用不足,如之何?’有若对曰:‘盍彻乎?’曰:‘二,吾犹不足?如之何其彻也?’对曰:‘百姓足,君孰与不足?百姓不足,君孰与足?’”意思是:年成不好,用度不足,鲁哀公向有若请教,有若告诉他:“何不实行‘彻’法?”所谓“彻”法,就是“十一之税”。鲁哀公说:“十分之二的税,我尚且不够用,怎么能减为十分之一呢?”有若回答说:“百姓用度足了,您怎么会不足?百姓用度不足,您怎么会足?”这是一种“本民”思想。有若的观点,无疑也是孔子的观点。在《论语·学而篇第一》中,还记载了有若的另一段话:“礼之用,和为贵。先王之道,斯为美。”同一篇中,还记载了孔子的话:“泛爱众,而亲仁。”在《论语·雍也篇第六》中,子贡问:“如有博施于民而能济众,何如?可谓仁乎?”孔子回答说:“何事于仁!必也圣乎?尧舜其犹病诸。”他认为“博施济众”也就是“仁者爱人”,是连尧舜都难于做到的圣人之举。

孔子一贯主张重教化,省刑罚,薄赋敛,厚施予,想使社会上各色人等都能过上安居乐业的生活,使民族平等,亲睦相助。他说:“居处恭,执事敬,与人忠。虽之夷狄,不可弃也。”(《论语·子路篇第十三》)后来孟子继承并发展了孔子的思想,提出一整套“仁政”的政治主张。他尖锐地指出统治者“庖有肥肉,厩有肥马”而“民有饥色,野有饿莩,此率兽而食人也!”他说:“老吾老,以及人之老;幼吾幼,以及人之幼,天下可运于掌。”“推恩足以保四海,不推恩无以保妻子。”“明君制民之产,必使仰足以事父母,俯足以畜妻子,乐岁终身饱,凶年免于死亡。然后驱而之善。""谨庠序之教,申之以孝悌之义,颁(斑)白者不负戴于道路矣。七十者衣帛食肉,黎民不饥不寒,然而不王者,未之有也。"(均见《孟子·梁惠王上》)这样一整套民本主义的"仁政"理想,在孔孟生活的时代当然是不可能实现的,但它毕竟反映了自上古以来人们的期望与追求。几千年来,不但统治者们以此为旗帜来笼络人心,"均贫富"也成为多次农民起义的响亮口号,可见孔子思想影响深远。

不知言,无以知人 这是《论语·尧曰篇第二十》中孔子的一句话,意思是要善于分析别人的言语,辨其是非善恶,才能真正了解别人。孔子说他自己过去对人"听其言而信其行",后来改了,"听其言而观其行"了。(《论语·公冶长篇第五》)他回答弟子子贡的问题时说:"(作为士,要)言必信,行必果。"(《论语·子路篇第十三》)他不提倡"佞"(好口才),他说:"焉用佞?御人以口给,屡憎于人。"(《论语·公冶长篇第五》)意思是不强调仁德而徒逞口辩会惹人厌恶。孔子尤其反对"巧言乱德"(《论语·卫灵公篇第十五》)。他说:"巧言令色,鲜矣仁!"(《论语·学而篇第一》)又说:"巧言、令色、足恭,左丘明耻之,丘亦耻之。"(《论语·公冶长篇第五》)他甚至在回答弟子司马牛的问话时说道:"仁者,其言也讱。"(《论语·颜渊篇第十二》)《说文解字》解释:"讱,顿也。"《玉篇》解释:"讱,言难也。"为什么孔子如此厌恶"巧言""佞"呢?因为他认为"有德者必有言,有言者不必有德""君子耻其言而(一本作'之')过其行"(《论语·宪问篇第十四》)。"德"是首要的,"言"是次要的。尽管"言不顺,则事不成",但也不应把"言"看成"成事"的唯一条件,"君子于其言,无所苟而已矣"(《论语·子路篇第十三》)。只要说话措词认真而不马虎,只要"言必有中",即言词合于"礼"就行。(见《论语·先进篇第十一》孔子表扬弟子闵子骞的话。)

孔子主张"非礼勿言"(《论语·颜渊篇第十二》),他把仁德礼义看得高于一切。他认为“举人”(推荐贤才)不能“以言”(仅凭言词),当然也不能“以人废言”,这种观点无疑是正确的。

为什么孔子强调“不知言,无以知人(《论语·尧曰篇第二十》)”呢?因为“为之难”(《论语·颜渊篇第十二》),即“仁德”是很高的境界,不克己躬行很难达到的,那些“巧言”者或“多言而躁”者的“言”与“行”,如果不经过认真观察,怎么能知道其是否一致呢?所以“知人”之难,首先难在“知言”。孔子自己在生活中“于乡党,恂恂如也,似不能言者。其在宗庙朝廷,便便言,唯谨尔(有话便明白流畅地说出,只是说得很少)”(《论语·乡党篇第十》),在言语方面为人作出表率。

“知人”是为了举贤。由于当时士和庶人阶层势力已开始抬头,士已开始要求掌权,孔子本人就是个要求政权的士,所以他不能不主张举贤,他说:“举善而教不能,则劝。”(《论语·为政篇第二》)看起来,这些孔子的新思想都是开明的,有进步意义的。

不知命,无以为君子也 这话出自《论语》全书的最后部分。《论语·尧曰篇第二十》:“孔子曰:‘不知命,无以为君子也;不知礼,无以立也;不知言,无以知人也。’”

关于命,孔子较少言及。《论语·子罕篇第九》:“子罕言利与命与仁。”在《论语·颜渊篇第十二》中,子贡答司马牛问,曰:“死生有命,富贵在天。”在《论语·宪问篇第十四》,孔子说:“道之将行也与,命也;道之将废也与,命也。”这些例子中的“命”,与传统观念中的“天命”即上天主宰人的命运的说法并不完全相同,孔子所说的“命”不是人格化的有意志的上天的命令,而是一种尚不可知的外在必然性,它以偶然机遇,不可抗拒地降临世间某人的头上,这是一种“时命”。即使在《论语·为政篇第二》中所说的“五十而知天命”,也不是说孔子在五十岁时就忽然得到上天的意旨,成了通晓冥冥中主宰之神命令的奇人,而是说自己在有了人生丰富阅历之后,开始逐渐对客观世界的外在必然性有所认识。

孟子说："莫之为而为者，天也；莫之致而至者，命也。"（《孟子·万章上》）这很能代表孔子的看法。就是说，命不是人或神这类主体有意识造成的现象，而是自己产生、自己形成的现象，对人来说是不可知的、外在的神秘力量。

孔子虽然承认"命"或"天命"，但与老庄的消极无为不同。在学习知识、提高道德修养以及治国平天下等方面，他都采取积极有为的态度。他周游列国十多年，四处碰壁，但正如颜回所说："夫道之不修也，是吾丑也。夫道既已大修而不用，是有国者之丑也。不容何病？不容然见君子！"（《史记·孔子世家》）也正如子路所说："君子之仕也，行其义也。道之不行，已知之矣。"（《论语·微子篇第十八》）孔子的精神正体现并发扬了中华民族自强不息的传统。

正因为孔子不是一个命定论者，所以他认为人经过尽最大努力之后才能知道自己能够达到何种界限，这就叫"知命""知天命"。

不知礼，无以立 这话出自《论语·尧曰篇第二十》，是孔子关于君子"知礼"的重要论述。孔子说自己"三十而立"（《论语·为政篇第二》），他之所以"立"，是因为"知礼"。他教育自己的儿子："不学礼，无以立。"（《论语·季氏篇第十六》）他告诫自己的学生："非礼勿视，非视勿听，非礼勿言，非礼勿动。"又说："克己复礼为仁。一日克己复礼，天下归仁焉。"（《论语·颜渊篇第十二》）他说君子要"博学于文，约之以礼"（《论语·雍也篇第六》），又指出："恭而无礼则劳，慎而无礼则葸，勇而无礼则乱，直而无礼则绞。"（《论语·泰伯篇第八》）孔子看来，礼是社会行为的重要规范，连对父母尽孝道都得"生，事之以礼；死，葬之以礼，祭之以礼"（《论语·为政篇第二》）。可见礼之重要性是无处不在的。

在孔子的思想体系中，礼是仅次于仁的重要观念。为什么呢？因为“非礼无以节事天地之神也，非礼无以辨君臣、上下、长幼之位也，非礼无以别男女、父子、兄弟之亲，昏姻、疏数之交也”（《礼记·哀公问第二十七》）。从孔子伦理学的角度看，礼是人们的行为准则，体现了社会对人的外在约束。孔子认为，与夏、殷之礼相比较，周礼晚出，所以更为严密。他说：“周监于二代，郁郁乎文哉！吾从周。”（《论语·八佾篇第三》）他以不复梦见制礼作乐的周公为遗憾。在礼崩乐坏的春秋时代，孔子提倡“知礼”，是因为他认为惟有如此，才能重建西周盛世。

孔子对于宗法制度下产生的礼，特别注重其精神，而不注重其繁文缛节，所以他对向他问礼的林放说：“礼，与其奢也，宁俭。”（《论语·八佾篇第三》）礼是有一定标准的，但又不是固定的，一成不变的。可见孔子在礼的问题上具有改良思想。他提倡“礼治”与“德化”相结合，他说：“为政以德，譬如北辰，居其所而众星共之。”（《论语·为政篇第二》）又说：“上好礼，则民易使也。”（《论语·宪问篇第十四》）所以作为君子，“知礼”是重要的。

文章　在《论语》一书中，“文章”一词有时指学术，有时指礼仪制度。

“文章”指学术，例如：“子贡曰：‘夫子之文章，可得而闻也；夫子之言性与天道，不可得而闻也。’”（《论语·公冶长篇第五》）例中的“文章”指有关古代文献的学问而言，在《论语》中可以考见的，有诗、书、史、礼等。孔子是中国历史上第一位伟大的文献整理专家，是中国古代文化承上启下的集大成者。孔子虽然生在“周室衰微而礼乐废，《诗》《书》缺”（《史记·孔子世家》）的春秋时期，但毕竟还能看到一些夏殷及前代典籍传述，可以“追迹三代之礼，序《书传》，上纪唐虞之际，下至秦缪，编次其事”（《史记·孔子世家》）。《大戴礼记·保傅篇》说：“古者年八岁而出就外舍，学小艺焉，履小节焉；束发而就大学，学大艺焉，履大节焉。”所谓“大艺”“大节”，就是指《易》《书》《诗》

《礼》《乐》《春秋》——“六艺”。孔子把“六艺”编订成型,以传授弟子。至战国后期,“六艺”始称“六经”。

孔子整理文献是在以“仁”为内容、以“礼”为形式的原则下实现的。他说自己“述而不作”(《论语·述而篇第七》),是由于他“信而好古”(同上),尽量保留原有文献的内容及风格。但从思想内容来看,孔子大大发展了古代帝王的观点,其实是寓作于述,以述为作的。朱熹说过:“然当是时,作者略备,夫子盖集群圣之大成而折衷之。其事虽述,而功则倍于作矣。”(《论语集注·述而》)他的话是对的。

“文章”一词又指礼仪制度。例如,“子曰:‘大哉尧之为君也!巍巍乎!唯天为大,唯尧则之。荡荡乎!民无能名焉。巍巍乎其有成功也,焕乎其有文章!’”(《论语·泰伯篇第八》)孔子称赞尧时的礼仪制度非常美好。

据《礼记·哀公问篇第二十七》记载,孔子说:“丘闻之,民之所由生,礼为大。非礼无以节事天地之神也;非礼无以辨君臣、上下、长幼之位也,非礼无以别男女、父子、兄弟之亲,昏姻、疏数之交也。”他教导学生说:“非礼勿视,非礼勿听,非礼勿言,非礼勿动。”(《论语·颜渊篇第十二》)又说:“周监于二代,郁郁乎文哉!吾从周。”(《论语·八佾篇第三》)制礼作乐的周公,是他无比敬佩的典范。他认为,要改变春秋时期天下大乱的政治状况,就要恢复周礼的权威,使上下均按周礼行动,人人安其位,守其分,这样,西周盛世就可重建于天下。孔子同时强调,“仁”是礼的基础,礼与仁必须统一起来,以礼的准则行仁(修己爱人),以仁的自觉复礼(贵贱有序、亲疏有别等)。他说:“人而不仁,如礼何?人而不仁,如乐何?”(《论语·八佾篇第三》)由于有仁的制约,孔子所提倡的礼就染上人道主义的色彩,历史上和现实中不合于人道的事情,如杀殉、贵畜贱人、横征暴敛等,都被孔子认为是不合于礼的东西而予以摈弃。可见,孔子在称赞先王礼仪制度“焕乎其有文章”的同时,对它们的具体内容又赋予了新的内涵。

文德 在《论语》中,"文德"一词只出现了一次,指的是政治教化,与"动干戈"相对。例如:"故远人不服,则修文德以来之。"(《论语·季氏篇第十六》)

孔子继承了西周"敬德保民"思想,提出仁政德治的政治主张。他指出:"为政以德,譬如北辰,居其所而众星共之。"(《论语·为政篇第二》)所谓"德政",包括重教化、省刑罚、薄税敛、厚施予等。

从西周到春秋末,尽管华夏族在黄河中下游地区已居主导地位,但并未从根本上改变华夏诸国与少数民族杂处的局面。如成周(今洛阳)是周天子的"王畿",可是附近就有伊洛之戎、陆浑之戎。又如卫国为康叔之后,地处殷之故都,本为周初分封时的诸侯大国,但在卫懿公时,和邢国一起被狄人"残破"。救卫存邢、南伐荆楚、北伐山戎,是齐桓公所建立的重要霸业。但是,"仲尼之徒无道桓文之事者"(《孟子·梁惠王上》)。因为他们认为"保民而王,莫之能御也"(同上)。孔子主张对"远方之人"要"修文德以来之",而且,"既来之,则安之"。这有利于形成一种民族的向心力和凝聚力。作为世界文明发展史上的奇迹,中华民族传统文化几千年来绵延不绝,与孔子的思想有一定的渊源。

文学 在《论语》一书中,"文学"指文献。例如,"文学:子游、子夏。"(《论语·先进篇第十一》)意思是孔子学生当中最熟悉古代文献的学生有子游和子夏。

古代文献,在当时是指孔子整理传授的《易》《书》《诗》《礼》《春秋》等书本上的学问。孔子很重视古代文献,他是我国最早整理和传授古代文献的专家。当时的鲁国是奴隶制文化的中心,保存有宗周的典籍和文物制度。孔子办学所用的课本,就是他从当时见到的各种文献材料中整理出来的。他自称:"述而不作,信而好古。"(《论语·述而篇第七》)他从卜官那里的材料中编纂成《易》，从史官那里的材料中编纂成《春秋》，《诗》《礼》《乐》等书也是从当时现有的文献资料中整理出来的。章学诚说：“六艺非孔氏之书，乃周官之旧典也。《易》掌太卜，《书》藏外史，《礼》在宗伯，《乐》隶司乐，《诗》颂于太师，《春秋》存乎国史。”（《校雠通义》卷一）孔子整理、传授这些典籍，功绩是伟大的。他否定了周礼所限制的“非天子，不议礼，不制度，不考文”（《礼记·中庸第三十一》）的规定。他开创私人著述的风气，打破了贵族的文化垄断，把被贵族践踏的古代文献进行了抢救刷新，传于后世。

孔子说：“其为人也，温柔敦厚，《诗》教也；疏通知远，《书》教也；广博易良，《乐》教也；洁静精微，《易》教也；恭俭庄敬，《礼》教也；属辞比事，《春秋》教也。”（《礼记·经解第二十六》）可见孔子的教化以仁德为标的，以文献为依托。重视文献知识，成为我们这个文明古国的教育传统；大量的古代文献，成为中华民族乃至世界文明的宝贵财富。

毋必　不绝对肯定的意思。《论语·子罕篇第九》：“子绝四——毋意，毋必，毋固，毋我。”即不悬空揣测，不绝对肯定，不拘泥固执，不唯我独是。

“四毋”是孔子所提倡的工作态度和思想方法。孔子主张“允执其中”（《论语·尧曰篇第二十》），认为“过犹不及”（《论语·先进篇第十一》），反对绝对的肯定或绝对的否定。“毋必”是孔子“中庸”思想的一种表现。在《论语·微子篇第十八》中，孔子批评了伯夷、叔齐、柳下惠之后说：“我则异于是，无可无不可。”“无可无不可”也就是“毋必”“毋固”。《礼记·中庸第三十一》引孔子说：“君子之中庸也，君子而时中。”所谓“时中”，就是合乎时宜的“中”。“中”不是固定的，是按着时间等条件而有变动的，这里含有辩证的意味。《孟子·万章下》云：“可以速而速，可以久而久，可以处而处，可以仕而仕，孔子也。”“孔子，圣之时者也。”“时”就是“时中”。《礼记·仲尼燕居第二十八》记载:“子曰:‘师,尔过,而商也不及。……’子贡越席而对曰:‘敢问将何以为此中者也?’子曰:‘礼乎礼。夫礼所以制中也。’”可见,决定“中”的标准是礼。

毋我 不唯我独是的意思。《论语·子罕篇第九》:“子绝四——毋意,毋必,毋固,毋我。”即不悬空揣测,不绝对肯定,不拘泥固执,不唯我独是。

“四毋”是孔子所提倡的工作态度和思想方法。孔子反对主观武断地看问题,反对自尊自大、唯我独是的作风。他虚怀若谷,“入太庙,每事问”(《论语·八佾篇第三》)。他说:“吾有知乎哉?无知也。有鄙夫问于我,空空如也。”(《论语·子罕篇第九》)又说:“默而识之,学而不厌,诲人不倦,何有于我哉?”(《论语·述而篇第七》)他的学生子贡说:“夫子温、良、恭、俭、让以得之。”(《论语·学而篇第一》)孔子自己也说:“我非生而知之者,好古,敏以求之者也。”(同上)他告诫学生们:“敏于事而慎于言,就有道而正焉。”(同上)又说:“君子于其所不知,盖阙如也。”(《论语·子路篇第十三》)他指出:“十室之邑,必有忠信。”(《论语·公冶长篇第五》)“三人行,必有我师焉:择其善者而从之,其不善者而改之。”(《论语·述而篇第七》)他主张:“多闻阙疑……多见阙殆。”(《论语·为政篇第二》)都是为了避免认识上的主观、片面。

孔子提出“视其所以,观其所由,察其所安”(《论语·为政篇第二》)的方法,以避免“意”“必”“固”“我”的毛病。这个方法要求通观与分析事物发生、发展到结束的全过程,把情况了解清楚,然后找出解决问题的方法,就不至于有所偏差了。

毋固 不拘泥固执的意思。《论语·子罕篇第九》:“子绝四——毋意,毋必,毋固,毋我。”即不悬空揣测,不绝对肯定,不拘泥固执,不唯我独是。

“四毋”是孔子所提倡的工作态度和思想方法。社会生活是复杂多变的,人们对主观世界与客观世界的认识也是由浅入深、由表及里的。主观武断或固执己见都是有害的。孔子主张“允执其中”(《论语·尧曰篇第二十》),认为“过犹不及”(《论语·先进篇第十一》),反对绝对的肯定或绝对的否定。“毋固”也是孔子“中庸”思想的一种表现。在《论语·微子篇第十八》中,孔子批评了伯夷、叔齐、柳下惠之后说:“我则异于是,无可无不可。”“无可无不可”也就是“毋必”“毋固”。《礼记·中庸第三十一》引孔子说:“君子之中庸也,君子而时中。”所谓“时中”,就是合乎时宜的“中”。“中”不是固定的,是按着时间等条件而有变动的,这里含有辩证的意味。《孟子·万章下》:“可以速而速,可以久而久,可以处而处,可以仕而仕,孔子也。”“孔子,圣之时者也。”“时”就是“时中”。《礼记·仲尼燕居第二十八》记载:“子曰:‘师,尔过,而商也不及。……’子贡越席而对曰:‘敢问将何以为此中者也?’子曰:‘礼乎礼。夫礼所以制中也。’”可见,决定“中”的标准是“礼”。

但是,孔子的“中”绝不是什么折衷主义,不是“同乎流俗,合乎污世”(《孟子·尽心下》)的“乡原”,而是“合而不同”。他说:“君子和而不同,小人同而不和。”(《论语·子路篇第十三》)他认为,孤立的、单一的因素不能构成完美的事物,只有多种因素特别是对立因素的统一、和谐,才能构成完美的事物,所以他认为君子应当“毋必”“毋固”才能克服绝对性的思想方法。

毋意 不悬空揣测的意思。《论语·子罕篇第九》:“子绝四——毋意,毋必,毋固,毋我。”即不悬空揣测,不绝对肯定,不拘泥固执,不唯我独是。

“四毋”是孔子所提倡的工作态度和思想方法。社会生活是发展变化的,要对问题理解得正确,处理得恰当,就不仅要研究问题的表面现象,还必须研究问题的实质。而客观事物是复杂的,既有普遍性、绝对性的一面,又有特殊性、相对性的一面。如果人们凭空主观武断地处理问题,或拘泥固执而不知应变,就会犯错误。作为政治家,更不能用这种态度去治理国家。

孔子提出“视其所以,观其所由,察其所安”(《论语·为政篇第二》)的方法,以避免“意”“必”“固”“我”的毛病。这个方法要求通观事物发生、发展到结束的全过程,把情况了解清楚,然后找出解决问题的方法,就不至于有所偏差了。孔子说:“众好之,必察焉;众恶之,必察焉。”(《论语·卫灵公篇第十五》)又说:“君子于其所不知,盖阙如也。”(《论语·子路篇第十三》)还说:“多闻阙疑……多见阙殆。”(《论语·为政篇第二》)“十室之邑,必有忠信。”(《论语·公冶长篇第五》)“三人行,必有我师焉。”(《论语·述而篇第七》)等等,都是为避免“意”“必”“固”“我”,克服思想认识片面性的方法。

刑 在孔子的思想体系中,“刑”字大致有两种含义。

第一种含义为刑罚、刑戮。例如:“道之以政,齐之以刑,民免而无耻;道之以德,齐之以礼,有耻且格。”(《论语·为政篇第二》)又:“子谓南容,‘邦有道,不废;邦无道,免于刑戮’。以其兄之子妻之。”(《论语·公冶长篇第五》)例中的“刑”,都是刑罚、刑戮的意思。

据《汉书·刑法志》云:“禹承尧舜之后,自以德衰而制肉刑,汤武顺而行之者,以俗薄于唐虞故也。”西周的法权,对庶民是“道之以政,齐之以刑”。当时据说有“五刑之属三千”,滥施肉刑,很不人道,还常常罪及无辜。孔子认为,殷周法权只能使民“免而无耻”,他主张“道之以德,齐之以礼”,人民才会“有耻且格”。他还说:“不教而杀谓之虐。”(《论语·尧曰篇第二十》)反对不用礼治而单纯用刑法镇压人民。他郑重指出:“礼乐不兴,则刑罚不中;刑罚不中,则民无所错手足。”(《论语·子路篇第十三》)这就把“礼乐”与“刑罚”并重的作用说得一清二楚。据此可知,孔子所提倡的“礼治”即包含“法治”在内。《礼记》是这样阐述孔子的思想的:“夫民教之以德,齐之以礼,则民有格心。教之以政,齐之以刑,则民有遁心。”(《礼记·缁衣第三十三》)“故礼以道其志,乐以和其声,政以一其行,刑以防其奸。

礼、乐、刑、政，其极一也，所以同民心而出治道也。”又说：“礼节民心，乐和民声，政以行之，刑以防之。礼、乐、刑、政四达而不悖，则王道备矣。”（《礼记·乐记第十九》）在《孔子家语·刑政》篇中，还有这样一段话，也颇能阐明孔子的观点：“圣人之治化也，必刑政参焉。太上以德教民，而以礼齐之。其次以政言导民，以刑禁之，刑，不刑也。化之弗变，导之弗从，伤义以败俗，于是乎用刑矣。颛五刑必即天伦。”这和《礼记·经解第二十六》所说“安上治民，莫善于礼”是同样的意思。

在孔子的思想体系中，“刑”的第二种含义是法制、法度。例如：“君子怀德，小人怀土；君子怀刑，小人怀惠。”（《论语·里仁篇第四》）邢昺疏：“‘君子怀刑，小人怀惠’者，刑，法制；惠，恩惠也。君子乐于法制齐民，是怀刑也。小人唯利是亲，安于恩惠，是怀惠也。”（《十三经注疏·论语注疏解经卷第四》）在《礼记》中，有这样的说法：“刑者，侀也；侀者，成也，一成而不可，故君子尽心焉。”（《礼记·王制第五》）也有法度的意思。

刑罚 刑本指肉刑、死刑；罚本指以金钱赎罪。在孔子的思想体系中，刑罚二字浑言，泛指依照法律对违法者实行的强制处分。

根据古籍记载，在我国原始社会末期产生刑法之初，实行的都是“慎刑”“轻刑”和“刑期于无刑”的思想。这是我国历史上刑罚思想的一大特点，它是由我国具体历史条件决定的。究其原因，除当时尚未形成成熟的条件外，中华民族淳朴厚道的一贯风尚，也可能是其重要原因之一。这就是以后《管子》中所讲的“主严诛，则失民心”的历史渊源。孔子继承了这种思想，也主张“德化”“礼治”，而反对一味刑杀。他说：“礼乐不兴，则刑罚不中；刑罚不中，则民无所错手足。”（《论语·子路篇第十三》）又如：“季康子问政于孔子曰：‘如杀无道，以就有德，何如？’孔子对曰：‘子为政，焉用杀？子欲善而民善矣。君子之德风，小人之德草。草上之风，必偃。’”（《论语·颜渊篇第十二》）他主张统治者首先端正自身:“季康子问政于孔子。孔子对曰:‘政者,正也。子帅以正,孰敢不正?’”(同上)又:“季康子患盗,问于孔子。孔子对曰:‘苟子之不欲,虽赏之不窃。’”(同上)

《易》称“讼”为“凶”,《书》称“刑期于无刑”,故儒家主张礼正其始,刑防其失。在《礼记》中记载:“子曰:‘听讼,吾犹人也。必也使无讼乎!’无情者不得尽其辞,大畏民志,此谓知本。”(《礼记·大学第四十二》)还有:“刑罚中,故庶民安。”(《礼记·大传第十六》)后来《孔子家语》中有这样一段话,也可以反映孔子的刑罚观念:“圣人将治,何不先自远刑罚?自此之后,国无争者。”孟子发展了孔子的思想,他直斥:“及陷乎罪,然后从而刑之,是罔民也。焉有仁人在位罔民而可为也?”(《孟子·滕文公上》)他对梁惠王说:“王如施仁政于民,省刑罚,薄税敛。”(《孟子·梁惠王上》)这些都能更明确地说明孔子的主张。

在孔子看来,如果能实行“德化”,就可以做到“无为而治”:“无为而治者其舜也与?夫何为哉?恭己正南面而已矣。”(《论语·卫灵公篇第十五》)这种“无为而治”的思想,后来在道家的思想中得到充分的发挥,但意义已经不同了。

戎 在《论语》中,“戎”字只出现过一次,作“战争”“征伐”讲:“子曰:‘善人教民七年,亦可以即戎矣。’”(《论语·子路篇第十三》)可见孔子反对轻率作战,他说:“以不教民战,是谓弃之。”(同上)在军事上,孔子有“三重”:重国防,重战备,重教民习武。他认为战争胜负的决定因素是人的勇武,所以曾子说:“战陈(阵)无勇,非孝也。”(《礼记·祭义第二十四》)把勇于战阵看成孝道之一。

孔子主张“德化”“礼治”,所以对战争不大赞成,也很少讲到战争的事。《论语·卫灵公篇第十五》记载:“卫灵公问陈(阵)于孔子。孔子对曰:‘俎豆之事,则尝闻之矣;军旅之事,未之学也。’明日遂行。”但孔子并不是绝对地反对任何的战争,因为他生在一个动乱的时代,诸侯之间的战争是难免的,所以对于正义的战争,他还是支持的。他曾经称赞汪锜“能执干戈,以卫社稷,可无殇也”。又如:“冉有用矛于齐师,故能入其军。孔子曰:‘义也!’”(《左传·哀公十一年》)孔子认为战争也是维护“礼”的一种重要手段,他说:“礼乐征伐自天子出。”(《论语·季氏篇第十六》)但他反对好勇无谋,他曾对子路说:“暴虎冯河(徒手搏虎,徒足涉河),死而无悔者,吾不与也。必也临事而惧,好谋而成者也。”(《论语·述而篇第七》)对于兵戎之事,孔子一向十分慎重,《论语·述而篇第七》就记载说:“子之所慎:齐、战、疾。”

在孔子的时代,“戎”字还指西方外族或泛指当时所有的外族。《诗·鲁颂·閟宫》:“戎狄是膺,荆舒是惩。”孔颖达说“戎狄”是“西戎北狄来侵者”(《十三经注疏·毛诗正义》)。在《孟子·滕文公上》及《滕文公下》中,两次称引此诗。

“戎”还是古代兵器、兵车等的总称。如:“修尔车马,弓矢戎兵。”(《诗·大雅·抑》)“戎车孔博,徒御无斁。”(《诗·鲁颂·泮水》)。

匡 匡正。孔子说:“管仲相桓公,霸诸侯,一匡天下,民到于今受其赐。微管仲,吾其被发左衽矣。”(《论语·宪问篇第十四》)何晏《论语集解》云:“匡,正也。天子微弱,桓公帅诸侯以尊周室,一正天下。”

这是孔子在回答子贡问话时说的一段话。子贡问道:“管仲非仁者与?桓公杀公子纠,不能死,又相之。”意思是说,管仲原来辅助公子纠与公子小白(即后来的齐桓公)争权,是站在对立面的,桓公后来不但没杀他,还让他为相。子贡认为管仲不能为公子纠死节,是不仁的。孔子驳斥了这种看法,指出管仲有功于民,有功于诸夏,对管仲的大信大节,不能拿世俗的标准去衡量。所以他接着说:“岂若匹夫匹妇之为谅也,自经于沟渎而莫之知也?”在同一篇中,还记载了子路的问话:“桓公杀公子纠,召忽死之,管仲不死。曰:‘未仁乎?’”孔子回答说:“桓公九合诸侯,不以兵车,管仲之力也。如其仁,如其仁。”“如”读为“乃”,意思是肯定管仲的仁德。可见孔子尽管对管仲僭越违礼颇为不满,但对其“相桓公,霸诸侯,一匡天下”的功绩还是十分称许的。而且,孔子特别指出它在“夷狄”与“诸夏”斗争方面的意义,说“微管仲,吾其被发左衽矣”。这说明孔子是自觉把维护民族利益作为第一位的大义来看,可以说这是最早体现某种朦胧状态的民族意识的自觉,这种意识发扬光大,就成为一种民族的向心力与凝聚力。中华民族的传统文化几千年来绵延不绝,从未中断,是世界文明发展史上的奇迹,它的出现,应当说与孔子所开始的民族意识的自觉有着一定的思想渊源。

在《论语》中,“匡”字还用作地名。如“子畏于匡”(《论语·子罕篇第九》)。据《史记·孔子世家》记载:“将适陈,过匡,颜刻为仆,以其策指之曰:‘昔吾入此,由彼缺也。’匡人闻之,以为鲁之阳虎(按:阳货)。阳虎尝暴匡人,匡人于是遂止孔子。孔子状类阳虎,拘焉五日。……匡人拘孔子益急,弟子惧。孔子曰:‘文王既没,文不在兹乎?天之将丧斯文也,后死者不得与于斯文也。天之未丧斯文也,匡人其如予何!’孔子使从者为宁武子臣于卫,然后得去。”“匡”地大约在今河南长垣市西南十五里的匡城。

夷 在《论语》中,这个字大致有两种意义。

一种意义是当时东方别的部族,是一种带有侮辱性的称呼。《礼记·王制第五》指出:“东方曰夷。”《说文解字》“大”部也说:“夷,平也。从大,从弓。东方之人也。”《左传·僖公二十五年》有:“德以柔中国,刑以威四夷。”所谓“四夷”,就不仅是指“东方之人”了。《书·毕命》孔传云:“言东夷、西戎、南蛮、北狄。”“夷狄”“蛮夷”“戎狄”,就都成了对华夏以外各部族的蔑称。在《论语》中,还有“九夷”:“子欲居九夷。或曰:‘陋,如之何?’子曰:‘君子居之,何陋之有?’”(《论语·子罕篇第九》)“九夷”也是泛指外部族。

孔子一生以维护、恢复“周礼”为己任，他的各项政治主张都是从这一总目标出发而提出的。明“夷狄”“诸夏”之别，就是其中之一。孔子这方面的论述虽不多，但影响极为深远。在当时，用不用“周礼”，成为区分“夷狄”与“诸夏”的主要标志。由于存在着严重的民族斗争，这种区分极具现实意义。孔子对那位“相桓公，霸诸侯，一匡天下”的管仲僭越违礼虽颇有不满，但还是称许道：“微管仲，吾其被发左衽矣！”（《论语·宪问篇第十四》）这是因为孔子意识到当时民族斗争的严重性。从维护周礼到维护“诸夏”的统一，这可以说是最早体现了某种朦胧状态的民族意识的自觉，这种民族意识的自觉继续发扬光大，就成为一种民族的向心力与凝聚力。

孔子说：“夷狄之有君，不如诸夏之亡（无）也。”（《论语·八佾篇第三》）对于这段话，有不同的理解：其一是夷狄虽然有君却不行周礼，君臣上下名分有等于无；而诸夏即使无君，而君臣上下尊卑贵贱的等级秩序依然存在。其二是“夷狄有君指楚庄王、吴王阖庐等。君是贤明之君。句意是夷狄还有贤明之君，不像中原诸国却没有”（杨树达《论语疏证》）。不论哪种理解法，都以是否维护周礼为前提。孔子的这种观点，在《论语》中还有记载：“樊迟问仁。子曰：‘居处恭，执事敬，与人忠。虽之夷狄，不可弃也。’”（《论语·子路篇第十三》）

孔子明“夷狄”“诸夏”之别的政治主张，到秦汉以后逐渐以“明华夷之辨”的命题为历代儒家所继承和发扬。其历史作用也有二重性。从积极方面看，每当民族危亡之际，总有一批民族英雄以此为思想武器和精神支柱，不顾个人生死安危，挺身而出，伸张民族大义。从消极方面看，也总有些人以此为借口，对内实行民族歧视政策，欺压少数民族；对外闭关锁国，以天朝大国自居，僵化保守，流于狭隘的民族主义。对此，应作历史的分析。

“夷”字的另一种意义是箕踞，像箕一样坐着。例如：“原壤夷俟。子曰:‘幼而不孙(逊)弟,长而无述焉,老而不死,是为贼。’以杖叩其胫。”(《论语·宪问篇第十四》)马融注云:“夷,踞也;俟,待也。”

曲 在《论语》中,“曲”字只出现了一次,作动词用:“子曰:‘饭疏食饮水,曲肱而枕之,乐亦在其中矣。不义而富且贵,于我如浮云。’”(《论语·述而篇第七》)。

重道义,轻私利,是孔子伦理理论的一个特点。孔子的“义”是一种准则,是一种道德律令,是由尧、舜、周公等人制定的。他主张“君子喻于义”(《论语·里仁篇第四》)、“见利思义”(《论语·宪问篇第十四》)、“见得思义”(《论语·季氏篇第十六》)、“义然后取”(《论语·季氏篇第十六》),故“不义而富且贵”是孔子所鄙薄的,为了“义”,宁可生活清苦,“饭疏食饮水,曲肱而枕之”,而且乐在其中,可见他的高尚情操。后来“曲肱”成为典故,比喻清贫而闲适的生活。

“曲”由弯曲的意思引申而为曲枉不直,如:“其曲中规。”(《荀子·劝学》)又引申而为理亏,如:“直胜曲,众胜寡。”朱右曾校释:“曲直,以理言也。”再引申而为邪僻、不正派,如:“赵王之臣有韩仓者,以曲合于赵王。”高诱注:“曲,邪。”这些含义,在春秋战国时期都是常用的。

同 相同,一个样。如:“子曰:‘射不主皮,为力不同科,古之道也。’”(《论语·八佾篇第三》)意思是:比箭不一定穿破靶子,因为力气有大小,这是古时的规矩。又如:“君取(娶)于吴,为同姓,谓之吴孟子。”(《论语·述而篇第七》)是说鲁昭公从吴国娶了一位夫人,吴与鲁为同姓国,不便叫她“吴姬”,于是叫她“吴孟子”。再如:“子曰:‘道不同,不相为谋。’”(《论语·卫灵公篇第十五》)“鸟兽不可与同群。”(《论语·微子篇第十八》)各例中的“同”字,都是相同、一样的意思。

此外,在孔子思想体系中,还有一种“大同”理想。在《礼记·礼运第九》有一段话,画出了“大同”的蓝图:“大道之行也,天下为公,选贤与(举)能,讲信修睦。故人不独亲其亲,不独子其子,使老有所终,壮有所用,幼有所长,矜寡孤独废疾者,皆有所养;男有分,女有归;货,恶其弃于地也,不必藏于己;力恶其不出于身也,不必为己。是故谋闭而不兴,盗窃乱贼而不作,故户外而不闭,是谓大同。"孔子从"仁"的人本哲学思想出发,以怀古的方式憧憬未来。他把古代社会加以美化,而把文、武、周公时代视为"小康",并顺应当时普遍流行的好古之风,把"大同"作为最高理想,以"小康"作为近期的目标。《礼记·礼运》虽出现在孔子之后,却包含了先秦儒家一脉相承的传统观点,本质上反映了孔子的政治理想。

"同"字的另一种含义,是同流合污的意思。如:"子曰:'君子和而不同,小人同而不和。'"(《论语·子路篇第十三》)"和"与"同"是春秋时代两个常用术语。《左传·昭公二十年》载晏子对着齐景公批评梁丘据,说:"君所谓可,据亦曰可;君所谓否,据亦曰否,若以水济水,谁能食之?若琴瑟之专一,谁能听之?同之不可也如是。"晏子认为,"和"如五味调和、八音和谐,一定要有水、火、酱、醋各种不同的材料才能调和滋味;一定要有高下、长短、疾徐各种不同的声调才能使乐曲和谐,君臣亦然。"君所谓可,而有否焉,臣献其否,以成其可;君所谓否,而有可焉,臣献其可,以去其否。"这段话可以作为"君子和而不同"的注脚。

伐 在《论语》中,主要作征讨、讨伐讲。例如:"季氏将伐颛臾。"(《论语·季氏篇第十六》)"礼乐征伐自天子出。"(同上)在《孟子·梁惠王下》中,也有"武王伐纣""齐人伐燕""以万乘之国伐万乘之国",等等。《说文解字》人部:"伐,击也。从人持戈。一曰败也。"可见"伐"作攻伐讲是古代的常义。《左传·庄公二十九年》:"凡师,有钟鼓曰伐,无曰侵,轻曰袭。"这是析言有别,浑言则攻伐、侵伐皆有袭击敌人之义。

孔子主张"德化""礼治",所以对战争不大赞成,也很少讲到战争的事。《论语·卫灵公篇第十五》记载:"卫灵公问陈

(阵)于孔子。孔子对曰:'俎豆之事,则尝闻之矣;军旅之事,未之学也。'明日遂行。"但孔子对于为保卫国家而作战的人,还是肯定的。据《左传·哀公十一年》记载,孔子曾称赞汪锜"能执干戈,以卫社稷,可无殇也"。还有一段记载,说:"冉有用矛于齐师,故能入其军。孔子曰:'义也!'"由此可见,孔子并非笼统地反对攻伐,只是对当时诸侯间发动的不义之战感到厌恶,而对于保卫社稷的战争还是赞成的。

"伐"字在当时还作夸张、自夸讲。例如:"颜渊曰:'愿无伐善,无施劳。'"(《论语·公冶长篇第五》)朱熹解释道:"伐,夸也。善,谓有能。"又如:"子曰:'孟之反(人名,事详《左传·哀公十一年》)不伐。'"(《论语·雍也篇第六》)再如:"克、伐、怨、欲不行焉,可以为仁矣?"(《论语·宪问篇第十四》)例中的"伐",皆可作"自夸""矜夸"讲。清代的段玉裁解释说:"伐人者有功,故《左传》:诸侯言时记功,大夫称伐。《史记》:明其等曰伐,积日曰阅。又引申之自功曰伐。"(《说文解字注》"人"部"伐"字下)他指出"自功"的"伐"是由"伐人者有功"的"伐"引申出来的,这是正确的。

任 信任,交责任给他。《论语·阳货篇第十七》:"子张问仁于孔子。孔子曰:'能行五者于天下为仁矣。''请问之。'曰:'恭,宽,信,敏,惠。恭则不侮,宽则得众,信则人任焉,敏则有功,惠则足以使人。'"其中"信则人任焉"一句,是说仁者守信用,别人才能信任他,把重大的责任交给他。在《论语·尧曰篇第二十》有一句"信则民任焉",可以更清楚地说明仁者取信于民的重要性。在《书·大禹谟》中,有"任贤勿贰,去邪勿疑"。《诗·大雅·烝民序》中,也有"任贤使能"这样的话,其中的"任"字,也都可以理解为信任、任用,即把责任交给他的意思。

在孔子看来,贤者要守信于民,才能取信于民;在位者要任用贤者,才能治理天下。所以,"信"和"任"是密不可分的两个方面,这反映了孔子"仁""礼"观念的一个重要内容。

此外,在《论语》中,“任”字还用作名词,当责任、任务讲。例如:“曾子曰:‘士不可不弘毅,任重而道远。仁以为己任,不亦重乎?死而后已,不亦远乎?’”(《论语·泰伯篇第八》)其中“任重而道远”和“仁以为己任”的两个“任”字都作责任、任务讲。这种用法在《孟子》一书中也是常见的。例如:“故天将降大任于是人也,必先苦其心志,劳其筋骨,饿其体肤,空乏其身,行拂乱其所为,所以动心忍性,曾(增)益其所不能。”(《孟子·告子下》)又如:“孟子见齐宣王曰:‘为巨室,则必使工师求大木。工师得大木,则王喜,以为能胜其任也。匠人斫而小之,则王怒,以为不能胜其任矣。’”(《孟子·梁惠王下》)两例中的“任”字,都可作“责任”“任务”讲。

危 危险,危险的。孔子认为君子为维护道义应该临危不惧,在危险面前是否勇敢、是否敢于献身,是衡量一个人的重要标准,它和“仁”、“知”(智)都是“君子之道”的内容。例如:“见利思义,见危授命。”(《论语·宪问篇第十四》)又如:“子张曰:‘士见危致命,见得思义,祭思敬,丧思哀,其可已矣。’”(《论语·子张篇第十九》)孔子说:“知者不惑,仁者不忧,勇者不惧。”(《论语·子罕篇第九》)又说:“见义不为,无勇也。”(《论语·为政篇第二》)但他又说:“君子有勇而无义为乱。”(《论语·阳货篇第十七》)

孔子还说过:“危邦不入,乱邦不居。”(《论语·泰伯篇第八》)“危而不持,颠而不扶,则将焉用彼相矣?”(《论语·季氏篇第十六》)两例中的“危”都是“危险”的意思。

在《论语》中,“危”字还有一种含义。如:“子曰:‘邦有道,危言危行;邦无道,危行言孙(逊)。’”(《论语·宪问篇第十四》)其中的“危”字,何晏《论语集解》讲成“厉”;朱熹采纳郑玄《礼记·缁衣注》的意见,讲成“高峻”,即高于俗;王念孙《广雅疏证》认为当讲成“正”。王氏的意见更为恰当。“危言危行”就是正言正行,“危行言孙”就是正行言顺。

交 交朋友。孔子对于交友之道，一贯讲究仁德信义。他告诫自己的学生说："无友不如己者。"(《论语·学而篇第一》)还具体解释说："益者三友，损者三友。友直，友谅，友多闻，益矣。友便辟，友善柔，友便佞，损矣。"(《论语·季氏篇第十六》)他认为真正的朋友相互间的关系应该是坦率真挚、互相信任、互相帮助的，交了比自己品德学问高的朋友，会有益于提高自身的水平。所以，他很重视居处的环境对人的影响，他说："里仁为美。"(《论语·里仁篇第四》)又说："择不处仁，焉得知！"(同上)意思是选择的居处环境没有仁德，怎么能是聪明呢？还说："德不孤，必有邻。"(同上)孟子后来继承了孔子的观点，明确指出："友也者，友其德也。"(《孟子·万章下》)大家所熟知的"孟母三迁"的故事(详赵岐《孟子注疏》)，从一个侧面反映了这种认识与实践。

孔子认为，交朋友最重要的一条标准就是讲究仁义。他说："唯仁者能好人，能恶人。"(《论语·里仁篇第四》)又说："不仁者不可以久处约(困穷)，不可以长处乐。"(《论语·里仁篇第四》)所以，这种人不可久交。《礼记·儒行篇第四十一》记载着孔子向鲁哀公讲论儒者交友原则的话："儒有合志同方，营道同术，并立则乐，相下不厌，久不相见，闻流言不信。其行本方立义，同而进，不同而退：其交友有如此者。"可以作为注脚。

孔子把"忠信"二字看得很重。他认为："人而无信，不知其可也。"(《论语·为政篇第二》)他用"文、行、忠、信"(《论语·述而篇第七》)四个字教导自己的学生，所以曾子说："吾日三省吾身：为人谋而不忠乎？与朋友交而不信乎？传不习乎？"(《论语·学而篇第一》)子夏说："贤贤易色；事父母，能竭其力；事君，能致其身；与朋友交，言而有信。虽曰未学，吾必谓之学矣。"(同上)他们都把"忠信"看得很重要。

孔子待人，讲究"忠恕"，"曾子曰：'夫子之道，忠恕而已矣。'"(《论语·里仁篇第四》)什么是"忠"呢？"己欲立而立人,己欲达而达人。”(《论语·雍也篇第六》)什么是“恕”呢?“己所不欲,勿施于人。”(《论语·里仁篇第四》)所以能够使志趣相同的人都团结在自己周围。“有朋自远方来,不亦乐乎?”(《论语·学而篇第一》)四海论交,尊贤容众,这样才能联合许多人一同实现政治理想。孔子的学生子张曾经阐述过这一点:“子夏之门人问交于子张。子张曰:‘子夏云何?’对曰:‘子夏曰:“可者与之,其不可者拒之。”’子张曰:‘异乎吾所闻:君子尊贤而容众,嘉善而矜不能。我之大贤与,于人何所不容?我之不贤与,人将拒我,如之何其拒人也?’”(《论语·子张篇第十九》)他指出,自己首先要“贤”,才能团结别人。就是说要把交友与个人思想品德的修养密切联系在一起。

孔子在交友问题上还反对巧言令色。他说:“巧言令色,鲜矣仁。”(《论语·学而篇第一》)又说:“巧言、令色、足恭,左丘明耻之,丘亦耻之。匿怨而友其人,左丘明耻之,丘亦耻之。”(《论语·公冶长篇第五》)他提倡“友直”。他说:“君子周而不比,小人比而不周。”(《论语·为政篇第二》)主张用道义团结人,反对以暂时的共同利害互相勾结。他认为“直”是君子的好品德,他说:“举直错诸枉,能使枉者直。”(《论语·颜渊篇第十二》)又说:“斯民也,三代之所以直道而行也。”(《论语·卫灵公篇第十五》)“直”与“义”是互相关联的,“质直而好义”(《论语·颜渊篇第十二》),心地质直则行为好义,其实也就是“忠信”。

孔子论交方面的思想,对后世影响十分深远。在民间,“信义”观念源远流长。从好的方面看,几千年来农民的结社起义大多利用这种观念去联络众人;从不好的方面来看,统治者利用它达到维护自己利益的目的。对此,应该作具体的分析,不能一概肯定或一概否定。

守 这个字的常用义是守卫、把守的意思。《易·坎》云:“王公设险,以守其国。”《说文解字》从字形考察,认为“守”字的本义当为守官,即守职的意思。(见段玉裁《说文解字注》)引申而为奉行不移、保持不失的意思。如："子曰：'笃信好学，守死善道。危邦不入，乱邦不居。天下有道则见（现），无道则隐。'"（《论语·泰伯篇第八》）其中"守死善道"一句，邢昺疏云："守节至死，不离善道也。"那么"守死"就是不为死所移，也就是坚持到死不改变的意思。又如："子曰：'知（智）及之（'之'指士大夫禄位及天下国家），仁不能守之；虽得之，必失之。知及之，仁能守之。不庄以莅之，则民不敬。知及之，仁能守之，庄以莅之，动之不以礼，未善也。'"（《论语·卫灵公篇第十五》）其中的"守"字，也是保持不失的意思。

孔子及其门徒一贯主张重道义、轻私利，孔子认为义即道德，即善，所以他说："君子义以为质。"（《论语·卫灵公篇第十五》）他反对"群居终日，言不及义"（同上），主张"行义以达其道"（《论语·季氏篇第十六》）。孔子说："志士仁人，无求生以害仁，有杀身以成仁。"（《论语·卫灵公篇第十五》）又说："饭疏食饮水，曲肱而枕之，乐亦在其中矣。不义而富且贵，于我如浮云。"（《论语·述而篇第七》）他告诫人们要"见利思义"（《论语·宪问篇第十四》）、"见得思义"（《论语·季氏篇第十六》）。他的学生颜渊虽贫不改其乐，子路结缨而死，都是以实际行动实现了孔子的主张。后来孟子也继承了这种观念，提倡"守先王之道"（《孟子·滕文公下》）。又进而提出"守身"的说法，他说："守身，守之本也。"又说："守身为大。"（《孟子·离娄上》）赵岐注云："守身，使不陷于不义也。"可见"守身"也就是"守义""守道"。

安　在《论语》中，"安"字主要用作形容词和动词（包括使动用法），指安稳、安宁、宁静。有时指生活环境、人际关系等，有时则指主观的心理、情绪等。例如："君子食无求饱，居无求安。"（《论语·学而篇第一》）"不患贫而患不安。"（《论语·季氏篇第十六》）两例中的"安"，都指生活环境。又如："视其所以，观其所由，察其所安。"（《论语·为政篇第二》）"仁者安仁，知(智)者利仁。”(《论语·里仁篇第四》)“子温而厉,威而不猛,恭而安。”(《论语·述而篇第七》)“夫君子之居丧,食旨不甘,闻乐不乐,居处不安。”(《论语·阳货篇第十七》)各例中的“安”,都指心情、心理。“安”字作使动用法的例子,如:“老者安之,朋友信之,少者怀之。”(《论语·公冶长篇第五》)“修己以安百姓,尧舜其犹病诸?”(《论语·宪问篇第十四》)“故远人不服,则修文德以来之。既来之,则安之。”(《论语·季氏篇第十六》)这几例中的“安”字,都有“使稳定”“使安宁”的意思。

“安民”是孔子“仁”的思想的重要方面。孔子所处的时代,正经历着巨大的社会动荡,王权衰落,诸侯纷争,出现了卿大夫专政以及“陪臣执国命”的混乱局面。社会各阶层的人都在不同程度上卷入社会大动荡的浪潮中,特别是下层农奴,“王事靡盬,不能艺黍稷。父母何食?悠悠苍天,曷其有极?”(《诗·唐风·鸨羽》)“民参其力,二入于公。”(《左传·昭公三年》)加之干戈纷扰,战乱频仍,国无宁日,民不聊生,孔子理想中的“老有所终,壮有所用,幼有所长,矜寡孤独废疾者,皆有所养”和“谋闭而不兴,盗窃乱贼而不作”(《礼记·礼运第九》)的社会蓝图与眼前的现实太不协调了,所以他大呼“为政以德”(《论语·为政篇第二》),主张重教化、省刑罚、薄税敛、厚施予的仁德之治,他希望社会各色人等都能过上安居乐业的生活。这种社会理想在当时自然不可能实现,但他的“敬德保民”主张一直为儒家学者所采纳。后来的孟子又提出“安社稷”的说法,他说:“有安社稷臣者,以安社稷为悦者也。”(《孟子·尽心上》)“安社稷”首先要“安民”,因为孟子认为“民为贵,社稷次之,君为轻”(《孟子·尽心下》)。

“安”字的又一个用法是作疑问代词。如:“安见方六七十如五六十而非邦也者?”(《论语·先进篇第十一》)“安”犹“何”“如何”。

君子不以口誉人 这句话见于《礼记·表记第三十二》。

原文是:“子曰:君子不以口誉人,则民作忠。故君子问人之寒则衣之,问人之饥则食之,称人之美则爵之。”下文又说:“口惠而实不至,怨灾及其身。是故君子与其有诺责也,宁有已怨。”意思是说君子应当办实事,不应“口惠(口头上施恩惠)而实不至”。宁可因当初不许诺恩惠而受责怨,也不应因答应过而不施行再受到责怨。

郑玄的注说:“誉,绳也。”孔颖达疏:“言绳可以度量于物。凡口誉于人,先须忖度,亦量之于心,故以誉为绳也。案《左传·庄公十四年》云:‘绳息妫以语楚子。’杜注云:‘绳,誉也。’绳既训为誉,誉亦训绳。郑注以此为解。”如果按照这个说法,“以口誉人”有“以口量人”的意思。修订版《辞源》则径把“誉”字讲成称誉、称人之美。如果从下文“问人之寒则衣之,问人之饥则食之,称人之美则爵之”“口惠而实不至,怨灾及其身”以及孔疏中的“疾其虚言也”来看,郑玄的讲法是对的。

在孔子的思想体系中,“君子”代表个人品德修养的高峰。孔子说:“君子无终食之间违仁,造次必于是,颠沛必于是。”(《论语·里仁篇第四》)君子要言行一致:“先行其言而后从之。”(《论语·为政篇第二》)并且常常给以实惠。要“谨而信”,“言而有信”(《论语·学而篇第一》),才能做到“信则人任焉”(《论语·阳货篇第十七》),“上好信,则民莫敢不用情”(《论语·子路篇第十三》)。

孔子主张仁政德治、敬德保民,他提倡“庶”(人口兴旺)、“富”(生活富裕)、“教”(教育发达)。(见《论语·子路篇第十三》孔子与弟子冉有的对话。)他反对统治者对民众实行欺骗和横征暴敛,主张“节用而爱人,使民以时”(《论语·学而篇第一》)。因此他也“疾虚言”而重实惠,认为只有这样才能使人民真心拥护,而不至于“怨灾及身”。

君子不以色亲人　这是《礼记·表记第三十二》中的话。原文是:“子曰:君子不以色亲人。情疏而貌亲,在小人则穿窬之盗也与。”又说：“子曰：情欲信，辞欲巧。”意思是说，君子待人以诚，表里如一，不应该像穿窬小人那样貌亲而情疏，而且言辞和顺不逆于理。孔颖达疏云：“‘君子不以色亲人’者，谓不以虚伪善色诈亲于人也。”

孔子反对“巧言令色”。他说：“巧言令色，鲜矣仁。”（《论语·学而篇第一》）又说：“巧言、令色、足恭，左丘明耻之，丘亦耻之。匿怨而友其人，左丘明耻之，丘亦耻之。”（《论语·公冶长篇第五》）就是说，花言巧语、伪善的容貌、过分的恭顺，以及表面亲近而心怀怨恨，这种待人的态度是可耻的。孔子认为：“刚、毅、木、讷，近仁。”（《论语·子路篇第十三》）就是说，刚强正直、果断朴实、言语谨慎，才与“仁”相接近。他“恶夫佞者”（《论语·先进篇第十一》），即讨厌徒逞口才的人。他说：“友直，友谅，友多闻，益矣。友便辟，友善柔，友便佞，损矣。”（《论语·季氏篇第十六》）意思是说，同正直、诚信、博学多闻之人交友，能得益处。而同谄媚奉承、当面恭维背后毁谤、夸夸其谈的人交友，是有害的。

孔子告诫人们“行己有耻”（《论语·子路篇第十三》），他说：“知耻近乎勇。”（《礼记·中庸第三十一》）而“以色亲人”“巧言令色”都是可耻的，这是他在个人品德修养方面的一种有益的教诲。

贞　在《论语》中，“贞”字只出现过一次，即“子曰：‘君子贞而不谅’”（《论语·卫灵公篇第十五》）。何晏《论语集解》云：“贞，正。谅，信也。君子之人，正其道耳，言不必小信。”邢昺疏云：“此章贵正道而轻小信也。”都把“贞”讲成“正”或“正其道”，把“谅”讲成“信”或“小信”。而刘宝楠《论语正义》却把“谅”字讲成固执、坚持成见：“谅者，信而不通之谓。”朱骏声《说文通训定声》认为“谅”假借为“勍”，也是固执的意思。因为在《论语·宪问篇第十四》中有“岂若匹夫匹妇之为谅也，自经于沟渎而莫之知也？”所以“谅”字讲成“小信”，即无原则地守信，是可以从《论语》本书中找到内证的。又因为“贞”与“谅”对文，所以把“贞”字理解为“讲大信，合乎义的诚信”也是可以的。

但“贞”字产生得很早，甲骨文、金文中都有。《说文解字》云：“贞，卜问也。从卜，贝以为贽。一曰鼎省声。京房所说。”可见从“贞”字的字形考察，早期的意思是“卜问”无疑。“贞”有“正”的意思，最早是在《尚书》中：“一人元良，万邦以贞。”（《书·太甲下》）孔传云：“贞，正也。”由此自然可以引申为“正其道”的意思。但“贞”字还有“一”的意思，如：《易·系辞下》：“吉凶者，贞胜者也。”韩康伯注：“贞者，正也，一也。”贾谊《新书·道术》：“言行抱一谓之贞。”所谓“言行抱一”，也就是坚定不移，指意志或操守。刘熙《释名·释言语》则采用声训把“贞”字讲成：“定也，精定不动惑也。”“贞”也是意志、操守坚定不移的意思。由此可见，在孔子看来，作为“君子”，应该在意志和情操方面坚定不移，言行不违道义，讲大信，守大节，而不应像“匹夫匹妇”那样只为“小信”而不惜“自经于沟渎而莫之知也”。

在孔子的思想体系中，“君子”一词代表着个人思想品德修养的高峰。孔子赋予道德意义上的“君子”以极其崇高的地位，使其荣耀远在富贵者之上。所以，他告诫他的学生说：“女（汝）为君子儒！无为小人儒。”（《论语·雍也篇第六》）而“君子儒”必须是“无终食之间违仁，造次必于是，颠沛必于是”（《论语·里仁篇第四》）的，所以，为了“仁”，必须坚守正道，循义不贰，必须讲“大信”而弃“小谅”，“邦有道，则仕；邦无道，则可卷而怀之”（《论语·卫灵公篇第十五》）。对朋友也要“忠告而善道之，不可则止，毋自辱焉”（《论语·颜渊篇第十二》），而不应固执己见，信而不通。从方法论方面看，这也是孔子中庸思想的一个组成部分。

刚　在孔子的思想体系中，“刚”字大致有两种含义。

第一种含义即刚强，是柔弱的反面。孔子认为刚强是一种美好品德，但是要做到刚强很不容易。他说：“刚、毅、木、讷，近仁。”(《论语·子路篇第十三》)就是说,刚强、果决、朴质、言语不轻易出口,有这四种品德的人接近于仁德。他又说:“吾未见刚者。”有人对曰:“申枨。”(《史记·仲尼弟子列传》作“申党”,是孔子的弟子。)孔子说:“枨也欲,焉得刚?”(《论语·公冶长篇第五》)可见孔子认为无欲则刚,刚者直而不屈,欲望多的人不免为私利屈己,所以绝对做不到“刚”。传统的哲学认为“乾刚坤柔”(《易·杂卦》),认为“刚柔相推而生变化”(《易·系辞上》),认为“刚健中正,纯粹精也”(《易·乾卦》)。人要刚强不屈,必须加强自身修养才行,所以孔子教导他的学生子路说:“好刚不好学,其蔽也狂。”(《论语·阳货篇第十七》)所谓“学”,就是“修己”,使自己“立于礼”(《论语·泰伯篇第八》),才能养成真、善、美的情操,才能无所蔽。

“刚”的另一种含义是强盛、旺盛。例如:“孔子曰:‘君子有三戒:少之时,血气未定,戒之在色;及其壮也,血气方刚,戒之在斗;及其老也,血气既衰,戒之在得。’”(《论语·季氏篇第十六》)“血气方刚”就是血气旺盛的意思。

刚毅 就是刚强果决,意志坚强的意思。孔子认为刚毅是一种美好的品德,他说:“刚、毅、木、讷,近仁。”(《论语·子路篇第十三》)何晏《论语集解》注云:“刚,无欲。毅,果敢。”无欲才能刚强不屈,这是很不容易做到的。“子曰:‘吾未见刚者。’或对曰:‘申枨。’子曰:‘枨也欲,焉得刚?’”(《论语·公冶长篇第五》)孔子认为,只有“仁以为己任”,“死而后已”,才能做到刚毅。《论语》中记载了一段曾子的话,很能说明这一点:“曾子曰:‘士不可以不弘毅,任重而道远。仁以为己任,不亦重乎?死而后已,不亦远乎?’”(《论语·泰伯篇第八》)章太炎《广论语骈枝》指出:“此‘弘’即今之‘强’字也。”《说文》:“‘毅,有决也。’任重须强,不强则力绌;致远须决,不决则志渝。”这里的“弘毅”也是刚强果决的意思,它以“仁”为任。反过来说,没有“仁”这样一个理想目标,人要想刚毅也是很难的。后来荀子也指出:

"刚强猛毅,靡所不信,非骄暴也。"(《荀子·不苟》)也要以"仁"为目标。在儒家教化中,一贯重视对人民进行刚毅果敢的教育。《礼记·乐记第十九》云:"粗厉、猛起、奋末、广贲之音作,而民刚毅。"

在今天看来,一个人没有私欲而临事果决,也是值得大大提倡的优秀品德,当然要在正确理想和目标的指引之下。

洁静精微,《易》教也 这是《礼记》中记载的孔子关于《易》在个人品德修养和社会教化方面的重大作用的论述之一。《礼记·经解第二十六》:"孔子曰:'入其国,其教可知也。其为人也,温柔敦厚,《诗》教也;疏通知远,《书》教也;广博易良,《乐》教也;洁静精微,《易》教也;恭俭庄敬,《礼》教也;属辞比事,《春秋》教也。'"孔子还说:"故《诗》之失,愚;《书》之失,诬;《乐》之失,奢;《易》之失,贼;《礼》之失,烦;《春秋》之失,乱。其为人也,温柔敦厚而不愚,则深于《诗》者也;疏通知远而不诬,则深于《书》者也;广博易良而不奢,则深于《乐》者也;洁静精微而不贼,则深于《易》者也;恭俭庄敬而不烦,则深于《礼》者也;属辞比事而不乱,则深于《春秋》者也。"

《诗》《书》《乐》《易》《礼》《春秋》,是古时贵族教育的必修课目,称为"六艺",即后来的"六经"。《大戴礼记·保傅篇》说:"古者年八岁而出就外舍,学小艺焉,履小节焉;束发而就大学,学大艺焉,履大节焉。"所谓"小艺""小节",指的是"礼、乐、射、御、书、数"六种技艺,属于初级教育内容;所谓"大艺""大节",是指《诗》《书》《乐》《易》《礼》《春秋》六种典籍。这种教育,在孔子之前就已经实行了。孔子开私家办学风气,把过去被贵族垄断的教育解放为平民教育,对传统的"六艺"进行了整理编定,成为后来几千年封建教育的重要内容,其功不可没。《礼记·经解》虽然可能是出于汉初人之手,但距孔子的时代尚不太远,是可以参考的。

《易》是讲事物变化的书,是据古时的卜人和筮者长期积累的经验编纂成书的。在孔子之前,关于卜筮的书至少有《连山》《归藏》《周易》三种。后来前两种亡佚了,孔子所见的,仅有《周易》。《史记·孔子世家》记载:"孔子晚而喜《易》,序《彖》《系》《象》《说卦》《文言》。读《易》,韦编三绝。曰:'假我数年,若是,我于《易》则彬彬矣。'"据司马迁说,孔子不但学过《易》,而且还作过《易传》(为《周易》作注解),还传授过弟子。(详《史记·仲尼弟子列传》)《论语·述而篇第七》就记载着:"子曰:'加我数年,五十(或云系"卒"字之误)以学《易》,可以无大过矣。'"可见孔子充分认识到《易》在认识论方面的特殊价值。1973年湖南长沙马王堆汉墓出土帛书《周易》中,有佚书《要》等两篇,记录着孔子与弟子研讨《易》理的问答,为孔子授《易》增加了证据。

"洁静精微"是什么意思呢?孔颖达解释说:"《易》之于人,正则获吉,邪则获凶,不为淫滥,是洁静;穷理尽兴,言入秋毫,是精微。"(《十三经注疏·礼记注疏卷第五十》)是说《易》指导人们知吉凶、察事理,懂得远近相取、爱恶相攻的辩证观点,不至于陷于贼害,所以说"洁静精微而不贼,则深于《易》者也"。

达 在孔子的思想体系中,"达"字有多种含义。

第一个含义,即通达事理。例如,"子张问:'士何如斯可谓之达矣?'子曰:'何哉,尔所谓达者?'子张对曰:'在邦必闻,在家必闻。'子曰:'是闻也,非达也。夫达也者,质直而好义,察言而观色,虑以下人。在邦必达,在家必达。夫闻也者,色取仁而行违,居之不疑。在邦必闻,在家必闻。'"(《论语·颜渊篇第十二》)在这段话中,孔子把"达"与"闻"相对而言。他认为品质正直,遇事讲求真理,善于分析别人的言语,观察别人的颜色,从思想上愿意对别人退让,这才叫作"达",也就是通达事理的人。而那种表面上似乎爱好仁德,行动上却不如此,竟以仁人自居而不疑的人,只能称作"闻",即有名望的人。可见要做"达人"是很不容易的。有一次季康子问孔子:"赐(端木赐,即子贡)也可使从政也与?”孔子回答说:“赐也达,于从政乎何有(‘何有’即有何困难)?”(《论语·雍也篇第六》)子贡是孔子最器重的学生之一,是孔门中培养出来的杰出政治家、外交家。在《论语》一书中提到他的地方达三十八次之多。对于这样一位贤才,孔子以“达”字许之,可见其标准之高。

“达”字的第二个含义,是通晓、彻底明白的意思。例如:“康子馈药,拜而受之。曰:‘丘未达,不敢尝。’”(《论语·乡党篇第十》)孔子这话的意思是:未通晓药性,所以不敢服用。又如:“子曰:‘君子上达,小人下达。’”(《论语·宪问篇第十四》)邢昺疏云:“此章言君子、小人所晓达不同也。本为上,谓德义也。末为下,谓财利也。言君子达于德义,小人达于财利。”(《十三经注疏·论语注疏解经卷第十四》)再如:“子曰:‘莫我知也夫!’子贡曰:‘何为其莫知子也?’子曰:‘不怨天,不尤人,下学而上达。知我者其天乎!’”邢昺疏云:“言己下学人事,上知天命,时有否泰,故用有行藏,是以不怨天尤人也。”(同上)邢昺用“晓”“知”等词语解释二例中的“达”字,可见“达”有通晓、彻底明白的意思。

“达”字的第三种含义,是指达到某种目的,实现某种企图。例如:“子夏为莒父宰,问政。子曰:‘无欲速,无见小利。欲速则不达;见小利,则大事不成。’”(《论语·子路篇第十三》)又如:“子曰:‘诵诗三百,授之以政,不达;使于四方,不能专对;虽多,亦奚以为?’”(《论语·子路篇第十三》)在《论语·颜渊篇第十二》中,还有“在邦必达,在家必达”的话,是指“达士”无论是做国家的官吏还是在大夫家任事,都一定要事事行得通。所以,后世常以“通达”二字连言。此外,在这个意义上,“达”字还可以作使动用法。例如:“夫仁者,己欲立而立人,己欲达而达人。”(《论语·雍也篇第六》)“达人”是“使人通达”的意思。又如:“孔子曰:‘见善如不及,见不善如探汤。吾见其人矣,吾闻其语矣。隐居以求其志,行义以达其道。吾闻其语矣,未见其人矣。’”(《论语·季氏篇第十六》)例中的“达其道”谓使目的实现,犹言贯彻,也是使动用法。

“达”字的第四种含义,是把意思表达出来。例如:“子曰:‘辞达而已矣。’”(《论语·卫灵公篇第十五》)这是孔子在修辞方面的重要理论,是和“文质彬彬”“文胜质则史”(《论语·雍也篇第六》)相一致的。孔子反对浮华的辞藻,主张言辞足以达意即可;但同时他也反对“质胜文”,认为那便会“野”。他的学生进一步阐发说:“文犹质也,质犹文也。虎豹之鞟犹犬羊之鞟。”(《论语·颜渊篇第十二》)“文”和“质”是统一体,假若把虎豹和犬羊两类兽皮拔去有文采的毛,那么这两类皮革就很难区别了。

“达”字的第五种含义,是指古代地名。例如,“达巷党人曰:‘大哉孔子!博学而无所成名。’”(《论语·子罕篇第九》)邢昺疏云:“达巷者,党名也。五百家为党。”(《十三经注疏·论语注疏解经卷第九》)又一说认为《礼记·曾子问第七》有“吾从老聃助葬于巷党”的话,可见“巷党”二字当为一词,是“里巷”的意思。(杨伯峻《论语译注》)但仍认为“达”是里巷之名。

恶 两读,一读 è,一读 wù。读 è 时,有多种含义。

第一个含义:粗劣的。例如,“子曰:‘士志于道,而耻恶衣恶食者,未足与议也。’”(《论语·里仁篇第四》)表现了孔子“安贫乐道”的思想。他还说:“饭疏食,饮水,曲肱而枕之,乐亦在其中矣。不义而富且贵,于我如浮云。”(《论语·述而篇第七》)可见孔子自己真正做到了“安贫乐道”。他表扬颜回具有这种好的品德:“贤哉,回也!一箪食,一瓢饮,在陋巷,人不堪其忧,回也不改其乐。贤哉,回也!”(《论语·雍也篇第六》)

“恶”用作使动词是“使……粗劣”的意思。例如,“子曰:‘禹,吾无间然矣。菲饮食而致孝乎鬼神,恶衣服而致美乎黻冕,卑宫室而尽力乎沟洫。禹,吾无间然矣。’”(《论语·泰伯篇第八》)孔子赞美禹自己使自己吃差的食物,穿粗劣的衣服,住简陋的房子，而把祭品办得丰盛，把祭服做得华美，把力量用于沟渠水利。孔子歌颂了禹不追求物质享受的美德。

第二个含义：嫌隙、仇恨。例如："子曰：'伯夷、叔齐不念旧恶，怨是用希。'"（《论语·公冶长篇第五》）孔子提倡"不念旧恶"，用以解决已经发生的矛盾，减少人与人之间的怨恨。所以孔子不主张"以怨报怨"，而主张"以直报怨"。（参见《论语·宪问篇第十四》）

第三个含义：坏的事情。例如："子曰：'君子成人之美，不成人之恶，小人反是。'"（《论语·颜渊篇第十二》）。

众 在孔子思想体系中，"众"字主要指众人，也就是群众。孔子教导人们要"入则孝，出则悌，谨而信，泛爱众，而亲仁"（《论语·学而篇第一》）。所谓"泛爱众"，就是博爱大众。这种思想贯穿于整部《论语》之中。例如："子贡曰：'如有博施于民而能济众，何如？可谓仁乎？'子曰：'何事于仁！必也圣乎！尧舜其犹病诸！夫仁者，己欲立而立人，己欲达而达人。能近取譬，可谓仁之方也已。'"（《论语·雍也篇第六》）孔子认为"博施于民而能济众"是很高的境界，不只是行仁，而且是可以为圣人，连尧舜都很难做到。孔子很重视群众的好恶，他说："众恶之，必察焉；众好之，必察焉。"（《论语·卫灵公篇第十五》）就是说，大众的向背，是国家能否维持下去的决定因素。他的学生子张说："君子尊贤而容众。"（《论语·子张篇第十九》）认为"尊贤容众"是做君子的原则。

孔子哲学思想的一个重要内容是"仁"，而"仁者"首先要做到"爱人"，要"修己以安人"。把"修己"与"安人"结合在一起，再以"礼"作为行为的道德准则，这就是孔子"仁"的基本含义。孔子的"爱人"观念，是春秋时代"本民"思想的继承与发展。春秋时代，社会生产和阶级斗争的发展，使得作为社会中坚的民众的力量充分显示出来。各诸侯国政治斗争的经验都说明，得到民众的支持就能得到政权，失去民众的支持就会失掉政权。掌权者都知道“众怒不可犯也”(《左传·昭公十三年》)、“众怒不可蓄也”(《左传·昭公二十五年》)、“众怒如水火焉”(《左传·昭公十三年》)的道理。于是在社会上,尤其是在先进的人们中间,既反对“君本”思想、又反对“神本”思想的“民本”思想形成了强大的潮流。《左传》中记载邾文公的话说:“天生民而树之君,以利之也。”(《左传·文公十三年》)管子也指出:“齐国百姓,公之本也。”(《管子·霸形第二十二》)有识之士主张“夫民,神之主也”(《左传·桓公六年》),认为“天道远,人道迩”(《左传·昭公十八年》)。连天神都不能干预人间的事情,而只能以人为本,靠人自己作主。它后来发展为孟子的“民为贵,社稷次之,君为轻”(《孟子·尽心下》)的思想,成为儒家学说的重要组成部分。虽然这种思想是立足于维护和巩固贵族封建统治阶级的统治,但不得不承认被统治阶级广大人民的向背是决定他们能否继续统治下去的主要因素,在这个意义上,可以说孔子的“泛爱众”思想,是反映时代进步的思潮。

“众”字在《论语》中还有“众多”的意思,与“寡”对言。如:“子曰:‘为政以德,譬如北辰,居其所,而众星共之。’”(《论语·为政篇第二》)又如:“君子无众寡,无小大,无敢慢,斯不亦泰而不骄乎?”(《论语·尧曰篇第二十》)

温柔敦厚,《诗》教也 这是《礼记》中记载的孔子关于《诗》在个人品德修养和社会交际上的重大作用的论述之一。《礼记·经解第二十六》:“孔子曰:‘入其国,其教可知也。其为人也,温柔敦厚,《诗》教也;疏通知远,《书》教也;广博易良,《乐》教也;洁静精微,《易》教也;恭俭庄敬,《礼》教也;属辞比事,《春秋》教也。’”孔子还说:“故《诗》之失,愚;《书》之失,诬;《乐》之失,奢;《易》之失,贼;《礼》之失,烦;《春秋》之失,乱。其为人也,温柔敦厚而不愚,则深于《诗》者也;疏通知远而不诬,则深于《书》者也;广博易良而不奢,则深于《乐》者也;洁静精微而不贼,则深于《易》者也;恭俭庄敬而不烦,则深于《礼》者也;属辞比事而不乱，则深于《春秋》者也。”

联系《论语》中的记述，如：“《诗》三百，一言以蔽之，曰：‘思无邪。’”(《论语·为政篇第二》)“不学诗，无以言。”(《论语·季氏篇第十六》)“小子何莫学夫诗？诗，可以兴，可以观，可以群，可以怨。迩之事父，远之事君；多识于鸟兽草木之名。”“人而不为《周南》《召南》，其犹正墙面而立也与？”(《论语·阳货篇第十七》)，等等，可以看出，孔子十分重视《诗》的教化作用。他认为，《诗》绝不只是文学性的，学了《诗》，诸侯朝觐，天子会盟，使臣可以专对；学了《诗》，可以观风俗，知民怨，和同众人，治理国家；学了《诗》，可以开阔视野，增长科学知识。不学《诗》，则如面墙而立，蒙昧无知。这种观念，形成了儒家思想的重要组成部分——诗教。孔门弟子在学诗时，也都是极其注重它们在品德修养和社会教化方面的作用。例如，“子贡曰：‘贫而无谄，富而无骄，何如？’”子曰：‘可也；未若贫而乐，富而好礼者也。’子贡曰：‘《诗》云：“如切如磋，如琢如磨，其斯之谓与？”’子曰：‘赐也，始可与言《诗》已矣！告诸往而知来者。’”(《论语·学而篇第一》)子贡所引“如切如磋，如琢如磨”两语，见《诗·卫风·淇奥篇》，指君子修己进德。《礼记·大学第四十二》说：“如切如磋者，道学也；如琢如磨者，自修也。”后来孟子精研《诗》《书》，在《孟子》一书中，大量引《诗》，也是一种说服教育的手段。

《诗》既经常用来作为政治、外交上酬答的辞令，或用来作为个人之间交谊上表达希望、欲求、感激或责难等各种心情的婉语，所以，有时就不免牵强附会、断章取义。在孔子时代这已习以为常，甚至孔子本人也不例外。如“巧笑倩兮，美目盼兮，素以为绚兮”(《论语·八佾篇第三》)，孔子在与子夏对话时却联系到“仁”与“礼”的关系。但孔子重视《诗》教，认为《诗》可以使人陶冶性情，使人“温柔敦厚”，并把《诗》列为“六艺”之一，成为教本，这是很有见识的，值得赞赏的。

“温柔敦厚”，孔颖达的解释是：“温谓颜色温润，柔谓情性和柔。《诗》依违讽谏,不指切事情,故云温柔敦厚,是《诗》教也。”(《十三经注疏·礼记注疏卷第五十》)就是说,孔子认为,进入一个诸侯国,通过对那里的臣民是否颜色温润、情性和柔、态度依违(讽谏时言辞婉转而不直接指切其事、直斥其人),可以看出这个地方“诗教”的状况,这也是孔子关于“仁”的政治思想的一个组成部分。

疏通知远,《书》教也 这是《礼记》中记载的关于《书》(《尚书》)在个人品德修养和社会教化方面的重大作用的论述之一。《礼记·经解第二十六》:“孔子曰:‘入其国,其教可知也。其为人也,温柔敦厚,《诗》教也;疏通知远,《书》教也;广博易良,《乐》教也;洁静精微,《易》教也;恭俭庄敬,《礼》教也;属辞比事,《春秋》教也。’”孔子还说:“故《诗》之失,愚;《书》之失,诬;《乐》之失,奢;《易》之失,贼;《礼》之失,烦;《春秋》之失,乱。其为人也,温柔敦厚而不愚,则深于《诗》者也;疏通知远而不诬,则深于《书》者也;广博易良而不奢,则深于《乐》者也;洁静精微而不贼,则深于《易》者也;恭俭庄敬而不烦,则深于《礼》者也;属辞比事而不乱,则深于《春秋》者也。”

《书》又称《尚书》或《书经》。现在所见的《十三经注疏》本的《尚书》,是由《今文尚书》和《伪古尚书》拼合而成的。《史记·孔子世家》提到,孔子“序《书传》,上纪唐虞之际,下至秦缪,编次其事”。《汉书·艺文志》也认为“《书》之所起远矣,至孔子纂焉”。这是可信的。孔子十分热衷政治,特别重视古代文献,他可能利用《书》作教本,培养政治人才。

《尚书》是中国上古时期记载政治的书,其主要内容是陈述“仁君”治民之道和“贤臣”事君之道;其体例则有典、谟、训、诰、誓、命等。孔子认为,“疏通知远而不诬”,是治国者深于《书》教的表现。什么是“疏通知远”呢?孔颖达解释说:“《书》录帝王言诰,举其大纲,事非繁密,是疏通;上知帝皇之世,是知远也。”(《十三经注疏·礼记正义卷第五十八》)也就是通达知古的意思。孔子认为,通达知古而不诬罔,是"《书》教"深入的结果。

乡原 或作"乡愿",今本《十三经注疏》作"原"。指地方上的好好先生。《论语·阳货篇第十七》:"子曰:'乡原,德之贼也。'"何晏《论语集解》注云:"乡,向也,古字同。谓人不能刚毅,而见人辄原其趣向,容媚而合之,言此所以贼德也。"《孟子·尽心下》也有解释说:"何以是嘐嘐也?言不顾行,行不顾言,则曰'古之人,古之人。行何为踽踽凉凉?生斯世也,为斯世也,善斯可矣'。阉然媚于世者,是乡原也。"又说:"非之无举也,刺之无刺也。同乎流俗,合乎污世。居之似忠信,行之似廉洁,众皆悦之,自以为是,而不可与入尧舜之道,故曰'德之贼也'。"

孔子伦理思想的标准是"中庸"。在讲"中庸"的同时,孔子又讲究"权",即权衡轻重,求其适当的意思。能"中庸"而不能"权",即所谓"执中无权,犹执一也"(《孟子·尽心上》)。充其极,就会走到"中庸"的反面,变成"乡原"。"乡原"就是貌似"中庸"的人,表面上无可非,无可刺,而实际上走的是反"道德"的路。《礼记·中庸篇第三十一》引孔子说:"君子中庸,小人反中庸;君子之中庸也,君子而时中;小人之中庸也,小人而无忌惮也。""时中"就是合乎时宜的"中"。"中"不是固定的,是按着时间等条件而变动的。在这里,含有些辩证的意味。"小人之中庸"就是"乡原",实际上是"反中庸"。(童书业《先秦七子思想研究·孔子思想研究》)

齐 相等、一致。《说文解字》:"齐,禾麦吐穗上平也。象形。"是说"齐"本像庄稼穗一般高的样子,引申而为所有的齐、平之意。如:"子曰:'见贤思齐焉,见不贤而内自省也。'"(《论语·里仁篇第四》)用为使动时,表示"使之齐一"之意,如:"子曰:'道(导)之以政,齐之以刑,民免而无耻;道之以德,齐之以礼,有耻且格。'"(《论语·为政篇第二》)

"见贤思齐"的"齐"用为动词,是"看齐"的意思。孔子非常注重自身修养。他说:“古之学者为己,今之学者为人。”(《论语·宪问篇第十四》)所谓“为人”,就是做给人看,图虚名,不务实,这是他所反对的。他说:“三人行,必有我师焉。择其善者而从之,其不善者而改之。”(《论语·学而篇第一》)他治学态度十分谦虚恭谨,永不自满。他说:“吾有知乎哉?无知也。有鄙夫问于我,空空如也。”(《论语·子罕篇第九》)又说:“我非生而知之者,好古,敏以求之者也。”(《论语·述而篇第七》)他认为“十室之邑,必有忠信”(《论语·公冶长篇第五》)。他表扬孔文子“敏而好学,不耻下问”(《论语·公冶长篇第五》)的精神,鼓励学生“食无求饱,居无求安。敏于事而慎于言,就有道而正焉,可谓好学也已”(《论语·学而篇第一》)。

在《论语》中,“齐”字还读为“咨”(zī),作衣服的下摆讲。如:“摄齐升堂,鞠躬如也,屏气似不息者。”(《论语·乡党篇第十》)这是写孔子上朝经过国君座位时的恭敬样子。

“齐”字还假借为“斋”,即斋戒的意思。如:“齐必有明衣,布。”(《论语·乡党篇第十》)“明衣”指沐浴时的浴衣;“布”是指麻布做的。又如:“齐必变食,居必迁坐。”(同上)是说斋戒之时不饮酒茹荤,不与妻妾同房。

“齐”在当时的一个含义是指齐国。周武王封太公望于齐,拥有今山东半岛及其北部之地。如:“崔子弑齐君。”(《论语·公冶长篇第五》)指的是齐国大夫崔杼杀掉齐庄公之事,见《左传·襄公二十五年》。

广博易良,《乐》教也 这是《礼记》中记载的孔子关于《乐》(《乐经》)在个人品德修养和社会教化方面的重大作用的论述之一。《礼记·经解第二十六》:“孔子曰:‘入其国,其教可知也。其为人也,温柔敦厚,《诗》教也;疏通知远,《书》教也;广博易良,《乐》教也;洁静精微,《易》教也;恭俭庄敬,《礼》教也;属辞比事,《春秋》教也。’”孔子还说:“故《诗》之失,愚;《书》之失,诬;《乐》之失,奢;《易》之失,贼;《礼》之失,烦;《春秋》之失,乱。其为人也,温柔敦厚而不愚,则深于《诗》者也;疏通知远而不诬,则深于《书》者也;广博易良而不奢,则深于《乐》者也;洁静精微而不贼,则深于《易》者也;恭俭庄敬而不烦,则深于《礼》者也;属辞比事而不乱,则深于《春秋》者也。”

关于“六经”中的《乐经》为什么没有流传下来。自古有两种说法:古文经学派认为《乐》本有经,因秦焚书而亡佚。如徐坚《初学记》说:“至秦焚书,《乐经》亡。今以《易》《诗》《书》《礼》《春秋》为五经。”今文经学派则认为《乐》本无经,乐即在《诗》与《礼》之中,“五经”而称为“六经”,全因习惯因袭。如邵懿辰《礼经通论》说:“欲知乐之大原,观三百篇而可;欲知乐之大用,观十七篇而可;而初非别有《乐经》也。”比较而言,古文经学派的说法较近乎情理。

中华民族是一个自古就有爱好音乐习惯的民族。诗歌和音乐常常是密切结合的,越是古代,越是如此。《史记·孔子世家》说:“(诗)三百五篇,孔子皆弦歌之。”孔子自己也说:“吾自卫反鲁,然后乐正,《雅》《颂》各得其所。”(《论语·子罕篇第九》)这表明古时诗乐结合,诗必有乐。《乐经》亡佚后,我们从现存的西汉人著的《周礼·大司乐》和《礼记·乐记》中,还可以窥见其信息。孔子常常以“仁”为纲而“礼”“乐”并提。如:“人而不仁,如礼何?人而不仁,如乐何?”(《论语·八佾篇第三》)《礼记·乐记第十九》也说:“仁近于乐,义近于礼。”孔子的音乐造诣很深,有极高的欣赏水平。如《论语·述而篇第七》:“子与人歌而善,必使反之,而后和之。”又:“子在齐闻《韶》,三月不知肉味,曰:‘不图为乐之至于斯也。’”可见他喜好之深。孔子又是一位音乐理论家,不但精通乐理,而且对音乐在教育上、在个人品德修养上的巨大作用,给予极高的评价。在孔子看来,乐是作为达到仁的最高境界的必由之路。他说:“兴于诗,立于礼,成于乐。”(《论语·泰伯篇第八》)认为乐有助于陶冶情操。

什么是“广博易良”呢?孔颖达解释说:“乐以和通为体,无所不用,是广博;简易良善,使人从化,是易良。”(《十三经注疏·礼记注疏卷第五十》)就是说,普遍的音乐教化,有助于使人民向善,这是《乐》教深入的结果。

属辞比事,《春秋》教也 这是《礼记》中记载的孔子关于《春秋》在个人品德修养和社会交际上的重大作用的论述之一。《礼记·经解第二十六》:“孔子曰:入其国,其教可知也。其为人也,温柔敦厚,《诗》教也;疏通知远,《书》教也;广博易良,《乐》教也;洁静精微,《易》教也;恭俭庄敬,《礼》教也;属辞比事《春秋》教也。”孔子还说:“故《诗》之失,愚;《书》之失,诬;《乐》之失,奢;《易》之失,贼;《礼》之失,烦;《春秋》之失,乱。其为人也,温柔敦厚而不愚,则深于《诗》者也;疏通知远而不诬,则深于《书》者也;广博易良而不奢,则深于《乐》者也;洁静精微而不贼,则深于《易》者也;恭俭庄敬而不烦,则深于《礼》者也;属辞比事而不乱,则深于《春秋》者也。”

《春秋》是我国第一部编年史,记事起于鲁隐公元年(前722),终于鲁哀公十四年(前481),记载了春秋时代二百四十二年的历史。孟子认为《春秋》是孔子所作,他说:“世衰道微,邪说暴行有作,臣弑其君者有之,子弑其父者有之。孔子惧,作《春秋》,天子之事也。是故孔子曰:‘知我者其惟《春秋》乎!罪我者其惟《春秋》乎!’”(《孟子·滕文公下》)司马迁也说:“子曰:‘吾道不行矣,吾何以自见于后世哉?’乃因史记作《春秋》。”(《史记·孔子世家》)后世有人对《春秋》一书是否孔子所作提出许多疑问,但至少大家都承认他曾用鲁之《春秋》作过教本,传授弟子。在《列子·仲尼第四》中有这样一段话:“曩吾修《诗》《书》,正《礼》《乐》,将以治天下,遗来世,非但修一身,治鲁国而已。”由此可知孔子对《春秋》也可能进行了整理,“约其文辞而旨博”(《史记·孔子世家》)。

所谓“属(zhǔ)辞比事,《春秋》教也”,孔颖达解释说:“属,合也;比,近也。《春秋》聚合会同之辞,是属辞;比次褒贬之事,是比事也。”(《十三经注疏·礼记注疏卷第五十》)他认为《春秋》是记言(“会同之辞”)、记事(“褒贬之事”)的,又认为“《春秋》习战争之事,若不能节制,失在于乱”(同上)。由此可见,在孔子看来,一个诸侯国的国君,如果重视教化,使他的臣民知道了解历史的重要性并从中获取有益的知识作为借鉴,这个国家的政治就不会发生混乱,也就说明它的《春秋》之教搞得好。

这里所说的《春秋》,除鲁之《春秋》外,还应包括当时各国的史书。《孟子·离娄下》:“晋之《乘》,楚之《梼杌》,鲁之《春秋》,一也。”《墨子·明鬼下第三十一》提到“周之春秋”“燕之春秋”“宋之春秋”“齐之春秋”,又说:“吾见百国春秋。”可见《春秋》本是当时各国史书的通名,同时也是鲁史的专名。

权　在《论语》中,“权”字有两种含义。

首先,“权”是权衡、称量,也就是铢、两、斤、钧、石等重量的总名。如:“谨权量。”(《论语·尧曰篇第二十》)这是孔子谈到周朝检验并审定度量衡的政治措施时说的。孔子认为,统一度量衡是“兴灭国,继绝世,举逸民”,使“天下归心”的一种手段。《周礼》中有“权之然后准之,准之然后量之”(《周礼·冬官·㮚氏》)的话,说明权量制度的存在。《礼记》中又有“规矩取其无私,绳取其直,权量取其平,故先王贵之”(《礼记·深衣第三十九》)的话,说明权量的作用。《汉书·律历志上》也说:“权者,铢、两、斤、钧、石也,所以称物平施,知轻重也。”说明权量制度一直为我国古代统治者所重视,后来又逐步有所改进。

“权”字的另一种含义是权变,是为更求切合当前现实而违反平常法规的措施。如:“子曰:‘可与共学,未可与适道;可与适道,未可与立;可与立,未可与权。’”(《论语·子罕篇第九》)“立”,指的是“立于礼”;“可与立,未可与权”指的是有的人可以同他一道事事依体而行,却未必可以同他一道通权达变。又如《论语·微子篇第十八》中孔子谈到古今被遗落的人才时,说:

“虞仲、夷逸（二人事迹无考）隐居放言（直言也），身中清，废中权。”是说他们行为廉洁，被放废是他们的权术。在孔子的中庸思想中，“权”是一项重要内容。孔子认为，能中庸而不能权，即所谓“执中无权，犹执一也”（《孟子·尽心上》）。充其极，就会走到中庸的反面，成为“乡原”。孔子指责：“乡原，德之贼也。”（《论语·阳货篇第十七》）孟子解释道：“非之无举也，刺之无刺也。同乎流俗，合乎污世。居之似忠信，行之似廉洁，众皆悦之，自以为是，而不可与入尧舜之道，故曰‘德之贼’也。”（《孟子·尽心下》）《礼记·中庸第三十一》引孔子说：“君子之中庸也，君子而时中。”什么是“时中”呢？孟子解释道：“可以速而速，可以久而久；可以处而处，可以仕而仕，孔子也。”“孔子，圣之时者也。”（并见《孟子·万章下》）孔子主张“四毋”：“毋意，毋必，毋固，毋我。”（《论语·子罕篇第九》）其中的“毋必”“毋固”就是“时中”，也就是“权”。在孔子的思想体系中，所谓“中”并不是一成不变的东西，它随着时间和条件的不同而不同。孔子不但在“仕”的问题上讲“时中”，在教育方面也是这样的。如：“子路问：‘闻斯行诸？’子曰：‘有父兄在，如之何其闻斯行之？’冉有问：‘闻斯行诸？’子曰：‘闻斯行之。’公西华曰：‘由也问闻斯行诸，子曰，“有父兄在”；求也问闻斯行诸，子曰，“闻斯行之”。赤也惑，敢问。’子曰：‘求也退，故进之；由也兼人，故退之。’”（《论语·先进篇第十一》）同样一个道理，冒进的人去做会过分，所以要泄泄火，促退一点；保守的人去做会不及，所以要鼓鼓劲，促进一点。对不同的人有不同的教法，这也是“时中”。

孟子在权变问题上很能领会孔子的思想。他说：“执中无权，犹执一也。所恶执一者，为其贼道也，举一而废百也。”（《孟子·尽心上》）意思是说，主张中道如果没有灵活性，不懂得变通的方法，便是执着于一点。为什么厌恶执着于一点呢？因为它损害仁义之道，只是拿起一点而废弃了其余。孟子又说:"嫂溺,援之以手者,权也。"(《孟子·离娄上》)这是说的守礼与权变的统一关系,他还进一步指出"天下溺,援之以道"的道理。

(特此说明:原文有些内容是重复的,
本文没有呈现,作了删除处理。)

曾子教育思想初探

春秋时期,孔子开创“私学”,建立儒家学派,整理并发展了殷周以来的文化。其思想在中国古代思想史、学术史、教育史上,占有极其重要的地位。《史记·孔子世家》记载说:孔子“弟子盖三千焉,身通六艺者七十有二人”。曾参就是孔子最优秀的弟子之一。他继承发扬了孔子的教育思想和教学传统,在我国教育史上占有重要地位,很值得认真研究。

教育最首要也是最根本的问题,是培养什么人的问题。对于这个问题,不同的时代、不同的阶级,有着不同的要求。孔子主张培养“修己安人”的仁人君子。他说:“圣人,吾不得而见之矣;得见君子者,斯可矣。”(《论语·述而篇第七》)子路问孔子,什么样的人才算是君子?孔子回答说:“修己以敬。”孔子认为,“君子谋道不谋食”,“君子忧道不忧贫”。“志士仁人,无求生以害人,有杀身以成仁。”(《论语·卫灵公篇第十五》)他还说:“士志于道,而耻恶衣恶食者,未足与议也。”(《论语·里仁篇第四》)君子仁人应该“见贤思齐焉,见不贤而内自省也”(《论语·里仁篇第四》)。孔子的这些思想,曾子都有所继承和发挥。

首先,在《论语》中就记述了曾子关于君子和士的一些精彩论述:“曾子曰:可以托六尺之孤,可以寄百里之命,临大节而不可夺也——君子人与？君子人也。”“士不可以不弘毅，任重而道远。仁以为己任，不亦重乎？死而后已，不亦远乎？”（《论语·泰伯篇第八》）。在与前去探望他的孟敬子谈话时，他又提出君子应当“动容貌”“正颜色”“出辞气”以远暴慢而近忠信，实际上是告诫孟敬子要循礼而行。

此外，在《大戴礼》《孟子》《荀子》《庄子》诸书中，我们可以看到大量曾子论仁人君子的话，这些话可以组成一个系统，用以阐发和补充孔子在这方面的论述。例如：“昔者伯夷、叔齐死于沟浍之间。其仁成名于天下。夫二子者，居河济之间，非有土地之厚、货粟之富也；言为文章，行为表缀于天下。是故君子思仁义，昼则忘食，夜则忘寐，日旦就业，夕而自省，以役其身，亦可谓守业矣。”“君子不假贵而取宠，不比誉而取食，直行而取礼，比说（悦）而取友，有说（悦）我，则愿也；慕我说（悦），苟吾自说（悦）也。”“君子直言直行，不宛言而取富，不屈行而取位。”“君子无悒悒于贫，无勿勿于贱，无惮惮于不闻。布衣不完，疏食不饱，蓬户穴牖，日孜孜上仁，知我，吾无䜣䜣；不知我，吾无悒悒。”（《大戴礼·曾子制言》）“君子患难除之，财色远之，流言灭之。祸之所由生自孅孅也，是故君子夙绝之。”“君子见利思辱，见恶思诟，嗜欲思耻，忿怒思患，君子终身守此战战也。”“君子好人之为善而弗趣（促）也。恶人之为不善而弗疾也。疾其过而不补也，饰其美而不伐也。”“君子不先人以恶，不疑人以不信，不说人之过，成人之美，存往者在来者，朝有过，夕改则与之；夕有过，朝改则与之。”（《大戴礼·曾子立事》）曾子为我们勾画出一位何等生动的仁人君子的形象！曾子认为，系统接受儒家传统教育的君子，应该是能够为维护仁、义与礼而牺牲个人享受乃至身家性命，时时严格要求自身，反复省察自身言行，宽厚容人且助人向善的忠厚长者。他反对见利忘义之徒，他曾批评弟子说：“弟子不学古，知之矣：贫者不胜其忧，富者不胜其乐。”（《博物志·杂说上第九》）他告诫学生说：“晋、楚之富，不可及也。彼以其富,我以吾仁;彼以其爵,我以吾义。吾何慊乎哉?”(赵岐注:“慊,少也。”)(《孟子·公孙丑下》)他最厌恶逢迎当权者以取宠禄的做法,他说:“患身之不善,不患人之莫己知。”(《金楼子·立言》)这和孔子的说法完全一致。他还说:“胁肩谄笑,病于夏畦。”(赵岐注:“言其意苦劳极,甚于仲夏之月治畦灌园之勤也。”)直到病重时,他的儿子曾元抱着他的双足,他还殷殷告诫说:“元志之,吾语女(汝):夫鱼鳖鼋鼍犹以渊为浅而堀穴其中,鹰鸢犹以山为卑而增巢其上,及其得也,必以饵。故君子苟能毋以利害义,则耻辱亦无由至矣。”(《荀子·法行第三十》)在《庄子·让王》篇中,生动地记载了这样一段话:“曾子居卫,缊袍无表,颜色肿哙(按‘肿哙’一说释剥落,一说释盈虚不常之貌),手足胼胝。三日不举火,十年不制衣,正冠而缨绝,捉衿而肘见,纳屦而踵决。曳縰而歌商颂,声满天地,若出金石。天子不得臣,诸侯不得友。故养志者忘形,养形者忘利,致道者忘心矣。”当然,《庄子》一书多寓言,曾子生前是否穷困至此,我们姑妄听之。在《孔子家语·在厄》篇中,也有一段记载:“曾子敝衣而耕于鲁,鲁君闻之,而致邑焉。曾子固辞不受。或曰:‘非子之求,君自致之,奚固辞也?’曾子曰:‘吾闻受人施者常畏人,与人者常骄人。纵君有赐,不我骄也,我岂能勿畏乎?’孔子闻之,曰:‘参之言,足以全其节也。’”曾子这样严格要求自身,无疑为他的弟子及后人作出了表率。为了维护礼制,曾子在垂死之时还令子弟易箦,他“瞿然而呼”,并告诫子弟说:“君子之爱人也以德,细人之爱人也以姑息。吾何求哉?吾得正而毙焉,斯已矣!”终于“举扶我易之,反席未安而没”(《礼记·檀弓上第三》)。曾子以身作则,以维护仁义礼制而坚持到最后一息,这在孔门弟子当中应当说是首屈一指的。这种“直言直行”“见利思辱”“杀身成仁”的精神,作为一种个人品德,无疑对后来两千多年正直知识分子起过良好作用,它有利于树立一种崇高的奋斗精神。

在教育内容方面,《论语》说:“子以四教:文、行、忠、信。”

(《论语·述而篇第七》)又说:“弟子,入则孝,出则悌,谨而信,泛爱众,而亲仁。行有余力,则以学文。”(《论语·学而篇第一》)还说:“志于道,据于德,依于仁,游于艺。”(《论语·述而篇第七》)还说:“兴于诗,立于礼,成于乐。”(《论语·泰伯篇第八》)孔子以“六艺”教授弟子,以孝悌忠信等品德要求学生。这些内容,曾子继承下来并有所发扬。他说:“民之本教曰孝。”又说:“夫孝者,天下之大经也。”(《大戴礼·曾子大孝第五十二》)为什么把“孝”当成“天下之大经”呢?因为曾子认为:“居处不庄,非孝也;事君不忠,非孝也;莅官不敬,非孝也;朋友不信,非孝也;战陈无勇,非孝也。五者不遂,灾及乎身,敢不敬乎?”(同上)他认为,必须要“庄”“忠”“敬”“信”“勇”五者兼备,才可以谓之孝。所以卢辩注云:“《孝经》曰:夫孝,德之本也,教之所由生也。”阮元注云:“仁、义、忠、信、礼、行、强,皆本乎孝,故曰‘大经’。”由此可知,曾子关于“孝”的教育理论,绝不只是愚忠愚孝,也不局限于家族范围之内。它是一种较高层次的、含义极广泛的道德伦理观念,凡属儒家教化中所提倡的道德规范和准则,几乎无不包容在内。这在中国古代生产力和生产关系所提供的社会条件下,特别是封建社会初期形成的农业经济环境中,是有其出现的特殊原因的。我们把曾子的“孝行”教育看成是对孔子教育思想的继承与发展,绝不意味着降低孔子思想体系,也不能笼统地把后来统治阶级作为伦理基石的“孝道”都算到曾子的账上。这是中国古代道德伦理教育逐步发展而形成的一种历史现象,只能进行具体的分析与评价。

在教学原则方面,曾子继承发扬了孔子“学而不厌,诲人不倦”的精神。《颜氏家训·勉学》篇说:“曾子七十乃学,名闻天下。”这当然是一种修辞的说法。曾子比孔子小四十六岁,怎么能“七十乃学”呢?但《论语》中明明说“参也鲁”,为什么孔子弟子中竟出了一个能够如此全面继承和发扬孔子学术思想的鲁钝之人呢?可见曾子好学深思,孜孜不倦,具有一种非凡的毅力和认真精神。他说:"君子多知而择焉,博学而算(选)焉,多言而慎焉。"(《大戴礼·曾子立事第四十九》)又说:"君子爱日以学,及时以行,难者弗辟(避),易者弗从,唯义所在。"还说:"其少不讽诵,其壮不论议,其老不教诲,亦可谓无业之人矣。""少称不弟焉,耻也;壮称无德焉,辱也;老称无礼焉,罪也。"(同上)他认为不好学笃行是一种耻辱,甚至是一种罪孽。一直到他病死之前,还在叹息说:"吾不见好学盛而不衰者矣!吾不见好教如食疾子矣!吾不见日省而月考之其友者矣!吾不见孜孜而与来而改者矣!"(卢辩注:谓择善而改非。)(《大戴礼·曾子疾病第五十七》)

曾子认为"学贵求诸己",这一点也是和孔子的教育理论相一致的。孔子说:"其身正,不令而行;其身不正,虽令不从。"(《论语·子路篇第十三》)曾子则说:"同游而不见爱者,吾必不仁也;交而不见敬者,吾必不长也;临财而不见信者,吾必不信也。三者在身,曷怨人?怨人者穷,怨天者无识。失之己而反诸人,岂不亦迂哉?"(《荀子·法行》)曾子认为不修其身就不能齐家、治国、平天下。他说:"赐与其宫室,亦由庆赏于国也;忿怒其臣妾,亦犹用刑罚于万民也。是故为善必自内始也,内人怨之,虽外人亦不能立也。居上位而不淫,临事而栗者,鲜不济矣。"(《大戴礼·曾子立事第四十九》)所以他提倡"日三省吾身"。这种"自省"精神是可贵的,绝不是什么唯心主义。《说苑·杂言》篇记载了一段话,说明曾子是如何虚心地向孔子学习:"曾子曰:'吾闻夫子之三言,未之能行也。夫子见人之一善,而忘其百非,是夫子之易事也。夫子见人有善,若己有之,是夫子之不争也。闻善必躬亲行之,然后道之,是夫子之能劳也。夫子之能劳也,夫子之不争也,夫子之易事也,吾学夫子之三言而未能行。'"这种虚心好学、严于责己、反躬自省和学行结合的作风,成为我国儒家教育的优秀传统,值得我们很好地研究和继承。它对树立好的治学风气是有借鉴意义的。

学生的学习过程,实际上是认识的思维过程。在这方面,曾子理出了一个较孔子更为细密的体系:“知止而后有定,定而后能静,静而后能安,安而后能虑,虑而后能得。”(《礼记·大学第四十二》)这较孔子的“学而不思则罔,思而不学则殆”的说法,性质虽同,却更完整了。曾子继承了孔子关于教学规律和学习过程的思想,特别强调学与习、学与思、学与行的结合。《大戴礼·曾子立事第四十九》曰:“君子既学之,患其不博也;既博之,患其不习也;既习之,患其无知也;既知之,患其不能行也;既能行之,贵其能让也。君子之学,致此五者而已矣。”这一“博—习—知—行—让”的全过程分析,较之孔子的“学而时习之”和“君子耻其言而过其行”来,要细密而全面得多了。曾子一再强调要注重知行关系,他说:“君子博学而孱守之(卢辩注:孱,小貌,不务大),微言而笃行之,行必先人,言必后人,君子终身守此悒悒。行无求数有名,事无求数有成。身言之,后人扬之;身行之,后人秉之,君子终身守此惮惮也。”(《大戴礼·曾子立事第四十九》)这种精神,贯彻到他的学生中去。《说苑·反质》篇记载了这样一个生动的故事:“公明宣学于曾子,三年不读书。曾子曰:‘宣,而居参之门,三年不学,何也?’公明宣曰:‘安敢不学?宣见夫子居宫庭,亲在,叱咤之声未尝至于犬马。宣说(悦)之,学而未能。宣见夫子之应宾客,恭俭而不懈惰,宣说(悦)之,学而未能。宣见夫子之居朝廷,严临下而不毁伤,宣说(悦)之,学而未能。宣说(悦)此三者,学而未能。宣安敢不学,而居夫子之门乎?’曾子避席谢之曰:‘参不及宣,其学而已!’”由此可见曾子的所谓“学”是与“行”密切结合在一起的。他考察学生,也是以行动是否合于礼义为准则的。他指出:“临惧之,而观其不恐也;怒之,而观其不惛也;喜之,而观其不诬也;近诸色,而观其不逾也;饮食之,而观其有常也;利之,而观其能让也;居哀,而观其贞也;居约,而观其不营也;勤劳之,而观其不扰人也。”(《大戴礼·曾子立事第四十九》)这样严格细密而又从容不迫地通过社会生活实践去考察教育效果,其方法之科学合理,实在可以算得上人类教育之树上的硕果。

教育的又一个重要问题是受教育者与周围环境的关系。曾子指出:“蓬生麻中,不扶自直;白沙在泥,与之俱黑。”(《大戴礼·曾子制言上第五十四》)又说:“与君子游,苾乎如入兰芷之室,久而不闻,则与之化矣;与小人游,贷乎如入鲍鱼之次,久而不闻,则与之化矣。是故君子慎其所去就。”“与君子游,如长日加益,而不自知也;与小人游,如履薄冰,每履而下,几何而不陷乎哉?”(《大戴礼·曾子疾病第五十七》)可见他非常重视环境习染对人的主体成长发展的影响。这种观点深深地影响了荀子,在《荀子》的《解蔽》《大略》《法行》诸篇中,荀卿都把曾子作为自己的先驱而传述之。而《劝学》篇则直接袭用了曾子的话。基于这种唯物的认识论,曾子一向十分注重交友问题。他说:“吾不仁其人,虽独也,吾弗亲也;故君子不假贵而取宠,不比誉而取食。”(《大戴礼·曾子制言中第五十五》)这正如孔子指出的“无友不如己者”(《论语·学而篇第一》)以及“益者三友,损者三友:友直、友谅、友多闻,益矣;友便辟、友善柔、友便佞,损矣”(《论语·季氏篇第十六》)。曾子还把这些意思说得更具体而详尽。他说:“多知而无亲(卢辩注:‘无所亲行’),博学而无方,好多而无定者,君子弗与也。”“博学而无行,进给而不让,好直而径。俭而好偻者(卢辩注:‘偻,塞也’),君子不与也。夸而无耻,强而无惮,好勇而忍人者,君子不与也。亟达而无守,好名而无体(卢辩注:‘体,容体’),忿怒而为恶,足恭而口圣(阮元注:‘足恭,以足便辟为恭容也。口圣,自言圣也’),而无常位者(阮元注:‘无常位,无方无定也’),君子弗与也。”“巧言令色,能小行而笃,难于仁矣。嗜酤酒,好讴歌,巷游而乡居者,吾无望焉耳。”“出入不时,言语不序,安易而乐暴,惧之而不恐,说之而不听,虽有圣人,亦无若何矣。”“临事而不敬,居丧而不哀,祭祀而不畏,朝廷而不恭,则吾无由知之矣。”(《大戴礼·曾子立事》)

由此看来,曾子论交友,把品德放在第一位。品德不好的人,即使“多知”“博学”,也不能当作朋友。至于“无耻”“不让”“忍人”“无守”“为恶”等违反礼法的人,就更不能在交友之列。但是他又说:“朝有过夕改,则与之;夕有过朝改,则与之。君子义则有常,善则有邻。见其一,冀其二;见其小,冀其大。苟有德焉,亦不求盈于人也。”(《大戴礼·曾子立事第四十九》)对于有德而犯错误的人,决不求全责备。在儒家教育思想中,改过是一种美德。可见在品德教育方面,曾子继承了孔子的思想,对学生既能严格要求,又不求全责备,有过而能改,就可以成为君子。“君子攻其恶,求其过,强其所不能,去私欲,从事于义,可谓学矣。”(《大戴礼·曾子立事第四十九》)

曾子教育思想中,还有一点要提及的,就是关于尊师的观念。《孟子·滕文公上》记载:“昔者孔子没,三年之外,门人治任将归,入,揖于子贡,相向而哭,皆失声,然后归。子贡反,筑室于场,独居三年,然后归。他日,子夏、子张、子游以有若似圣人,欲以所事孔子事之,强曾子,曾子曰:‘不可。江汉以濯之,秋阳以暴之,皓皓乎不可尚已。’”(卢辩云:“皓皓,白甚也。何可尚而乃欲以有若之质于圣人之坐席乎?尊师道,故不肯也。”)有人认为曾子之所以拒绝子夏等的建议,是因为他有着“自命为继承孔子正传的雄心”(见上海教育出版社出版的《中国古代教育家语录类编》上册第218页)。这是误解了曾子的意思。曾子认为“事师犹事父也”。曾子曰:“君子行于道路,其有父者可知也,其有师者可知也。夫无父而无师者,余若夫何哉?此言事师之犹事父也。”(《吕氏春秋·孟夏纪》)假如一个人的父亲去世了,难道他可以找一个什么貌似之人来当父亲侍奉吗?尊师是一种美德,也是我们中华民族优秀的传统之一,“师道尊严”到任何时代都不能完全否定。当然,做教师的为人师表是尊师的前提。把为人师表与尊师两者结合起来,就构成教育学上的一条重要原则。曾子的尊师是和问道结合在一起的。《大戴礼·曾子立事第四十九》记载曾子的话说："君子学必由其业，问必以其序。问而不决，承间观色而复之，虽不悦，亦不强争也。"阮元在《曾子家语》注中解释道："《礼记·曲礼》曰：请业则起，曾子问正言，孔子不应。曾子惧，肃然抠衣下席，曰：'弟子知其不孙（逊）也，得夫子之闲也难，是以敢问。'孔子不应。曾子惧，退负序而立。孔子曰：'参，女（汝）可语明王之道与！'曾子曰：不敢以为足也，得夫子之闲也难，是以敢问。'……此承间后问之义也。"曾子的这种态度，是与他的孝道相一致的。《论语·为政》："子夏问孝。子曰：'色难。……'"包咸注云："色难者，谓承顺父母颜色乃为难。"可见曾子是以孝敬父母的态度对待师长。这种态度与师生平等的观念并不矛盾，因为其终极目的相同，都是为增长知识、培养人才服务。

曾子在教育方面的理论贡献当然不止这些，限于篇幅，不再详述。总之，曾子继承发扬并发展了孔子的教育学说，并以自己卓有成效的教学实践丰富了我国古代教育论，尽管受时代和阶级的局限而瑕瑜互现，但仍不失为世界教育史上闪闪发光的明珠。

［原载《山东师大学报（社会科学版）》
1996 年第 4 期，有改动］

孔融集校注前言

孔融字文举,山东曲阜人,是孔子的第二十代孙。生于汉桓帝永兴元年(153)。七世祖孔霸,是孔安国的孙子,做过汉元帝的老师,位至侍中,赐爵关内侯,号褒成君,世习《尚书》。孔融的父亲孔宙做过元城令,迁泰山都尉,少习家训,治严氏《春秋》。他兄弟七人,孔融排行在六。兄弟中今可考见者,一个是孔褒,做过豫州从事,一个是孔谦,仕历郡诸曹史,碑碣称他们祖述家业,治《春秋》,可见孔融家学渊源。孔融四岁就有所谓“自然之性”,“孔融让梨”的故事是大家所熟悉的。七岁(《后汉书·孔融传》误作“十岁”,辨见《年谱》)的时候,他居然跑到当时名扬天下的河南尹李膺家门要求谒见,“欲观其人”。李膺以简重自居,不妄接宾客,孔融就诡称与李氏有“通家之好”,李膺问他:“高明父祖尝与仆周旋乎?”他回答说:“先君孔子与君先人李老君同德比义,而相师友,则融与君累世通家。”太中大夫陈炜说他“小而聪了,大未必奇”。他应声而对:“观君所言,将不早惠乎?”搞得陈炜十分尴尬。他十一岁时死了父亲,史书说他“哀悴过毁,州里称孝”。十七岁时,第二次党祸起,他曾代替外出的兄长掩护了那位“望门投止”的张俭,后来事情暴露,他与兄长孔褒及母亲“一门争死”,“郡县不能决”,只好上报,最后逮捕了孔褒。

孔融生在一个动乱险恶的时代,连年灾荒,民不聊生,各地农民不断起义,外族也不断叛乱,后来终于爆发了声势浩大的黄巾起义,又加上外戚、宦官专擅朝政,持续十几年的党锢之祸,军阀混战,王室衰微,群雄四起,知识分子不断分化,许多人朝不虑夕,个人遭禁锢、遭杀戮不算,还要诛妻灭子,株连三族。

汉灵帝熹平年间,孔融开始踏上仕途,当时他二十多岁,先是在司徒杨赐府中做掾属,后来,中平初年他三十多岁的时候,举高第,做了侍御史,因为和上司不合,托病还家。第二年,杨赐做了司空,孔融辟司空掾,拜军中侯,在职三天,升为虎贲中郎将。在他三十七岁那年,灵帝卒,献帝即位,年仅十七,太后临朝,外戚何进秉朝政,想诛灭宦官,不料事泄,自己被宦官杀了。袁绍除了宦官,董卓迎帝还宫,袁绍因与董卓不合,奔了冀州。这年年底,董卓做了相国,专擅朝政。孔融因为反对董卓谋废立皇帝的事,左转为议郎。第二年,军阀混战开始了,曹操做了奋武将军。董卓胁迫汉献帝迁都长安,徙民数百万,洛阳宫室一火焚之,二百里内,室家荡尽。那时黄巾军的起义还没有被镇压下去,北海郡一带正是义军攻打的要冲,董卓就暗示三府推荐孔融做北海相。他做了北海相,很想有一番作为,于是修学校,举贤才,为郑玄立了“郑公乡”,荐拔了邴原等人,因为租赋问题,惩处了五部督邮,还镇抚了幽州军乱卒。但是他毕竟不善兵谋,第二年黄巾军张饶部过青州时,他带兵迎击,结果被打得大败,只好收余兵退保朱虚。初平三年,他四十岁的时候,又被黄巾军管亥部所围,逼急了,只好派太史慈求救于刘备。刘备当时任平原相,听说孔融来求救,很惊奇,说:“孔北海乃复知天下有刘备邪?”这大约是孔融与刘备第一次发生来往。结果刘备派了三千兵为孔融解了围。兴平二年,刘备上表,让孔融领青州刺史,复还北海。孔融又想“附山东,外接辽东,得戎马之利,建树根本”。但是他怎么能和袁、曹相抗衡呢?士卒不满数百,谷不至万斛,孤立一隅,不与群雄相通。左丞祖劝他自托强国,结果被他杀了,刘义逊也是个清隽之士,见此情形,逃跑了。《后汉书》说他"负其高气,志在靖难,而才疏意广,迄无成功"。这是确实的。建安元年的春天,袁绍的长子袁谭围攻他,一直攻到夏天,城中士卒剩下了几百人,流矢雨集,戈矛内接,而他还"隐几读书,谈笑自若"。后来,城夜陷,他逃往东山,妻子都被掳去了。郑玄的儿子益恩原是孔融所举孝廉,也在这场战斗中殒身了。八月份,汉献帝迁都许昌,征孔融为将作大匠,迁少府,在朝政方面颇有影响。《后汉书》说他每当朝会访对之时,都要"引正定议","公卿大夫皆隶名而已"。他把祢衡推荐给了曹操。那封《荐祢衡表》,刘勰说他写得"气扬采飞"。祢衡逸才飙举,尚气刚傲,曾骂得曹操很恼火。曹操这时是大将军,武平侯,地位很高,权势也很大,要杀祢衡那是很简单的,但他并没有杀。《资治通鉴》记载他对孔融说:"祢衡竖子,孤杀之,犹雀鼠耳!顾此人素有虚名,远近将谓孤不能容之。"曹操就把祢衡送给了刘表,后来祢衡死在江夏太守黄祖手里。曹操没有杀祢衡,但后来杀孔融终究还是与祢衡有着很大关系的。

孔融是在建安十三年时被杀的。《后汉书》说:孔融"见操雄诈渐著,数不能堪,故发辞偏宕,多致乖忤"。"操疑其所论建渐广,益惮之。然以融名重天下,外相容忍,而潜忌正议,虑鲠大业。"其实建安三年袁绍曾经劝曹操杀掉孔融、杨彪等,当时曹操拒绝了,他说:"当今天下土崩瓦解,雄豪并起,辅相君长,人怀怏怏,各有自为之心,此上下相疑之秋也,虽以无嫌待之,犹惧未信,如有所除,则谁不自危?"曹操没杀孔融,因而惹恼了袁绍,史书说他"深怀怨望"。那么曹操后来为什么又让路粹枉状奏杀孔融呢?主要是怕他"鲠"了自己的"大业"。孔融是始终忠心耿耿保汉室江山的,他看到曹操"雄诈渐著",自己又无力阻挠,就屡次上奏表通书信故意违忤曹操,那封《复王畿古制奏》就是明确反对军阀割据的。后来曹操禁酒,孔融讥讽他"但惜谷耳,非以亡王为戒也”。曹操攻屠邺城,袁绍妇子多见侵略,曹丕私纳袁绍的儿媳甄氏,孔融写信给曹操,说周武王伐纣,把妲己赐给了周公,这实在是奇妙的联想,千古之隽语。曹操讨乌桓,孔融也戏谑他。在回曹操的信中,他用《韩非子》中宋人沽酒的故事把那位承望曹操风旨奏免孔融官职的郗虑暗喻为“猛狗”。这些,都是曹操越来越难于容忍的。而在孔融,也实在是别无他计,只好如此。张溥说:“时僭形已彰,文举既不能诛之,又不能远之。并立衰朝,戏谑笑傲,激其忌怒,无啻肉餧饿虎,此南阳管乐所深悲也。”(《汉魏六朝百三家集题辞注》)孔融的死,是一种抗议,但并不起什么作用,主要原因是他一心匡复的汉室政权,已经到了山穷水尽的地步,曹氏的僭权,也是势所必至。但是曹操杀孔融这件事,不论怎么说也是难以原谅的。特别是那借口和手段,都不是光明正大的。孔融全家被杀,连年仅八九岁的子女也未免于难,这就是所谓“覆巢之下无完卵”,可见事情之残酷。也正是为此,像《世说新语》这样的著作中往往有一些戏剧性的描写,可以看出人们对孔融的同情与对曹操的不满。而在曹操的命令中,除重复路粹的诬枉之辞外,也明显地流露出他“惧远近之议”的恐惧心理,不得不在指斥孔融“违反天道,败伦乱理”的同时,也承认“世人多采其虚名”,“眩其诳诈”,最后又怒形于色地说什么“虽肆市朝,犹恨其晚”,这分明是“杀一儆百”的意思。

孔融的诗文,《后汉书》著录凡二十五篇,有诗、颂、碑文、论议、六言、策文、表、檄、教令、书记等。曹丕很喜爱孔融的文辞,把他和扬雄、班固相提并论,并且“募天下有上融文章者,辄赏以金帛”。所以张溥说:“曹丕《论文》,首推北海,金帛募录,比于扬、班。脂元升往哭文举,官以中散。丕好贤知文,十倍于操。”这话带有一些感情色彩,曹操又何尝不“好贤知文”?只是“虑鲠大业”,容不下这位“戏谑笑傲”的孔文举罢了。

孔融的文章,颇有一种豪气。张溥说:“东汉词章拘密,独少府诗文豪气直上。”我们看一下和他同时代的曹丕是怎样评价他的：

《典论论文》：“今之文人，鲁国孔融文举、广陵陈琳孔璋、山阳王粲仲宣、北海徐幹伟长、陈留阮瑀元瑜、汝南应玚德琏、东平刘桢公幹，此七子者，于学无所遗，于辞无所假，咸以自骋骥騄于千里，仰齐足而并驰。”

“孔融体气高妙，有过人者，然不能持论，理不胜辞，以至乎杂以嘲戏。及其所善，扬、班俦也。”

再看看后世的刘勰在《文心雕龙》中是怎样评价他的：

《诔碑》篇：“孔融所创，有慕伯喈。张、陈两文，辨给足采。”（按《孔融集》有《卫尉张俭碑铭》。陈文无考。）

《论说》篇：“孔融孝廉，但谈嘲戏。”

《诏策》篇：“孔融之守北海，文教丽而罕于理，乃治体乖也。”

《章表》篇：“文举之荐祢衡，气扬采飞。”

《书记》篇：“文举属章，半简必录。”

《风骨》篇：“魏文称文以气为主，气之清浊有体，不可力强而致，故其论孔融，则曰体气高妙。”“公幹亦云：孔氏卓卓，信含异气，笔墨之性，殆不可胜。”

《才略》篇：“孔融气盛于为笔，祢衡思锐于为文，有偏美焉。”

《程器》篇：“文举傲诞以速诛。”

刘彦和likely

刘彦和抯摭利病，大体上继承并发展了曹丕的观点。司马彪《九州春秋》说孔融的教令“辞气温雅，可玩而诵。论事考实，难可悉行”。所以有人把他的作品喻为“丰年之玉”，而非“荒年之谷”。

孔融的文章，保留下来的虽少，但比起目前所能见到的他的诗来，毕竟还是更容易看出些特点来。

首先，就是所谓“气体高妙”。刘勰谈“风骨”，有这样的话：

“怊怅述情,必始乎风;沉吟铺辞,莫先于骨。故辞之待骨,如体之树骸;情之含风,犹形之包气。结言端直,则文骨成焉。意气骏爽,则文风清焉。”孔融之文,能够运气于骨,“如纵舟长江大海间,其中烟屿星岛,往往可成一都会。即飓风忽起,波涛万状,东汨西注,未知所底,苟能操柁觇星,立意不乱,自可免漂溺之失”(侯朝宗《与任王谷论文书》)。这种思想内容与外在表现形式的巧妙结合,往往能造成“文质兼备”的效果。刘师培《中国中古文学史讲义》第四课《魏晋文学之变迁》谈到魏代文学“清峻简约,文质兼备”的特点时,曾把它的渊源追溯到孔融、王粲那里。他在第三课《论汉魏之际文学变迁》部分里分析这种情形说:“迨及建安,渐尚通侻;侻则侈陈哀乐,通则渐藻玄思。”“献帝之时,诸方棋峙,乘时之士,颇慕纵横,骋词之风,肇端于此。”又“汉之灵帝,颇好俳词,下习其风,益尚华靡,虽迄魏初,其风未革”。并引《文心雕龙·时序》篇云:“观其时文,雅好慷慨,良由世积乱离,风衰俗怨,并志深而笔长,故梗概而多气也。”孔融的《荐祢衡表》“气扬采飞”,这种“气”“采”,足补建安时期“表章多浮”的不足。他的《崇国防疏》却又精悍似贾长沙而文采过之。他的《复王畿古制奏》词茂味腴,意尤简远,有尺幅千里之致。他的《马日磾不宜加礼议》又似老吏断狱,用笔廉悍似韩非。他的《告高密令》等几篇小品,寥寥数语,而情韵不匮。至于《论盛孝章书》《论禁酒书》,可谓庄谐杂出,而《圣人优劣又论》则直是“杂以嘲戏”“理不胜辞”了。

“理不胜辞”,要看是什么“理”,生在那个时代里,事有不可理喻者,有不能正言者。《庄子·天下》篇云:“以谬悠之说,荒唐之言,无端崖之辞,时恣纵而不傥,不以觭见之也。以天下为沈浊,不可与庄语。以卮言为曼衍,以重言为真,以寓言为广。独与天地精神往来,而不敖倪于万物,不谴是非,以与世俗处。其书虽瑰玮,而连犿无伤也。其辞虽参差,而諔诡可观。”这是自叙其文体。孔融虽与庄子思想和艺术风格不同,但这种诙诡之趣却一脉相承。《庄子》之荒唐,《春秋》之刺讥,《史记》之谤书,《世说》之隽语,异曲而同工。《史记·滑稽列传》曰:"孔子曰:六艺于治,一也。《礼》以节人,《乐》以发和,《书》以道事,《诗》以达意,《易》以神化,《春秋》以道义。太史公曰:天道恢恢,岂不大哉!谈言微中,亦可以解纷。"司马迁把滑稽之谈言微中与"六艺"相提并论。刘勰在《文心雕龙·谐隐》篇中说:"昔齐威酣乐,而淳于说甘酒;楚襄宴集,而宋玉赋好色;意在微讽,有足观者。及优旃之讽漆城,孟之谏葬马,并谲辞饰说,抑止昏暴。是以子长编史,列传滑稽,以其辞虽倾回,意归义正也。"也并不完全否定嘲戏之辞的作用,而孔融嘲戏与宋玉优孟之论不同,更不同于刘勰所批评的那种诋嫚媟弄"见视如倡""虽抃推席,而无益时用"的东西。他吐辞典则,不掩其趣。范晔《论》曰:"若夫文举之高志直情,其足以动义概而忤雄心。故使移鼎之迹,事隔于人存;代终之规,启机于身后也。"范晔把他的作用估计得那么高,也许有些言过其实,但孔融的"杂以嘲戏",至少也要看成是一种斗争,与"魏文因俳说以著笑书"(《文心雕龙·谐隐》篇)是大相异趣的。且孔融是曹操杀的,曹丕自然不会赞赏他对于曹氏的嘲戏。而刘彦和也只说孔融"傲诞以速诛",并未深责于他的嘲戏。

"文章者性情之风标。"(《齐书·文学传论》)孔融敬贤爱才,急人之难,谋国之忠,其真情实感,流于文章,故"情动而言形,理发而文见"(《文心雕龙·体性》篇)。"文采所以饰言,而辩丽本于性情。"(《文心雕龙·情采》篇)孔融文章的深醇浓郁,是与他性情深挚相一致的。故其珠零锦粲,皆足珍宝。

查《隋书·经籍志》有《后汉少府孔融集九卷》。(注云:"梁十卷,录一卷。")

《旧唐书·经籍志》卷二七有《孔融集十卷》。

《新唐书·艺文志》卷六〇有《孔融集十卷》。

至于《宋史·艺文志》就不见著录了。宋晁公武的《郡斋读书志》、陈振孙的《直斋书录解题》以及明杨士奇等的《文渊阁书目》均未见著录,可见《孔融集》是佚于宋代或唐宋之际。清《四库全书》有《孔北海集一卷》,用的是编修朱筠家藏本。《提要》云:"新、旧《唐书》皆作十卷,盖犹梁时之旧本。《宋史》始不著录,则其集当佚于宋时。此本(按指朱筠家藏本,今未得见)乃明人所掇拾,凡表一篇、疏一篇、上书三篇、奏事二篇、议一篇、对一篇、教一篇、书十六篇、碑铭一篇、论四篇、诗六篇,共三十七篇。其《圣人优劣论》盖一文而偶存两条,编次者遂析为两篇,实三十六篇也。张溥《百三家集》亦载是集,而较此本少《再告高密令教》《告高密县僚属》二篇。大抵捃拾史传类书,多断简残章,首尾不具。不但非隋唐之旧,即苏轼《孔北海赞序》称读其所作《杨氏四公赞》,今本亦无之。则宋人所及见者,今已不具矣。"又朱筠家藏本"集中诗文,多有笺释本事者,不知何人所作"。这些笺释见于《四库全书》本,现在流传的《汉魏六朝百三名家集》《全上古三代秦汉三国晋南北朝文》等均无。我这个校注本主要根据清光绪十八年湖南古书流通处刊印的张溥《汉魏六朝百三家集》本并参照丁福保《汉魏六朝名家集》、严可均《全上古三代秦汉三国六朝文》以及中华书局出版的俞绍初辑校《建安七子集》,试图依《后汉书·孔融传》、陆侃如《中古文学系年》和我所撰《孔融年表》所提供的线索,把孔融的文章按照创作时间的先后重新排序,打乱《汉魏六朝百三家集》按照文章体裁(表、疏、书、对、教、书、论、议、碑)划分排列的顺序,也未完全遵从俞校《建安七子集》(按俞氏"前言"所叙,其篇目大体依丁福保《汉魏六朝名家集》编次)的顺序。我想,这样做或许更便于读者了解孔融的思想发展情况。至于创作年代难于考见的几篇,就只好放在文集的最后了。

俞校本的《同岁论》《肉刑论》《失题书》《与宗从弟书》中的"同源派流,人易世疏,越在异域,情爱分隔"几句,我把它放在附录中了。另外,在附录中又收集到其他几段佚文,也作了简单注释,使读者便于理解。

《四库全书总目提要》云:“其六言诗之名见于本传,今所传三章,词多凡近,又皆盛称曹操功德,断以融之生平,可信其义不出此。即使旧本有之,亦必黄初间购求遗文,赝托融作以颂曹操,未可定为真本也。流传既久,姑仍旧本录之。”看来,诗的部分问题较多,吴云主编的《建安七子集校注》前言部分,对孔融与曹操的关系有论述。总起来看,二人关系可分三个阶段:灵帝末年孔融任北海相期间,对曹操是有戒心的;建安元年(196)到建安九年(204),孔融开始对曹操寄托希望,因为他看到曹氏拥戴汉献帝并对社会名流委以重任,觉得他有能力“匡复汉室”;从建安九年(204)到建安十三年(208)孔融看到曹氏“雄诈渐著”,出于当时“忠君”观念及受知识分子清议风气的影响,乃公开反对曹氏而终至被杀。这种认识是基本符合史实的,同时也可以帮助我们理解孔融《六言诗》中对曹操的歌颂。总体来看,孔融诗的成就远不如他的散文好,而且也很难与王粲等人并驾齐驱。

孔融的年表,由于条件所限,我仅见到缪荃孙、孙至诚等人所作,二表互有详略分歧。为便于“知人论世”,俾学者便于省览,我在前人基础上参考陆侃如《中古文学系年》、张可礼《三曹年谱》、王利器《郑康成年谱》等书作了必要的补充与辩证。偶有不得其详者,姑存其疑,未敢妄加案断。

校注过程中,得张可礼、刘晓东两位先生大力帮助。书稿于1985年夏初写成,当时被列入山东省古籍整理计划项目之中,至1994年得校、系领导及山东大学出版社资助始获出版,又蒙王延梯先生热忱关注及指导,在此一并致谢。

因学力所限,错误之处一定很多,望专家及读者指正。

1994年3月于山东大学

文言修辞与训诂

我国古代训诂之学实际上是包括修辞在内的。

如果我们认真裒集整理一下,会发现从马融、许慎、郑众、郑玄到孔颖达、贾公彦,下而至于段玉裁、王念孙、王引之等训诂大家,对于文言修辞方面有不少探索和阐说。搞文言修辞的人,不可不重视那些包藏在训诂材料之中的修辞理论。

譬如《诗》之"六义",特别是"比兴"问题,早在郑康成注三《礼》的时候就有解说。《周礼·春官·大师》:"教六诗:曰风、曰赋、曰比、曰兴、曰雅、曰颂。"郑注云:

风,言贤圣治道之遗化也。赋之言铺,直铺陈今之政教善恶。比,见今之失,不敢斥言,取比类以言之。兴,见今之美,嫌于媚谀,取善事以喻劝之。雅,正也,言今之正者,以为后世法。颂之言诵也、容也,诵今之德,广以美之。

郑众曾谈到"风、雅、颂"之源。他说:

古而自有风雅颂之名,故延陵季子观乐于鲁,时孔子尚幼,未定《诗》《书》,而因为之歌"邶""鄘""卫"。曰:"是其卫风乎?”又为之歌“小雅”“大雅”,又为之歌“颂”。

郑众还解释“比”与“兴”说:

比者,比方于物也。兴者,托事于物也。

这实际上是在研究“比”与“兴”在修辞手法上的异同。郑玄把“比”局限于“见今之失”,把“兴”局限于“见今之美”,其实他并没有从二者形式上的不同去加以分析,所以他把“兴”也说成“喻劝”,他的概念是含混的。后来孔颖达在为《诗序》作疏时,就是采郑众的说法而又加以具体化的。他说:

郑司农云:“比者,比方于物。”诸言“如”者,皆比辞也。司农又云:“兴者,托事于物。”则兴者,起也。取譬引类,起发己心,《诗》文诸举草木鸟兽以见意者,皆兴辞也。

“比”与“兴”虽同是附托外物,“比”显而“兴”隐。

后人对于《诗》之“六义”进行了许多探讨与争论,直至20世纪30年代,黎锦熙还著有《修辞学比兴篇》,成为专谈“比兴”的比较细致的文章。

郑玄注《礼记》,多次提到“参互见义”的现象。如:

《礼记·文王世子》:“诸父守贵宫贵室,诸子诸孙守下宫下室。”又云:“诸父诸兄守贵室,子弟守下室,而让道达矣。”郑注:“上言父子孙,此言兄弟,互相备也。”

《礼记·杂记上》:“有三年之练冠,则以大功之麻易之。”郑注:“言练冠易麻,互言之也。”(孔颖达疏:“麻谓绖带。大功言绖带,明三年练亦有绖带;三年练云冠,明大功亦有冠。是大功冠与绖带,易三年冠及绖带,故云互言之。”)

《礼记·祭统》:“王后蚕于北郊,以共纯服。……夫人蚕于北郊,以共冕服。”郑注:“纯服,亦冕服也,互言之尔。纯以见缯色,冕以著祭服。”

郑玄所说的“互相备”“互言之”,都是告诉我们对文之间互补为用,理解起来勿生偏颇。在其他地方,他还用了“通异语”“文相变”等说法。如:

《礼记·文王世子》:“庶子以公族之无事者守于公宫:正室守太庙,诸父守贵宫贵室,诸子诸孙守下宫下室。”郑注:“或言宫,或言庙,通异语。”

《礼记·檀弓上》:“浴水用盆,沃水用枓,沐用瓦盘。”郑注:“浴沃用枓,沐于盘中,文相变也。”

看来这是属于遣词造语变化参差以求其通的手法,郑玄指出“宫”与“庙”在句中异语相通,浴沃沐所用器皿变其文而已,实则一事。

在郑玄那里,互文与变文畛域分明,或则互补见义,或则临文避复避滞,这都是他对古人行文变化的认识,这种认识是可贵的。他的解释,对于人们读懂古书是有帮助的。训诂大师郑康成是懂修辞之术的,他从修辞角度去考察古人文章,可见修辞也是训诂的一项内容。

晋代的郭璞,是从理论上研究“反训”第一人,他指出的“美恶不嫌同名”的现象,一直为后来的训诂家所重视。他注释《尔雅》,在“肆、故,今也”条下注云:“此义相反而兼通者。”在“徂,在,存也”条下注云:“以徂为存,犹以乱为治,以曩为向,以故为今,此皆训诂义有反复旁通,美恶不嫌同名。”

词义本身存在着的“反复旁通”现象,决定了训诂学上的

“反训”原则,所以研究训诂学的人要去重视它、研究它。那么,这种“反义同词”的现象对语义表达的明确性会产生何种影响呢?黑格尔说:

> 德语有些字非常奇特,不仅有不同的意义,而且有相反的意义,以至于使人在那里不能不看到语言的思辨精神:碰到这样的字,遇到对立物的统一(但这种思辨的结果对知性说来却是荒谬的),已经以素朴的方式,作为有相反意义的字出现于字典里,这对于思维是一种乐趣。(《逻辑学·第二版序言》)

是的,这对逻辑思维是“一种乐趣”,对词义研究是一个“奇特”的现象。德国是没有“训诂学”的,而在中国,它也是训诂领域有待发掘的一个谜一般的问题。那么,对于修辞学来说,这种“相反相成”的现象或所谓“对立物的统一”,难道就不该去研究它了吗?“余有乱臣十人”(《书·泰誓》)与“孔子成《春秋》而乱臣贼子惧”(《孟子·滕文公下》),同是“乱臣”,在前例为治世之良才,在后例则为犯上之叛逆,善与恶,美与丑,都用一个“乱”字来表达,这种表达是清楚的吗?它有无美辞的价值?这些问题,训诂学要讨论,词汇学要讨论,文字学要讨论,修辞学也应该参加讨论。大家从不同角度去讨论,才有益于学术的相互渗透、相互促进和共同发展。

上文我们提到了孔颖达,此人著《五经正义》,纂疏经传,是个大训诂学家。同时,我们发现,他在修辞方面的贡献也是不可低估的。他十分重视从语言表达这个角度去考察问题。

他在《尚书正义·序》中指出:

> 夫《书》者,人君辞诰之典,右史记言之策。
> 勋华揖让而典谟起,汤武革命而誓诰兴。

这是对“典谟誓诰”文体之探源。

他还谈到“篇章”问题：

> 自古而有“篇”“章”之名，与《诗》《礼》俱兴也。
>
> 句必联字而言，句者局也。联字分疆，所以局言者也。章者，明也。总义包体，所以明情者也。
>
> 篇者，遍也。言出情铺事，明而遍者也。

他用“声训”“义训”这样的训诂之法去阐明篇章文句，有些特色。

孔颖达还谈到《诗》中助词及其在押韵方面的作用：

> 字之所用，或全取以制义，“关关雎鸠”之类也。或假辞以为助，“者、乎、而、只、且”之类也。
>
> “之、兮、矣、也”之类，本取以为辞，虽在句中，不以为义，故处末者皆字上为韵。“之”者，“左右流之”“寤寐求之”之类也。“兮”者，“其实七兮”“迨其吉兮”之类也。“矣”者，“颜之厚矣”“出自口矣”之类也。“也”者，“何其处也”“必有与也”之类也。“乎”者，“俟我于著乎而”（《伐檀》），“且涟漪”之篇。此等皆字上为韵，不为义也。然人志各异，作诗不同，必须声韵谐和，曲应金石，亦有即将助句之字以当声韵之体者，则“彼人是哉，子曰何其”“不思其反，反是不思，亦已焉哉”“是究是图，亶其然乎”“其虚其徐，既亟只且”之类是也。（《诗·关雎》正义）

他划分了实虚，讲到《诗》中虚字之用，归根结底，诗歌还是要“声韵谐和，曲应金石”，讲究求美之术的，所以，也还是个修辞问题。

训诂学到了清代，发展到了它的高峰。戴、段、二王以及乾嘉学派其他学者在训诂中谈到修辞的例子,多得不胜枚举。

段玉裁注《说文》,每以“统言”“析言”“对言”“散言”“浑言”等术语来辨同义词。一部《说文解字注》,提到“统言”“析言”的不下十七八处。他说:

> 凡诂训,有析之至细者,有通之甚宽者,非好学深思,心知其意,不能尽其理也。(见《说文》“臣”部“熙”字注)

所谓“析之至细”,就是从逻辑上把同义词、近义词划分为种属概念。所谓“通之甚宽”,就是同义词、近义词的通用。这些,归结起来不过是为“尽其理”,也就是认识古人在用词上的特点,以便懂得古人著述的意图,这便是属于语言表达的范畴了。

我们从段氏书中择几条例子看:

> “示”部“祥”字注:凡统言,则灾亦谓之祥;析言,则善者谓之祥。
>
> “示”部“祀”字注:统言则祭、祀不别也,析言则祭无已曰祀。
>
> “玉”部“珧”字注:凡物,统言不分,析言有别。蜃饰谓之珧,犹金饰谓之铣、玉饰谓之珪。金不必皆铣,玉不必皆珪也。

关于“省文”“互见”等修辞方法,段玉裁在阐发许书体例时也屡次提到。如:

> “示”部“禛”字注:声与义同原,故谐声之偏旁多与字义相近,此会意、形声两兼之字致多也。《说文》或称其会意,略其形声,或称其形声,略其会意,虽则省文,实欲互见,

不知此，则声与义隔。

“艸”部“荷”字注：《尔雅》假叶名其通体，故分别茎、华、实、根各名，而冠以荷、夫、渠三字，则不必更言其叶也。荷夫渠之华为菡萏，菡萏之叶为荷夫渠，省文互见之法也。

王念孙在经传诂训中，常提到“对文”“连类而及”等修辞方法。如《诗·周南·芣苢》有“薄言有之”一句，王念孙指出：

《诗》之用词，不嫌于复。“有”亦“取”也，首章泛言取之，次则言其取之之事，卒乃言既取而盛之以归耳。

《礼记·月令》有这样几句话：“天子三推，三公五推，卿、诸侯九推。”有的传本作“公五推”，王念孙认为这是对的。他指出：

凡《月令》言“三公”者，皆与“九卿”对文。……其言“公”者，则与“卿”对文。

他用“对文”规律进行校勘，可见修辞在训诂学家手中的作用。

他的儿子王引之，也每言“相对为文”“互文”“省文”等。如：

《礼记·玉藻》：“君子之容舒迟，见所尊者齐遬。”引之谨按：“舒”亦“迟”也，“齐”亦“遬”也。“遬”，籀文“速”字，疾也。……“舒迟”与“齐遬”相对为文。

古人多谓“以”为“与”。《系辞传》曰：“是故可与酬酢，可与祐神矣。”言可以酬酢，可以佑神也。《汉书·扬雄传》：“建道德以为师，友仁义与为朋。”“与”亦“以”也。互文耳。

这两个例子，在训诂方法上是用的比较互证之法，在修辞上是一种整齐句式中的相对为文。修辞上的特点,为训诂提供了客观条件。

王引之还指出古人行文省略的现象:

> 古人之文,多有详于下而略于上者。《檀弓》曰:“伯氏不出而图吾君,伯氏苟出而图吾君,申生受赐而死。”《晋语》曰:“彼塞我施,若无天乎?若云有天,吾必胜之。”《孟子·公孙丑篇》曰:“夫天未欲平治天下也。如欲平治天下,当今之世,舍我其谁也?吾何为不豫哉!”皆是也。(例俱出《经义述闻》)

俞樾撰《古书疑义举例》一书,檃括八十八例。他是训诂大师,但对古书中一些特殊语法修辞现象及古人行文的特殊习惯极为重视。他书中所举“倒文”“省文”“复文”“变文”诸例,多与修辞学相关。譬如:

一、倒文

《左传·昭公十九年》:“彼何罪?谚所谓室于怒市于色者,楚之谓矣。”其中“室于怒市于色”,顺言当曰“怒于室色于市”。杜预注:“忿于室家而作色于市人。”

《诗·小雅·节南山》:“弗躬弗亲,庶民弗信。弗问弗仕,勿罔君子。式夷式已,无小人殆。”其中“无小人殆”,顺言当云“无殆小人”,此盖为与“仕”“子”“已”等字叶韵而倒。

《左传·闵公三年》:“为吴太伯不亦可乎?犹有令名,与其及也。”顺言当云:“与其及也,犹有令名。”杜预注:“太伯,周太王之适子,知其父欲立季历,故让位而适吴。”又云:“言虽去,犹有令名。”

《周礼·春官·宗伯》:“以肆、献、祼享先王。”按:肆、献、祼为祭祀之名,以次第言之,祼居先,献次之,肆又次之,此倒其序,盖亦为求词序之错综。

倒文之例，有倒其字以求错综者，有倒其字以求叶韵者，又有倒其句、倒其序者，都为求错综之美。

二、省文

《左传·定公四年》："楚人为食，吴人及之。奔，食而从之。"按：当云"楚人奔，吴人食而从之"。此蒙上而省。

《诗·豳风·七月》："七月在野，八月在宇，九月在户，十月蟋蟀入我床下。"按："七月""八月""九月"三句之前皆省去主语"蟋蟀"，此因下而省。

《论语·乡党》："沽酒市脯不食。"按：当云"沽酒不饮，市脯不食。"此以疏略而省。

不论是哪一种省文，都与求达、求美有关。

三、复文

《左传·襄公三十一年》："缮完葺墙，以待宾客。"——"缮、完、葺"三字一义。

《离骚》："览相观于四极兮。"——"览、相、观"三字一义。

这种复文，是古人行文异例中比较奇特的一种，不明此例，极易误解，它也是重复修辞的一种手段，修辞学界对此讨论得很不够。

四、变文

《论语·乡党》："迅雷风烈必变。"——不言"烈风"而言"风烈"，不过是为求用字错综。

《淮南子·主术训》："疾风而波兴，木茂而鸟集。"——"木茂”与“疾风”相俪偶，顺言当云“茂木”，这也是用字错综之例，不过这种错综是通过变文造成的，与倒文错综异曲同工。

此外，又有上下文变换虚字之例：

《论语·述而》：“富而可求也，虽执鞭之士，吾亦为之；如不可求，从吾所好。”——上句用“而”，下句用“如”，变换虚字，以求避复。

俞樾的《古书疑义举例》被刘师培叹为“绝作”，谓“发千古未有之奇”。马叙伦更称这部书“发蒙百代，梯梁来学，固悬之日月而不刊者也”。可惜历来只有研究训诂学的人提到它，至于它在修辞学史上的重要价值，除郭绍虞在为陈介白《修辞学讲话》所作序文中称之为“研究古修辞学的一部重要著作”，郑子瑜在他的《中国修辞学史稿》第八篇中称它“极注重实例”外，几乎无人对它作过深入的分析研究。

以上我们只是极为简单地举了一些例子，就可以看出古代训诂学家对修辞问题是极为重视的。揆其初衷，或许只是为解释词义或阐述某书之体例，但如果不从修辞角度去考察与说明，词义或体例也就不容易弄清楚。可见修辞与训诂，作为两门独立的学科，自是不能完全互相包含的；修辞学不能代替训诂学，训诂学也不能代替修辞学。况且训诂学家们谈修辞材料都散见于各书之中，既无系统性可言，也就谈不上科学性，有些概念的运用也是含混不清的，譬如“对文”就有种种情况，有人已写专文论述，这里不再赘言，“互文”的问题也值得分析研究。但是，这些问题都不能掩盖这样一个事实，那就是研究训诂学，不可忽视古代训诂材料中的修辞因素；研究文言修辞学，更不能舍训诂之有关材料而不顾。

萧璋先生曾说：

汉唐人注释古书，每每提到“互文见义”、“连类而及”、“对文则异、散文则通”、省文、变文等修辞手法。这种语言表达问题，清代训诂学者段、王等人亦经常提到。他们虽曾涉及而未能获得较大成绩，这便是需要后人继续开拓的领域。（注：见 1983 年 10 月中国训诂学研究会“纪念‘段’‘王’学术讨论会”萧璋先生书面发言。）

他的意见是重要的，值得引起学者们的重视。发掘、整理、研究古代训诂材料中的修辞学宝藏，不但有益于具有民族特色的修辞学理论的建立，而且对古代汉语词汇学的建立，进而对汉语史的研究都是极其重要的事情。

[原载《山东大学学报(哲学社会科学版)》1990 年第 3 期，有改动]

要重视发掘祖国修辞学理论宝藏

这篇文章的题目里，有“修辞学”三个字，是针对某些学者否认我国古代有所谓“系统的修辞学理论”，特别是因为我国古代没有一部有系统的修辞学专著，因此就不敢正视我国古人修辞理论为严格意义上的“科学”这样一种现象而发的。

世界上任何一门科学，都有它发生、发展以至完善的历史。所谓“系统”也是逐渐形成的。修辞学是语言科学中一门很有特点的学问，其特点之一，就是它同一定民族文学语言的发展有着极其密切的关系。中国素称文明古国，在漫长的历史发展过程中，创造了包括各种体裁的文学作品在内的灿烂的古代文化。历数从孔子直到五四以前的大批的学问家、作家、诗人乃至政治家、军事家，甚至还有那些重视文化、教育的封建帝王，哪一个不是极为重视文章修辞的呢？在灿若群星的学术著作以及书信、笔记当中，有关修辞学理论的真知灼见又何止成千上万？

这些话，说起来似乎是没有谁会表示不同意的，因为它是事实。可是实际上一谈起修辞学理论来，不少学者仍然只是把眼睛注视着西方。说实在的,对于今天西方人修辞学理论的研究现状,恐怕真知底细的也甚少,他们不过是把眼睛注视着过去的西方。

这里除了一种"陈陈相因""人云亦云"的老毛病,还有一种历史原因,那就是西方修辞理论传入我国之时,正是学界中一种"全盘西化"的风气泛滥,有的人不免在泼洗澡水的时候,把婴儿也泼了出去。新中国成立以后,这个问题解决了一些,但还不彻底,因为归根结底,到目前为止,我们毕竟还没有认真组织人力有计划有步骤地全面总结我国古代修辞学理论,那些被年深日久地埋藏在包括经、史、子、集以及其他种种著作中的修辞理论宝藏,还远远没有被完全发掘出来,致使有的同志甚至不敢称中国古代修辞理论为"修辞学",而称为"修辞论",斯亦太甚也夫!修辞学在古代中国既不成其为"学",在这块国土上自然也就找不出一位称得上"修辞学家"的历史人物来了。然而与古希腊的"诸学之祖"亚里士多德和日本《文镜秘府论》的作者空海大师鼎足而立,被称为"世界古代三大修辞论大师"之一的,不就是那位鼎鼎大名的中国人刘勰吗?

有的人可能认为,亚里士多德的《修辞学》是一部修辞专著,其中讲修辞理论的部分包括了辞格分类、定义、作用等,而刘勰的《文心雕龙》既未冠之以"修辞学"之名,又非专论修辞的,称"文章学"则可,称"修辞学"似嫌不当。

我想,看问题不能只从形式入手,也不能老是静止地看。亚里士多德以及古希腊、罗马、文艺复兴时期和近代西方的修辞学,也有它极其漫长的历史发展过程。亚里士多德的《修辞学》确是西方古代最完备最有影响的修辞学巨著,但是无论他也好,无论是他之后吸收了他的研究成果并加以发展和创新的谢洛(罗马人,公元前106—前43年)、邝蒂蕾(罗马人,公元42—118年)等人也好,他们都把劝诱、论辩、伦理、道德、教育,甚至政治、法律等都统统包括在修辞学范围之内,古罗马修辞学研究的主要目的是教化与论争，哪里是什么“纯粹的修辞学”或称“严格意义上的修辞学”呢？修辞学以语言文学诸现象为主要研究对象，乃近代和现代的事情。我们既然不以此责于亚里士多德，何以独不敢在中国古代修辞理论上冠之以“学”字呢？

当一门科学从外国发生、发展和形成之后，我们积极地去吸收它的有用的东西来丰富自己的科学，这不但是完全应该的，而且是十分必要的。但这样做，并不意味着我们应该“削足适履”拿外国现代、当代的理论体系去套中国古代的理论，倘有不合，即称之为“萌芽时期”，况且，被称为“萌芽”的中国修辞学理论竟然“萌”了数千年之久而未见结果实出来，这实在也是咄咄怪事！

既然西方古代修辞学可以宽泛到包罗万象，甚至把修辞术当作道德、法律、社会教育和政治斗争工具而仍不失其“科学”之名，那么为什么中国古代修辞学者们把修辞与文章、文体、文风乃至“进德修业”结合在一起就只能称为“论”而不能称为“学”呢？既然中国古代修辞理论在“科学之宫”里连一席之地都没有争到，也就难怪这门学问直到目前为止还是“门前冷落车马稀”了。

整理古代文化遗产，发掘祖国科学研究的宝藏，不但是发展学术，而且是振兴中华，增长民族自信心的当务之急。在对待中国古代修辞学理论这个问题上，我们的有些同志是否还缺乏应有的自信心呢？

有同志主张，一套相当完整的修辞理论，至迟在战国末期就已经形成了。我是同意这个看法的。

《尚书》和《诗经》中，都有修辞理论：

> 政贵有恒，辞尚体要，不惟好异。
>
> 辞之辑矣，民之洽矣。辞之怿矣，民之莫矣。

孔子说:言之无文,行而不远。又说:辞达而已矣。他一面主张"辞欲巧",一面又反对"巧言乱德",这是何等明彻的修辞学理论?

春秋战国时期,各种学术思想十分活跃,诸侯力政,游说之士遍于天下。著书立说,辩难驳诘,必求置敌论于死地,不讲究语言艺术是不行的,即使是极力主张质朴的墨子,今天读他的文章不是也可以明确看出他在运用修辞手段吗?况且质朴本身就是一种修辞理论。

孟子就有一段关于夸张修辞的精辟论述:说《诗》者,不以文害辞,不以辞害志;以意逆志,是为得之。如以辞而已矣,《云汉》之诗曰:"周余黎民,靡有孑遗。"信斯言也,是周无遗民也。

荀子则在《非相》篇中谈到"譬称":谈说之术,矜庄以莅之,端诚以处之,坚强以持之,分别以喻之,譬称以明之。

汉代的著名唯物主义思想家王充,虽然力主"疾虚妄",从反对当时浮靡文出发在《论衡》中写了《语增》《儒增》《艺增》诸篇,力斥"增"之"失实",反映了他作为朴素唯物论者把文学作品的真实性与现实生活的真实性完全等同起来的思想局限性,但是,他同时又是在中国历史上认真地集中大量语言材料去研究夸张修辞的第一个人。而且他在《书解》篇中明确指出:龙鳞有文,于蛇为神;凤羽五色,于鸟为君;虎猛,毛蚡蛇;龟知,背负文。……土山无麋鹿,泻土无五谷,人无文德,不为圣贤。他主张"外内表里,自相副称","文字与言同趋",这实在是继承了前人关于文风问题上的唯物主义正确理论。在《正说》篇中,他谈到篇章问题,他说:文字有意以立句,句有数以连章,章有体以成篇,篇则章句之大者也。这样明确地谈到字句篇章问题,而且提出"有意""有数""有体"的原则,从唯物主义出发去论述布局谋篇的规律,这比起后来某些学者故弄玄虚的说法来,直截爽快得多了。

汉代学者在先秦诸子修辞学说的基础上又推进了一步。王充之外,桓宽、刘向、刘歆、班固、郑玄、应劭等人均有贡献。王符在《潜夫论》中谈到"譬喻"辞格的客观基础问题:夫譬喻者,生于直告之不明,故假物之然否以彰之。

王逸在《楚辞章句·离骚经序》中又具体化了:《离骚》之文,依《诗》取兴,引类譬喻,故善鸟香草以配忠贞,恶禽臭物以比谗佞,灵修美人以媲于君,宓妃佚女以譬贤臣,虬龙鸾凤以托君子,飘风云霓以为小人。他所说的"引类譬喻",就是指明譬喻这种修辞方式是借助两种事物或现象的共同特征,经过人们巧妙的类推和对比而产生的。他举《离骚》中的例子,说明了譬喻修辞的作用是把事物说得更具体、更形象,更易于为人接受。

这种认识不但是正确的,而且是可贵的。直到现代,不是还有人一谈修辞就列举辞格而不谈其所以然吗?讲修辞,必须让人明白作者是为表达什么样的思想感情而去采用这种或那种辞格的,而且辞格也远不等于修辞学的全部,这是我们必须十分注意的。

魏晋南北朝,是汉语言文字和文学艺术发生巨大变化,出现许多新的特点的时代。从这个时期开始,汉语修辞学的研究范围更加广阔,内容也更加充实、详细了。特别是文学和文学理论的发展,对修辞学的推动作用是相当大的。

关于文体和风格的研究,在先秦两汉,由于受到历史和客观条件——主要是文学发展和演变的局限,没有能够取得很丰富的成果。到了曹丕,情况就不大相同。他在《典论·论文》中指出了文章的不同体裁和不同风格的关系,他谈到八类文章:奏、议、书、论、铭、诔、诗、赋,四种风格:雅、理、实、丽。

皇甫谧在《三都赋序》中不但讲了赋体的来源、特点,而且从赋体本身的要求出发指出其"因物造端,敷弘体理,欲人不能加也"的"丽"的风格的客观基础,实在是对汉魏大赋的极好说明。

陆机《文赋》是中国文学理论史上极重要的作品之一,其中涉及修辞的地方不少，如文章布局、删芟、音节之类。他对诗、赋、碑、诔、铭、箴、颂、奏、论、说等各种文体的特点和要求所作的说明，较之《典论·论文》更为详明。颜之推在《颜氏家训》中对文体源流也有所探讨。

到了公元五世纪末，出了中国修辞学理论大师、梁代伟大的文学理论家刘勰。他的《文心雕龙》共五十篇，其中二十六至四十篇专讲修辞，如神思、体性、风骨、通变、定势、情采、镕裁、声律、章句、丽辞、比兴、夸饰、事类、炼字、隐秀等篇，不但精辟地论述了比喻、夸张、对偶、用典、造字、声律、含蓄、警策等修辞手法，而且将文体与文风，风格与作家才气、修养等也讲得十分透彻。他说：八体虽殊，会通合数，得其环中，则辐辏相成。故宜摹体以定习，因性以练才，文之司南，用此道也。这里所谓"八体"，就是他在《体性》篇中所归纳的"典雅、远奥、精约、显附、繁缛、壮丽、新奇、轻靡"八种风格。在《比兴》篇中，他指出：诗人比兴，触物圆览。物虽胡越，合则肝胆。就是说，比喻与被比喻的两个事物之间，本质上是极不相同的，而说话和写文章的人把它们组织在一起，构成了巧妙的比喻。他又指出：比类虽繁，以切至为贵。就是说，比喻和被比喻的两个事物之间，必有相似之处，这个比喻才恰当。我们翻开陈望道先生的《修辞学发凡》，会发现他对比喻所提"两个要点"："第一，譬喻和被譬喻的两个事物必须有一点极其相类似的；第二，譬喻和被譬喻的两个事物又必须在其整体上极其不同。"这完全是刘勰早在1500多年前就说明过了的东西。刘勰认为，自开天辟地以来，凡是关系到有声音形貌的，只要用文辞表现它，就会经常使用夸张手法，连《诗》《书》经典，亦未能免。他又指出，后来有才华的作家，凭借夸张而"轩翥腾掷"，不愿"局步"于一般的叙写。他不但指出夸饰的重要作用，而且说明夸饰修辞主要用在有"声音形貌"的事物的描写上，这就比王充又进了一步。在研究篇章文字问题上，他继承前人见解，而又有所发展，指出要"随变适合""原始要终""体必鳞次”。在《事类》篇中，他讲了用典，在《隐秀》篇中，他讲了含蓄与警策，这些都是极重要的修辞方法。总之，《文心雕龙》一书，几乎每章都涉及修辞问题，是研究修辞学特别是古代汉语修辞学不可或缺的重要著作。

六朝绮靡文风，在文学史上历来是被视为极不健康的倾向，但从研究汉语修辞学史的角度看，自陆机主张“音声迭代”、沈约等人大倡音律之学以来，对于谐调音节，区别宫羽，愈来愈给予极大重视，却不能不说是对汉语修辞学理论的极大贡献。它在发现并利用汉语的音乐美、讲求通过声音的抑扬顿挫来达到修辞目的方面，正好适应了汉语是有声调的语言这一突出特点。

这个时期在其他修辞格方面进行的探讨也值得我们重视。如《颜氏家训·风操》谈到“避讳”：凡避讳者，皆须得其同训以代换之。《文章》篇中，又谈到“藏词”。他批评陆机“痛心拔脑，有如孔怀”用《诗》“孔怀兄弟”之句的不当，虽不免有过责之嫌，但对此类修辞现象给予重视并加以讨论，这也是有意义的。

唐宋以降，迄于清代，诗、词、曲有了盛衰相递的发展演变，这个时期“诗话”“词话”“曲话”数量非常多。同时，讨论文学理论和文章法式的作品也出现了不少。汉语修辞学理论研究在这种推动下又向前发展了一步。

唐代著名史学家刘知几所著《史通》，涉及修辞理论的内容就不少。在《叙事》篇中，他谈到省约问题。他说：文约而事丰，此述作之尤美者也。他反对“一行之间，必谬增数字；尺纸之内，恒虚费数行”。他在这一篇中还有一章专谈“用晦”（即《文心雕龙·隐秀》篇中所说的“隐”），后世修辞理论中或称为“含蓄”“婉曲”。他说这种修辞手段可以“言近而旨远，辞浅而义深，虽发语已殚，而含意未尽。使夫读者望表而知里，扪毛而辨骨，睹一事于句中，反三隅于字外。晦之时义，不亦大哉！”这就生动地说明了用晦的客观效果，是很正确的。

唐宋古文运动的领袖们对修辞问题也有着很好的见解，而且如所周知,这场运动本身既对文学语言的发展有很大的意义,势必促进了修辞理论的发展。这个问题,需专门探讨,篇幅所限,此姑从略。

宋代沈括在《梦溪笔谈》言及艺文的几卷中,有着许多宝贵的修辞见解。他谈修辞问题,特点是多从史的角度着笔,有许多看法,在今天看来也是很有价值的。譬如"错综"这种辞格,实是从他提出以后才在理论上引起人们注意的,这是他对古汉语修辞学的一种贡献。他不但举了"相错成文"的修辞实例,而且讲到了它可以使"语势矫健"的客观效果。沈括之后,孙奕、罗大经、陈善等人都对"错综"辞格进行了探讨,陈善还特别指出:"此法本自《春秋》。"这种探本求源的做法,正反映了我国古代学者研究修辞学问题的特色。修辞学是语言学的一部分,研究修辞如果不从本民族语言的特点入手,如果离开本民族文学语言发展的历史,不注意考察本民族语言中种种修辞方法发生、发展和演变的历史,而只是照搬外国现成的理论,那只会把修辞学研究引入歧途。

宋人王楙在《野客丛书》中对"藏词"辞格的历史作了探讨,他说:"仆考诸史,自东汉以来多有此语""西汉未之闻也"。

洪迈的《容斋随笔》在修辞理论方面提出了一些很踏实的见解。他谈"夸张"辞格,不但指出"夸张"包括"大言"与"小言",而且指出"皆出于物理之外"。同时他还揭示了《庄子》《列子》夸张的目的在于"寓言"——把某种哲理包含在虚构的夸张的故事之中。

另外,他在"譬喻"辞格分析的举例中还指出韩、苏文章"重复连贯,至有七八转",实即后来所谓"博喻"。他还指出《汉书》用字的一种字、词叠用现象,也值得重视。

陈骙的《文则》,是在宋代出现的一部汉语修辞学史上的重要著作。它涉及的内容很多,诸如文章繁简、曲折、错综、倒反、缓急、体裁、风格,等等,其中专门谈修辞的就有很多条。他把对偶分为“文有意相属而对偶者”和“有事相类而对偶者”。他认为“浑然而成，初非有意媲配。凡文之对偶者，若此则工矣”。他又独创了“十喻论”，即认为譬喻可细分为十种：直喻、隐喻、类喻、诘喻、对喻、博喻、简喻、详喻、引喻、虚喻。其所划分的，今天看来虽不够精当，其中有的可以合并，有的实属别的辞格而误作譬喻，而且划分标准不一，但它包罗甚广，尤其如直喻、对喻、博喻、简喻、虚喻各类之区分，直到今天对于我们仍有参考价值。这样归纳分类，在古代汉语修辞学史上是个创举。他对于布局谋篇，选词炼句都是十分强调的。他说：鼓瑟不难，难于调弦；作文不难，难于炼句。又说：文有助词，犹礼之有傧，乐之有相也。礼无傧则不行，乐无相则不谐，文无助则不顺。

金王若虚所著《滹南遗老集》，被陈望道先生视为比较重要的古代修辞著作，其中《文辨》《诗话》《史记辨惑》尤多修辞理论。在《史记辨惑》中，他指摘司马迁“用‘而’字多不安”，“用‘于是’‘乃’‘遂’等字冗而不当者十有七八”。他不受传统观念的束缚，敢于指出被古文学家们奉为圭臬的《史记》一书中许多修辞方面的毛病，虽有失之苛细之处，却也不乏清新醒目的见解。

宋元以后，随着诗、词、曲创作的实际需要，文学批评家们往往对“炼字”十分重视。

清代桐城派古文家讲“义法”（义理、文章、考据），从文学创作和理论研究角度看，它有种种局限性，但那“义法”的“法”即文章技法，包括条理结构、材料运用及语言锻炼等。

清代文人论修辞的资料特别多，如顾炎武的《日知录》、俞樾的《古书疑义举例》、汪中的《述学》等，不一一列举了。

我国古代修辞学理论，犹如埋藏在绵亘千里的大山脉中的多种矿藏，有待我们去开发。杨树达先生曾说过：余恒谓：语言之构造，无中外大都一致，故其词品不能尽与他族殊异，治文法者乃不能不因。若夫修辞之事，乃欲冀文辞之美，与治文法惟求达者殊科。族姓不同,则其所以求美之术自异。况在华夏,历古以尚文为治,而谓其修辞之术与欧洲为一源,不亦诬乎?昧者顾取彼族之所为一一袭之,彼之所有,则我必具,彼之所缺,则我不能独有,其贬己媚人,不已甚乎!他的话,在今天仍值得我们深思。

正如现代汉语是从古代汉语逐渐演变发展过来的一样,现代汉语的语法和修辞也有其传承性。纵使文言与白话存在极大差异,但在“求美之术”上的民族性是不可泯没的。不同族姓在修辞理论上虽有许多相通之处,但那只是供我们交流和借鉴的。研究汉语修辞学,还应从历史悠久的丰富多彩的汉语修辞发展中的实际情况出发,从材料出发。

中国古代修辞学的理论,往往与文学语言的发展变化有着极为密切的关系,更往往与古代文学的种种历史发展、文学运动以及种种文学形式的兴衰迭代有着一种辩证的关系。如果没有史的纵向研究,我们的修辞学理论研究就势必成为根基很弱的东西,不得不求法于西方。

当然,五四以来,特别是新中国成立以来,我国修辞学理论研究取得了很大成绩,这是谁也不可否认的事实,但唯其如此,才更应该重视古代修辞学理论宝藏的发掘。

我们应该创造既科学缜密又带有明显的本民族色彩的中国修辞理论,而这种理论本身,就是对世界修辞学理论宝库的巨大贡献。

我们研究修辞学的对象、目的、任务等问题,也应该在系统而全面地了解本民族历史遗产的基础上进行,这样,我们的研究工作才是实实在在的,我们划定的种种界限才是符合本民族语言实际的。我们不应该再走这样一条道路,即用外国的体系、中国的材料去弄成一种“削足适履”的漏洞百出的理论体系来。

建立修辞学的理论体系,应该在总结本民族修辞理论、继承本民族修辞学遗产的基础上,从汉语修辞的特点和实际需要出发去进行。对于外国的东西,特别是当今外国修辞学研究的成果,应该专门组织人力立即着手进行研究,它会大大有利于我们的研究工作。事实上,我们已着手进行了这方面的工作,但还远远不够。我们应该从发掘祖国修辞学理论宝藏出发,构建带有民族特色的修辞学理论体系,同时深入细致地研究当今外国修辞学成果,使二者相辅相成,完美地结合在一起,共同发展。

(原载《淄博师专学报》1996 年第 1 期,有改动)

古代汉语修辞简述

汉语有着极其悠久的历史。在有文字记载之前,人们运用口头语言表情达意。相互交际中,那个时期人们究竟用了一些什么方法去提高语言表达效果的,我们无从查考了。汉字产生以后,数千年来积累了大量的古代典籍,在各种著述当中,蕴含着极为丰富的修辞理论和修辞方法方面的宝藏。今天,我们在阅读古代著作的时候,应该从中吸收那些有益的东西,作为我们的借鉴。

许慎《说文解字》“彡”部:

> 修,饰也。从彡,攸声。

段玉裁注:

> “饰”即今之“拭”字。拂拭之则发其光彩,故引申为文饰。……“修”之从彡者。洒刷之也,藻绘之也。

《说文解字》“辛”部:

辞，说也。从𧶠、辛。辛犹理辜也。

许慎引申了"理辜"(即治罪)的意思，把"辞"字解为"说"。陈望道先生指出：

修辞本来是一个极熟的熟语，自从《易经》上有了"修辞立其诚"一句话以后，人们便常常连着用的。连用久了，自然提起了辞字，便会想起了修字，两字连结，简直分拆不开。

但是解说起来，终究还是修是修，辞是辞的，被人当作两个单词看。直到现在讲修辞的还是如此。(《修辞学发凡》)

汉语词汇的音节，是由单趋复的。古代的两个单音词到现在已经成了一个十分通用的复音词，这是不足为怪的。《易经》中的"修辞"观念，是与"君子进德修业"这样一种道德观念密切相关的。在《尚书》和《诗经》中，关于"辞"的说法也不少，如：

政贵有恒，辞尚体要，不惟好异。(《尚书·毕命》)

辞之辑矣，民之洽矣。辞之怿矣，民之莫矣。(《诗经·大雅·板》)

孔子是很重视修辞的，他说：

志有之，言以足志，文以足言；不言，谁知其志？言之无文，行而不远。(《左传·襄公二十五年》)

他既主张"情欲信，辞欲巧"(《礼记·表记》)，同时又主张"辞达而已矣"(《论语·卫灵公》)。后人对于"辞达"有各种解释。司马光认为“辞达”就是“通意”。苏东坡认为“了然于口与手”，方孝孺则认为必须“气昌”才能称为“辞达”。怎么样才算“气昌”呢？他说：

夫所谓达者，如决江河而注之海，不劳余力，顺流直趋，终焉万里。势之所触，裂山转石，襄陵荡壑。鼓之如雷霆，蒸之如烟云，登之如太空，攒之如绮縠；回旋曲折，抑扬喷伏，而不见艰难辛苦之态，必至于极而后止，此其所以为达也，而岂易哉！（《与舒君书》）

照他的意见，文章必须有了如此这般的气势，才能称之为“达”，这种要求是很高的。

春秋战国时代，各种学术思想十分活跃，诸侯力征，游说之士遍于天下。著书立说，辩难驳诘，必求置论敌于死地而后快，不讲究语言艺术是不行的。即使是极力主张质朴的墨子，今天读他的文章，也可以从中看到许多修辞现象。孟子就有一段关于“夸饰”的精彩论述：

故说《诗》者不以文害辞，不以辞害志；以意逆志，是为得之，如以辞而已矣，《云汉》之诗曰：“周余黎民，靡有孑遗。”信斯言也，是周无遗民也。（《孟子·万章上》）

荀子在他的《荀子·非相》篇中也谈到“分别以喻之，譬称以明之”。可以说，一套相当丰富多彩的修饰理论，至迟在战国末期就已经形成了。

到了汉代，随着文学语言的日见发展和日趋缜密，修辞现象以及修辞研究也有了发展。对于修辞的种种看法出现了，论说起来也较详细了。汉赋的华丽铺张、深覆典雅，固然有着严重的形式主义和许多不必要的重复罗列，但讲求形式美就不得不借力于修辞。排比、夸张、对偶、引征等修辞手段几乎无篇不有。而同时,也就出现了它的对立面,譬如王充,他对当时"文必艰深"的风气给予尖锐的批判,而高张"直露其文,集以俗言"的大旗。其实,这也是一种修辞理论。同时,他也不反对写文章有较为美好的表达方法。他说:

龙鳞有文,于蛇为神;凤羽五色,于鸟为君;虎猛,毛蚡蛇,龟知,背负文。四者体不质,于务为圣贤。且夫山无林则为土山,地无毛则为泻土,人无文则为朴人。土山无麋鹿,泻土无五谷,人无文德,不为圣贤。

他所反对的,是"奇怪之理""虚妄之文";他所主张的,是"外内表里,自相副称"。这是完全合于修辞学原则的。基于这种思想,他在《论衡》中写了《语增》《儒增》《艺增》诸篇。大谈"增"(即夸张)之"失实"。他在哲学思想上是个朴素唯物论者,所以往往把文学作品的真实性与现实生活的真实性完全等同起来。如:

传语曰:圣人忧世深,思事勤,愁扰精神,感动形体,故称尧若腊,舜若腒,桀纣之君垂腴尺余。夫言圣人忧世念人,身体羸恶,不能身体肥泽,可也。言尧舜若腊与腒,桀纣垂腴尺余,增之也。(《论衡·语增》)

《尚书》"协和万国",是美尧舜德致太平之化,化诸夏及夷狄也。言协和方外,可也;言万国,增之也。……犹《诗》言"子孙千亿"矣,美周宣王之德,能慎天地,天地祚之,子孙众多,至于千亿。言子孙众多,可也;言千亿,增之也。(《论衡·艺增》)

但是,应该看到,在中国古代历史上,这样认真地集中大量语言材料去研究夸张修辞的，王充可称得上第一个。他在《正说》篇里，还谈到文章的字句篇章问题：

> 夫经之有篇也，犹有章句也。有章句也，犹有文字也。文字有意以立句，句有数以连章，章有体以成篇，篇则章句之大者也。

他提出的“有意”“有数”“有体”的原则，是从唯物主义观点出发去讨论布局谋篇的规律，比起后来一些学者故弄玄虚的说法来，要直截爽快得多了。

汉代学者在先秦诸子修辞学说的基础上又推进了一步。王充之外，桓宽、刘向、刘歆、班固、郑玄、应劭等人均有贡献。王逸在《楚辞章句·离骚经序》中谈到“譬喻”修辞：

> 《离骚》之文，依《诗》取兴，引类譬喻，故善鸟香草以配忠贞，恶禽臭物以比谗佞，灵修美人以媲于君，宓妃佚女以譬贤臣，虬龙鸾凤以托君子，飘风云霓以为小人。

他所说的“引类譬喻”，就是指明了譬喻这种修辞方式是借助两种事物或现象的共同特征，经过人们巧妙的类推和对比而产生的。王符在《潜夫论》中也谈到譬喻辞格的客观基础问题：

> 夫譬喻也者，生于直告之不明，故假物之然否以彰之。

他们这种认识不但是正确的，而且是可贵的。讲修辞，必须让人明白作者是为表达什么样的思想感情而去采用这种或那种辞格的。辞格也并不等于修辞学的全部，这是我们必须十分注意的。

魏晋南北朝，是汉语言文字和文学艺术发生巨大变化、出现许多新的特点的时代。从这个时期开始,汉语修辞学的研究范围更加广阔,内容也更加充实而详细了。特别是文学和文学理论的发展,对修辞研究的推动作用是相当大的。

关于文体和风格的研究,在先秦两汉,由于受到历史和客观条件——主要是文学发展演变的局限,没有能够取得很丰富的成果。到了曹丕的《典论·论文》,可以说是开了先河。他指出:

> 夫文本同而末异,盖奏议宜雅,书论宜理,铭诔尚实,诗赋欲丽,此四科不同,故能之者偏也,唯通才能备其体。

在这里,他指出了文章的不同体裁和不同风格的关系。他谈到的文章有八类:奏、议、书、论、铭、诔、诗、赋。风格有四种:雅、理、实、丽。

皇甫谧在《三都赋序》中,对于赋体的"丽"作了具体的说明:

> 赋也者,所以因物造端,敷弘体理,欲人不能加也。引而申之,故文必极美;触类而长之,故辞必尽丽。然则美丽之文,赋之作也。

这实在是对汉魏大赋的极为明彻的说明。

陆机的《文赋》,是用赋体阐述自己文学见解的优秀作品,其中涉及修辞的话很多。例如文章布局、删芟、音节之美等。他对诗、赋、碑、诔、铭、箴、颂、奏、论、说等各种文体的特点和要求所作的说明,较之《典论·论文》更为详明。他说:

> 诗缘情而绮靡,赋体物而浏亮,碑披文以相质,诔缠绵而凄怆,铭博约而温润,箴顿挫而清壮,颂优游以彬蔚,论精微而朗畅,奏平彻以闲雅,说炜晔而谲诳。

颜之推在《颜氏家训》中对于文体源流有一段论述：

> 夫文章者，原出五经：诏命策檄，生于《书》者也；序述论议，生于《易》者也；歌咏赋颂，生于《诗》者也；祭祀哀诔，生于《礼》者也；书奏箴铭，生于《春秋》者也。（《颜氏家训·文章》）

姑不论其说法是否妥当，能从史的角度去讨论文体，毕竟是可贵的。

到了公元五世纪末，即我国南北朝的南齐时期，出现了一颗古典文学理论宝库的璀璨明珠——《文心雕龙》。这是一部伟大的作品，作者刘勰是一个伟大的文学理论家。在修辞理论方面，他也有着不可磨灭的贡献，有人把他和古希腊的亚里士多德、日本的空海法师并称为世界修辞学史上的三个伟人。

关于风格问题，刘勰较之曹丕又进了一步。他指出：

> 才有庸俊，气有刚柔，学有浅深，习有雅郑。并情性所铄，陶染所凝。（《文心雕龙·体性》）

这就不但肯定了文章风格与作家才气有关，而且与学习有关；不但决定于先天的“情性”，而且后天的“陶染”也是不可否定的因素。这种见解，闪烁着唯物主义的光彩，比起曹丕的“唯通才能备其体”，高明得多了。他在《体性》篇中归纳出文章的八种风格：典雅、远奥、精约、显附、繁缛、壮丽、新奇、轻靡。他认为文章风格是多种多样的。所谓“八体屡迁，功以学成”。对于风格，应“摹体以定习，因性以练才”，让作家多方面学习，根据自己的个性发展才能，不可强求一律性。在《文心雕龙》各篇中，谈到“体”这个概念的有二十多处，其中好多处是指文体的。

刘勰对一些修辞手段也作了很好的说明。如《比兴》《夸

饰》等篇,就有很多精彩的论述:

比者,附也;兴者,起也。附理者,切类以指事;起情者,依微以拟议。起情,故兴体以立;附理,故比例以生。比则蓄愤以斥言,兴则环譬以记讽。盖随时之义不一,故诗人之志有二也。(《文心雕龙·比兴》)

在这里,他指出了比喻事理要根据相似之点来说明事物,引起联想要从细微之处来寄托深义。在《比兴》篇中,他还指出:

比类虽繁,以切至为贵。

这就是说,比喻和被比喻的两个事物之间,必须有相似之处,这个比喻才恰当。

他又说:

诗人比兴,触物圆览。物虽胡越,合则肝胆。

这就是说,比喻与被比喻的两个事物之间,本质上是极不相同的。而说话和写作的人把它们组织在文句中,构成了巧妙的比喻。这些认识,在今天看来也还是极正确、极深刻的。

在《夸饰》篇中,他说:

自天地以降,豫入声貌,文辞所被,夸饰恒存。虽《诗》《书》雅言,风格训世,事必宜广,文亦过焉。

于是后进之才,奖气挟声,轩翥而欲奋飞,腾掷而羞局步,辞入炜烨,春藻不能程其艳,言在萎绝,寒谷未足成其凋;谈欢则字与笑并,论戚则声共泣偕,信可以发蕴而飞滞,披瞽而骇聋矣。

他认为，自开天辟地以来，凡是关系到有声音形貌的，只要用文辞来表现它，就会经常使用夸张手法。

> 是以言峻则嵩高极天，论狭则河不容舠，说多则子孙千亿，称少则民靡孑遗，襄陵举滔天之目，倒戈立漂杵之论；辞虽已甚，其义无害也。(《文心雕龙·夸饰》)

他不但指出夸饰的重要作用，而且说明夸饰修辞主要用在有“声貌”的事物的描写上，这就比王充又进了一步。

此外，刘勰在《隐秀》篇中讲含蓄与警策，在《附会》篇中讲到构思和布局等，也多与修辞有关。总之，《文心雕龙》一书几乎每章都多多少少地涉及修辞问题，是研究修辞学不可或缺的重要著作。

汉魏六朝，赋体大兴，文风日趋绮靡，对形式美也愈加追求。这一来，却大大地促进了修辞理论的发展。自陆机主张“音声迭代”，沈约等人大倡音律之学之后，作家们对于谐调音节、区别宫羽，都给予了极大的重视。音律之学发展到后来，虽愈细而愈僵，愈责而愈苛。但在当时，它在发现并利用汉语的音乐美、讲求通过声音的抑扬顿挫来达到修辞目的方面，确实是有着重要贡献的。在文学上，它对唐代律诗的形成也有着绝对重要的意义。沈约在《谢灵运传论》中大倡：

> 夫五色相宣，八音协畅，由乎玄黄律吕，各适物宜。欲使宫羽相变，低昂舛节，若前有浮声，则后须切响。一简之内，音韵尽殊，两句之中，轻重悉异。妙达此旨，始可言文。

这个问题，刘勰在《文心雕龙·声律》篇中也较详细地谈到了，他指出：

左碍而寻右,末滞而讨前,则声转于吻,玲玲如振玉,辞靡于耳,累累如贯珠矣。是以声画妍蚩,寄在吟咏,吟咏滋味,流于字句。气力穷于和韵,异音相从谓之和,同声相应谓之韵。

这个时期在修辞论其他方面进行探讨的人也不少。《颜氏家训》谈到"避讳"问题:

凡避讳者,皆须得其同训以代换之。桓公名白,博有五皓之称;厉王名长,琴有修短之目。不闻谓布帛为布皓,呼肾肠为肾修也。梁武小名阿练,子孙皆呼练为绢,乃谓销炼物为销绢物,恐乖其义。或有讳云者,呼纷纭为纷烟;有讳桐者,呼梧桐树为白铁树,便似戏笑耳。(《颜氏家训·风操》)

这里,他指出"避讳"选字的一个重要原则,就是"皆须得其同训以代换之"。什么叫"同训"?不外乎或者音近或者义通的字。

他还谈到"藏词"问题。他指出:

自古宏才博学用事误者有矣……《诗》云"孔怀兄弟"。孔,甚也;怀,思也。言其可思也。陆机《与长沙顾母书》,述从祖弟士璜死,乃言"痛心拔脑,有如孔怀"。心既痛矣,即为甚思,何故言"有如"也?观其此意,当谓亲兄弟为"孔怀"。《诗》云"父母孔迩",而呼二亲为"孔迩",于义通乎?(《颜氏家训·文章》)

他的意见,虽不免于过责,但对此类修辞现象给予充分重视并加以讨论,却不能不说是他对修辞学说的贡献。

唐宋以降，迄于有清，诗词曲有了盛衰相递的发展演变。这个时期“诗话”“词话”“曲话”的数量非常多。同时，讨论文学理论和文章法式的作品也出现了不少。汉语修辞理论在这种形势的推动下又向前发展了一步。

唐代著名史学家刘知几所著《史通》，在《言语》《叙事》诸篇中就有不少关于修辞的内容。他谈到“省约”问题，主张“文约而事丰，此述作之尤美者也”。他反对“一行之间，必谬增数字；尺纸之内，恒虚费数行”。在《叙事》篇中，他有一章专谈“用晦”（即《文心雕龙·隐秀》中所说的“隐”）。后世修辞学者或称之为“含蓄”，或称之为“婉曲”，这是一种极重要的修辞手法。他说：

> 章句之言，有显有晦。显也者，繁词缛说，理尽于篇中；晦也者，省字约文，事溢于句外。然则晦之将显，优势不同，较可知矣。
>
> 斯皆言近而旨远，辞浅而义深，虽发语已殚，而含意未尽，使夫读者望表而知里，扪毛而辨骨，睹一事于句中，反三隅于字外。晦之时义，不亦大哉！

这种看法，继承并发展了《文心雕龙》的观点，而且特别指出“用晦”这种修辞方法的客观效果。这是很正确的。

沈括在《梦溪笔谈》中谈到“相错成文”的例子：

> 韩退之集中《罗池神碑铭》有“春与猿吟兮秋与鹤飞”。今验石刻，乃“春与猿吟兮秋鹤与飞”。古人多用此格，如《楚辞》：“吉日兮辰良”，又“蕙肴蒸兮兰藉，奠桂酒兮椒浆”。盖欲相错成文，则语势矫健耳。杜子美诗：“红稻啄余鹦鹉粒，碧梧栖老凤凰枝。”此亦语反而意全。

沈括谈修辞问题，多从史的角度着笔。而且他的许多看法，在今天看来仍然是有价值的。如“错综”这种辞格，是从他提出以后才在理论上引起人们注意的。他不但举了实例，而且讲到它“语势矫健”的修辞效果。沈括之后，孙奕(《履斋示儿编》)、罗大经(《鹤林玉露》)、陈善(《扪虱新话》)等人都对“错综”辞格进行了探讨。陈善还特别指出：

> 余谓此法本自《春秋》。《春秋》书“陨石于宋五，是月六鹢退飞，过宋都”。说者皆以石鹢五六先后为义。殊不知圣人文字之法正当如此。既曰“陨石于宋五”，又曰“退飞鹢于宋六”。岂成文理，故不得不错综其语，因以为健也。(《扪虱新话》)

宋人王楙所著《野客丛书》，对于“藏词”一格的历史也作了探讨：

> 仆考诸史，自东汉以来多有此语，曰“居诒厥之始”，曰“友于之情愈厚”。西汉未之闻也。

这种探本求源的做法，正反映了我国古代学者研究修辞问题的特色。

洪迈在《容斋续笔》中谈“夸饰”的一段，是很精彩的：

> 列御寇、庄周，大言小言皆出于物理之外。《列子》所载《夏革》曰：“渤海之东几亿万里，有大壑焉，实惟无底之谷。中有五山，高下周旋三万里。山之中间相去七万里，而五山之根无所连著。帝使巨鳌十五举首而戴之，叠为三番，六万岁一交焉。而龙伯之国有大人，举足不盈数步而暨山所，一钓而连六鳌，合负而趣归其国。……”《庄子·逍遥游》首著鲲鹏事云：“北冥有鱼，其名为鲲，鲲之大不知其几

千里也。化而为鸟,其名为鹏。鹏之徙于南冥,水击三千里。抟扶摇而上者九万里。"二子之语大若此。至于小言,则《庄子》谓:"有国于蜗之左角曰触氏,右角曰蛮氏,相与争地而战,伏尸数万,逐北旬有五日而后反。"《列子》曰:"江浦之间生幺虫,其名曰焦螟。群飞而集于蚊睫,弗相触也,栖宿去来,蚊弗觉也。黄帝与容成子同斋三月,徐以神视,块然见之,若嵩山之阿;徐以气听,砰然闻之,若电霆之声。"二子之语小如此。

洪迈不但谈到"夸饰"包括"大言"与"小言",而且指出"皆出于物理之外"。他还揭示了《列子》《庄子》夸饰的目的在于寓言——把某种哲理包含在虚构的故事之中。在谈到"譬喻"修辞时,他指出韩愈、苏轼文章中有所谓"重复连贯,至有七八转"(即"博喻")的:

韩公《送石洪序》云:"论人高下,事后当成败。若河决下流东注,若驷马驾轻车就熟路。而王良、造父为之先后也,若烛照数计而龟卜也。"

苏公《百步洪》诗云:"长洪斗落生跳波,轻舟南下如投梭。水师绝叫凫雁起,乱石一线争磋磨。有如兔走鹰隼落,骏马下注千丈坡。断弦离柱箭脱手,飞电过隙珠翻荷。"

宋代陈骙的《文则》是一部汉语修辞方面的重要著作。它涉及的内容很广。诸如文章繁简、曲折、错综、倒反、缓急、体裁、风格,等等。他把"譬喻"分成十类:直喻、隐喻、类喻、诘喻、对喻、博喻、简喻、详喻、引喻、虚喻。他所说的"直喻"就是明喻。他指出:

或言"犹",或言"若",或言"如",或言"似",灼然可见。

这其实就是明喻与隐喻的区分标志。其余各类,有些可以合并,有的实属两种辞格的叠用。但“直喻”“对喻”“博喻”“简喻”“虚喻”等区分,直至今天对于我们来说仍有参考价值。这样归纳分类,而且各举出例句,在古代汉语修辞史上是一个创举。

他对于布局谋篇、选词炼句,都是十分强调的。他说:“鼓瑟不难,难于调弦;作文不难,难于炼句。”又说“文有助词,犹礼之有傧,乐之有相也。礼无傧则不行,乐无相则不谐,文无助则不顺”。直至今日,学术界还在讨论助词的修辞作用问题。

金代王若虚的《滹南遗老集》是被陈望道先生认为比较重要的古代修辞著作。其《文辨》《诗话》《史记辨惑》等部分都有许多精到的修辞学见解。这本书最大的特点是陈望道先生所指出的“极注重实例”。它不受传统观念的束缚,敢于指出被古文学家奉为圭臬的《史记》一书中许多修辞方面的毛病,虽有失之苛细之处,却也不乏清新醒目的见解。

宋元以后,随着诗、词、曲创作的实际需要,文学批评家们往往对于“炼字”十分重视。洪迈所举的这个王安石诗“春风又绿江南岸”的例子是大家早已熟悉的了。

> 吴中士人家藏其草,初云“又到江南岸”,圈去“到”字,注曰“不好”,改为“过”。复圈“去”,而改为“入”,旋改为“满”。凡如是十许字,始定为“绿”。(《容斋续笔·诗词改字》)

清代袁枚《随园诗话》卷十二也讲到类似的故事。

> 诗改一字,界判人天,非个中人不解。齐己《早梅》云:“前村深雪里,昨夜几枝开。”郑谷曰:“改‘几’为‘一’字,方是早梅。”齐乃下拜。

在中国古代文坛上,这种“一字师”的佳话流传得不少。

清代文人论修辞的资料特别多。“桐城派”古文学家讲究“义法”(义理、文章、考证)。其中的“法”就包括了语言材料的运用问题。顾炎武的《日知录》、俞樾的《古书疑义举例》、汪中的《述学》等,都有不少篇幅谈文言修辞问题。

1932年,陈望道先生的《修辞学发凡》出版了。次年,杨树达先生的《中国修辞学》(后改名为《汉文文言修辞学》)又出版了。这是两部划时代的著作。20世纪30年代以后,又出现了像黎锦熙的《修辞学比兴篇》那样专谈某一两种修辞方式的比较细致的研究文章。新中国成立以后,在党和政府的关怀下,我国修辞学研究进入了新的历史时期。但是,古代汉语修辞研究还有许多有待开拓的和发掘的东西。我们要在全面占有材料的基础上,采用科学的、实事求是的方法去进行研究,特别要注意自己民族的特点。诚如杨树达先生在《中国修辞学·自序》中所指出的:

> 余恒谓:语言之构造,无中外大都一致,故其词品不能尽与他族殊异,治文法者乃不能不因。若夫修辞之事,乃欲冀文辞之美,与治文法惟求达者殊科。族姓不同,则其所以求美之术自异。况在华夏,历古以尚文为治,而谓其修辞之术与欧洲为一源,不亦诬乎?昧者顾取彼族之所为一一袭之,彼之所有,则我必具,彼之所缺,则我不能独有,其贬己媚人,不已甚乎!……义当沉浸于旧闻而以钩稽之法出之,无为削己足而适人屦,庶足令后生之士有自尊其族姓之心,而他媚之狂或以少戢云尔。

魏晋南北时期修辞学的特点

魏晋南北朝是古代汉语修辞学说发展和繁盛的时期。这个时期出现的各种修辞理论在我国修辞学史上占有极为重要的地位,它承上启下,既继承了前代优良传统,又具有自身的明显特点,很值得注意。

这一时期的文人们对于一般修辞理论所阐述的意见,大都偏于华丽与质朴、文辞与情意这些方面。譬如曹植,他在《前录自序》中说:"质素也如秋蓬,摛藻也如春葩。"以为朴质与藻饰各有千秋。他还指出文章不必求古雅:"夫街谈巷说,必有可采;击辕之歌,有应风雅。匹夫之思,未易轻弃也。"这虽然是在他给杨修写信时的自谦之辞,但也未必不可以看成一种主张。在道教徒兼哲学家葛洪的《抱朴子》一书中,要求修辞能做到"以入耳为佳,适心为快"则"不以巧辩饰其非,不以华辞文其失",以"胶柱"为病。而"时移世改","古者事事醇素,今则莫不雕饰",也是自然之理,所以他指出:"文贵丰赡,何必称善如一口乎?"

陆机在修辞理论方面的贡献也值得注意。他在《文赋》中提出"会意也尚巧""遣言也贵妍"的主张,并从积极和消极两方面谈到实现上述主张的要求和注意事项。从消极方面说,他认为最须防止"辞害而理比""言顺而义妨""文繁理富,而意不指适”。从积极方面说,他认为最主要的方法是“苟达变而识次,犹开流以纳泉”;“考殿最于锱铢,定去留于毫芒”;“立片言而居要,乃一篇之警策”;“若夫丰约之裁,俯仰之形。因宜适变,曲有微情”。这些和后来刘勰说的“文外曲致”、钟嵘说的“穷情写物”等都是一致的。不是讲单纯的事理明达的事理性修辞,而是讲“曲尽其妙”的审美性修辞。

到了公元五世纪末的南齐时期,出现了一颗古典文学理论和修辞学理论上的璀璨明珠——《文心雕龙》。这是一部伟大的著作。作者刘勰是一个伟大的文学理论家,也是一个伟大的修辞家,他应当和古希腊的亚里士多德、日本古代的空海法师并称为世界修辞学史上的三位伟人。

刘勰的一些修辞理论,说得相当精辟。他广泛地探索了文体风格、写作方法、艺术技巧等一系列重要问题,成为这一时期修辞理论的集大成者。他的书,前二十五篇大都是讲文体的:对于不同文体,他提出不同修辞要求,均较前人细致而精当。他说:“章表奏议,则准的乎典雅;赋颂歌诗,则羽仪乎清丽;符檄书移,则楷式于明断;史论序注,则师范于核要;箴铭碑诔,则体制于弘深;连珠七辞,则从事于巧艳。”(《定势》)抓住了各种文体的异同点,他的归纳是精确的。在修辞问题上,他对于定势、风格、谋篇、章句、炼字等问题所提出的见解,比曹丕、陆机等人要深入而全面得多。在《比兴》《夸饰》等篇中的论述是很精彩的,他说:“比者,附也;兴者,起也。附理者,切类以指事;起情者,依微以拟议。起情,故兴体以立;附理,故比例以生。比则蓄愤以斥言,兴则环譬以记讽。盖随时之义不一,故诗人之志有二也。”(《比兴》)他根据语境之不同,指出“比”的特点是“斥言”。“斥”在这里是指的意思。“兴”的特点是“记讽”。“记”是寓的意思。他认为比喻事理要根据相似之点,引起联想要从细微处寄托深意。

关于“比兴”,汉代以下有不少学者进行了探讨。《周礼·

太师》注中就有郑众、郑玄的解释。刘勰继承了前人说法加以概括,着重从运用比兴的精神方面去阐明问题,这就是他的高明之处。他还指出:“比类虽繁,以切至为贵。”(《比兴》)就是说:比喻和被比喻的事物之间,必须“切至”——有相似之处。这才恰当。他又说:“诗人比兴,触物圆览。物虽胡越,合则肝胆。”(《比兴》)胡、越至远,肝、胆至近,好的“比兴”要合“胡越”为“肝胆”——就是说,比喻与被比喻的事物,本质上是极为不同的。好的作者把它们组织在文句中却能构成极为合适、极为巧妙的比喻。一般地说,两个事物距离很远,构成的比喻就会比较新巧、奇妙;取喻点多,用得妥帖,构成的比喻就更高明,更耐人寻味。两个完全没有相似点的事物是不能构成比喻的。这是一种辩证法思想在修辞中的体现。我们翻开陈望道《修辞学发凡》,可以看到这样一段话:“要用譬喻,约有两个重要点必须留神:第一,譬喻和被譬喻的两个事物必须有一点极其相类似的;第二,譬喻和被譬喻两个事物必须在其整体上极其不同。倘缺第一个要点,譬喻当然不能成立;若缺第二个要点,修辞学上也不能称为譬喻。”这段话,可以作为刘勰所论的极好的注脚。由此更可以看出,以刘勰为代表的我国古代修辞学者们观察问题是何等深刻。

他指出:“夫比之为义,取类不常:或喻于声,或方于貌,或拟于心,或譬于事。”“至于杨、班之伦,曹、刘之下。图状山川,影写云物。莫不纤综比义,以敷其华,惊听回视,资此效绩。”(《比兴》)这是从设喻内容和汉魏优秀作家善用譬喻方面去谈比喻修辞的作用与效果,其认识是正确、客观而周密的。

在夸张问题上,他指出:“自天地以降,豫入声貌,文辞所被,夸饰恒存。虽《诗》《书》雅言,风格训世,事必宜广,文亦过焉。”“于是后进之才,奖气挟声,轩翥而欲奋飞,腾掷而羞局步,辞入炜烨,春藻不能程其艳,言在萎绝,寒谷未足成其凋;谈欢则字与笑并,论戚则声共泣偕,信可以发蕴而飞滞,披瞽而骇聋矣。”

(《夸饰》)他认为自从开天辟地以来,凡是关系到声音形貌的,只要用文辞表现它,就会经常使用夸张手法,连《诗》《书》经典亦未能免。他又指出有才华的作家,凭借夸张而“轩翥腾掷”,不愿“局步”于一般的叙写。他不但指出夸饰的重要作用,而且说明夸饰修辞主要用在有“声貌”的事物的描写上。这就又是结合语境谈问题,比王充进步得多了。他说:“是以言峻则嵩高极天,论狭则河不容舠,说多则子孙千亿,称少则民靡孑遗,襄陵举滔天之目,倒戈立漂杵之论;辞虽已甚,其义无害也。”(《夸饰》)在文学作品中,高、狭、多、少、大、深等各种形容,即使其辞“已甚”,也是没有关系的,不但“无害”而且可以“因夸以成状,沿饰而得奇”。刘勰是精通文学手段的,他的唯物主义观点比起汉代王充那种机械地把文学作品的真实性与现实生活的真实性完全等同起来的固执看法要高明得多了。

他虽然主张“因夸以成状,沿饰而得奇”,但“奇”得“不诬”才是好的夸饰。他说:“酌奇而不失其真,玩华而不坠其实。”(《辨骚》)他又指出“夸过其理,则名实两乖”,“使夸而有节,饰而不诬,亦可谓之懿也”。(《夸饰》)美的夸饰必须“有节”,不能“过理”,这又是一种辩证的观点。

刘勰十分重视选词择句的问题,他说:“夫人之立言,因字而生句,积句而为章,积章而成篇。篇之彪炳,章无疵也;章之明靡,句无玷也;句之清英,字不妄也。振本而末从,知一而万毕矣。夫裁文匠笔,篇有小大;离章合句,调有缓急;随变适会,莫见定准。句司数字,待相接以为用;章总一义,须意穷而成体。”“章句在篇,如茧之抽绪,原始要终,体必鳞次。”“搜句忌于颠倒,裁章贵于顺序,斯固情趣之指归,文笔之同致也。”(《章句》)按照刘勰的意见,选词炼字,虽然是“随变适会”,离合章句;虽然是“莫见定准”,但必须“相接以为用”,合于“情趣之指归”。这才算是“匠笔”。“炼字”是我国古代文人很重视的一种修辞手段。自唐宋以降,不少论文笔记和诗词佳话中记载了这类生动故事,文人墨客,相与推敲,往往而见“一字之师”。但怎样的选词炼字才算是合于美辞原则的呢?刘勰又提出了语境问题。一字之“点睛”,必待全龙之盘空,倘若字离开句,句离开章,章离开篇而妄自摇曳,势必“遗势郁湮,余风不畅。此《周易》所谓‘臀无肤,其行次且’也”(《附会》)。他继承了王充《论衡·正说》篇中的见解,为后人研究篇章文句问题作了很好的提示,代表了中国古代修辞理论一种联系实际的朴素观点。

此外,刘勰在《事类》篇中讲用典,在《隐秀》篇中谈含蓄与警策,这些都是极重要的修辞手法。总之,《文心雕龙》一书,几乎每章都或多或少地涉及修辞问题,是研究修辞学史和修辞理论的重要著作。可惜以前的学者们在这方面的研究发掘工作做得不够。因此,刘勰作为中国古代乃至世界修辞学史上的伟大人物的形象一直不够鲜明。

以上谈了魏晋南北朝时期一般修辞论的发展与《文心雕龙》的出现,下面谈这一时期文体与风格的研究对古代修辞理论的推动作用。

文体和风格的研究,在先秦两汉,由于受到历史和其他客观条件——主要是文字发展本身条件的局限,没能够取得丰富的成果。到了汉魏六朝时期,由于文学艺术的飞速发展,文学概念的不断净化,文和史、讨和论,有了明显的分家,各自得到相对独立的发展,因而修辞理论普遍注意到不同文体有不同要求的特点。曹丕的《典论·论文》,可以说是开了先河。他提出“奏议宜雅,书论宜理,铭诔尚实,诗赋欲丽”的修辞准则,总结得很简要,很有道理。前面我们提到刘勰在《定势》篇中的文体论,那实质是曹丕论点的扩充。魏晋南北朝是修辞与文体结合论的崛起期。不同文体修辞有别的思想普遍为人们所接受。晋代陆机的论述较为详尽。他说:“诗缘情而绮靡,赋体物而浏亮,碑披文以相质,诔缠绵而凄怆,铭博约而温润,箴顿挫而清壮,颂优游以彬蔚,论精微而朗畅,奏平彻以闲雅,说炜晔而谲诳。”他继承了曹丕的看法把文章分为诗、赋、碑、诔、铭、箴、颂、论、奏、说十类，并逐一指出其修辞风格的特点。而且他又进一步说："虽区分之在兹，亦禁邪而制放。要辞达而理举，故无取乎冗长。"他主张以禁邪、制放、辞达、理举为务，而不以冗长取胜。

对于某一种文体的风格特点作单独说明的较细致的学说也开始出现了。皇甫谧在《三都赋序》中，就对于赋体的"丽"作了具体的说明："赋也者，所以因物造端，敷弘体理，欲人不能加也。引而申之，故文必极美；触类而长之，故辞必尽丽。然则美丽之文，赋之作也。"他认为"赋"是"美丽之文"，要铺排到极致，使"人不能加"。古人声训，就说"赋者铺也"。铺张华丽，确是赋体的最大特点。

北朝的颜之推更从史的角度去讨论文体。他在《颜氏家训·文章》篇中说道："夫文章者，原出五经：诏命策檄，生于《书》者也；序述论议，生于《易》者也；歌咏赋颂，生于《诗》者也；祭祀哀诔，生于《礼》者也；书奏箴铭，生于《春秋》者也。"这种议论，忽视了文章各体本身的内部规律性，未免武断偏狭。但从发展观点去考虑问题，毕竟有其可贵之处。他的观点，对后世文体风格论产生了深远的影响。

刘勰还分篇论述每一种文体的准则。《文心雕龙·明诗》篇说："人禀七情，应物斯感；感物吟志，莫非自然。"他认为诗歌是感物而作，而感情应该是出于自然的流露。《诠赋》篇说："情以物兴，故义必明雅；物以情观，故词必巧丽。丽词雅义，符采相胜，如组织之品朱紫，绘画之著玄黄，文虽新而有质，色虽糅而有本，此立赋之大体也。"这就是说，赋不仅要义理明雅，而且辞采要巧丽，义理与辞采相胜，便不会因文而害质了。《史传》篇说："文非泛论，按实而书。""两记则失于复重，偏举则病于不周……故张衡摘史班之舛滥，傅玄讥后汉之尤烦。"他要求史传须按实记事，力避重复。《诏策》篇更就其策文的具体内容而提出不同的修辞准则："优文封策，则气含风雨之润；敕戒恒诰，则笔吐星汉之华;治戎燮伐,则声有洊雷之威;眚灾肆赦,则文有春露之滋;明罚敕法,则辞有秋霜之烈;此诏策之大略也。”

清人包世臣评论说:“论文之书,始于《典论·论文》,而《文赋》继之。魏文评时流得失,士衡论体裁当否。《文心雕龙》后出,则推本经籍,条畅旨趣,大而全编,小而一字,莫不以意逆志,得作者用心所在。”(《安吴四种·艺舟双楫叙》)包氏的评断简要而公允,《文心雕龙》比《典论·论文》以及《文赋》的略而不详的修辞风格和个性理论要深入而全面得多。刘勰的文体修辞理论已对从上古至魏晋南北朝的发展概貌作了全面系统的总结。

这个时期关于文章风格的研究对于修辞学的推动作用也是相当大的。

曹丕就曾指出文章要讲个人风格,以人的禀赋、气质、个性来驱遣文章的气势、风格和言辞,突出了修辞的个性化。他有句名言,是“文以气为主”,而“气之清浊有体,不可力强而致”。他说孔融“气体高妙”,但“不能持论,理不胜辞”,这是文气有所偏狭的缘故,可见“气”对于遣词达意的作用了。

刘勰则进一步指出,文章风格不但与作家才气有关,而且与学习有关;不但决定于先天的“情性”,而且不能忽视后天的“陶染”。他说:“才有庸俊,气有刚柔,学有浅深,习有雅郑。并情性所铄,陶染所凝。”(《体性》)这就较彻底地摆脱了片面性而更多地闪耀出唯物主义的光芒。在这个前提下,他主张作家应学习各种风格。他说:“八体虽殊,会通合数,得其环中,则辐辏相成。故宜摹体以定习,因性以练才。”(《体性》)这里所谓“八体”就是他所归纳出的“典雅”“远奥”“精约”“显附”“繁缛”“壮丽”“新奇”“轻靡”八种风格。他认为文章风格多种多样,作家就该多方面学习,根据自己的个性来发挥才能,而不可强求一律性。

刘勰还注意到了风格与时代的关系。他说:“黄唐淳而质,虞夏质而辨,商周丽而雅,楚汉侈而艳,魏晋浅而绮,宋初讹而新。”大抵是文章风格因时代而不同,愈是古代就愈质朴,到后来就追求华巧雅丽了。

由上面的叙述,我们可以看出:魏晋南北朝是汉语言文字和文学艺术发生巨大变化、出现许多新特点的时代。从这个时期开始,汉语修辞学的研究范围更加广泛,内容也更加充实而细致了,正所谓“前修未密,后出转精”。

最后,谈一下六朝声律学说的发生对于汉语修辞研究的意义。

美辞之术,固因民族之不同而有所区异。汉语言的音节美,在很大程度上取决于声调之抑扬。这个问题,古人早就注意到了。沈约认为自古辞人虽皆“未睹此秘”,但“自灵均以来”,“高言妙句,音韵天成”。自陆机主张“音声之迭代,若五色之相宣”。而沈约等人大倡音律之说之后,历代文人对于调谐音节,区别宫羽,都给予极大的重视。这一点,可以说是汉语修辞学说不同于西方修辞理论体系的特征之一。日本的空海所撰《文镜秘府论》把这种字谐说借鉴过去并加以发展,成为他那部书的灵魂。如果我们自己倒不认为声律是修辞学研究内容之一,那可真有点愧对先贤了。

沈约在《谢灵运传论》中提出,“工拙之数”取决于“音律调韵”。他认为“先士茂制,讽高历赏。子建函京之作,仲宣灞岸之篇,子荆零雨之章,正长朔风之句”。这些历代流传不朽的佳作,都是“直举胸情,非傍诗史”,而且“正以音律调韵,取高前式”。他还具体就四声和双声叠韵在诗文中的应用问题谈了自己的看法。他说:“夫五色相宣,八音协畅,由乎玄黄律吕,各适物宜。欲使宫羽相变,低昂舛节,若前有浮声,则后须切响。一简之内,音韵尽殊,两句之中,轻重悉异。妙达此旨,始可言文。”浮声就是“昂”,大约相当于后来所说的平声;切响就是“低”,大约相当于后来所说的仄声;“低昂舛节”,平仄调配,才能使“一简之内,音韵尽殊,两句之中,轻重悉异”。他提出的这种理论和晋、宋以来诗歌中的对偶形式相结合,形成了“永明体”的新体诗,反映了古代诗歌从“音韵天成”发展到讲求格律的必然趋势。唐封演《闻见记》说:自沈约倡导诗歌声病论之后,“王融、刘绘、范云之徒,慕而扇之。由是远近文学,转相祖述,而声韵之道大行”。

刘勰在《文心雕龙·声律》篇中也谈到“声有飞沈,响有双叠”。他说:“凡声有飞沈,响有双叠。双声隔字而每舛,叠韵杂句而必睽;沈则响发而断,飞则声扬不还,并辘轳交往,逆鳞相比;迂其际会,则往蹇来连,其为疾病,亦文家之吃也。夫吃文为患,生于好诡,逐新趣异,故喉唇纠纷;将欲解结,务在刚断。左碍而寻右,末滞而讨前,则声转于吻,玲玲如振玉,辞靡于耳,累累如贯珠矣。是以声画妍蚩,寄在吟咏,吟咏滋味,流于字句。气力穷于和韵,异音相从谓之和,同声相应谓之韵。韵气一定,故余声易遣;和体抑扬,故遗响难契。属笔易巧,选和至难,缀文难精,而作韵甚易。虽纤毫曲变,非可缕言,然振其大纲,不出兹论。”这可以说是对六朝声律论的最好说明。黄侃在《文心雕龙札记》中,对这段话作了解释。他说:“此节隐侯(按沈约谥隐)所云‘前有浮声,后须切响’,‘两句之中,轻重悉异’者也。飞谓平清,沈谓仄浊。双声者二字同纽,叠韵者二字同韵。一句之内,如杂用两同声之字,或用二同韵之字,则读时不便,所谓‘双声隔字而每舛,叠韵杂句而必睽’也。一句纯用仄浊,一句纯用平清,则读时亦不便,所谓‘沈则响发而断,飞则声扬不远’也。‘辘轳交往’二语,言声势不顺。”

声律学说的产生,是我国修辞理论发展中的重要事件。当然,它对于文学创作的影响也是巨大的。自沈约“四声八病”说提出之后,诗歌律化加快了脚步,经过庾信、上官仪、“初唐四杰”的努力,律体基本上确立下来。《新唐书·宋之问传》写道:“魏建安讫江左,诗律屡变。至沈约、庾信,以音韵相婉附,属对精密。及之问、沈佺期,又加靡丽,回忌声病,约句准篇,如锦绣成文。”自沈、宋以后,近体诗和古体诗的界限有了更明确的划分。诗人在创作上,专工新体和专工古体也渐渐有了分道扬镳之势。这的确是“词章改革之大机”(《诗薮》)。

魏晋南北朝时期修辞学的特点还不止以上三个大的方面。这一时期,论作家修辞技巧的风气盛极一时,对于积极修辞的辞格的记述和谈论,也有可观的表现,这都有待于进一步探讨。

不容讳言,这一时期修辞理论也同我国古代其他时期一样,与文章学混为一气。如果用现代意义上的科学概念去进行衡量,还存在着不少问题。这些问题,有待于进一步的争论。

先秦时期修辞论简述

在《说文解字》中,“修”是“饰”的意思。清代学者段玉裁解释说:“‘饰’即今‘拭’字。拂拭之则发其光彩,故引申为文饰。”他这是在说明为什么“修”字要有三撇(“彡”,读 shān)。关于“辞”字,现在常见的大徐本《说文解字》的说解是:“辞,讼也。”段玉裁根据小徐《说文系传》和《广韵》的引文改为:“辞,说也。”那么“修辞”二字合起来,如果采用段氏的意见去理解,就应当是“修饰言辞”的意思,也就是说,通过种种方式,把话说得更清楚些、更生动些。

谁不愿意把话说得更清楚些、更生动些呢?所以,修辞之术从人类诞生之日便有了。

陈望道《修辞学发凡》指出:“修辞本来是一个极熟的熟语,自从《易经》上有了‘修辞立其诚’一句话以后,人们便常常连着用的。”“但是解说起来,终究还是修是修、辞是辞的,被人当作两个单词看。直到现在讲修辞的还是如此。”

清代学者章学诚《文史通义·言公》解释了《易经》上面“修辞立其诚”这句话,他说:

> 《易》曰:“修辞立其诚。”诚,不必于圣人至诚之极致,

始足当于修辞之立也。学者有事于文辞,毋论辞之如何,其持之必有其故,而初非徒为文具者,皆诚也。有其故而修辞以副焉,是其求工于是者,所以求达其诚也。

他在《评沈梅村古文》(见《章氏遗书补遗》)一文中又说:

仁者见仁,知者见知,要于实有其所见,故其所言自成仁知而不诬,不必遽责圣贤道德之极至,始谓修辞之诚也。

他解释的,主要是"诚"的含义问题。他主要强调了《易经》中的修辞观念是与"君子进德修业"相联系的,还是儒家的那些道德观念。对于"修辞"本身,他指出"持之必有其故",反对"徒为文具",不过是说明形式与内容的统一。至于形式本身,他并没有谈到。这种看法,并没有比孔颖达的《周易正义》有什么大的进步。而孔颖达倒是说了如下的话:

上云"进德",下复云"进德";上云"修业",下变云"居业"者,以其间有"修辞"之文,故避其"修"文而云"居业"。且功业宜云"居"也。

由此可以看出孔颖达的训诂中有不少关于修辞的材料可以发掘,这一点,下文还将提到。

在《易·系辞》中,关于"辞"的论说还有:

卦有大小,辞有险易。辞也者,各指其所之。(《系辞上》)

功业见乎变,圣人之情见乎辞。(《系辞下》)

将叛者其辞惭,中心疑者其辞枝,吉人之辞寡,躁人之辞多,诬善之人其辞游,失其守者其辞屈。(《系辞下》)

这些话里所提到的“辞”,均可作“言辞”解。

《易经》一书,关于修辞方面的说法还可以找出一些来。此外,在修辞手法的运用上,它也是相当丰富的,如“龙战于野,其血玄黄”“屯如邅如,乘马班如”“乘马班如,泣血涟如”“密云不雨”“虎视眈眈”这些自不必说,即如《易·离下》:“日中则昃,月盈则食。天地盈虚,与时消息,而况于人乎?况于鬼神乎?”这样的文句中,也充满了修辞色彩。其中除了我们熟知的比兴手法,孔颖达还指出:

此辞先陈“天地”后言“人鬼神”者,欲以轻譬重,亦先尊后卑也。而“日月”先“天地”者,承上“宜日中”之文,遂言其“昃食”,因举“日月”以对之,然后并陈“天地”,作文之体也。

《尚书》也谈到“辞”的问题,它说:

政贵有恒,辞尚体要,不惟好异。(《尚书·毕命》)

孔颖达在谈到《尚书》修辞特点的时候说道:

窃以古人言诰,惟在达情。虽复时或取象,不必辞皆有意。若其言必托数,经悉对文,斯乃鼓怒浪于平流,震惊飙于静树,使教者烦而多惑,学者劳而少功,“过犹不及”,良为此也。

当然,孔氏说得还很不够,我们还应看到《尚书》没有“言必托数，经悉对文”的更重要的原因是在历史方面：上古书写、记录困难，简牍繁重，不便保留，故其言诰“惟在达情”。有时，甚至连“情”也不“达”，弄得后来学者聚讼纷纭。

《尚书》如同《易经》一样，也是我国古代修辞方式之渊薮。如《尚书·牧誓》：古人有言曰：牝鸡无晨。牝鸡之晨，惟家之索。

孔颖达指出：

> 此以牝鸡之鸣喻妇人知外事，故重申喻意，云：“雌代雄鸣则家尽，妇夺夫政则国亡。”“家”总贵贱为文，言“家”以对“国”耳。

《尚书·泰誓中》：百姓懔懔，若崩厥角。

孔颖达指出：

> 言民畏纣之虐，危惧不安，其志懔懔然。以畜兽为喻，民之怖惧若似畜兽崩摧其头角然，无所容头。

又《尚书·武成》：会于牧野，罔有敌于我师。前徒倒戈，攻于后以北，血流漂杵。

孔颖达云：自攻其后，必杀人不多。“血流漂春杵”，甚之言也。孟子云：“尽信《书》则不如无《书》。吾于《武成》，取二三策而已矣。”

《尚书》中，夸张其言的例子很多，如：

> 《尚书·尧典》：汤汤洪水方割，荡荡怀山襄陵，浩浩滔天。
>
> 《尚女·尧典》：百姓昭明，协和万邦。
>
> 《尚书·泰誓下》：作威杀戮，毒痛四海。

又，古者美恶不嫌同辞：

《尚书·盘庚中》：兹予有乱政同位。孔传云：乱，治也。此我有治政之臣，同位于父祖。

《尚书·盘庚中》：臭厥载。

孔颖达云：臭是气之别名。古者香气、秽气皆名为臭。《易》云："其臭如兰。"谓香气为臭也。《晋语》云："惠公改葬申生，臭彻于外。"谓秽气为臭也。下文复述此意云"无起秽以自臭"，则此臭谓秽气也。

在训诂中，这叫"反训"；在词义研究中，这是汉语词的构成方面一个值得重视的现象；在修辞方面，以前还没有人谈到这个问题，但它显然也与文章表达有着密切的关系，即使只谈"消极修辞"，也不能忽视古汉语中此类现象的存在。

又，《尚书·武成》：归马于华山之阳，放牛于桃林之野。

孔颖达指出："放牛""归马"，互言之耳。其实这两句除"互文"之外，还有"对偶"的手法。在《尚书》中，像"满招损，谦受益"这样的对偶句比比皆是。尽管孔颖达指出《尚书》不追求"经悉对文"的一面，这是对的，但也应该看到，这不过是与后世骈骊之文相比较而言，至于汉语修辞手段，在《尚书》的时代早已是比较发达的了。

《诗经》中关于"辞"的说法，可见于《大雅·板》："辞之辑矣，民之洽矣。辞之怿矣，民之莫矣。"郑玄笺云："辞，辞气，谓政教也。王者政教和说顺于民，则民心合定。"

《诗经》是我国古代第一部诗歌的总集，三百篇中荟萃了多种修辞手段。如"比兴"，黎锦熙先生有《修辞学比兴篇》的专著言之甚详，这里仅据孔颖达引郑氏说以见其一斑：

郑以赋之言铺也，铺陈善恶，则诗文直陈其事不譬喻者皆赋辞也。郑司农云:比者,比方于物。诸言"如"者,皆比辞也。司农又云:兴者,托事于物,则兴者起也,取譬引类,起发己心,诗文诸举草木鸟兽以见意者,皆兴辞也。

比之与兴,虽同是附托外物,比显而兴隐。

关于《诗》文"六义",历来有种种讨论,对于古代汉语的修辞都是有益的。

此外,《诗经》修辞之例还可以找对诸如夸张、借代、双关、省略、错综成文以及变文协韵等:

《卫风·河广》:谁谓河广?曾不容刀!
《王风·采葛》:一日不见,如三秋兮!
《大雅·假乐》:千禄百福,子孙千亿。

以上是属于夸张的例子。

《小雅·车攻》:徒御不惊。

以上是属于借代的例子。

《小雅·大东》:维南有箕,不可以簸扬。维北有斗,不可以挹酒浆。

以上是属于双关的例子。

《豳风·七月》:七月在野,八月在宇,九月在户,十月蟋蟀入我床下。

郑笺:自"七月在野"至"十月入我床下"皆谓蟋蟀也。

这是省略的典型例子。

《鄘风·柏舟》:母也天只,不谅人只!

毛传:天谓父也。

孔颖达正义曰:先母后天者,取其韵句耳。

古音“天”与“人”俱入“真”部,这是变其文倒其序以趁其韵的例子。

《小雅·采绿》:之子于狩,言韔其弓。之子于钓,言纶其绳。

郑笺:纶,钓缴也。君子往狩与?我当从之,为之韔弓。其往钓与?我当从之,为之绳缴。

俞樾在《古书疑义举例》中说:笺以“韔弓”“绳缴”对举,则知“绳”字与上句“韔”字对;下句“纶”字与上句“弓”字对,盖错综以成文也。

《左传》是一部文学价值极高的史书,其中各种修辞手法的运用对增强文章表达效果有很重要的作用,特别是婉曲修辞,在表现外交辞令及刻画人物性格方面更是有着决定性的作用。下面举些例子:

《左襄二十二年传》:譬诸草木,吾臭味也,而何敢差池?

《左襄三十一年传》:譬如田猎,射御贯则能获禽。

《左昭三年传》:譬如火焉,火中,寒暑乃退。(杜注:火,心星。)

以上是属于比喻的例子,是明喻。也有属于隐喻的例子,如:

《左文七年传》:赵衰,冬之日也。赵盾,夏之日也。

下面举些属于借代的例子:

《左僖二十二年传》:君子不重伤,不禽二毛。

《左僖二十三年传》:我二十五年矣,又如是而嫁,则就木焉。

《左文十三年传》:子无谓秦无人,吾谋适不用也。

《左襄二十九年传》:吴人伐楚,获俘焉,以为阍。

下面的两个例子属于比拟,以人拟物:

《左哀十一年传》:是豢吴也夫!

《左昭五年传》:吴在蔡,蔡必速飞。去吴,所以剪其翼也。

下面是一个互文见义的例子:

《左隐元年传》:公入而赋:"大隧之中,其乐也融融。"姜出而赋:"大隧之外,其乐也泄泄。"

《左传》一书,记载了许多优美的外交辞令,它们构成本书在语言运用方面的显著特色。在修辞上,属于"婉曲"的表达方式有:

《左僖二十六年传》:齐侯未入竟,展喜从之,曰:"寡君闻君亲举玉趾,将辱于敝邑,使下臣犒执事。"

《左成三年传》:虽遇执事,其弗敢违,其竭力致死,无有二心,以尽臣礼,所以报也。

《左成二年传》：韩阙执絷马前，再拜稽首，奉觞加璧以进，曰："寡君使群臣为鲁、卫请，曰：'无令舆师陷入君地。'下臣不幸，属当戎行，敢告不敏，摄官承乏。"

杜预指出，这都是"谦敬之饰言"。

又古人行文，最忌复沓，《左传》在同一篇中举称同一个人，或称其名，或称其字，或称其号，或称其谥，错杂不恒。章学诚《文史通义·繁称》篇云：

尝读《左氏春秋》，而苦其书人名字，不为成法也。夫幼名，冠字，五十以伯仲，死谥，周道也。此则称于礼文之言，非史文述事之例也。《左氏》则随意杂举而无义例，且名字谥行以外，更及官爵封邑焉。一篇之中，错出互见，苟非注释相传有受授，至今不识为何如人也。是以后世史文莫不钻仰《左氏》，而独于此事不复相师也。

章氏是从实用角度谈的，他的意见是对的。但如果从修辞角度看，这又不失为《左传》修辞的一个特点。正如杨树达在《中国修辞学》中所指出的：

作《左氏传》者意在求美，后人之误解与否，非所计及，其求美之意之切，亦可推见矣。

这里举《左传》里的一段话做例子，以见一斑：

初，楚司马子良生子越椒，文子曰："必杀之！是子也，熊虎之状而豺狼之声。弗杀，必灭若敖氏矣。谚曰：'狼子野心。'是乃狼也，其可畜乎？"子良不可，子文以为大戚。及将死，聚其族曰："椒也知政，乃速行矣，无及于难！"且泣曰:“鬼犹求食,若敖氏之鬼,不其馁而!”及令尹子为文卒,斗般为令尹,子越为司马,蔿贾为工正,谮子扬而杀之。子越为令尹,己为司马。子越又恶之,乃以若敖氏之族,圄伯嬴于轑阳而杀之,遂处烝野。将攻王,王以三王之子为质焉,弗受,师于漳澨。秋七月戊戌,楚子与若敖氏战于皋浒,伯棼射王,汰輈及鼓跗,著于丁宁;又射,汰輈,以贯笠毂。师惧,退。王使巡师曰:“吾先君文王克息,获三矢焉。伯棼窃其二,尽于是矣。”鼓而进之,遂灭若敖氏。

这一段话三百来字,光“越椒”一人就有四称:“越椒”“椒”“子越”“伯棼”。“斗般”又称“子扬”,“蔿贾”又称“伯嬴”。如果没有注释,确是很难读懂。所以说古汉语修辞中有些方式虽意在求美而实生纠葛,使文意晦而不显,所谓“积极修辞”有时也会与“消极修辞”闹出矛盾来。

《春秋公羊传》在史学方面的价值无法与《左传》相比,但在修辞方面却未必就没有价值,譬如《公羊传·隐公七年》云:“《春秋》贵贱不嫌同号,美恶不嫌同辞。”虽是发凡起例,为探讨反义同辞之嚆矢、反训之滥觞,但也未始不是一种修辞的内容。又如《公羊传·庄公二十八年》云:“春秋伐者为客,伐者为主。”何休注云:“伐人者为客,读‘伐’,长言之;见伐者为主,读‘伐’,短言之。”这是研究音韵的一项十分有趣的课题,但是,以音读表现辞义之别,难道不可以看作修辞之一法吗?上古典籍中,修辞与训诂乃至音韵就是这样的密不可分,正如我们看一个事物可以站在不同角度上一样,考察古汉语中某些带有普遍性的问题,也是可以站在不同角度上的。

《战国策》中多讽喻之言,如“桃梗土偶”“鹬蚌相争”“画蛇添足”“狐假虎威”等,已为大家所熟知。

《礼记·曲礼下》解释“负薪之忧”及《乐记》中“武王克殷,反商,未及下车,而封黄帝之后于蓟,封帝尧之后于祝,封帝舜之后于陈”这样的“超前夸张”,也是很有名的修辞佳例。

至于《论语》,因为是“语录体”,更可以直接向我们展示那个时代口语修辞的一些特征。譬如“比喻”,《论语》中往往出现“隐喻”与“借喻”的例子。如:

> 《论语·颜渊》:君子之德,风;小人之德,草。
> 《论语·子罕》:岁寒,然后知松柏之后凋也。

说到先秦诸子之作,那更是修辞之渊薮。春秋战国之时,各种学术思想十分活跃。诸侯力征,游说之士遍于天下,著书立说,辩难驳诘,把修辞之术提到了前所未有的高度。

譬如墨子,他是“摩顶放踵以利天下”,主张“身体力行”的人,他的文章质朴到“言多不辩”的地步,韩非就曾以“买椟还珠”这样的寓言去阐发墨子不为华语的主张。(当然,《墨子》一书未必是他自著,他的门人弟子能否彻底贯彻他在言辞方面的主张,现代是谁也说不清了。但是,我们起码也应当承认《墨子》一书是墨翟思想的集中体现。)那么,他是不是就轻视了修辞呢?恰恰相反,古汉语修辞到了他那里,反而得到了发展。不仅遣词造句,而且布局谋篇也都是十分讲究。譬如大家都熟悉的《墨子·非攻上》,由“窃桃李”而至“取马牛”,由“取马牛”而至“取戈剑”,层层设譬,语多繁复,而最后推出“至大为不义攻国”。这还不够,又以“白黑之辩”而至“甘苦之辩”,由“甘苦之辩”而归至“是以知天下之君子也,辩义与不义之乱也”。何等汹涌澎湃!何等深刻有力!这不是修辞是什么?刘大杰指出:

> 论辩的散文是由墨子开始的。墨子的文章虽不重文采,但逻辑性很强,很有说服力。我们读他的《非攻》《非命》《尚同》《非儒》诸篇,知道他是一个条理严谨的理论家,对于论辩方法与逻辑理论,发表了许多重要的意见。在我

国古代学术界中，墨学最讲究方法，开名学之先导。（《中国文学发展史》）

俞樾《古书疑义举例》指出：

《墨子·尚贤》《尚同》《兼爱》，各分上、中、下三篇，而文字相同者居半，此亦古人不嫌繁复之证。

墨子是这样阐述他的修辞观念的：

慧者心辩而不繁说，多力而不伐功，此以名誉扬天下。言无务为多而务为智，无务为文而务为察。（《墨子·修身》）

夫辞，以类行者也。立辞而不明于其类，则必困矣。（《墨子·大取》）

辟〔譬〕也者，举他物而以明之也。（《墨子·小取》）

《老子》八十一章，凡五千言，大抵为韵文，如第二章：

故有无相生，难易相成，长短相形，高下相倾。

第十九章：

绝圣弃智，民利百倍；绝仁弃义，民复孝慈；绝巧弃利，盗贼无有。

第三十三章：

知人者智，自知者明。胜人者有力，自胜者强。

这些不仅闪耀着朴素辩证法的光芒,而且充满了修辞色彩,把比喻、排比、对偶等各种修辞手段综合运用,使人读来上口,过目即成诵,久而不忘。哲理散文而具有诗的情致,而且出现在那样早的时代(据考至迟也是战国时代的产物,详见罗根泽编的《古史辩》),真可以说是一种修辞学上的奇迹。

说到庄子,那更是先秦时期修辞学之巨子。司马迁说庄子"著书十余万言,大抵率寓言也"。又说"其言洸洋自恣以适己","皆空语无事实,然善属书离辞,指事类情,用剽剥儒墨,虽当世宿学,不能自解免也"(《史记·老子韩非列传》)。那种浓厚的浪漫主义色彩,创造性的寓言,辛辣的讽刺笔调,生动逼真的描绘,灵活多变的句式,丰富而奇特的词汇,在中国古代散文史上,是无与伦比的。所以鲁迅先生在《汉文学史纲要》中评价说:"其文则汪洋辟阖,仪态万方,晚周诸子之作,莫能先也。"郭沫若先生说:"《庄子》书是我从小时便爱读的一种,至今都还有好几篇文字我能够暗诵。"(《十批判书》)刘大杰在《中国文学发展史》中说道:"文字到了他的手里,成了活动的玩具,颠来倒去,离奇曲折,创造了一种特有的文体。这样的文体,在中国有了二千多年,从没有一个人能够模拟、学得像样。""同时他又不顾一切的规矩,使用了丰富的字汇,倒装重叠的句法,奇怪的字眼,巧妙的寓言,使他的文字,格外灵活,格外新奇,格外有力量。""为什么一样的文字,到了他的笔下,能够组织得那么新奇,表现得那么聪明?真是汪洋恣肆,机趣横生,信手拈来,都成妙语。"这些话,并非过誉。只要我们翻开《逍遥》《齐物》诸篇,便会知道他散文技巧的高妙。过去人们读《庄子》、注《庄子》多是从哲学角度着眼,甚至"往往不暇究诸家之谊而惟宗一师,遗弃文字而但持空论","自郭象孤注行世,以'得意忘言'贵之,然未获鱼兔而先弃筌蹄,亦未为善学郭氏者也"(黄侃序阮毓崧《庄子集注》)。文字的诠释尚不暇论,更何况修辞?我们希望出现"专书修辞论"方面的著作,特别是像《庄》《孟》《荀》《韩》

《史》《汉》《三国志》以及“集”部各家的书，如有专论修辞者，将是古籍整理方面的功臣。

庄子自己提出的修辞理论也是自成系统、不同凡响的。他说自己“以谬悠之说，荒唐之言，无端崖之辞，时恣纵而不傥，不以觭见之也。以天下为沈浊，不可与庄语。以卮言为曼衍，以重言为真，以寓言为广。独与天地精神往来而不敖倪于万物，不谴是非，以与世俗处。其书虽瓌玮而连犿无伤也。其辞虽参差而諔诡可观”。他说自己作品中“寓言十九，重言十七，卮言日出，和以天倪”。

什么是“寓言”？庄子的“寓言”不但包括通常意义上的寓言，而且有许多神话式的故事。什么是“重言”？庄子的“重言”有些是引征名人之成说，有些干脆就是作者自身的假托。什么是“卮言”？庄子的“卮言”多为浪漫主义的抽象论说。有时连篇累牍，简直是一发而不可收。

他使列子御风，“泠然善也”。他使黄帝这位传说中的人物与拟人化了的“知”互相问答。他使盗跖大批了孔子一顿。甚至连孙叔敖、熊宜僚和孔子这些不同时代的人，在他笔下也都聚在了一起。他居然能与骷髅大谈其生死问题。他的夸张修辞，“大言”能使一般人理解为“鱼”的鲲大到“不知其几千里也”，又能使“鹏之背，不知其几千里也”，还能使“任公子为大钩巨缁，五十犗为饵，蹲乎会稽，投竿东海”。把钓上来的大鱼做成鱼干，“自制（按即浙）河以东，苍梧以北，莫不厌若鱼者”。“小言”呢？能在蜗牛的左右角各建立一个国家，而且两国交兵居然会“伏尸数万，逐北旬有五日而后反”。在他的作品中，涸辙之鲋向人求援，井底之蛙与东海之鳖对话，河伯同海神若谈心，鸱得腐鼠而“吓”鹓雏……真是无奇不有。他的寓言有夸张，有拟人，有比喻，比喻中有明喻、隐喻，还有博喻。如《齐物论》：

山林之畏佳，大木百围之窍穴，似鼻、似口、似耳、似枅、似圈、似臼;似洼者、似污者。

《秋水》:

计四海之在天地之间也,不似礨空之在大泽乎?计中国之在海内,不似稊米之在大仓乎?

这样地把两种以上的譬辞连贯而下,犹如悬瀑三叠,气势逼人。修辞之法兼赅词、句乃至于章、节,是我国古代文言修辞日趋丰富和成熟的一种表现。

再说孟子,他也是战国时代的一位修辞大师。他的文章中到处充满着机敏雄辩的才情,有时看似无意,信手拈来,但其实是绝妙的修辞佳例。譬如:

故王之不王,非挟太山以超北海之类也。王之不王,是折枝之类也。(《梁惠王》)

瞽瞍底豫而天下化,瞽瞍底豫而天下之为父子者定。(《离娄》)

这种类似口语的句子,看起来似嫌繁复。把两个“王之不王”删去一个不更简洁吗?把两个“瞽瞍底豫”删去一个不是也不会影响语意之表达吗?后人著史书,就有这样做的。但这实际是不好的,十有八九要使原来很生动的文字变得滞枯而乏力。所以俞樾说:

两“王之不王”,两“瞽瞍底豫”,若省其一,读之便索然矣。(《古书疑义举例》)

孟子的文章是很讲究修辞的,譬如“借代”:

许子以釜甑爨,以铁耕乎?(《滕文公》)

这里的"铁"指耕具,是以材料代本体。

梁惠王曰:"晋国,天下莫强焉,叟之所知也。"(《梁惠王》)

赵岐的注说:"韩、魏、赵本晋六卿,当此时号三晋。"魏为"三晋"之一,惠王称魏为"晋国",这是以"大名"代"小名"。

天下有道,小德役大德,小贤役大贤;天下无道,小役大,弱役强。(《离娄》)

句中的"小德""大德""小""大"都是指的人,这是用特征或性质来代本体的借代方法。

可以通过这几个极其简单的例子看出,"借代"这种修辞方法,在孟子的时代就已经发展得如此细微,几千年之后,人们谈"借代"恐怕也很难逃出它的范围。

孟子还有一段关于夸张修辞的话:

故说《诗》者不以文害辞,不以辞害志;以意逆志,是为得之,如以辞而已矣,《云汉》之诗曰:"周余黎民,靡有孑遗。"信斯言也,是周无遗民也。(《万章》)

所谓"文""辞",是就字、词、句说的,所谓"志"是就思想内容说的。孟子说,不要拘于字、词、句的具体解释,要"以意逆志",就是说贯通文章大意并进一步去理解《诗》的意旨,这才能"得之"。如果不懂修辞,就会把夸张看成真实,用这种方法去解说《诗经》,就会出毛病的。这是对于夸张修辞的手法从读书角度进行的一种解释。他的解释无疑是正确的，但问题并不在这里，问题是孟子为什么要说这段话。那是因为当时有对这个问题的不同理解，也就是说，对于诸如"夸张"等问题，人们正在进行争论，而这种争论和探索不正可以看成我国古代修辞学说发展的一种表现吗？

到了荀子，就更注重从理论上探讨修辞之术了。

在《劝学》篇里，他说：

礼恭而后可与言道之方，辞顺而后可与言道之理。

这说明，在荀子的观念之中，"辞顺"和"礼恭"占有同等重要的位置，修辞的重要性被提到儒家所最重视的"礼"的高度。他认为不懂修辞，无以为"君子"：

君子之于言也，志好之，行安之，乐言之，故君子必辩。（《非相》）

凡人莫不好言其所善，而君子为甚。故赠人以言，重于金石珠玉；观人以言，善于黼黻、文章；听人以言，乐于钟鼓、琴瑟。故君子之于言无厌。（《非相》）

荀子主张"君子必辩""君子之于言无厌"，是不是与孔子"辞达而已矣"的主张相矛盾呢？我们觉得并不矛盾，关键是对于"辞达"应作何种解释。历来学者尽管有许多解释，但归纳起来，不外乎两种意见：

司马光《答孔文仲司户书》云：

孔子曰"辞达而已矣"，明其足以通意斯止矣，无事于华藻宏辩也。

苏轼《答谢民师书》云：

> 孔子曰“言之不文，行而不远”，又曰“辞达而已矣”。夫言止于达意，即疑若不文，是大不然。求物之妙，如系风捕影。能使是物了然于心者，盖千万人而不一遇也，而况能使了然于口与手者乎？是之谓辞达。辞至于能达，则文不可胜用矣。

司马光主张“足以通意斯止”，苏轼认为即使是这一点也很难做对，因为这不但要“了然于心”，而且需“了然于口与手”；“了然于心”的尚且“千万人而不一遇”，“了然于口与手”的，那就更是微乎其微，所谓“戛戛乎其难哉”了。这实际上是对“达”字的高标准的解释。

方孝孺在《与舒君书》中进一步提出：

> 夫所谓达者，如决江河而注之海，不劳余力，顺流直趋，终焉万里。势之所触，裂山转石，襄陵荡壑。鼓之如雷霆，蒸之如烟云，登之如太空，攒之如绮縠；回旋曲折，抑扬喷伏，而不见艰难辛苦之态，必至于极而后止，此其所以为达也，而岂易哉！

他的意见是，文章必须有了如此这般的气势，这才叫“气昌”，这才叫“达”，这种要求是很高的。这是否违背孔子的原意呢？不见得。因为孔子也是主张“辞欲巧”的，不过他反对“巧言乱德”（《论语·卫灵公》）罢了。他的学生子贡为他作了解释和阐发：

> 棘子成曰：“君子质而已矣，何以文为？”子贡曰：“惜乎，夫子之说君子也！驷不及舌。文犹质也，质犹文也。虎

豹之鞟犹犬羊之鞟。”(《论语·颜渊》)

子贡直截了当地说明了,如果不“文”,就算不上“君子”,而且他认为所谓“君子质而已矣”简直近于胡说八道,所以才告诫那位棘子成“驷不及舌”,让他说话注意点。

由此可见,荀子的修辞主张与孔子之徒是一脉相承的。在《正名》中,他说:

> 君子之言,涉然而精,俯然而类,差差然而齐。彼正其名,当其辞,以务白其志义者也。彼名辞也者,志义之使也,足以相通,则舍之矣。

可见他的“足以相通”也是有一定标准的,那就是“精”“类”“齐”。

《正名》一篇,是《荀子》探讨语言的专论,其中的修辞观念,可以看成是集先秦修辞论之大成。

他的弟子韩非,口吃,不善说道而敏于著述,精于逻辑和心理研究,故论辩是非,分析毫芒,不务采藻,而说理极其透辟;不尚顿挫而束约极其坚明,自具有一种爽朗雅洁的风格。郭沫若在评论诸子文风时说:“孟文的犀利,庄文的恣肆,荀文的浑厚,韩文的峻峭,实在各有千秋。”(《十批判书》)韩非运用了不少的神话和历史故事、人物,惯于以比喻手法点明主旨,使全篇气势充沛,风趣横生。《亡征》篇把一个国家败亡的征象一口气举出四十七种,《说难》篇列举出二十种谏说人主的困难,又说出十五个谏说要诀,真如峰峦叠翠,奇境层出,修辞之法到了韩非手里,得到了广泛的综合应用。非但如此,他在语言上还提出十二种准式:“实而不华,伦而不拙,繁而不虚,约而不刿,激而不谮,博而不夸,细而不陋,近而不谀,远而不诞,文而不史,质而不鄙,典而非诵。”

综上所述,可以看出:先秦时代,古汉语修辞手法已相当丰富,许多可贵的修辞学资料散见于各书之中,未能集合。那时的作者们只能表示修辞与不修辞这两个方面的意见,对于修辞学说还不曾有过明晰的概念,所以我们一般把那个时期称为汉语修辞学的萌芽时期。

关于先秦诸子的修辞论,我们这里再提出两点看法:

第一,以孔、孟为代表的儒家修辞论,更带有东方修辞论的特色,也可说是一种不同于西方古典修辞论的"个性",那就是中庸。

孔子主张"忠恕""爱人",思想核心是一个"仁"字。他说:"人而不仁,如礼何?"而"仁者,其言也讱"(《论语·颜渊》)。这个"讱"字,是与"巧言令色"相对立的;另一方面,他又主张"情欲信,辞欲巧"。他说:"文犹质也,质犹文也。虎豹之鞟犹犬羊之鞟。"(《论语·颜渊》)那么怎样才恰到好处呢?"文质彬彬,然后君子。"

孔子的修辞主张是和他对做人、做事的一贯主张分不开的,他从做人、做事的角度提出的修辞要求,必然以内容为主;而要宣传自己的主张,使别人接受,又非得"情欲信,辞欲巧"不可。这种追求和谐统一是与他的思想体系、道德准则有着极为密切的关系的。有的学者认为孔子的修辞论有些复杂,有些自相矛盾,那是一种表面化的看法。

孟子继承并发展了孔子的修辞论。在"文"与"质"的关系上,他主张"言实",反对"诐辞""淫辞""邪辞""遁辞"。在分析理解古人和别人的话时,他主张"以意逆志"。这些也都没有背离中庸之道。

绵延两千多年的东亚文化,一直在为保持自己的传统而奋斗。中国古典文化的核心是儒家文化,其精神是"内圣外王",把人的道德责任感提到最高位置,形成一种极大的内聚力量,逐渐凝结积淀为一种民族习惯与民族精神。东亚古代的修辞论就是在这块土壤中产生的。

而与东方的孔子在时间上相差不到二百年的西方文化巨人——古希腊的亚里士多德,生在一个由于古希腊奴隶主民主制度而形成的演说盛行、演说人才辈出的时代。他得以在总结前人经验的基础上写出了欧洲第一部系统的修辞学名著《修辞学》。在这部书里,作者分析了演说术的种种特点,提出了演说中应该注意的种种要素,譬如说服方式、演说类别、听众情感和性格、论证方法以及语言风格等。

这种诞生于演说术民主温床上的修辞理论,一开始就带有极强的功利主义色彩。它积极追求那种看得见、摸得着的效果,根本没有东方人的所谓"温柔敦厚"精神。亚里士多德在道德方面提出的要求是"使自己的性格给人以良好的印象,使人觉得他是谨慎的、友好的和有道德修养的"。严格来说,这是一种手段、一种"诈术",与儒家观念不啻有天壤之别。他还提出要对青年人、壮年人、老年人、富人、贵族、当权者的性格作分析,然后把握其特征,在演说中取得好的效果。他说:"青年人感情强烈,容易不分是非地追求自我满足;在肉体的需要方面,他们大都为性欲所支配,而不能自制……他们不留恋过去,而憧憬未来,因为过去的时间太短,没有什么回忆的;而未来则很长远,令人向往。"这种对于人性特点的分析,我们不能不说是绝妙的,但在孔子、孟子那里,是绝对不会看到半点这种说教的,这正是东、西方文化十分显著的区别。所以我们说,东方修辞术,或者至少是东亚修辞术,从它一产生的时候起,那块孕育它的土地就给了它一系列与西方不同的遗传因素,使得两千多年的古代修辞理论带有自己鲜明的个性。

第二,从先秦诸子修辞,特别是从老、庄的修辞论中,我们随时可以看到朴素辩证法闪光的因素。

譬如庄子主张"圣人行不言之教",似乎颇不重视语言表达形式,其实不然。他这话是为否定那些"不知者"的肤浅而发的。在庄子心目中,“知者不言”是对于“大道”的一种最高领悟。他的那些“谬悠之说”“荒唐之言”“无端崖之辞”,都是因为“以天下为沈浊,不可与庄语”。在世俗之人看来是虚妄荒谬的论述、恣意夸张的言辞,恰恰都能淋漓尽致地依不同情境运用语言,去巧妙地表达自己的主张和感情。

在《秋水》篇中,庄子说:“天在内,人在外,德在乎天。知天人之行,本乎天,位乎得,蹢躅而屈伸,反要而语极。”又说:“谨守而勿失,是谓反其真。”其实他不过是提倡顺乎天性。因而,在修辞方面,庄子自然也是主张不以虚浮的形式来毁灭本旨。他所追求的,是形式与内容浑然一体,恰到好处,这才是言语修辞的至境。这是一种朴素的辩证法思想。

古代东方修辞术中的辩证法,似乎来源于《易》的阴阳二极学说。譬如反对华辞而又重巧辞、主张言实而又不反对言随境迁、崇尚质朴而同时承认文为质饰等观点,不但见于诸先秦之文,而且延贯至今,犹不失其真理性与生命力,这些由辩证观念而产生的学说,都有极其宝贵的合理内核,是东方修辞论的精华。

试论先秦修辞理论的两个特点

关于先秦时期的修辞理论，目前研究得还不够。在有关著作中，常常只是一般性地肯定那些极宝贵的资料的价值，然后指出那只是汉语修辞学的萌芽时期。至于先秦时期特别是诸子修辞理论的特点及其对后世修辞理论的深远影响，则较少有人论及。本文试提出两点，进行宏观的讨论，以期引起大家的争鸣。

第一点：以孔子、孟子为代表的儒家修辞论，更带有东方修辞学说的特色，以别于以亚里士多德等为代表的西方古典修辞理论。这种特色，用一个古老的词语来概括，可以称为“中庸”。

孔子在政治思想上主张“仁”和“礼”，核心是一个“仁”字。他说：“人而不仁，如礼何？”“仁者，其言也讱。”（《论语・颜渊》）这个“讱”字，《玉篇》解作“言难也”。它可不是一般的笨嘴拙舌的意思，而是与“巧言令色”相对立的。孔子本人“于乡党，恂恂如也，似不能言者”，但是“与下大夫言，侃侃如也”，“与上大夫言，訚訚如也”。这“侃侃”和“訚訚”，都有和悦能言的意思，看来孔子并不一味地“讱”，他不过是非常注意说话的对象与情境罢了。

在反对“巧言令色”的同时，他提出“情欲信，辞欲巧”。他说：“文犹质也，质犹文也。虎豹之鞟犹犬羊之鞟。”（《论语·颜渊》）如果不凭毛皮去判别，那么去了毛的虎豹皮与犬羊皮又有什么不同呢？可见仅有“质”还很不够，还需要“文”。“巧言令色”是不好的，但“辞”也不厌“巧”。“文质彬彬，然后君子。”

孔子的修辞主张是和他对于做人、做事的一贯主张分不开的。他说：“中庸之为德也，其至矣乎！”（《论语·雍也》）既然中庸是做人的至德，那么当然也是修辞的极境。这种从做人、做事的角度提出的修辞要求，必然以内容为主；而要宣传自己的政治主张，使别人能信服、能接受，不“信”其情、“巧”其辞是不行的。孔子所追求的这种和谐统一是与他的思想体系、道德准则有着密切关系的。有的学者认为孔子的修辞论有些复杂，甚至自相矛盾，那是一种表面化的看法。

孟子继承并发展了孔子的修辞论。在“文”与“质”的关系上，他主张“言实”，反对“诐辞”“淫辞”“邪辞”“遁辞”。在解说《诗经》时，他主张“以意逆志”。这些也都没有离开中庸之道。

庄子也主张在形式服务于内容的前提下以形式和内容的自然浑一为最美。他说：“朴素而天下莫能与之争美。”（《庄子·知北游》）“淡然无极而众美从之。”《（庄子·刻意》）他还说“骈于辩者，累瓦结绳窜句，游心于坚白同异之间……故此皆多骈旁枝之道，非天下之至正也”。他批评了杨朱之辈长于辩才而造“骈旁枝之道”，说他们喜欢用累瓦结绳一样攒聚的语词穿凿文句，劳神费力地用许多废话邀取一时的名誉。（见《庄子·骈拇》）庄子其实是继承并发挥了老子的“信言不美，美言不信”的说法而加以实际的运用。

荀子和韩非子也都有类似的主张。譬如：“辞顺而后可与言道之理。”（《荀子·劝学》）“谈说之术，矜庄以莅之，端诚以处之，坚强以持之，分别以喻之，譬称以明之。”（《荀子·非相》）“凡说之务，在知饰所说之所矜而灭其所耻。”（《韩非子·说难》)这都是讲的形式与内容的统一。虽说道家、法家的基本学说与儒家有根本分歧,他们关于形式与内容和谐一致的认识却是相似的。

绵延两千多年的东亚文化,一直在为维护自己的传统而奋斗。中国古典文化的核心是儒家文化,其精神是“内圣外王”,把人的道德责任感提到最高位置,形成一种极大的内聚力量,逐渐凝结积淀为一种民族习惯与民族精神。古代东方修辞理论就是在这样一块土地上产生的,所以不管孔、孟、老、庄、荀、韩的理论体系有着多么鲜明的个性,也都摆脱不掉这种深远影响。

而与东方的文化巨人孔子在时间上相差不足二百年的西方文化巨人——古希腊的亚里士多德,却诞生在一个由于古希腊奴隶主民主制度而形成的演说盛行、演讲人才辈出的时代。他的《修辞学》是在演说术民主温床上产生的,一开始就带有极强的功利主义色彩。在这部书里,他分析了演说术的种种特点,提出了演说中应该注意的种种要素,诸如说服方式、演说类别、听众感情和性格、论证方法及语言风格等。如果我们拿比他晚生一百多年的东方论辩术巨子韩非子的《说难》与之勉强比较的话,也不难看出东西方论辩术的巨大差异。关键问题是对于道德的态度。亚里士多德在道德方面的要求是“使自己的性格给人以良好的印象,使人觉得他是谨慎的、友好的和有道德修养的”。这里既不存在“治国之道”,也不是什么“修身之术”,严格说来,这是一种手段,是一种“诈术”(这里不含贬义)。他提出要对各种不同年龄、不同身份地位的人进行性格分析,然后把握其特征,在演说中取得好的效果。他甚至指出:“青年人感情强烈,容易不分是非地追求自我满足;在肉体的需要方面,他们大都为性欲所支配,而不能自制……他们不留恋过去,而憧憬未来,因为过去的时间太短,没有什么回忆的;而未来则很长远,令人向往。”这种对于人们性格心理的分析,不能不说是绝妙的。但是在东方古代学者那里,甚至连承认“饮食男女,人之大欲存焉”的孟子说教中,也很难找到什么相通的内容。所以我们说,古代东方的修辞术,从它一产生的时候起,那块孕育着它的道德伦理的土地就赋予它一系列与古代西方不同的遗传基因,终于使数千年绵延而下的东亚古修辞论带有自己坚韧的鲜明个性。

第二点:在先秦诸子修辞论中,特别是在老子、庄子的修辞论中,随处可见朴素辩证法的因素。老子说:“五色令人目盲,五音令人耳聋,五味令人口爽,驰骋畋猎令人心发狂,难得之货令人行妨。”(《老子》第十二章)又说:“绝圣弃智,民利百倍。绝仁弃义,民复孝慈。绝巧弃利,盗贼无有。此三者以为文不足,故令有所属:见素抱朴,少私寡欲,绝学无忧。”(《老子》第十九章)他认为,圣智、仁义、巧利,这三者作为文饰是不可取的,主张弃文返朴。他看到了由于人类的主观活动不断地产生着反对着自身的异己力量,这是一种很深刻的认识,但他消极地反对人类的主观活动,妄想通过“无为”消解矛盾,这就是他的辩证法的巨大缺陷。在中国传统文化中,文与质是两个相对的范畴。孔子主张“文质彬彬,然后君子”。老子却主张“见素抱朴”,看上去似乎反对任何的“文”,但实际上正如他指出的,在当时社会上“美之与恶,相去何若?”美的可以说成丑的,丑的可以说成美的,根本没有真理可言。“俗人昭昭,我独昏昏;俗人察察,我独闷闷。”(《老子》第二十章)他认为一般俗人的“昭昭”“察察”是为捞油水,而己身的“昏昏”“闷闷”是既不愿随波逐流而又无可奈何的一种心境的表露。他并不一味地反对“文”,而是另有追求。

庄子主张“圣人行不言之教”,似乎也颇不重视言语的表达形式,其实也不然。他这话的真谛,是在于否定那些“不知者”的肤浅。他心目中的“知者不言”,是对于“大道”的一种最高领悟。他自己之所以发“悠谬之说”“荒唐之言”“无端崖之辞”,都是因为“以天下为沈浊,不可与庄语”。在世俗之人看来是虚妄荒谬的论述、恣意夸张的言辞,恰恰都能淋漓尽致地依不同情境去运用语言,去巧妙地表达自己的主张和感情。老庄修辞论,主张不以虚浮的形式来毁灭本旨,主张顺乎天性,追求形式与内容的浑然一体,这种观念,其实与儒家修辞论并无本质的不同。

我们不妨把老庄修辞理论中的辩证因素归纳为两点:第一,修辞的理想追求与现实表达的辩证统一。第二,内容与形式的辩证统一。

老庄主张“无为”,追求“无言”境界。认为“圣人怀之,众人辩之以相示也。故曰:辩也者有不见也”(《庄子·齐物论》),认为“道不可言”,认为“辩不若默”,其实那是因为“夫道未始有封,言未始有常”。大道浑然一体,变化不居,广袤无垠,语言却有很大局限性,勉强用语言去表达它,就会“不能穷也”,而且对于客观的道,人们的主观渗透只会带来妨害。所谓“不言之辩”,重在使人“悟道”。“语之所贵者意也。”他提出“寓言十九,重言十七,卮言日出”这样的自己认为可行的修辞标准。“寓言”指寄托之辞,“重言”指重述长者之辞(也包含假托的长者之辞),“卮言”指随人从变之辞。在世俗之人看来是虚妄荒谬的论述、恣意夸张的言辞,恰恰是使人更易于接近天道的。可见庄子揭示出了静止和运动、无限与有限、理想和现实的矛盾,把它们最后统一在维护天道的目的之中。

庄子认为,在语言形式服务于内容的前提下,以形式与内容的自然浑一为最美。“通天下一气耳,圣人故贵一。”(《庄子·知北游》)他追求的自然之美是内容与形式两者恰到好处的融合,是在表达过程中回复自然之性。他极力反对没有实际内容的言论,认为“大而无当,往而不返,吾惊怖其言,犹河汉而无极也,大有径庭,不近人情焉”(《庄子·逍遥游》)。如果内容为形式所隐没,则“道恶乎隐而有真伪?言恶乎隐而有是非?”(《庄子·齐物论》)

庄子批评了形式与内容不协调的种种表现,在自己的写作中力求达到二者完美的统一。他从内容的需要出发选择最恰当的表达形式,写出了那样伟大的著作。

大体说来,古代东方修辞论中的朴素辩证法,来源于《易》。譬如既反对华辞又提倡辞巧,既主张言实又不反对言随境迁,既崇尚质朴又承认文为质饰等观点,都没有超出《易》的辩证范围。这种朴素辩证观念,不但屡见于先秦诸子之文,而且延贯二千载犹不失其真理性与生命力,可见它具有可贵的合理内核,是古代东方修辞论的精华。

(原载《山东教育学院学报》1989 年第 3 期,有改动)

附录

《郑东府宋元版本考手稿》序

郑东府先生学富五车，书法精妙绝伦，直探北魏堂奥，颇具赵之谦晚岁神韵而气势雄健实有过之，观之令人心驰神往。且精于古籍版本、金石碑拓及古泉币之学，均宏富深奥。凡所精研，发为论议，广征博引，不务空言，洵齐东之硕儒，学问之宗师。所与游者，若王献唐、丁惟汾、顾燮光、沈蔚文诸贤，皆文章之巨擘、学界之泰斗，往来聚谈，共研金石典籍，其空前盛况，至今思之，令人称羡。东府先生于其所得古籍、碑拓、古币，皆细大不捐，拢而有之，且善辨真赝，毫发不可欺，盖其见之博而察之详也。观其所考《班马字类》《大广益会玉篇》《西山先生真文忠公读书记》及《诗集传》诸书之版本异同，如数家珍，以其所收藏多为珍本，自道所得，实能开目录学家之所未有，此岂他人徒以收藏鉴赏名者所可企及哉！

张子忠先生仰慕郑学之渊博，发奋为之整理注释，孜孜不倦于事。嘱余助之审订。余深许子忠先生之志，遂竭尽绵薄而效驱驰焉。

夫古籍之整理研究，必自版本目录校雠始。是故王鸣盛《十七史商榷》开篇即云："'目录之学'，学中第一要事，必从此问途，方能得其门而入。然此事非苦学精究，质之良师，未易明也。"汪辟疆先生分目录之学为四，曰"目录家之目录""史家之目录""藏书家之目录"及"读书家之目录"。予观夫东府先生所著，非但记书名、存篇卷，且能整齐其类例，详审其出入，不必标明辨章学术之旨而自能抽绎寸心之用。至若鉴别旧椠，考订异同，于其书之为宋为元，或批或校，寻行数墨，皆得注明。甚则收藏之图记、题记之年月，分行标记，纤悉靡遗，实兼具各种目录学之大体，难以一二端概之也。

先生所考《诗集传》及《西山先生真文忠公读书记》，皆宋代理学家之代表著作。夫宋明理学，实为中国儒学发展之高峰，上承先秦之子学、两汉之经学、魏晋之玄学、隋唐之佛学，融儒、佛、道哲学为一体而成完整、严密之思想体系，为人类认识史作出过重大理论贡献。后传至朝鲜、日本、越南及东南亚诸国，皆影响深远。学者无不以得见其零篇断简为至宝。

东府先生珍视其所藏残本《诗集传》而详加考证说明。其后志曰："原书各缺页，已依《津逮秘书》及《吕氏家塾读诗记》分别补钞，均附于后。倘假缘异日，得觅《童子问》，再为补钞。敢以心愿许之。"可见其执着勤勉，锲而不舍也。真德秀为继朱熹之后声望日隆之理学巨子，南宋时创为"西山学派"。全祖望题其《真西山集》云："乾、淳诸老之后，百口交推，以为正学大宗者，莫如西山。"郑东府先生据家藏本《西山先生真文忠公读书记》详加考定，云此本，"分装十册，金镶玉装裱，带楠木匣，极精致。巾箱本卷首《记纲目》上及第六卷题下，有'季沧苇藏书印'六字长方形朱文印章"。又引《四库总目提要》《天禄琳琅后目》《皕宋楼藏书志》《文献通考》《郘亭知见传本书目》等所记书目提要一一比证。末附按语云："故是书既第一卷以《学》为始，至第十八卷以《鬼神》终之，而为下记，则上记必为十九卷，始合为三十七卷也。独怪书估无知，将各卷首及卷末之原有墨圜刓去，并将《目录》首页换补，冀图炫人误认为完璧。而补页之第二行又特书'云庄刘爚编'五字，以赝宋刊，而不知真公之卒尚迟刘爚二十年后。果是书刊于真公在日，必不得于'真文忠公'四字大书特书矣。盖是书黑口双边，以纸张、墨色、字体而论，实为元椠最精品。而书中遇'匡''恒''祯''慎'等字仍有缺笔，尤足见元初刊书不失宋人矩矱之弥可珍也。"又小字注云："此本纸墨及刻工均绝佳，正应即以宋刻精品论。特记。"

可见郑东府先生之考本既涉及卷帙、纸质、墨色、装订诸项，亦且由谥号、避讳及真公生卒年入手推定之，所得结论凿凿不可易矣。

清代以来，私家藏书多留意于版本之鉴定，故广聚善本且著录详赡，多有提要。其书跋与题识，皆详载所藏书籍之序跋、钤印、牌记、行款、字体、纸墨、避讳等，且叙其流传经历，故其藏书虽限于数量未如公家藏书之完备宏富，然所得率多异本，当可补国家藏书目录与史志之不足也。郑东府先生所考二书即此类。

古今异世，往往训诂难明。古代字书为考古之津梁、读经之管钥。郑东府先生所藏之《班马字类》，多采《史》《汉》所载古字僻字，以四声分部编次，考证训诂，辨别音声，于假借通用诸字胪列颇详，实有裨于小学，非仅供辞藻之挦扯。先生所得善本极珍贵，正如按语所云："是书纸质墨光无不莹致。《天禄琳琅书目》卷二载，《〈资治通鉴〉考异》三十卷考为元祐椠。乾隆御题：'是书字体浑穆，具颜、柳笔意。纸质薄如蝉翼，而文理坚致，为宋代所制无疑。'按：淳熙、元祐，相距不逾百年，楮墨工料自必相同而无异。益可珍矣！"

又先生于所藏《大广益会玉篇》三十卷亦极珍视，其篇卷、字数皆一一缕叙之，又举《四库全书总目提要》、《天禄琳琅书目》正续编、《郡斋读书志》、《铁琴铜剑楼藏书目录》、《楹书隅录初编》、《郘亭知见传本书目》等书所载详为比勘，于《牒》《序》《启》及所附《广韵指南》、神珙《反纽图》等皆加留意，且据避讳、缺笔用字详加考断。其末云:“又,题序别注均作黑质白文,鱼尾上下,均为粗黑线口,与所见上海涵芬楼藏《朱文公校昌黎文集》《居士集》《中州集》及乌程密韵楼藏《朝野新声太平乐府》各元刊本绝相似。至书体,则极近赵吴兴,洵如《书林清话》所云:元代士大夫书竞学赵吴兴,故其刊书,亦群相模仿。如元张伯颜所刊《文选》等书,字体丰润流动,而沈厚之气溢于行间也。纸色墨光亦复古厚雅洁。惟卷首《牒》文内‘史馆校勘吴銳、直集贤院丘雍’之‘銳’字、‘丘’字,各书目中均作‘锐’字、‘丘’字,为不可解。如‘丘’字,回避孔讳而借用‘邱’字。而‘銳’字与‘锐’字,在许氏《说文》中明有分解,何以自《四库》馆臣以下,皆习焉而不察耳?抑均未见其真本,而相沿漫为之说欤?”足见郑氏考察之详审细密,至于纤毫靡遗也。

余自1978年秋师从殷孟伦先生,尝与诸同窗亲聆程千帆先生讲授之《校雠学略说》,复借得恩师购自东瀛之顾野王卷子本《玉篇》残卷,详为研读,自篇卷、字数、内容以至于顾氏著书宗旨及其体例特征无不留意焉,后得蒋维崧先生指导,撰为《顾野王原本〈玉篇〉残卷研究》一文,收入山东大学研究生学位论文集中。然卷子本《玉篇》系罗振玉等人据旧藏于日本高山寺、寒山寺及早稻田大学图书馆等处之唐写本残卷照相影印而成,仅当原书八分之一。虽古雅可亲,然仅可窥其部分而难见全豹。据杨守敬《卷子本〈玉篇〉跋》云,顾野王原书卷帙繁重,传写困难,虽经萧恺等删改行世,亦仅通行四百余年。唐代孙强增字减注本大约初现于唐高宗上元年间。宋真宗大中祥符六年(1013),陈彭年、丘雍、吴锐等又重修,始称《大广益会玉篇》,其面貌与顾氏原本大有不同,而元、明两代所刻,字序与注文愈多变化,又非宋本原貌也。然此书于文字、训诂极为重要,言字书者,皆以《玉篇》为继《说文》后第一部重要字书,且所附神珙《五音声论》及《四声五音九弄反纽图》实为言等韵者所祖。

余今得见郑东府先生所论珍藏本《大广益会玉篇》之精审

叙述，实获益良多，深服先生治学之严谨、所见之广博。《玉篇》一书，得此可使羽翼益加丰满；古代字书之研究，得此而将更加深入。实学者之幸、字书之幸也。

郑东府先生所著《钱拓》，因古币以考古史。所附之《夏璧泉考》有云："吾国民族确乎先由渔猎时期，进而为游牧时期，又进而为农工时期，再进而为贸易时期。以此所用货币，从贝化、刀化、布化，逐步演进到圜金。此则毫无疑义者矣。然此均不过为铜器时代立说耳。在上古石器时代，交易媒介，渔民以贝币、珧币，猎民以刀币、镞币，农民以布币、铲币……在此渔猎农商各时期，尚有皮币、珠玉，均可以为货币。"实为不刊之论。

又郑东府先生之《碑拓题记》，其于金石碑版，考证拓本，各依出土年代及石质、刻工、文意、流传过程等逐条研究，书写题记，蚀泐文字亦逐一考辨。尤可贵者，据碑文以考证史实，信而有征，足补史料之阙失也。《杂钞》多篇，涉及训诂、异闻、诗赋等内容者，不胜枚举。使人展卷如发宝箧，珠玉灿然；又如行山阴道上，触处美景，目不暇接。

综上所述，郑东府先生可谓品格、学问、书法、收藏、考证诸美并具，实为海岱间第一人也。钦佩之余，逐页披览，又与子忠先生驰书商讨。惟余年高目瞽，又所知浅陋，自揣实无能力预其事。今奉命勉为数语置诸卷首，不胜惶恐。惟望大方之家不吝赐教，是为至盼！

路广正

二〇一三年五月于山东大学

风骨论——书法美学隅谈

汉字书法的美学意蕴是多方面、多层次的。人们曾从韵味美、法度美、天真美、神采美、动态美、静态美、自然美、墨象美、构筑美、均衡美、气之美、势之美、力之美、笔触美以及抽象美、象征美、节奏美、禅味美等方面去分析它,论述它,有如面对一个巨大的、取之不尽的矿床,每一位书法美学家都能从中开采出无价之宝。本文着重探讨的是书法艺术的风骨之美,也就是力的美。

文学作品也讲风骨,《文心雕龙》就有《风骨》篇,指的是文学作品中端直的言辞和骏爽的意气相统一。后来人们用“风骨”二字代指文学作品刚健遒劲的格调。我们这里对书法艺术作品中“风骨”的分析,却是在更高层次上讲“力”在书法中的美学价值。书法是通过笔墨来表现其精神的一种活动,只有从用笔这个根本问题出发去逐步探求,才能把握住书艺自身的特质,所以本文除从整体感受去进行“印象式”的评论外,还力求通过“力”在书法中的辩证显现去阐述其美学意蕴。因此,如果仅仅把“风骨”或“力”看成是一种劲峭雄健的书法艺术风格,那是远远不够的。从哲学上看,刚猛险固然是力的显现,但“君子藏器”“内含刚柔”也是一种力的表现。尽管晋人书法作品中的那种俊秀飘逸的“风流气骨”与唐人所提倡的“骨体骏快”的阳刚之美有着很大差异,但纵观汉字书法历史,骨气、骨力、风骨等观念还是贯彻始终的美学范畴。宇宙中所有物质的运动都离不开力,自然界的引力、张力、斥力有种种不同的表现,而书艺中力的刚柔、顿挫、断续、隐显也是千差万别的。书法艺术起源于东方,它具有东方哲学的辩证特征。不管儒、墨、法、道诸子百家是如何地各有所宗,但《易》的辩证观念无所不至地渗透其间。推而广之,不仅书艺一道,凡具中国特点、东方特点的学问,如天文历算、建筑工艺、射御书数、礼乐文章,哪一样离得开东方哲学的基本特征呢?小而言之,即如绘画、音乐、舞蹈、武术,凡是中国的、东方的,都含有令西方人感到神秘莫测的某些特征,而这正是"力"在这些活动中的千变万化的显现。但是,"万变不离其宗",这个"宗"就是老聃所说的"有无相生,难易相成,长短相较,高下相倾,音声相和,前后相随",就是"相反相成"的辩证统一观念。尽管在今天看来,老聃的哲学观念有着唯心和形而上学的弊病,但三千年来书法艺术正是从中汲取了它辩证法的营养,才孕育出无数伟大的书法家和难以计数的优秀书法作品。

清代学者包世臣在其《艺舟双楫》中有段比喻:

> 学书如学拳。学拳者,身法、步法、手法,扭筋对骨,出手起脚,必极筋所能至,使其内力通而外劲出……至学拳已成,真气养足,其骨节节可转,其筋条条皆直,虽对强敌,可以一指取之于分寸之间,若无事者。书家自运之道亦如是矣。盖其直来直去,已备过折收缩之用。观者见其落笔如飞,不复察笔先之故,即书者亦不自觉也。若径以直来直去为法,不从事于支积节累,则大谬矣。

此语道出了运笔过程中力的刚柔隐显乃至觉与不觉之奥秘。晋人虞喜的《志林》中载有这样一个故事:钟繇见到韦诞有蔡邕的《笔法》,他苦苦求索,韦诞就是不给他,钟繇难过得竟捶胸而致呕血，幸亏曹操给他服下“五灵丹”，才使他脱离危险。后来韦诞死去、蔡邕的《笔法》作了殉葬品，钟繇就“盗发其冢”，把《笔法》攫为己有，从此得知“多力丰筋者圣，无力无筋者病”的道理，由是书法更妙。这虽然是个故事，未必真有其事，但它说明古人早已知道力在书法艺术中的重要作用。张怀瓘《书断》论书法之妙，运用了一大串生动形象的比喻：

> 尔其终之彰也，流芳液于笔端，忽飞腾而光赫，或体殊而势接，若双树之交叶；或区分而气运，似两井之通泉，麻荫相扶，津泽潜应，离而不绝，曳独茧之丝，卓尔孤标，竦危峰之石，龙腾凤翥，若飞若惊，电烻爥爚，离披烂漫，翕如电布，曳若星流，朱焰绿烟，乍合乍散，飘风骤雨，雷怒霆激，呼吁可骇也，信足以张皇当世，轨范后人矣。

这段话中的“体殊而势接”“区分而气运”“离而不绝”“卓尔孤标”“翕如电布”“乍合乍散”，等等，分明是用笔中力的断续、分合、聚散等表现的形象描述。书法艺术中，力的辩证施用是十分重要的。譬之若物，山石坚硬是一种力的美，细水环流也是一种力的美；譬之若人，筋肉虬结是阳刚之美，体态窈窕是阴柔之美；譬之若声，洪钟大吕是雄壮之美，丝竹轻响是低回之美。书法美的表现有千万种，用笔中力的表现也有千种万种，归其要，不外乎刚、柔二端，正如易之阴阳两仪一样。练过太极拳的人都能体会到，运心与运力的关系、力与非力的关系，实在是非常辩证、非常微妙的。朱履贞《书学捷要》云：

> 夫运者，先运其心，次运其身，运一身之力，尽归臂腕，坚如屈铁，注全力于指尖。运之既久，俾指尖劲捷，运笔如飞，迨乎至精极熟，则折钗、屋漏、壁坼之妙，自然具于笔画之间，而画沙、印泥之境于是乎可得矣！

他的关于"运心"与"运身"的说法是很高明的。郑板桥画竹,枝叶劲健如铁而布局常疏朗有致,盖其力之运,必先在于心,所谓"胸有成竹",非仅指笔画结构而已。

董其昌在《画禅室随笔》中说:

> 盖用笔之难,难在遒劲,遒劲非是怒笔木强之谓,乃大力人通身是力,倒辄能起。

苏东坡《论书》亦云:

> 献之少时学书,逸少从后取其笔而不可,知其长大必能名世。仆以为知书不在于笔牢,浩然听笔之所之,而不失法度,乃为得之。然逸少所以重其不可取者,独以其小儿子用意精至,猝然掩之,而意未始不在笔。不然,则是天下有力者,莫不能书也。

书法中的神、气、骨、血、肉五者缺一不可,但尤以神、气为先。写真书要求其飘扬,写草书要求其严重,写大字要求其结密而无间,写小字要求其宽绰而有余,诚如黄山谷所云:"楷法欲如快马入阵,草法欲左规右矩,此古人妙处也。"(黄庭坚《论书》)这都是书艺辩证法的至理名言,唐太宗临古人书,殊不学其形势,惟在求其骨力,而形势自生。所谓骨力,必若庖丁解牛,目无全形,析支分理,其一点一画,意态纵横,偃亚中间,绰有余裕,方而有规,圆不失矩,如良工理材,斤斧无迹;才子序事,潜刃其间。笪重光《书筏》云:"人知直画之力劲,而不知游丝之力更坚利多锋。劲拔而绵和,圆齐而光泽,难哉,难哉!"又说:"勿谓'绵软'二字为劣,如掔笔非第一品紫毫,不能绵软也。"

前人在品评古代书法作品时,也经常以力的显现作为书艺作品最具代表性的特性。梁武帝评古今书人优劣,说王羲之书

“字势雄逸,如龙跳天门,虎卧凤阙”;蔡邕书“骨气洞达,爽爽如有神力”;韦诞书“如龙威虎振,剑拔弩张”;萧子云书如“荆轲负剑,壮士弯弓,雄人猎虎,心胸猛烈,锋刃难当”;索靖书“如飘风忽举,鸷鸟乍飞”。李嗣真《书后品》谓王右军飞白书“犹夫雾縠卷舒,烟空照灼,长剑耿介而倚天,劲矢超腾而无地”。张怀瓘《书断》引梁武帝语评王献之书云:“小王则若惊风拔树,大力移山,其欲效之,立见僵仆。”朱长文《续书断》称虞世南书“气秀色润,意和笔调,然而合含刚特,谨守法度,柔而莫读,如其为人”;称欧阳询书“师法逸少,尤务劲险……其正书,纤浓得中,刚劲不挠,有正人执法、面折廷诤之风……行书黝纠蟠屈,如龙蛇振动,戈戟森列”;称褚遂良书“古雅绝俗,或师逸少之法,而瘦硬有余”;称陆柬之草书“意古笔老,如乔松倚壑,野鹤盘空”;称怀素草书“如壮士拔剑,神采动人”;称柳公权书“虽惊鸿避弋、饥鹰下韝,不足以喻其鸷急云”。如此等等,难以悉举,无一不是赞美其力的飞动、力的旋律。书法诸要素中,力的地位实在是异常重要的。而力在书艺中的表现形式却又因人而异、因时代而异、因书写工具而异。钟繇书的“云鹤游天,飞鸿戏海”与卫夫人书的“美女登台,仙娥弄彩”异曲而同工;韦诞书的“剑拔弩张”与索靖书的“银钩虿尾”亦各有特色。梁武帝说王献之如“拖沓少年,通体充悦”,仍然是赞扬小王书的整体气势之美。王献之与他的父亲追求的是两个不同的审美体系。王羲之在结法上的审美要求对王献之“外拓”用笔有着积极的影响,而小王在流畅的线条中时时出现破碎的线段,有如“拖沓少年”,蓬头乱发,但又生气盎然,“通体充悦”掩饰不住其旺盛的生命力。

不论是“内擫”还是“外拓”,都体现出字的筋骨之力。沈尹默先生在《书学论丛》中的一段话很形象:“大凡笔致聚敛,是内擫所成,反是必然是外拓……内擫是骨(骨气)胜之书,外拓是筋(筋力)胜之书。”大王以内擫笔法创造出丰富的笔画意象,诸如“阵云”“坠石”等,而小王却以外拓笔法在结构上求整体效果。内擫即“内部运动”,重视笔锋在“边廓”内的运动,以造成“边廓形式”;外拓即“外部运动”,笔画以整体推进为特色。内擫重收敛,故森严而有法度;外拓重开廓,故萧散而多姿。这两种笔法皆上承篆、隶而各有所侧重,其影响之深远而形成两大体系。到了唐代,书法美学提倡骨力雄强,重视书法作品中表现出来的“风神气韵”之美,而一扫六朝纤圆、疏巧、浮弱的风气,提倡一种劲健、刚强之美,因此张怀瓘敢于在人们对王羲之交口称赞的情况下提出行草书当以王献之的遒健雄劲为高,而且认为草书之体势“一笔而成,偶有不连,而血脉不断。及其连者,气候通其隔行。唯王子敬明其深诣,故行首之字,往往继前行之末,世称一笔书者,起自张伯英,即此也”(《书断》)。

张氏所说的“血脉不断”与“气候通其隔行”,还有“行首之字,往往继前行之末”,都是指行草书的气韵,也就是力的运用而言。这种连绵不断、贯彻始终的力,虽在字的外在形态上可见断续之笔与行末行首之分,但从力的运用上如太极拳法,劲力内含而绵延不绝,实际上是把内擫之骨气与外拓之筋力结合在一起,形成一种圆转混沌之气,表现在草书的笔走龙蛇与行书的挺拔飞扬之中,这是书法艺术的一种极高境界,绝非只于点画之间求工者所能望其项背。所以张怀瓘对小王的推崇既有他个人的体会与思索,也有书法艺术发展规律与书法美学诸方面的复杂原因。清人包世臣对这一点深有体会,他在《艺舟双楫》中说:“余既心仪遒丽之旨,知点画细如丝发,皆须全身力到,始叹前此十年学成提肘,不为虚费也。”又说:“丞相云:下笔如鹰鹯搏击。右军云:每作一点画,皆悬管掉之,令其锋开,自然遒丽。侍中云:崔、杜、锺、张、二卫之书,笔力惊绝。梁武帝与隐居评书,以中郎为笔势洞达,右军为字势雄强,又取象于龙威虎震,快马入阵。合观诸论,则古人盖未有不尚峻劲者矣。”

书法艺术是由许多因素构成的复杂创作过程,其最后的物化形态由笔来实现,一切内在因素都通过用笔表现为外在的可感知的形式，而复杂生动、富于变化的用笔，既非“疾涩”“迟速”“擒纵”“转束”“方圆”等范畴所能概括，亦非“绞转、提按、平动”等要素所能总括的，用笔的丰富多彩如文学家的创作，不可复制、故董其昌慨叹“晋书无门”（《画禅堂随笔》）。用笔过程中力的运用也很难用语言来形容与概括。如体育运动，各种项目固然都体现为力的飞动，但即使同一个运动员，也因环境、心境、体力及诸因素的不同而在每场比赛中都有不同表现，每一跑、每一跳、每一掷、每一动，皆有其不可重复性。书法家的用笔是造成具有审美笔画形态的运写过程，所含内容不可尽言，书法家是否“得笔”（米芾语）、是否“字中有笔”（黄山谷语），也就成了书艺的最高批评标准。

王献之曾指出十四种“用笔之势”并一一评价其“势”之得失。明人解缙在《书学详说》中描绘说：“若夫用笔，毫厘锋颖之间，顿挫之，郁屈之，周而折之，抑而扬之，藏而出之，垂而缩之，往而复之，逆而顺之，下而上之，袭而掩之，盘旋之，踊跃之，沥之使之入，衄之使之凝，染之如穿，按之如扫，注之，趯之，指之，挥之，掉之，提之，拂之，空中坠之，架虚抢之，穷深掣之，收而纵之，蛰而伸之，淋之，浸淫之使之茂，卷之，蹙之，雕而琢之使之密，覆之、削之使之莹，鼓之、舞之使之奇。喜而舒之，如见佳丽，如远行客过故乡……是其一字之中，皆其心推之，有絜矩之道也。”这些话都可以看成是力在用笔中的表现。如行书中的真行、行草，小篆中的玉箸篆、铁线篆等，都是不同用笔造成的；一些书家以独特用笔而创新体，如李后主的金错刀，赵佶的瘦金书，吴说的游丝书，还有蔡君谟“散笔”草书，都是用笔中力的特殊显现，譬如“金错刀”作“颤笔缪曲之状，遒劲如霜松寒竹”。

这样整体的奇崛，来源于一笔之内的棱侧起伏，推而广之，一笔之内，书法具备，而后逐笔求工，则一字俱工；一字既工，则一行俱工；一行俱工，则全篇皆工。所以孔虔礼云：“一画之间，变起伏于锋杪；一点之内，殊衄挫于毫芒。”（朱履贞《书学捷要》

所引）可见，用笔之方固殊，而原其笔力所出，则肇自一点一画之间，故古人论书，云“一”如千里振云，隐隐然其实有形；“丶”如高峰坠石，磕磕然实如崩也；“丿”如陆断犀象；“乚”如百钧弩发；“丨”如万岁枯藤；“乁”如崩浪奔雷；“𠃌”如劲弩筋节；“每作一放纵，如足行之趋骤，状如惊蛇之透水，激楚浪以成文，似虬龙之蜿蜒，谓其妙也。”（王羲之《笔势论》）汉字成千上万，而推其原始，不过横竖撇捺勾折点几种笔画而已，有如音乐中的音阶只有七个，而好的音乐家却谱写出千变万化的感人乐章。书法家写了一辈子字，作品成千上万，而每个字也不外乎由几个最基本的笔画构成，然而点画之结构，疏处如可走马，密处如不透风，有悬针垂露之异，有奔雷坠石之奇，有鸿飞兽骇之姿，有鸾舞蛇惊之态。基本笔画的极简与书艺作品的极繁构成的辩证关系，使无数天才书法家终生钻研而不能穷尽，仅此一点，就可以看出汉字书法的博大精深与永恒的生命力。汉字书法是东方智慧的结晶，它所包含的哲学意蕴是无穷无尽的。

书法作品中力的表现因人而异，多姿多彩。譬如李斯小篆，朴茂端庄，于乍密乍疏之中、或隐或显之际、向背俯仰之间表现出一种韵律美，归结起来，不外“婉”“通”二字，婉而通，就是一种力的辩证法。所以斯翁之后，凡作小篆者，无不追攀。又如钟繇的真书，后人以“云鹤游天，飞鸿戏海”状之，其古雅妙绝，体现于刚柔之间。一点一画，斯刚斯柔，也是一种力的辩证显现。又如王右军的飞白书，既如长剑耿介倚天，又如雾縠卷舒，其飞动有如劲矢超腾，而绰约之姿又如烟空照灼，这种厚重与飘逸、劲疾与轻盈、实与虚的有机结合当然也是力的辩证。王献之的行草导源于秦篆，其《洛神赋》字画神逸，墨彩飞动，望之若孤峰回绝，迥出天外，于苍劲中极饶古浑之致。其势飞腾而其形端俨；铁为肢体而意若长风，兼具江海之渺漫与山岳之巍峨，这种力的飞动，真是妙到颠毫。其余者，如卫瓘书之飘逸，卫夫人书之美妙，索靖书之如银钩虿尾，郗愔书之浓纤得中，庾翼书之正楷如剑锷刀锋而草书又如鹰搏隼击,谢安书之螭盘虎踞而又不乏淡古之致,欧阳询书之如雄剑欲飞,虞世南真草之如鸾鸿戏沼,卫恒书之流转风媚,陶弘景书之如丽景霜空,都是力在书艺中的辩证统一。古来善书者,无一不是好学深思之士,其所领悟,或著于缣帛,或形之笔画,无不兼具刚柔、重轻、迟速、隐显、断续、疏密、实虚两端。力的运用,也是"过犹不及",作书力弱固失于纤软,而下笔时用心太过,将转之处笔力反松。迟速之间,也是这个道理,太迟固然有伤劲利,过速则又失去顿挫。同是劲健之书,欧阳询势紧,柳公权势松,后人临摹不得要领,虽极作横撑苍老之状,而终属皮相。虞世南书气秀色润,意和笔调,但内含刚特,柔而莫渎,法度谨严。褚遂良书既效钟繇古雅绝俗,又师逸少之瘦硕刚劲。米南宫、黄山谷、苏东坡等人,无一不是既师晋人风貌,又大胆创新,其笔力运用,也是在刚柔、开合、实虚之间求得谐调之美。

我们再回过头来考察一下各种书体中力的显现。

孙过庭《书谱》首先肯定了篆、隶、章、草各体的不同特征:"篆尚婉而通,隶欲精而密,草贵流而畅,章务检而便。"但他接着又强调:"然而凛之以风神,温之以妍润,鼓之以枯劲,和之以闲雅。"这种凛、温、鼓、和,不是力的辩证吗?即"婉通""精密""流畅""检便",也不过概括出各种书体最显著的外部特征,每个书家临池书写之时,无不将外曜锋芒与内涵筋骨二者完美地统一于一字、一行、一卷之中,鲜有例外。

张怀瓘在《六体书论》中形容大篆曰:"广乎古文,法于鸟迹,若鸾凤奋翼、虬龙掉尾,或花萼相承,或柯叶敷畅,劲直如矢,宛曲若弓,铦利精微,同乎神化。"形容小篆曰:"或镂纤屈盘,或悬针状貌。鳞羽参差而互进,珪璧错落以争明。其势飞腾,其形端俨。"形容八分曰:"点画发动,体骨雄异,作威投戟,腾气扬波,贵逸尚奇,探灵索妙。"形容隶书曰:"锋芒者若犀象之有牙角,婉态者若蛟龙之恣盘游。夫物负阴而抱阳,书亦外柔而内刚缓则乍纤,急则若灭,修短相异,岩谷相倾。嶮不至崩,危不至失,此其大略也。"张氏真是深得书学辩证法之要旨,虽云篆隶各体,而曲直、飞沉、雄逸、刚柔、修短之间的巧妙统一,却是并无二致。虞世南《笔髓论》谈到行草书时也说:"或体雄而不可抑,或势逸而不可止,纵于狂逸,不违笔意也。"笔意于蹙旋转锋之间获得,蓄意于胸臆,掉笔于腕指,书法作品是人的本质力量的一种对象化形式,从篆到行,书体的演变,也便是人的本质力量的展开史。

我的朋友董时作过一个生动的比喻:篆好比人的童稚期,凝结了人的童年时代的稚拙与质朴;隶好比是少年期,其恢宏开阔,雄浑厚重,具备了少年时期英雄性格的特征;草书流动简括,挺拔飞扬,是人由少年期至青年期的本质力量的对象化形式;楷书的自我约束、端庄严肃,有如人从青年至中年时期的特征;行书的俊秀流畅,却是人的成熟性格的标志,人们追求的最高的审美境界。(详《二王书艺论》)可见力在行书中的显现应该是最为精彩的。姜白石在《续书谱》中形容说:"行笔而不停,著纸而不刻,轻转而重按,若水流云行,无少间断……浓纤间出,血脉相连,筋骨老健,风神洒落,姿态备具。"行书是最能体现书艺中力的种种表现的书体。由此我们可以看出,从力的运用这个角度来说,自篆至行,是日趋完善,不断提高,直至人们所能达到的最高境界的艰苦追求过程。

古人论书,以章法为一大事。董其昌称王右军《兰亭序》章法为"古今第一"谓"其字皆映带而生,或小或大,随手所如,皆入法则,所以为神品也"(《画禅堂随笔·评书法》)。解缙也称:"昔右军之叙《兰亭》,字既尽美,尤善布置,所谓增一分太长,亏一分太短。鱼鬣鸟翅,花须蝶芒,油然粲然,各止其所。纵横曲折,无不如意,毫发之间,直无遗憾。"又说:"其一篇之中,可无絜矩之道乎?上字之于下字,左行之于右行,横斜疏密,各有攸当。上下连延,左右顾瞩,八面四方,有如布阵:纷纷纭纭,斗乱而不乱;浑浑沌沌,形圆而不可破。”(《春雨杂述·书学评说》)可见力在章法之中也有着辩证的施用,特别是行书与草书。米芾小楷作《西园雅图记》,书于纨扇,其直如弦,若非平日留意章法,力贯始终,怎么能表现出如此气势?米书沉着痛快,如乘骏马,进退裕如,不需鞭勒无不当人意,效法者有人仅得其外貌,高视阔步,而不细审其本之于六朝妙处,风骨自然超逸。仅由一点一画之间炫技于形势猛诞之微,而不求工于一章一卷之中性情骨气之妙,正好比轻道德而重功利,退忠直而进奸雄,怎么能不失败呢?

汉字书法,确实是一种很奇特的艺术,一支毛笔,不论它是羊毫、狼毫还是鸡毫,总归是柔软的毛发制成的,用这柔软的毛锋,竟能写出蕴含着千钧之力的书法作品来,使人看上去力透纸背,入木三分。不论是擘窠大字,还是蝇头小楷,也不论是真、草、隶、篆,好的书法作品总能给人一种力的感受;而体现在书艺中的这种力,又是如此的千姿百态,丰富多彩,充满了辩证的和谐之美,使我们千载之下,睹其书如见其人,这岂不是极神妙的现象吗?运动着的力通过书法家的翰墨功夫凝聚在白纸之上,却依然显现出它的飞动着的生命和无穷无尽的美妙姿态,这是多么发人深思、令人沉醉的美学课题呵!张怀瓘在《书断》结尾曾说:“能言之者未必能行,能行之者未必能言,何必备能而后为评?”本人只是个书法的业余爱好者,把一点肤浅的体会写出来,以博方家之一哂,实在是班门弄斧,敬请批评指正。

(原载《山东大学中文系论文集刊》1996年5月,有改动)

港台地区外来语译名问题浅探

由于历史的、政治的以及社会生活多方面的原因而形成的港台与内地(大陆)在外来语译名问题上的差异,越来越受到学术界的关注。本文拟仅就目前所能见到的有限资料,对此作一点粗浅的探讨①。

总起来看,在外来语译名问题上,不但港台地区与大陆有不少差异,就是港台两地之间也有所不同。如果我们作一点简单统计对比,就会发现香港地区所用英语译名多于台湾,而台湾地区则由于历史原因较多地保留了日语词汇。此外,两地还流传着少量其他语种的音译词②。现在,我们首先分析一下港台地区英语译名的种种情况:

---

① 本文所引用的港台词语,多见于朱广祁编著的、上海辞书出版社出版的《当代港台用语辞典》。

② 例如在台湾称一种起源于巴西的贴身舞为“粘巴达”,是葡萄牙语 lambada 的音译(亦作“贴舞”,是对译)。又如大陆称“穆斯林”,台湾称“穆思林”或“穆士林”的,是阿拉伯语 Muslin 的音译,指伊斯兰教徒。

一、音译

在台湾,有时把西红柿称作“多妈多”,这是英语 tomato 的译音。把彩票、奖券称作“乐透”,这是英语 lottery 的译音。把姿势、样子称作“普司”(香港译作“甫士”),是英语 pose 的译音。硬塑料、有机玻璃称作“压克力”或“亚克力”,是英语 acrylic 的译音,即化学上的甲基丙烯酸甲酯的俗称。在香港,有人称草莓为“士多啤梨”,这是英语 strawberry 的译音;称优胜者为“温拿”,这是英语 winner 的译音,等等。

这一类的音译词较多地出现在港台地区的书籍报纸杂志乃至影视作品中,其原因不言而喻。至于它们会不会也能很快在大陆出版物或音像制品中流行,那可就不敢说了。因为除文化、教育、语言习惯等原因外,民族语言的凝聚力、向心力和社会各阶层对词语的接受性方面的差异,也是不可忽视的重要因素。大众读得懂的、乐于接受的东西当然会流传得快些、广些。直接音译过来的外语词汇在内地(大陆)过去与现在正在使用的口语与书面语中也并非全然没有,但毕竟比港台地区少得多。作为大众传媒的报纸杂志,恐怕也不会贸然出现“多妈多每公斤两元五角”或“市场上卖士多啤梨的增多了”之类的话。而由于受英语熏陶较久的缘故,在港台地区读懂这类词语的人显然要比内地(大陆)多些。

二、对译

在台湾,“吊诡”是指自相矛盾、奇特怪异,它是英语 paradox 的对译词。在香港,称荒诞不经、无分寸为“无厘头”,是英语中 nonsense 的对译词。香港人还常常把一种英制固体容量单位称作“英斗”,这是英语 bushel(蒲式耳)的对译词。这些词,对译

(或曰意译)之后显然"中国化"了,它们与英语原词的读音相去甚远。

对译可以说是各种语言之间相互翻译的一种基本的方法,不独港台地区为然,只是上举各例在使用和流传方面与内地(大陆)差异较大,所以内地(大陆)人乍听"吊诡"恐怕不懂它的意思,而"无厘头"的翻译又可能与方言有关。

三、译名加汉语成分

这种词语,大致可分为三种情况。

第一种情况:译名在前,汉语成分在后的。如:"比坚尼泳装"即所谓"三点式"泳衣,其中的"比坚尼"(大陆一般译作"比基尼")译自英语的 bikini suit,"泳装"二字就不是音译。又如英语的 Disneyland,在内地、香港译作"迪士尼乐园",在台湾译作"狄斯耐乐园","乐园"二字就不是音译。再如"多纳饼"即炸面包圈,是从英语 doughnut 翻译过来的,而那个"饼"字就不是音译。"健力士世界纪录"即大陆所谓"吉尼斯世界纪录",是从英语 Guinness Records 翻译过来的,不但"世界纪录"属于对译,而且以"健力士"音译 Guinness 也颇含汉字表意的味道。

第二种情况:汉语成分在前,译名在后的。如:台湾称安全阀、保险阀为"保险凡尔","保险"二字用汉语,"凡尔"则是英语 valre 的音译,又如英语 card 在香港译作"咭",是卡片、卡、证件的意思,所以卡片、名片有称"咭片"的,打出勤卡称作"打咭",信用卡或自动提款卡的副卡称"附属咭"。其中的"咭片"汉语成分在后,而"打咭""附属咭"则是汉语成分在前。在香港,汽艇可以叫作"电扒",其中的"扒",是英语 boat 的译音,前面加个汉字"电",就使词义更显豁些了。

第三种情况:把英语译名加以引申变化之后,再加上汉语成分构成的词语。如英语有个词叫 sandwich,在香港译作"三文治”,是夹肉面包片(内地一般译作“三明治”,但近年来在冰糕类食品包装上也出现了“三文治”字样,其义也不指夹肉面包片了)。在香港大街上,有一种身驮广告牌走动的广告人,被称为“三文治人”,而中等收入的阶层也被称作“三文治阶层”,这都与 sandwich 原义有所不同,究竟是与他们的经济收入和日常饮食有关呢,还是因为“三文治人”为“三文治”做过广告而得名呢?我们还得考证一番才行。

上面,我们从外在表现形式入手把港台地区使用的一些“译音词+汉字”的词语形式加以划分,这种划分难免有些粗疏。如果从构词的实质来看,一个外来的音译词,加一个带有说明意味的汉语成分,构成一个“中西合璧”的词语,则比直接音译词语要显明易懂,这不失为一种构词法。但是,这种译法应该是有限度的,它只有与语言接受对象及社会环境相适应,才会有生命力。

四、译名缩略加汉语成分

在台湾,称分套出售的公寓式住宅为“共度住宅”。“共度”二字,并不是“共同度过”或“共住”的意思,而是英语 condo 的译音,condo 又是 condominiums 的缩略。又如“普罗”一词,原本是英语 proletariat(普罗列塔利亚)的缩略,意谓“无产阶级”,20 世纪 30 年代内地(大陆)文化界曾经使用过它。但是现今港台多用作“普通人”“一般人”的意思,并且由它与汉语成分相结合,构成“普罗大众”(意谓普通民众)、“普罗教育”(意谓普及教育)等。

五、利用汉字的表意性造成的音译词

习惯于表意体系文字的中国人,有时在翻译外来语词汇过程中有意识地选择某些汉字以达到一般读者“触目可知”的目的。如:代表不明飞行物的UFO在台湾译作“幽浮”,译名汉字所表现出来的幽微莫测与悬浮飞动之意,灼然可见。又如“巨无霸”在港台地区指称大块头或大型喷气式客机,是英语jumbo的音译,而这也利用了汉字“巨”和“霸”的表意特征。英语laser是指的激光,在台湾译作“雷射”,在香港译作“镭射”。激光唱片称“镭射碟”“镭射盘”,激光电视唱片称“镭射影碟”。我们知道,“镭”字在古代原本表示瓶、壶之类的意思,后来这个字被用作化学元素Ra的译名。这种元素具有很强的放射性和穿透力,而香港地区把激光译作“镭射”,在音译的同时,也充分利用了汉字的表意性。近年来,“镭射”族词语在大陆商业娱乐界也颇为流行。此外,桑拿浴室(即蒸气浴室)在台湾称作“三温暖”,是英语sauna的音译。聚会、舞会在港台地区称“派对”,是英语party的音译。城市职业青年在台湾称“雅痞”,是英语yuppie的音译。癌症在港台称作“砍杀儿”,是英语cancer的音译。如此等等。在翻译时,既要大体上保留英语原来的音,又要从汉字诸多同音词中选取从字形词形上就可以看出意思来的字词以加强表达效果,其用意不可谓不佳,用心不可谓不苦。但是,英语和汉语毕竟是本质上有很大差别的语言,汉字表意性的利用也是有限的。特别是这种做法还常常不可避免地牵涉汉语词义古今变化和汉字字体流变等问题,所以这种形式的译音词,始终只能占外来语翻译的一部分,必须有个适当的“度”加以限制。鲁迅先生曾对那种牵强的、刻意求之的、翻译姓氏必分阴阳的做法和硬要使外来语音俯就某些汉字读音的做法提出过尖锐批评①,这是完全必要的。

① 见鲁迅《华盖集·咬文嚼字(一至二)》。

六、与内地(大陆)译名小别的译音词

意大利式烘馅饼,英语称 pizza,在台湾译作“彼杂”,在大陆译作“比萨”,还常常加一个汉字成分叫“比萨饼”。一种由酒、柠檬、糖制成的混合饮料,英语称 punch,在台湾译作“宾治”,在大陆译作“冰治”,内容也有变化,常常是指在冷饮店出售的冰淇淋加冰镇果汁或牛奶之类。英语的 disco,在香港译作“的士高”,在台湾译作“狄斯可”,在内地(大陆)译作“迪斯科”,有时加一汉字“舞”以表示其归属。由此构成的“迪斯科舞曲”“迪斯科舞厅”已成通行词语。英语的烤面包片叫作 toast,在香港译作“多士”,在大陆译作“吐司”。Hollywood 是“好莱坞”的英语名,在香港译作“荷里活”或“荷李活”,英语中的 jacket,在大陆译作“夹克”或“茄克”,在香港译作“积克”或“积加”。英语中的 Guinness Records,在内地(大陆)译作“吉尼斯世界纪录”,在香港译作“健力士世界纪录”,在台湾译作“金氏纪录”。法国城市 Cannes 举办的电影节,在大陆称“戛纳国际电影节”,在台湾叫作“坎尼斯影展”,在香港叫作“康城电影节”或“康城影展”,还加了一个“城”字。

这种在内地(大陆)与港台地区有小别的译音词或词组,将来也许会随着彼此间经济文化的频繁交流而逐步趋于接近或统一,但是究竟以谁为主,这就很难预料了①。在语言研究中,描

① 还有一种值得注意的现象,就是近年由台湾传入大陆影像业和餐饮业的“TV”系列字母名称。如:KTV(全名为卡拉 OK · TV)是指设有激光音像伴唱设备的娱乐场所。MTV(全称 MusicTV)是指音乐电视片。PDK(P 指 piano bar,即钢琴酒吧,D 指 disco,即迪斯科舞厅,K 指 KTV,即卡拉 OK 视听中心)是一种综合性娱乐场所。PTV(全称 Piano bar TV)是一种豪华视听中心,有钢琴酒吧式小隔间,且有女招待服侍。RTV(全称 Recstaurant TV)是设有豪华视听设备的餐厅。STV(全称 Sleeping TV)是供上班人员休憩的视听中心。“TV 族”则指各种形式的录像放映场所。这些由外来语缩略而成的“TV”字母系列,有在大陆继续流行的趋势,它们的前景如何,尚难预料。

写是首要的,预期是困难的。因为除了"约定俗成"规律之外,还有社会的、习俗的、传统的、地域的,甚至集团的等多种因素影响,而语言的交际功能又是特别重要的,任何规定性、强制性的手段都是不能完全解决问题的。我们认为,这种虽有小别但彼此尚可听懂看懂的译名,在表意体系的汉字存在大量同音字的情况下不必匆忙强求统一,可以让它们在较长时间的交流、使用过程中自然选择,自然融合,自然淘汰。我们这样讲,决不是认为在内地(大陆)与港台译名差异问题上我们就束手无策或无所作为。彼此间经济、文化交往及交流需要学者们尽快研讨某些译名差异所带来的不便,这是十分迫切的,也是可行的。

七、海峡两岸专名译名之差异

这个问题可分为两种情况。请看下面表中所列的例子:

(一)两岸专名译名之相近似者

大　陆	台　湾
奥林匹亚	奥林比亚
冈比亚	甘比亚
莱比锡	来比锡
莱茵河	莱因河
洛杉矶	洛杉机
马六甲	麻六甲
莫桑比克	莫三比克
圣地亚哥	圣地牙哥
也　门	叶　门
意大利	义大利

（二）两岸专名译名之差别较大者

大　陆	台　湾
乍　得	查　德
英联邦	大英国协
南非非洲人国民大会	南非民族议会
万　象	永　珍
格鲁吉亚	乔治亚
阿塞拜疆	亚塞拜然
埃塞俄比亚	衣索匹亚

上面第二表中所表现出来的情况特别值得注意，因为除具有专业知识的学者和外事人员之外，一般人很难将两种译法沟通。也就是说，这种情况足以构成两岸语言交流的障碍，至少会使语言的即时交际功能受到影响。我们认为，海峡两岸有关学者及翻译专家通过会议或其他有效方式协商统一此类词语是完全可以做到的。当然，这种研讨和协商应当是学术性的。协商后的一致意见首先通过书刊报纸及影视渠道进行宣传以达成共识，然后普及开去，使大众接受，这是近期即可实行的。

至于第一表中的情况，相比而言解决起来困难要小些，也不必急于搞出什么带有规定性的意见，相信在今后长期频繁的交流过程中这种“一字之差”的专名译名是会趋向统一的；即使在一段时期内未能统一，也不会影响语言的交际功能。

但是现在内地（大陆）商界有一个不能令人首肯的现象，就是有意在商标、广告中利用这种差异以期达到宣传商品的目的。如某些冰淇淋摊点把“意大利冰淇淋”写成“义大利冰淇淋”，某些电视广告有意让港台歌星（或冒牌的准歌星）说些吐字不清的“港味”“港腔”或“台湾准国语”以标榜商品属“港商”“台商”独资产品之类。这些促销伎俩并不可取,它只能对语言起到污染作用。

最后,我们再看一下日语词汇在港台地区使用的情况。

正如本文开头所说,由于历史的原因,日语词汇在台湾地区使用稍多一些。例如:称老太婆为“欧巴桑”(日语御婆,さん,おばすさん),称叔叔伯伯为“欧吉桑”(日语小父,さん,わじさん),称太太或女主人为“欧桑”(日语奥,さん,わくさん),称酒吧、夜总会或色情场所的女老板为“妈妈桑”(日语つつ様,ままさん)等,都是直接使用日语译音。

有一种情况值得注意,就是日语中当用汉字所表现的意思与汉语比较接近的,如:称考验为“试炼”(日语試煉,しれん),称自来水为“水道水”(日语自来水管道称水道),称下班为“退勤”(日语退勤,たぃきん),病愈出院叫“退院”(日语退院,たぃぃん),称培养、培训为“养成”(日语養成,ょぅせぃ),称电灯泡为“电球”(日语電球,でんきゆぅ),称财富为“财货”(日语財貨,ざぃか),称开学典礼为“始业式”(日语始業式,しきょぅしき),等等,日语词而读汉语字音(这些词在日语中也大都是“音读”)。实际上,像“财货”之类的日语词,原本也就是汉语词汇古时由中国传到日本去的,这种语言间相互渗透的现象,由于历史的、地域的原因在日语、韩语、越南语同汉语之间较多地存在着,是不言而喻的。

而像称机车、火车头为“机关车”(日语機關車,きかんしや),称文艺为“艺能”(日语芸能,げぃのぅ),称司机为“运转手”(日语運転手,ぅんてんしゆ),称车间为“职场”(日语職場,しょくば)这一类的词就比较容易产生误解。这些词语以及上面所举“欧巴桑”“欧吉桑”等词会不会随着时光流逝和社会生活发展变化而逐渐隐退呢?我们觉得这是很有可能的。

在香港,日语词汇相对来说就要用得少些,但也并非全然没有。如:演员及电视台的节目主持人,在港台地区都称“艺员”;在香港,演出团体称“艺团”,文艺界、艺术界称“艺能界”,这都与日语“芸能”(げぃのぅ)有直接的联系。在香港,称特价出售、廉价出售为“特卖”,这和台湾是一致的,都来自日语的“特売”(とくばぃ)。在香港,一次性筷子即卫生筷子称为“割箸”,这也是个日语词(割箸,わりばし)。

总之,由于港台两地经济文化交流比较频繁,因此日语词汇在两地都有保留,而且相互影响。其实只要稍微注意一下,在内地(大陆)常用词汇中,如“政治”“干部”等追溯一下也多与日语词汇有很深的关系。汉语和日语本不属同一语系,不应该因为日本人采用了一些当用汉字就认为两种语言有多么相近,这一点,从两国口语中可以体味得更清楚些。

综上所述,流行于港台地区的外来语译名有种种情况。其中有些情况已经给内地(大陆)与港台地区经济文化交流带来不便,各方都越来越感到有必要通过研讨来逐步减少差异。我们相信,内地(大陆)与港台学者坐在一起,摒除各种干扰,进行认真研讨的日子不会太久远了,而这正是我们所期盼的。

(原载《文史哲》1996年第4期,有改动)

浅谈古典诗文朗诵问题

在青年人当中开展古代诗文的朗诵活动,既可以增进知识,又可以弘扬传统文化,有助于提高全民族的文化素质,进而增强民族自豪感和自信心,所以,各地教育机关和共青团各级组织,近年来都把这项活动纳入工作日程。今年春末夏初,共青团山东省委和济南市委就制订计划,在大中小学校举行古诗文诵读选拔活动,并定于年末举办大型比赛。六月份,我在济南团市委小礼堂给济南市的辅导老师讲过一次课,主要讨论两个题:一个是选材问题,一个是朗诵技巧问题。老师们感到,这样讲一讲,讨论讨论,对辅导青年人朗诵古诗文还是很有用处的。所以,这次中文系领导让我搞个讲座,问我有什么题目好谈。我想了一下,觉得自己从事的专业是文字音韵训诂,比较难懂,又受时间的限制,一两个小时也说不清楚,所以索性不讲学术,讲讲朗读诗文的问题吧。可是我又不是专业演员,也不是专业播音员,恐怕在声音技巧方面不会有什么真知灼见。不过,我又想,即使是一个专业演员或者播音员,如果在古代作品、诗词格律、古音知识、古代文学史等方面学养不足的话,搞起古诗文朗诵来,困难也是蛮大的,弄不好读了错别字,也会闹出笑话。

所以我感觉古诗文朗诵问题还不仅仅是一个普通话标准不

标准的问题,也不仅仅是一个有没有舞台表演经验的问题,当然也更不仅仅是朗诵者的音色形象和表演技巧的问题,它所包含的内容应该更深、更广一些,所以我就定了这个题目。在座的有不少懂得古代诗词和有很高朗诵技巧的同学,咱们可以互相交流,共同探讨这个问题。如有不同意见,我讲完之后,你们也可以上来发表一番,不必客气。

提到古代诗文朗诵问题,就想到过去有的老先生用唱歌一样的语调去吟诵《诗经》:“关关——雎鸠,在河——之洲,窈窕——淑女,君子——好逑。”有人问我:“你会不会?”古时候确实有这种朗诵形式。《周礼》有一种职官叫“大司乐”。“诵经”是他们教国子的内容之一。《周礼》注说:“倍文曰讽,以声节之曰诵。”什么是以声节之呢?我想也不过是以当时方言加上抑扬顿挫声调使有节奏。我觉得,这种吟诵很难从周朝、汉朝传至今天,而且,受方言影响大,个人随意性也很强,同一首诗,两位老先生吟出的调子可能差别很大,即使记下谱来,也未必就学得很像,而且,即使你学得像甲先生,那么乙先生也可能不以为然。更重要的是,在没有推广普通话之前,用南北方言和各地不同风格的音乐构成的吟诵方式,已经与今天的语言环境和生活节奏很不协调了,很可能会惹得大家哄堂大笑,所以,我觉得,今天还是不讨论这个问题好。我主张,就用普通话朗诵古诗文,只要处理得好,也会非常优美,因为普通话是有声调的语言,抑扬顿挫,本身就有着音乐美,所以不少留学生都反映,中国人说话像唱歌一样好听。我们只要把语音读准,处理好轻重缓急,再加上适当的感情色彩,我相信,诵读效果一定能超过老先生的吟诵效果。

另外,像岳飞的《满江红》,据说有传统曲调,能唱出来:“怒发冲冠凭栏处,潇潇雨歇。抬望眼,仰天长啸,壮怀激烈……”那是属于歌唱方面的问题,是音乐不是朗诵了,所以也不去讨论它。

下面,我想重点谈谈朗读材料的选择问题和朗读技巧的问题，也就是诵读什么和怎样诵读的问题。

我国是一个有数千年历史的泱泱大国，我们的祖先为我们留下了丰富的文化遗产，其中包括数之不尽的诗词歌赋和锦绣文章，有大量的可供选取的朗诵材料。譬如表现爱国主义精神的，歌颂祖国山水风光的，描写秀美田园生活的，表达真挚爱情或友情的，抒写诗人个人感情（包括愤世嫉俗的思想感情与坎壈不平的生活遭遇的）以及同情下层人民痛苦生活的诗文，都可以拿来朗诵。大学生的文学视野要比中小学生开阔，所以朗读材料不必局限于岳飞、文天祥、陆游、辛弃疾等人的爱国题材的作品。当然，悲观厌世的、消极颓废的、绮靡华丽而内容贫乏的作品是必须排除在外的。在舞台上或者公开场合朗诵诗歌文章，要注意所选篇章的基调，像李白诗中“人生得意须尽欢，莫使金樽空对月，天生我材必有用，千金散尽还复来”“主人何为言少钱，径须沽取对君酌。五花马，千金裘，呼儿将出换美酒，与尔同销万古愁”——诗是好诗；再如李清照的《声声慢》“寻寻觅觅，冷冷清清，凄凄惨惨戚戚。乍暖还寒时候，最难将息，三杯两盏淡酒，怎敌它，晚来风急”；“梧桐更兼细雨，到黄昏、点点滴滴。这次第，怎一个愁字了得！”——词也是好词，但拿到公开场合朗诵或到舞台上表演，就不合适，即使听众是大学生，也不合适。因为我们有那么多鼓舞人们奋发向上的东西可以拿来朗诵嘛，何必选些借酒浇愁的东西来读呢？

时代不同了，人们的生活基调也不同了，在现在的舞台上朗读文学作品，最好选一些昂扬向上、能够激励人们奋进的东西才好。

譬如高适的边塞诗：“君不见走马川行雪海边，平沙莽莽黄入天。轮台九月风夜吼，一川碎石大如斗，随风满地石乱走。匈奴草黄马正肥，金山西见烟尘飞，汉家大将西出师。……”又如苏轼出猎词：“老夫聊发少年狂，左牵黄，右擎苍，锦帽貂裘，千骑卷平冈。为报倾城随太守，亲射虎，看孙郎。酒酣胸胆尚开张，鬓微霜,又何妨！持节云中,何日遣冯唐？会挽雕弓如满月,西北望,射天狼!”——这样的诗词,读起来朗朗上口,能激发人的斗志。即使像陆游的《诉衷情》词:“当年万里觅封侯,匹马戍梁州。关河梦断何处？尘暗旧貂裘。胡未灭,鬓先秋,泪空流。此生谁料,心在天山,身老沧洲!”读起来也是苍凉悲壮,如幽燕老将,催人奋发!

有些写景的短诗、小令,也可以选几首联在一起朗诵,譬如白居易的《忆江南》词三首:“江南好,风景旧曾谙。日出江花红胜火,春来江水绿如蓝,能不忆江南？”“江南忆,最忆是杭州。山寺月中寻桂子,郡亭枕上看潮头。何日更重游？”“江南忆,其次忆吴宫。吴酒一杯春竹叶,吴娃双舞醉芙蓉。早晚复相逢？”

甚至不同时代、不同作者的诗词,如果意境比较合适,也可以搞联诵,我们随便举几首:

韩愈《早春》诗:“天街小雨润如酥,草色遥看近却无。最是一年春好处,绝胜烟柳满皇都。”

加上一首白居易的《钱塘湖春行》诗:“孤山寺北贾亭西,水面初平云脚低。几处早莺争暖树,谁家新燕啄春泥。乱花渐欲迷人眼,浅草才能没马蹄。最爱湖东行不足,绿杨阴里白沙堤。”最后来一首苏轼词《浣溪沙》:“山下兰芽短浸溪,松间沙路净无泥,萧萧暮雨子规啼。谁道人生无再少？门前流水尚能西,休将白发唱黄鸡!”——这样不同时代、不同作家的短小作品联诵,先写景,后抒情,也颇能给人以艺术享受。

女同学还可以选读像唐朝张若虚的《春江花月夜》这样充满诗情画意的佳作。还有那首脍炙人口的《木兰诗》,也适合女生朗诵。

就是平时大家不太留意的某些作品,只要朗朗上口,明白易懂,也可以拿来朗诵,譬如高适有一首《行路难》:“君不见富家翁,旧时贫贱谁比数？一朝金多结豪贵,百事胜人健如虎。子孙成行满眼前,妻能管弦妾歌舞。自矜一身忽如此,却笑旁人独愁苦。东邻少年安所如,席门穷巷出无车。有才不肯学干谒,何用年年空读书!”——这是一首讽刺诗,活画出一个暴发户的嘴脸,今天读起来还颇能发人深思。

由上面所举的例子可以看出,古代诗文朗诵可选的材料还是很多的。但是,有一个问题需要注意,你选的这个作家的作品,最好不要太冷僻,最好是大家熟悉的作家、大家比较熟悉或者能听得懂的作品,否则很难引起大家的共鸣,当然也就难以取得预期的效果。

譬如唐朝有个诗人,叫吴融,他写过一首描写富春江景色的诗:

水送山迎入富春,一川如画晚晴新。
云低远渡帆来重,潮落寒沙鸟下频。
未必柳间无谢客,也应花里有秦人。
严光万古清风在,不敢停桡去问津。

这首诗描写富春江景色,寄寓着作者思古和退隐的心志,写得不错,但吴融这个诗人知名度不高,诗里又用了“谢客”(谢灵运小字客儿)、“秦人”(用《桃花源记》的典)、“严光”(严子陵,隐士)这样一些典故。朗诵是受时间制约的一种艺术形式,它不像是讲课,可以重复,可以深入分析;也不像在书案上读书,可以翻看注释,查阅字典辞书。它一掠而过,具有“不可重复”性,因此用典故多了,就会使人不易听懂,特别是大家不熟悉的诗词。不熟悉的诗人的作品,很难通过朗诵激起听众的共鸣,取得预期的效果。

此外,还有一个诗句长短的问题,也需要注意。随着汉语音节由单趋复的发展和诗歌内涵的不断增加,中国古诗由四言到七言,再到长短句,有一个发展的过程。四言诗只有两个音步,七言诗就有四个音步,杂言诗长短错落,词(长短句)有的一句可有八九个字,还有一种“一字逗”领起的“扇面对”,如毛泽东词里大家都很熟悉的“恰同学少年,风华正茂。书生意气,挥斥方遒”这样的结构。古人词作中也有,如柳永《望海潮》:“有三秋桂子,十里荷花。”张孝祥《六州歌头》:“念腰间箭,匣中剑,空埃蠹,竟何成! 时易失,心徒壮,岁将零。”等等。

一般来说,从朗诵的角度来看,长句比短句更容易收到感染听众的效果;而长短错落的句子,朗诵者处理起来,会觉得更容易表达感情。当然,事情也不是绝对的。我的意思是说,朗诵古代诗文,除作品内容之外,还要考虑如何更好地利用汉语音节所提供给我们的条件,使朗诵的气势、感情和感染力能发挥到极致,这是在选取材料的时候就应当考虑进去的问题。

譬如李白诗《蜀道难》:“噫吁嚱! 危乎高哉! 蜀道之难,难于上青天!”开头几句,就给我们创造了一种神奇的意境,仿佛作者登山时在叹息,在气喘吁吁。三言、四言、五言交织在一起,只有如此的句子,才能表达如此的感受。后面还有:地崩山摧壮士死,然后天梯石栈相钩连。上有六龙回日之高标,下有冲波逆折之回川。黄鹤之飞尚不得过,猿猱欲度愁攀援。这些句子,有七言、有九言、有八言,参差错落,有如高低错落的山峰,给人一种壮美的感受,让我们读了以后不由地想:这才是蜀道,这才是蜀道之难难于上青天!

由此看来,内容健康而不颓唐,感情激越而不沮丧,音韵铿锵而且句法长短错落有致的作品,最适合拿来做朗诵的材料。

以上我们举的例子都是古代诗词,其实好的古代散文,只要篇幅不太长,内容不太复杂又易于听懂,语言生动流畅,这样的作品拿来朗诵,也能收到很好的效果。大家熟知的,如《出师表》《岳阳楼记》《陋室铭》《赤壁赋》,还有先秦散文中的寓言故事,等等,都可以朗诵。

下面我随便选两个片段给大家读一下:

一段是宋朝周密写的记叙文《观潮》:

> 浙江之潮,天下之伟观也。自既望以至十八日为最盛。方其远出海门,仅如银线;既而渐近,则玉城雪岭,际天而来。大声如雷霆,震撼激射,吞天沃日,势极雄豪。杨诚斋诗云“海涌银为郭,江横玉系腰”者是也。

再读一段梁启超的《少年中国说》:

> 日本人之称我中国也,一则曰老大帝国,再则曰老大帝国。是语也,盖袭译欧西人之言也。呜呼!我中国其果老大矣乎?梁启超曰:恶,是何言!是何言!吾心目中有一少年中国在!……故今日之责任,不在他人,而全在我少年。少年智则国智,少年富则国富,少年强则国强,少年独立则国独立,少年自由则国自由,少年进步则国进步,少年胜于欧洲则国胜于欧洲,少年雄于地球则国雄于地球。红日初升,其道大光;河出伏流,一泻汪洋;潜龙腾渊,鳞爪飞扬;乳虎啸谷,百兽震惶!……天戴其苍,地履其黄;纵有千古,横有八荒;前途似海,来日方长!美哉我少年中国,与天不老!壮哉我中国少年,与国无疆!

这段话由议论进入抒情,由散文进入韵语,环环扣紧,一气呵成,节奏急促,感情充沛,大气磅礴,最适合朗诵了。

以上就选材方面的问题,拣重点的讲了一下,仅供大家参考。由于时间关系,不能多讲了。下面简单谈点朗诵技巧问题。

古代作家的生活经历、思想感情与现代人不同。短短的一首小诗,往往寄寓着作者很复杂的生活感受和矛盾心态。要了解这个作家,就需要具备很多历史的、哲学的、文学的甚至美学方面的相关知识。譬如大家所熟悉的苏东坡,你要朗诵他的《水调歌头》:“明月几时有?把酒问青天。不知天上宫阙,今夕是何年。……”应该注意以下的问题:

这首词是在他离开汴京到密州做官的第二年写的。在此之前，他和改革派王安石见解不合，请求外调，先到杭州，此后又到过徐州、湖州等地，壮志难酬，中秋节通宵饮酒，想起同在齐鲁而不得相见的兄弟，又想到自己年届不惑，渐知人生短促，周围景色又是霜风凄紧，万物萧杀，引起了他对人生的无限感慨。

苏东坡一生活了六十五岁，为官四十年，却有三十年在外地调来调去，一会儿黄州，一会儿杭州，一会儿扬州，一会儿惠州，最后被贬到海南岛蛮荒之地，可谓历尽坎坷，所以他“把酒问青天”与屈原写《天问》时的心情有相通之处。

但是，苏东坡毕竟是苏东坡，他的思想复杂而深邃，他以儒学为根柢，又从佛、老各家的妙理玄言之中吸取到一些“用舍由时，行藏在我，袖手何妨闲处看”的自我开解、优游卒岁的处世哲学。这样，儒、释、道在他身上圆融贯通，才使他在复杂激烈的政治斗争中既不放弃理想而与世俗同流合污，又不走极端而碰得头破血流，这在当时是很难做到的。他既不一味地自鸣清高，消极避世，又能做到坦荡圆通，随遇而安。被贬杭州时，他写道：“我本无家更安往，故乡无此好湖山。”被贬到惠州时，他写道：“日啖荔枝三百颗，不辞长做岭南人。”即使到了满目荒凉的海南岛，他也不颓丧，不悲观绝望，他写道：“九死南荒吾不恨，兹游奇绝冠平生。”他一生乐观开朗，达到了多少古人心向往之而又苦求不得的人生境界。了解了这些，再来朗诵他的词：“人有悲欢离合，月有阴晴圆缺，此事古难全。但愿人长久，千里共婵娟。”就不会一味地悲苦或一味地激昂，甚至读得平淡乏味、毫无感情了。

经常有这样的情况，一个作家，前期作品和后期作品，在思想内容、感情基调、艺术风格等方面并不完全一致。譬如李白壮游时期写出这样的诗句：“登高壮观天地间，大江茫茫去不还。黄云万里动风色，白波九道流雪山。”“大鹏一日同风起，扶摇直上九万里。假令风歇时下来，犹能簸却沧溟水！”在朝廷中受到同列的嫉妒，自知不能见容于当权者而愤然辞京浪迹天涯时，写出的《行路难》三首，同样是饮酒放歌，但在豪迈之中就不无愤慨和凄凉了："金樽美酒斗十千，玉盘珍羞直万钱。停杯投箸不能食，拔剑四顾心茫然。欲渡黄河冰塞川，将登太行雪满山！闲来垂钓碧溪上，忽复乘舟梦日边。行路难，行路难！多歧路，今安在？长风破浪会有时，直挂云帆济沧海！"李白虽然并未堕入颓唐，唱出了"直挂云帆济沧海"这样豪迈的诗句，但经历了宦海浮沉之后，他的思想确实变得深沉了，写出的诗文也更加厚重了。在朗诵的时候，我们不应该太轻快流畅，也不能太压抑低沉，而是在豪壮之中带些苍凉，恰如其分地去表现这位傲岸不屈的"谪仙人"。

以上我们随便举了两个例子，用来说明"知人论世"的重要性。在座的都是大学生，朗诵古代诗文的时候要把所学过的知识融合运用到表演中去，才会有质感而不显得肤浅，这一点，没有一定学养的专业演员往往比较缺乏，往往把古诗文朗诵单纯看成是一种技巧、一种声音的艺术，或者像演话剧那样，设想自己变成了古人，变成了李白、杜甫、白居易，深入了角色，恐怕不太合适，因为诗词朗诵毕竟不同于戏剧演出，它有自己的方式和特点。我想，站在现代人的高度，去准确地了解和把握古代作家的思想感情，然后用普通话恰如其分地朗诵出来，这才是我们的基本要求。

这就涉及如何运用声音表达的问题了。

读音是否准确清晰，能不能把每一个字音清楚地送到听众耳朵里，这个问题，在现代诗文朗诵中几乎是不成问题的。除了朦胧诗人写的那种佶屈聱牙，故意让人听不懂的作品，一般来说，只要是用通顺的完整的现代汉语词句表达出来的诗文，都能听得懂。但古代诗文则不同，它是用文言文写成的，即使像白居易那种"老妪能解"的所谓"白话""白俗"诗，现代人读起来也不见得每个字都能懂。何况古诗文朗诵表演一般是不打字幕，除非你在电视里播出时,可以另加字幕,但那样的机会太少了,而且加了字幕,朗诵者的神态、表情往往受干扰,大家都忙着看字幕,谁还顾得看你的表情?古代诗文的朗诵最基本,也是最首要的问题,是要让听众即时听懂诗文语句;不但要让他们听懂,还要给他们边听边想的余地。因为汉语同音词太多了,一首不太熟悉的诗文,听众得一句一句听清楚,还要在瞬间辨别同音词,弄明白这句话是由哪些词儿构成的,表达的是什么意思,这就要求朗诵者一定要把握好速度和节奏,绝对不能像用口语说话时那么快。中央电视台有位女播音员,每介绍完一条内容都要说一句"请看报道",而每次都把"请看"两个字拼在一起,又把"报"字的韵母省读一下,结果"请看报道"说成了"钱不到"。有的人居然在报纸上写文章称赞这种"心直口快"的播音风格。对此我是不敢苟同的。

因为即使是人们非常熟悉的诗,也不能读得跟说快板似的!("秦时明月汉时关,万里长征人未还。但使龙城飞将在,不教胡马度阴山")这还有什么韵味呢?只能引人发笑。

记得20世纪五六十年代北京的徐世荣教授曾灌制了一批古诗文朗诵的唱片,其中包括楚辞、唐诗、宋词。徐先生用普通话朗诵,声音沉雄苍郁,回味悠长,给我留下很深的印象。譬如屈原的《哀郢》:

皇天之不纯命兮,何百姓之震愆!
民离散而相失兮,方仲春而东迁。
去故乡而就远兮,遵江夏以流亡。
出国门而轸怀兮,甲之鼂吾以行。
发郢而去闾兮,怊荒忽其焉极!……
曼余目以流观兮,冀一反之何时?
鸟飞反故乡兮,狐死必首丘。
信非吾罪而弃逐兮,何日夜而忘之!

又如杜甫的《茅屋为秋风所破歌》:

八月秋高风怒号,卷我屋上三重茅。茅飞渡江洒江郊,高者挂罥长林梢,下者飘转沉塘坳。南村群童欺我老无力,忍能对面为盗贼。公然抱茅入竹去,唇焦口燥呼不得,归来倚杖自叹息!俄顷风定云墨色,秋天漠漠向昏黑。布衾多年冷似铁,娇儿恶卧踏里裂。床头屋漏无干处,雨脚如麻未断绝。自经丧乱少睡眠,长夜沾湿何由彻!安得广厦千万间,大庇天下寒士俱欢颜,风雨不动安如山。呜呼!何时眼前突兀见此屋,吾庐独破受冻死亦足!

朗诵这首诗的时候,节奏要适当放缓慢一些,把老杜那种穷困潦倒和悲天悯人的思想感情充分表达出来。杜甫虽然写出“安得广厦千万间,大庇天下寒士俱欢颜”这样的诗句,但其实他自己也明明知道那是不可能的,所以“吾庐独破受冻死亦足”这一句,徐先生读得苍老凝重,而且采用了“重音轻读”的办法来处理最后“死亦足”三个字,听上去有些哽咽的效果,这就恰如其分地表现出诗人当时的心境,比一味大声疾呼、激昂慷慨要好得多。

戏剧演出的“唱”和“白”讲究“字正腔圆”——“字正”就是把字音读准,这好懂,但是什么叫“腔圆”?我体会,这个“圆”字有“完足”的意思。譬如带韵尾,特别是带鼻韵尾的字,像“人民”,最后那个尾音“n”,无论唱戏的时候拖多么长的腔,最后一定得发出来,不能把它给丢了。譬如说山东人学习普通话,困难大体在舌位的高低、鼻韵尾的收束,以及轻声、儿化这些方面。朗读古代诗文,基本不存在轻声和儿化的问题,主要是舌位问题和鼻韵尾的问题。譬如“甜蜜”的“甜”、“春天”的“天”,声母后面有个i介音,然后是主要元音ɑ,最后是鼻韵尾n,大家知道,在国际音标里,元音ɑ有[a]、[A]、[ɑ]三个,北京音“甜”“天”,因

为 ɑ 前有个 i,所以发出来的是[a]。而山东、山西方言却常常把 i 和后 ɑ 拼在一起。这些看上去细微的差异,在平时口语交谈时大家常常不太计较,可当朗诵古代诗文时,就得注意。现代京剧《智取威虎山》里,杨子荣有句口号“党给我智慧给我胆,千难万险只等闲。为剿匪先把土匪扮,似尖刀插进威虎山”——这个“插进”的“进”字如果没有鼻音收尾就变味儿,就不像京剧了。传统的文学艺术都有相通的东西,朗诵古诗文,要借鉴戏曲发音。

古诗文朗诵虽然与戏曲发音不同,但“字正腔圆”应该是共同的基本的要求。汉语本身就具有诗意价值,朗诵得好,会增强诗歌和艺术感染力。所以古典诗文朗诵不但是一种舞台艺术,也是平时学习文学课的一种辅助手段。

最后,简单谈一下某些特殊读音的字应该依照什么原则去处理它们。

先说“叶音”问题。

朱熹在《楚辞集注》中曾经提出,“帝高阳之苗裔兮,朕皇考曰伯庸。摄提贞于孟陬兮,惟庚寅吾以降”最后这个“降生”的“降”字为了要和“伯庸”的“庸”字叶韵,得读成“户攻反”(hóng)。就是说,这个“降”字除了读 jiàng 和“投降”的 xiáng 之外,在古诗中为了押韵,还有个读音是 hóng。商务印书馆出版的《辞源》中收了这个 hóng 的反切,但没有举出例句,有同学就提出了疑问。同样的情况,在朱熹的《诗集传》里出现得更多。譬如“家庭”的“家”字,在《诗经》的《桃夭》篇里它和“华(花)”押韵,就读 jiā;到了《常棣》篇里,它又和“帑、图”押韵了,就改读 gū;到了《行露》篇里,它又和“墉、讼”押韵了,就又改读为 gōng。这样,一个“家”字,既读 jiā,又读 gū,又读 gōng,随时改读,只是为着叶韵,这样做对不对呢?清代学者早就指出,这是错误的,因为在《诗经》时代,“家”字属于“鱼”部,它和“华(花)”“帑”“图”押韵,是因为当时的“华(花)”字、“帑”字、“图”字也都属于“鱼”部,自然就押韵,至于读“gōng”的那个音,连韵脚都不是,根本就改读得毫无道理。由此看来,由于古今音变,古代押韵的字,现在读起来不押韵了,这是语言发展的实际情况造成的。我们不可能每一个字都用古代读音去读,一则办不到,再则谁也听不懂。当年顾炎武研究《诗经》音入了迷,早晨一睁眼,冲着家里人说“天明了”,结果谁也没听懂他说的什么,原来“天”字古读“铁因切”,“明”字古读如“芒”。把“天明了”说成“tīn máng le”,当然家人听不懂。由此看来,为着押韵而临时改读的办法,也就是“叶音”的办法,常常会弄得“字无定音”徒生滋扰,是不科学的。在《离骚》里,“降生”的“降”可读 jiàng 定不必读成 hóng。这个道理弄懂了,再去读杜牧的《山行》诗:“远上寒山石径斜,白云生处有人家。停车坐爱枫林晚,霜叶红于二月花。”斜就读 xié,不必改读 xiá;“车”字也不必读成 jū。好像是押韵了,好听了,但不行,因为“车”字上古和中古都不念 jū,你根据什么改的呀?有人说:“象棋里的‘车马炮’为什么读 jū 呀?”我想那是属于特殊行业用语范畴内的情况,是“约定俗成”的,不能推而广之的。再如李白诗:“君不见黄河之水天上来,奔流到海不复回。”还有“天门中断楚江开,碧水东流至此回”。“回”字,也不必改读为 huái,因为“回”字中古在“灰”韵,既然“灰”字现在不读 huāi,那么“回”当然也不必读 huái。

其他如“看见”的“看”、“讨论”的“论”,中古时与平声韵相押,有人也改读了。如:“蓬山此去无多路,青鸟殷勤为探看(kān 一声)。”(李商隐《无题》)“千载琵琶作胡语,分明怨恨曲中论(lún)。”(杜甫《咏怀古迹》)这是因为“看”“论”在中古有“苦寒切”kān 和“卢昆切”lún。

这样的反切注音,唐人作诗时,押平声韵,这种情况怎么处理呢?在案头诵读,为求叶韵,读平声是可以的,但在大庭广众之下朗诵,读了平声,如果大家听得懂,当然也可以;如果容易产生歧义,是不是还应该按照现代汉语常音去读?这是我的看法,提出来供大家参考。当然像“四声别义”的那种“破读”字，譬如“好看”的“好”（hǎo）与“爱好”的“好”（hào），还有“解衣衣（yì）之”“推食食（sì）之”“王（wàng）天下”这样的字，只要在字典辞书中列为义项的，还是应该破读的，因为“破读”本身就是为消除歧义的。但是电视剧里把称呼刘邦的“大王”读成“山大王”的“大”（dài）是不是又混淆了？古代职官的“大（dà）夫”与称呼医生的“大（dài）夫”也是不应当混淆的。

总之，诗文朗读诉诸听觉，凡是从听觉上容易产生歧义、误解的读音，尽量避免，这应该是一条基本原则。

以上我从朗诵材料和朗诵方法两个方面简单讲了一下。古典诗文朗读涉及的问题还不仅仅是这两个方面，由于时间关系，来不及多讲了。

跋

我这本小书得以在齐鲁书社出版,首先应该感谢山东大学文学院,感谢亲自鼓励策划并讨论书名及具体内容,后又亲自联系齐鲁书社促成出版事宜的杜泽逊院长。还要感谢文学院党委的张帅书记以及院办公室的工作人员们。是他们的关心、鼓励和支持使我在耄耋之年还能鼓起勇气,收拾早年间积累下的零篇碎简,出版了这样一本自认为是饾饤学术的训诂存稿。

还要感谢齐鲁书社的刘玉林副总编辑和本书的责任编辑班文冲,他们在百忙之中抽出时间审阅书稿并提出不少中肯的修改意见。没有他们的帮助,这本小书也不可能面世。

谨以此书表达对先师殷孟伦先生及山东大学诸位老先生的敬仰与怀念之情,并祝山东大学文学院学术兴盛、人才辈出!

我水平不高,忝在师门,辜奉铭恩。书中肯定有很多错误和不足,敬祈读者批评指正!

路广正

2021 年 8 月